普通高等教育应用创新系列规划教材·经管基础课程系列

# 税收理论与实务

谷彦芳　宋凤轩　编著

财政学国家级教学团队建设成果
财政学专业综合改革试点项目资助出版

科学出版社

北　京

# 内 容 简 介

本书坚持理论知识与实践相结合,内容涵盖税收理论与税收实务两大部分。其中,税收理论部分包括税收概念和起源、税收原则、税收负担、税收效应和税制结构等基本理论;税收实务部分对中国现行税制中主要税种的税制设计和税收征管进行了详细讲解,反映了"营改增"试点、资源税全面改革、房产税试点等中国新一轮税制改革的成果及发展趋势。本书理论联系实际,结构合理,内容全面,案例丰富,分析细致,便于学习、理解和掌握。

本书既适合作为高校经济类和管理类等相关专业的教学用书,也可作为企业财务人员和管理咨询人员的培训教材,同时也是广大社会读者的有益参考读物。

**图书在版编目(CIP)数据**

税收理论与实务 / 谷彦芳,宋凤轩编著. —北京:科学出版社,2016.7
普通高等教育应用创新系列规划教材·经管基础课程系列
ISBN 978-7-03-049649-2

Ⅰ. ①税… Ⅱ. ①谷… ②宋… Ⅲ. ①税收理论-中国-高等学校-教材 ②税收管理-中国-高等学校-教材 Ⅳ. ①F812.42

中国版本图书馆 CIP 数据核字(2016)第 199910 号

责任编辑:方小丽 / 责任校对:赵桂芬
责任印制:徐晓晨 / 封面设计:蓝正设计

科 学 出 版 社 出版
北京东黄城根北街 16 号
邮政编码:100717
http://www.sciencep.com

**北京京华虎彩印刷有限公司** 印刷
科学出版社发行 各地新华书店经销
*
2016 年 7 月第 一 版 开本:787×1092 1/16
2017 年 1 月第三次印刷 印张:21 3/4
字数:516 000

**定价:39.00 元**
(如有印装质量问题,我社负责调换)

# 前　言

　　税收不仅是国家筹集财政收入的主要形式，在优化资源配置、调节收入分配和实现经济稳定发展等方面也发挥着越来越重要的作用。1994年分税制财政体制改革明确了中央和地方的财政关系，确立了我国的税收体系框架。分税制实施20多年来，在增强政府宏观调控能力和确保公共物品供给方面发挥了重要作用。但是，随着改革的不断深入，分税制的不完善逐渐制约了税收功能的发挥，亟须完善。党的十八届三中全会把财税体制改革提升到"完善和发展中国特色社会主义制度，推进国家治理体系和治理能力现代化"的战略高度，并赋予了其"国家治理的基础和重要支柱"的特殊定位。财税改革作为经济体制改革顶层设计的重要内容，不可推卸地担当起改革尖兵的重任。2014年《深化财税体制改革总体方案》出台，吹响了新一轮税制改革的进军号。党的十八届五中全会通过的《中共中央关于制定国民经济和社会发展第十三个五年规划的建议》指出，要深化财税体制改革，建立健全有利于转变经济发展方式、形成全国统一市场、促进社会公平正义的现代财政制度，建立税种科学、结构优化、法律健全、规范公平、征管高效的税收制度。

　　为了全面、系统地反映税收制度改革的最新成果，我们组织编写了《税收理论与实务》一书。希望本书能为开设这门课程的经济类和管理类各专业的学生提供一些指导，使其初步了解税收的基本理论和我国现行的税收制度，为其今后继续研究税收理论或参加税收实务工作打下良好的基础。

　　本书的编写人员为财政学国家级教学团队的骨干成员，是《国家税收》省级精品课的主讲教师，在税收课程的教学和研究方面投入了大量的精力，具备丰富的税收教材编写经验。本书有以下几个特点：一是坚持了税收理论与税收制度的结合。税收理论需要通过税收制度体现，税收制度设计往往蕴含着一定的税收理念。本书通过税收理论与实务的结合，致力于让读者能够运用一定的理论知识分析税收政策的改革和发展趋势。二是体现了最新的税收改革成果。例如，消费税征税范围的调整和房产税改革试点，尤其是2016年5月1日全面实施营业税改增值税（简称"营改增"）后的税收制度和2016年7月1日以来的资源税全面从价计征改革等内容都体现了教材的与时俱进。三是运用了大量的税收实务案例。丰富的税收实务案例，使读者能够更快、更准确地理解税收制度的规定，使整本教材更加丰富、生动，更具可读性和可参考价值。

　　本书共十四章内容，一至五章为税收理论部分，六至十三章为税收制度部分，十四章为税收征收管理。参加本书编写的人员具体分工如下：第一章、第二章、第十章和第十一章由宋凤轩教授编写；第六章、第七章、第八章和第九章由谷彦芳副教授编写；第三章和第四章由杨文杰教授编写；第五章和第十二章由于艳芳副教授编写；第十三章由杨勇刚副教授编写；第十四章由李克桥教授编写。最后由谷彦芳、宋凤轩总纂、定稿。王少鹏、王越、任焕斌、刘晓阳、戴天天、金鑫、付豪、秦加加、赵美玲、张超然、李铮等同学承担了部分数据搜集和案例整理等工作。

　　本书在编写过程中，借鉴、吸收了国内同行和专家的优秀研究成果，在此，谨对有关作者表示真诚的感谢！同时，感谢财政学国家级教学团队项目、财政学专业综合改革试点项目的资助出版！本书的顺利出版还得到了科学出版社各位同仁的支持和帮助。在此一并表示衷心的感谢！

　　由于税收制度不断调整，加之时间和水平有限，本书难免有不足之处，真诚欢迎广大读者给予批评指正。

编　者

2016 年 6 月

# 目  录

# 第一章

# 税收基本理论

【学习目标与要求】

本章从税收的概念和形式特征入手，对税收基本理论知识进行了介绍。通过本章的学习，深入理解税收的概念和特征，了解税收产生的条件与发展的历程，熟悉西方税收征收理论依据，准确把握税收职能的内容及其在社会经济生活中的表现形式。

## 第一节 税收的概念和特征

### 一、税收的概念

税收是一个古老的财政范畴。早在奴隶社会，伴随着奴隶制国家的出现，税收就已经产生。随着社会生产力的发展、社会制度和国家形态的变迁，税收分配的形式、内容和性质也在不断地发展变化。在现代社会，税收不仅是政府取得财政收入的最主要形式，是国家和社会公共活动的经济基础，而且还是政府干预和调控经济的重要杠杆。从历史与现实相结合的角度，我们可以从以下层面对税收的概念进行分析。

#### （一）税收的目的是满足国家职能的需要

国家为了实现其职能，必须要消耗一定的经济资源，这就是公共支出。公共支出如果仅依靠市场经济主体自愿出价的方式，是远远满足不了需求的。只有采取强制征税的方式筹集财政收入，才能满足公共支出的需要。换个角度说，只有税收才能从资金上支撑起国家体系。正如马克思所说："赋税是政府机器的经济基础，而不是其他任何东西。""捐税体现着表现在经济上的国家存在。官吏和僧侣、士兵和女舞蹈家、教师和警察、希腊的博物馆和哥特式的尖塔、王室费用和官阶表，这一切童话般的存在物于胚胎时期就已安睡在一个共同的种子——捐税之中了。"

在市场经济条件下，根据政府与市场的分工定位，政府提供公共物品，市场提供私人物品。而由公共物品的非排他性和非竞争性特征所决定，政府提供公共物品的资金来源也只能主要依赖于税收。因此有些学者认为，可以将市场经济中的税收看作人们为享受公共物品所支付的价格，进而形成了税收概念中的"公共物品价格论"。应该说，这一观点颇有可取之处，因为它更确切地揭示了市场经济中税收的实质，对我们更新传统的税收观念、理顺新形势下的税收征纳关系具有一定的理论意义。"公共物品价格论"与我们以上对税收概念的一般表述也是不矛盾的。向社会全体成员提供公共物品，事实上已经成为市场经济体制下国家的基本职能。税收满足政府提供公共物品的需要，即满足国家实现职能的需要，只不过"公共物品价格论"强调了纳税人与国家之间的互利和交换关系而已。

### （二）政府征税的依据是国家的政治权力

政府征税，实质上是国家对一部分社会产品的无偿分配，这种强制地将一部分社会产品从社会成员手中转变为国家所有，必然会改变社会成员各自占有的社会产品的份额，因此必须依据一定的权力来进行。马克思指出："在我们面前有两种权力：一种是财产权力，也就是所有者的权利；另一种是政治权力，即国家的权力。" 税收对社会产品的分配，不同于地租、利息、利润等以财产所有权为依据进行的分配，它是国家凭借其政治权力取得的。正是因为凭借这种权力，税收才可以超越所有制形式向任何经济单位和个人征收，并渗透到社会经济生活的方方面面。因此，以政治权力为依据是税收区别于以财产权利为依据的其他财政收入形式的根本所在。

### （三）税收是一个分配范畴，体现着以国家为主体的分配关系

税收在社会再生产过程中，属于分配范畴。社会再生产是由生产到消费的连续不断、周而复始的过程，一般包括生产、分配、交换、消费等环节。从社会再生产各环节的性质看，税收既不直接增加也不直接减少社会产品的总量，因而不属于生产和消费，同时也不采取以物易物或钱物交易的形式，因而也不属于交换。税收表现为一部分社会产品价值由社会成员向国家的转移，其结果是国家对社会产品价值的占有由无到有，纳税人对社会产品价值的占有由多到少。与此同时，税收还使各类社会成员占有社会产品价值的比重发生变化。这一经济过程，正是实现了一部分社会产品分配的过程，因而税收属于社会再生产中的分配环节，是分配体系中的一个组成部分。

税收作为一种分配形式，本质上体现着国家与纳税人之间的分配关系，如国家与企业之间的分配关系，国家与居民个人之间的分配关系，以及由于国家的征税，在企业与企业之间、个人与个人之间重新形成的分配关系。当我们用税收来调节分配不公的现象时，实际上就是由于征税不仅会直接引起国家与某一纳税人或纳税人阶层经济利益上的变化，而且通过征税还会进一步改变相关纳税人之间经济利益关系的调整。此外，随着世界经济一体化格局的扩展，国家与纳税人分配关系的变化还会对国家与国家之间的分配关系产生影响。

### （四）税收是政府财政收入的一种形式

历史上政府曾采用多种收入形式取得财政收入，如税收、国有资产收入、举借公债、

收费、罚没收入等。其中，税收是运用最为普遍的收入形式。税收是人类社会发展到一定历史阶段的产物。具体地说，它是随着生产力的发展，人类社会出现了剩余产品，并由此导致私有制、阶级和国家产生时而出现的一种财政收入形式。目前，发达国家的财政收入中税收均占 90%以上，即使经济欠发达的国家税收也在财政收入中占到 60% ~ 80%。可见，现代社会中税收是政府财政收入的最主要形式。

综上所述，税收是国家为实现其职能，凭借其政治权力，并按照法律规定，强制地、无偿地取得财政收入的一种形式，体现着一定社会形态下的分配关系。

## 二、税收的形式特征

税收的形式特征是指税收的强制性、无偿性和固定性，通常被简称为税收的"三性"。"三性"是税收区别于其他财政收入的形式特征，不同时具备"三性"的财政收入就不能称为税收。

### （一）强制性

税收的强制性，是指国家征税是凭借政治权力，通过颁布法律或法令实施的，任何单位和个人都不得违抗，否则就要受到法律的制裁。在对社会产品进行分配的过程中，存在着两种权力，即所有者权利和国家政治权力。前者依据对生产要素的所有权取得收入，后者凭借政治权力占有收入。税收的强制性是由它所依据的政治权力的强制性决定的。国家征税是对不同的社会产品所有者的无偿征收，是一种对所有者权利的"侵犯"，没有强制性的国家权力作后盾是不可能实现的。这也说明，在税收分配上，国家政治权力是高于所有权的。正如恩格斯指出的："征税原则本质上是纯共产主义的原则，因为一切国家征税的权力都是从所谓国家所有制来的。的确，或者是私有制神圣不可侵犯，这样就没有什么国家所有制，而国家也就无权征税；或者是国家有这种权力，这样私有制就不是神圣不可侵犯的，国家所有制就高于私有制，而国家也就成了真正的主人。"

税收的强制性将税收与国家凭借财产所有权取得的国有资产收入区别开来。还需说明的是，税收的强制性是由作为国家政治权力表现形式的税收法律的强制性加以体现的，与纳税人是否自觉自愿纳税的动机无关。纳税人自觉纳税（非捐献）表明纳税人自觉遵守税法，是法制观念强的表现，不能以此否定税收的强制性。

### （二）无偿性

税收的无偿性，是指国家征税以后，税款即为国家所有，不再归还给纳税人，也不向纳税人直接支付任何代价或报酬。列宁说："所谓赋税，就是国家不付任何报酬而向居民取得东西。"税收的无偿性使人们容易将其与国家信用关系中的公债的有偿性区别开来。但也必须指出，税收的无偿性是相对的：从个别的纳税人来说，纳税后并未直接获得任何报偿，即税收不具有偿还性；但是若从财政活动的整体来考察，税收的无偿性与财政支出的无偿性是并存的，这又反映出有偿性的一面。在社会主义条件下，税收具有马克思所说的"从一个处于私人地位的生产者身上扣除的一切，又会直接或间接地用来为处于社会成员地位的这个生产者谋福利"的性质，即"取之于民，用之于民"。但是每个纳税人和他从税收使用中享受的利益并不是对称的。税收无偿性的特征是与其他财政收入形式相比较得出的，从这个意义上说，税收无偿性的概括是具有理论意义和现实意义的。

### （三）固定性

税收的固定性，是指国家在征税前就以法律或法规的形式预先规定了征税的标准，包括征税对象、征收的数额或比例，并只能按预定的标准征收。纳税人只要取得了应当纳税的收入、发生了应当纳税的行为或拥有了应当纳税的财产，就必须按规定标准纳税。同样，征税机关也只能按规定标准征税，不得随意更改这个标准。由此可见，税收的固定性还暗含了税收是连续征收和缴纳的意思，这使税收能成为经常性的财政收入。固定性是政府能够稳定地取得财政收入的基本保证，也是税收区别于罚没、摊派等财政范畴的主要标志。

税收固定性主要强调的是税收征纳要按法律规定的标准进行。这个法定的标准必须有一定的稳定性，但也应随着社会经济条件的变化在必要时进行更新，使其更为科学、合理。将税收的固定性理解为税收长期固定不变，是不正确的。

税收的三个特征是统一的整体。其中，无偿性是税收这种分配活动本质的体现；强制性是实现税收无偿征收的强有力的保障；固定性是无偿性和强制性的必然要求。这三个特征是税收区别于其他财政收入范畴的基本标志，也是鉴别财政收入是否是税收的基本标准。任何社会制度下的税收都必须同时具有这三个特征，缺一不可，即只有同时具有这三个特征的分配范畴才是税收。

研究和认识税收的"三性"，对于制定税收政策、稳定税收负担、充分发挥作用等方面都有着重要意义。首先，明确税收的形式特征是区分税收与其他财政收入形式的标志。判断一种财政收入形式是不是税收，主要是看其是否同时具备这三个特征。如同时具备这三个特征，无论叫什么名称，都是税收；如不同时具备这三个特征，即便名称是税，实质上也不是税收。其次，明确税收的形式特征，有利于深刻认识税收存在的原因。税收同其他财政手段、分配手段相比，之所以运用的范围广、存在的时间长，就是因为税收具备"三性"的形式特征，而其他财政分配手段不完全或者根本不具备这三个特征。最后，明确税收的形式特征，才能自觉运用税收为实现国家职能服务。税收"三性"充分显示了税收的优点和长处，只有充分认识税收"三性"，才能建立真正具有"三性"特征的税收制度，为国家的政治经济职能服务。

## 第二节　税收的产生与发展

税收作为一种分配关系，与其他的分配范畴一样并不是从来就有的，而是人类社会发展到一定历史阶段的产物。作为一个历史范畴，税收经历了从无到有、从简单到复杂、从不成熟到成熟的发展过程。正如恩格斯所说："捐税是以前的氏族社会完全没有的。但是现在我们却十分熟悉它了。"对税收的产生和发展历程进行考察，有助于我们更深刻地理解税收与国家、税收与经济的相互关系。

## 一、税收产生的条件

任何经济范畴的产生，都取决于一定的客观条件。税收的产生也需要具备一定的客观前提条件。一般来看，税收的产生和存在取决于四个条件，即剩余产品、私有制、社会公共需要和国家公共权力。

### （一）剩余产品的出现是税收产生的物质条件

生产活动在客观上要求社会产品必须首先用于补偿物化劳动耗费和活劳动耗费，这是维持简单再生产的需要，否则生产活动就无法继续进行。税收作为社会再生产的一种分配形式，分配的物质来源只能是社会产品中扣除补偿物化劳动和活劳动耗费以后的剩余部分，即剩余产品。在生产力水平极端低下、社会产品仅能满足人类生存而别无剩余的情况下，不可能有税收的产生。因而，剩余产品的出现为税收的产生奠定了物质基础，成为税收产生和存在的一个前提。

从历史发展来看，在原始社会，生产力极为落后，人们为了生存，只能集体劳动，平均分享劳动成果。到原始社会末期，随着生产力的发展，社会产品逐渐增加并出现了剩余，这为税收的产生提供了物质条件。但这并不是说剩余产品的出现引致税收的产生。税收是在剩余产品出现并经过漫长的发展过程后才产生的。

### （二）私有制是税收产生的经济条件

国家政治权力是上层建筑，而税收是经济现象，必须具备经济基础。如果土地、财产等不是私有而是国家直接占有，国家可直接支配使用土地、财产等，就不存在需要利用税收形式来取得收入的问题。反之，若土地财产等归私人占有，或经营权及产品归私人支配，国家要取得固定收入，以满足统治阶级需要，就要通过对土地和财产占有者或经营者征税来解决，即只有社会上存在私有财产制度这样的经济条件，税收才会产生。当然，也并非私有制的出现就会产生税收，税收的产生还取决于其他的条件。

从历史发展来看，野蛮时代中期以后，随着劳动工具的改进，发生了第一次社会大分工，引起氏族制度的逐渐变化。当畜牧业出现，牲畜可以驯养以后，照顾畜群只需个体家庭就可以了。在农业方面，当金属工具出现后，个体家庭也能承担耕种的劳动。这样，原来以大氏族或氏族部落为单位的大集体生产，就逐渐被以家庭为单位的个体生产所代替。劳动产品和劳动工具也变为个体家庭的私有财产。特别是随着生产力的进一步发展，出现了第二次社会大分工——手工业和农业的分离，促进了交换的发展，加速了私有制度的形成。分工和交换的发展逐渐地破坏了生产和占有的共同性，使私人占有逐渐占了优势。在国家产生以后，国家需要取得财政收入，而社会上存在的是私有财产制度，财产归私人而不归国家占有，这时，国家不得不采取强制的手段对一部分私有财产行使支配权，即通过税收的手段来取得一部分财产。

### （三）社会公共需要的产生是税收产生的社会条件

税收本质上是以满足社会公共需要为目的的。原始社会的基本单位是氏族组织，随着氏族组织的发展和剩余产品的出现，逐渐地出现生产活动以外的共同利益和公共事务，如调节氏族部落之间的纠纷、宣战和媾和，举行宗教仪式及水利灌溉等。这些活动部分属于社会职能，部分属于宗教职能。这种社会公共需要是一种人类社会的客观需要，是社会成员的共同需要，不是某个人或某一个集团的需要。公共需要通过消费公共产品得以实现，而公共产品具有非排他性和非竞争性，因此，满足公共需要的事业不可能由单位或个人来举办，只能由作为社会管理者的国家来建立。在私有制条件下，社会产品归私人所有，国家机关和常设人员又不直接从事生产活动，不创造社会财富，因此，国家要举办公共事业，要提供公共产品，只能从社会成员的劳动成果中征取。要把一部分社会产品从私人手中转到国家手中，必须采取强制征收的方式，即税收的形式。可见，社会公共需要的产生是税收产生的社会条件。

### （四）国家公共权力的建立是税收产生的政治条件

国家公共权力的建立，为税收的产生提供了政治上的条件。国家出现以后，社会公共权力需要有一整套强制机关，包括行政机关、军队、监狱、法庭等。这些国家机构和常设公职人员管理社会公共事务需要耗用物质资财，但并不直接创造社会财富。因此，只能凭借手中的公共权力向社会索取。可见，公共权力的产生为国家提供了强制性的征税权。国家政治权力是国家征收捐税的政治条件，政治权力、公共权力的形成使税收的产生成为可能。

税收的产生取决于以上四个条件，而这四个条件是互相影响、互相制约的，只有四个条件同时存在、共同作用，才产生税收这种特定历史条件下的分配形式。图 1-1 可帮助我们理解税收的产生。

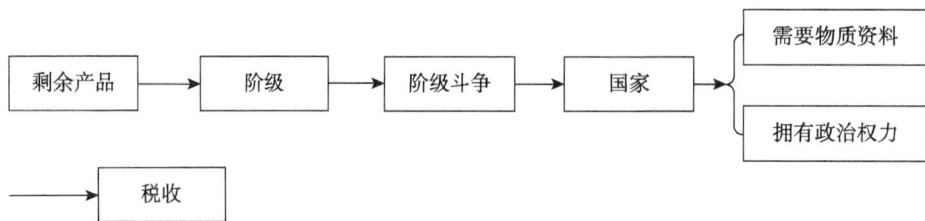

图 1-1 税收产生的历程

## 二、西方税收产生的相关学说

西方税收理论中，不是直接对税收的产生或税收是怎样产生的进行研究，而是从征税的依据入手，研究税收存在的依据或税收为什么存在的问题。了解西方税收存在理论对于我们研究税收与经济、税收与国家的关系及税收的社会属性具有重要意义。

自17世纪以来，西方学者从不同的角度对这一问题进行了探讨，从而形成了许多学说，概括起来有以下几种。

### （一）公共需要说

公共需要说起源于17世纪德国官房学派的K.克洛克（Klock）和法国的J.波丹（Bodin），也称为"公共福利说"。该学说认为，国家职能在于满足公共需要，增进社会福利，为此需要经费开支，而税收则是实现国家职能的物质条件。所以，国家要实现其职能，满足社会公共需要，这一职能需要税收来提供物质资源。如果没有公共需要，也就不可能有税收的产生。克洛克曾指出："租税如不是出于公共福利的公共需要，即不得征收，如果征收，则不得称为正当的征税，所以，必须以公共福利的公共需要为理由。"[①]

公共需要说提出的以满足社会公共需要和增进社会福利为征税依据，在欧洲由封建主义经济逐渐转向资本主义经济的历史条件下，具有一定的进步意义。19世纪庸俗经济学家也曾大力倡导这种学说。

### （二）交换说

交换说始于18世纪资本主义经济初期，又称利益说、代价说或买卖交易说，主要代表人物有重商主义者霍布斯（Hobbes）、古典学派经济学家亚当·斯密及蒲鲁东等。这种学说以自由主义的国家观为基础，认为国家与个人是各自独立的平等实体，税收是政府为人民提供利益而获得的补偿；人民纳税是从政府的服务中得到利益而支付的代价。因此，政府征税是为了保护人民的利益，或者说税收是国家与人民的交换。亚当·斯密曾指出，政府的职能范围越小越好，税收越轻越好，而且国家应以每个人所得利益的数量确定纳税标准。

交换说的思想渊源于资本主义的个人主义思想，主张受益者纳税，要求普遍征税，废除免税特权，对于资本主义经济的发展和资产阶级统治的巩固具有一定的积极作用。但是，把商品交换关系引入税收，认为税收是个人对国家给予的在契约上的等价交换是不对的，税收不是简单的交换关系，人民从国家受益的大小，无法测量，更谈不上等价交换。

### （三）牺牲说

牺牲说产生于19世纪，代表人物为法国经济学家萨伊、英国经济学家穆勒和英国著名财政学家巴斯泰布尔等。这种学说认为，税收对于国家是一种强制征收，对于人民是一种牺牲。萨伊最早提出"租税是一种牺牲，其目的在于保存社会与社会组织"。穆勒发展了萨伊的牺牲说，依据纳税人的能力赋税的理论，提出均等牺牲观点。巴斯泰布尔进一步阐述了穆勒的均等牺牲说，提出均等牺牲原则不过是均等能力原则的另一种表现；

---

① 小川乡太郎. 社会问题与财政［M］. 甘浩泽，史维焕译. 上海：商务印书馆，1924：57.

均等能力意味着负担牺牲的能力均等；只有社会福利最大化的税收才是全体纳税人最少的税收。

### （四）保险说

保险说的代表人物是法国的梯埃尔（Theiers），他认为："人民按其受自国家的利益的一定比例来支付税款，犹如保险公司的保险金按投保金额的一定比例来确定。"[①]这一学说将国家类比为保险公司，人民纳税就像投保人向保险公司缴纳保险费一样。

保险说混淆了税收与保险的性质。税收是强制征收，它与人民享受国家利益之间无必然联系。人民遭受损失，国家不予赔偿，人民更不能以此为理由抗拒纳税。保险则是一种契约关系，交纳保险费是获取赔偿利益的前提。投保是自愿的，不是强制的。

### （五）义务说

义务说起源于19世纪英国一些学者所倡导的税收牺牲说，德国社会政策学派的瓦格纳对此学说作了进一步的完善。义务说认为，国家的职能是保卫全体人民的利益，其经费开支必须来源于全体人民，因而是一种强制性的义务，而不是道德上的自愿。义务说提出了税收的强制性和无偿性，对税收理论的发展作出了贡献。在当时的社会条件下，德国资本主义的发展落后于英国，要实现更快的发展，需要国家的干预和保护。正是如此，主张税收既不是利益交换，也不是交付的保费，而是人民义务的社会政策学派在德国占据了主导地位。

从上面的分析可以看出，公共需要说、交换说和义务说的共同特点是把国家的存在及其对社会需要的满足作为国家征税的依据或税收存在的条件。

### （六）掠夺说

与义务说和牺牲说相比，掠夺说更具"暴力"倾向。这一学说产生于19世纪，主要代表人物是空想社会主义者圣西门及资产阶级历史学派学者，他们认为税收是国家中占统治地位的阶级凭借国家的政治权力，对其他阶级的一种强制掠夺。掠夺说符合诺斯关于国家暴力潜能分配论的掠夺型国家理论，揭示了历史上一定时期内掠夺型国家征税的阶级关系。

### （七）社会政策说

社会政策说产生于19世纪末，主要代表人物有德国社会政策学派的财政学家瓦格纳和美国著名财政学家塞利格曼。这种学说认为，税收应是矫正社会财富与所得分配不公的手段，是实现社会政策目标的有力工具。瓦格纳在给税收下定义时曾指出："从社会政策的意义上来看，赋税是在满足财政需要的同时，或者说不论财政有无必要，以纠正国民所得的分配和国民财产的分配，调整个人所得和以财产的消费为目的而征收的赋课

---

① 小川乡太郎. 租税总论［M］. 萨孟武译. 上海：商务印书馆，1934：64.

物。"因此，赋税不能理解为单纯地从国民经济产物中的扣除，还包括纠正分配不公的积极目的。

### （八）经济调节说

经济调节说产生于 20 世纪 30 年代，主要代表人物是凯恩斯学派的经济学家。这种学说认为，国家征税除了筹集公共需要的财政资金外，更重要的是全面地运用税收政策，调节经济运行，即调整资源配置，实现资源的有效利用；再分配国民收入与财富，提高社会福利水平；调节有效需求，稳定经济增长。

## 三、税收的产生

关于税收产生的历史过程，由于各个国家具体历史条件不同，因而也不完全相同。

在西方奴隶制国家，如公元前 8 世纪至前 6 世纪的古希腊，在氏族贵族的统治下，氏族内部分化出贵族与平民。平民有权占有土地、财产，从事农业、手工业和商业，并向国家纳税和服兵役。又如，古罗马的"王政"时代，随着私有制的出现，形成了贵族与平民，平民需要向城市公社纳税和服兵役。到公元前 6 世纪时，平民人数已超过贵族，赋税的很大一部分来自平民。可见，西方奴隶制国家在确定奴隶主占有制度初期就出现了土地私有制，出现了城邦经济、领主经济等私有经济。因此，随着财产私有制和国家的产生，就出现了对私有土地征收的赋税和平民缴纳的各种捐税。

我国税收的产生与西方奴隶制国家有所不同，其特点是，我国奴隶制确定后相当长的时期内保留着奴隶主国家的土地所有制。在这个阶段中，国家征集的收入基本是租税不分的，直至春秋时期，我国税收才逐步跨入成熟阶段。具体过程如下。

### （一）我国税收的雏形阶段

据《孟子·滕文公》一书记载："夏后氏五十而贡，殷人七十而助，周人百亩而彻，彻者彻也，助者籍也，其实皆什一也。"这就是我们经常所说的"贡""助""彻"。说明我国历史上第一个奴隶制国家夏朝产生后，出现了国家凭借其政权力量进行强制征收的形式——贡。一般认为，"贡"是夏代王室对其所属部落或平民根据若干年土地收获的平均数按一定比例征收的农产品。到商代，贡逐渐演变为助法。"助"是指借助农户的力役共同耕种公田，公田的收获全部归王室所有，实际上是一种力役之征。到周代，助法又演变为彻法。所谓"彻"，就是每个农户要将一定数量的土地收获量缴纳给王室，即"民耕百亩者，彻取十亩以为赋"。彻法按土地数量进行课征，比贡法、助法有了很大进步。

夏、商、周三代的贡、助、彻，都是对土地收获原始的强制课征形式，在当时的土地所有制下，既包含了地租的因素，也具有赋税的强制性、无偿性的特征。但就其固定性来看，贡、助、彻尚欠完备，多与少没有统一的标准、征收数量也是不确定的。它与现代税收相比较是不成熟的、简单的和低级的形式。因此，我国夏、商、周时期的贡、助、彻是税收的雏形阶段。

### （二）我国税收的成熟阶段

春秋时期以前，土地实行井田制，归王室所有，即"普天之下，莫非王土，率土之滨，莫非王臣"。到了春秋时期，由于铁制农具的广泛使用，在井田以外开垦私田的现象日益增多，私田不属于王室所有，不向王室缴纳贡赋。当时的鲁国，为了增加财政收入和抑制开垦私田，于鲁宣公十五年（公元前 594 年）开始对井田以外的私田征税，宣布不论公田和私田一律按亩征税，"履亩十取一也"。"初税亩"的实行，表明奴隶制的经济基础已经瓦解，封建地主经济制度已经正式形成。土地所有者只要纳税，收获即可归自己支配，土地的买卖和出租不再受王室的干涉，地租剥削也随之合法化了。"初税亩"首次从法律上承认了土地私有制，是历史上一项重要的经济改革措施，同时也是税收起源的一个里程碑，同时，以土地面积为依据定量征税，标志着我国税收已经从雏形阶段进入成熟时期。

除上述农业赋税外，早在周代，我国已经出现了商业和手工业的赋税。商业和手工业在商代已经有所发展，但当时还没有征收赋税，即所谓"市廛而不税，关讥而不征"。到了周代，为适应商业、手工业的发展，开始对经过关卡或上市交易的物品征收"关市之赋"，对伐木、采矿、狩猎、捕鱼、煮盐等征收"山泽之赋"。这是我国最早的工商税收。

## 四、税收的发展

随着社会生产力的发展和社会经济情况的变化，税收也经历了一个从简单到复杂、从低级到高级的发展过程。从税收的法制程度、税制结构、征纳形式等几个方面，能够较充分地反映税收的发展情况。

### （一）不同社会形态下的税收发展

#### 1. 奴隶社会下的税收

在奴隶社会，奴隶主占有土地和生产资料，并直接占有生产者——奴隶。由于生产力水平十分低下，没有更多的社会剩余产品，而且又是农业自然经济，从而决定了奴隶社会税收的如下特点：第一，税制不健全，尚处于雏形阶段。奴隶社会时税收处于初级阶段，税收种类比较少，征税数额小，同时缺乏固定性。特别是古代东方国家，还处在租税不分时期，国家行使课税权同纳贡者的自由贡献相结合。第二，主要以实物和力役的形式征收。在奴隶社会早期，国家的收入主要来源于被征服部落的上"贡"。被征服部落和诸侯纳"贡"的形式比较简单，也较为灵活，主要是当地的土特产、珍宝、财物等，收获多的时期多交一些，收获少了可以少贡，因此征收标准和征收对象不固定。随着生产力的发展和奴隶制国家统治的加强，国家的开支越来越大，征收标准和课税对象的不固定使"贡"具有很大的随意性，无法满足奴隶制国家所需的收入。在这种情况下，奴隶制国家为保证国家所需的经费开支就必须使收入来源具有相对固定的标准。如孟子所说："夏后氏五十而贡，殷人七十而助，周人百亩而彻，其实皆什一也。"这表明，夏、商、周三代的"贡""助""彻"具有比例税率的形式，但这种标准并不是很统一，征收比例也不是很准确。

奴隶制国家税收只具有税收的雏形，尤其是税收的固定性特征表现还不是很明显，因此是一种低级的、不成熟的、不完善的原始税收形式。

2. 封建社会下的税收

从奴隶社会发展到封建社会是社会生产关系的重大变革，生产关系和社会经济条件的变化必然使税收进一步向前发展。在封建社会条件下，税收不仅从雏形阶段发展到成熟阶段，还形成了封建社会自然经济条件下的税收。

以我国为例，公元前594年，鲁国实行的"初税亩"不仅是对赋税制度进行的一次重大变革，而且确立了土地的私有制度。"初税亩"的实行表明鲁国废除了井田制，承认公田、私田私有，而且不论公田、私田都要根据土地面积的大小缴纳一定数量的税额。在此后的100年左右的时间里，春秋时期的各国都纷纷仿效鲁国的做法，根据土地面积的大小征税。根据土地面积定量征税，表明中国税收由雏形阶段发展到成熟阶段。同时，课税对象与税率的普遍化、固定化对于增加财政收入起到了积极的作用。

在封建社会条件下，土地私有制使农民严重依附于地主阶级，所生产的产品除小部分维持自己和家庭的生存外，大部分供封建地主阶级享用。封建社会这种自给自足的自然经济，决定了与之相适应的税收制度必然使土地和人丁成为主要的课税对象。对土地征收的税收总称田赋，是封建社会历朝历代主要的税收。例如，中国唐代初期实行的"租""庸""调"法，是在均田制，即按人丁分配土地的基础上实行的一种形式上直接以人丁为课税依据、实际上对土地征收的税。唐代的"租"规定每丁输粟二石；"庸"规定每丁岁役二旬，如不服役可以纳绢或布替代；"调"就是每丁输绢二丈、绵三两或布二丈五尺、麻三斤。对人丁征收的税称为人头税。中国历代封建国家征收的人头税名目繁多，如对成年人征收的"算赋"、对未成年人征收的"口赋"，对应服役而不去服役者课征的"更赋"，还有徭役，即成年人应服劳役的义务和各种名目的"丁赋""丁税"等。一直到清代实行"摊丁入亩"，将人丁税改按土地课征以后，各种对人丁的课税才逐渐取消。"摊丁入亩"使税收由对人和物并行课征发展到完全对物课征，是税收发展史上的一大进步，它不仅削弱了农民对地主的依附关系，也减轻了手工业和商业的负担，客观上有利于商品经济的发展。

在封建社会后期，随着手工业和商业的发展，商品交换也在不断地发展，而商品经济的发展对封建自然经济条件下的税收产生了一定的影响。商品交换的发展和范围的扩大对封建统治阶级具有一定的吸引力，要参与商品交换需要有一定数量的货币，这必然要求统治阶级更多地以货币形式获取税收。明代万历年间实行的"一条鞭法"就是与明代商品经济的发展相联系的，其主要内容是把过去对耕地征收的田赋和按人丁征收的徭役及其他杂税合而为一，统一按田亩计税，并统一折合成银两以货币的形式缴纳。税收由实物形式发展到货币形式是税收发展进程中的一大进步，极大地促进了商品经济的发展。

除对土地和人丁征收的主要税收外，随着商品交换的发展，封建制国家还征收各种杂税，如西汉时期对渔民征收的渔税、对出入关者征收的关税及对商人和高利贷者征收的其他税收等。唐代征收的有盐税、酒税、茶税等。清代的杂税更多，如盐税、关税、矿税、茶税、酒税、船税、契税、商税等。

3. 资本主义商品经济条件下的税收

资本主义经济是高度发展的商品经济，社会产品商品化反映在税收上，除税收形式完全货币化外，更重要的是课税对象的变化。在商品经济条件下，无论是农产品还是工业产品，从生产到消费都要通过流通环节，因而促进了税收制度的变革。

在资本主义发展初期，实行对商品课征的间接税，可以将税款加在销售价格中转嫁给消费者，减轻资产所有者的负担，同时也有利于削弱封建势力。随着资本主义经济的发展，国家实行了种类繁多的间接税，主要是对消费品课征的消费税、对商品劳务经营课征的销售税或营业税、对进出口商品课征的关税、对盐的生产运销课征的盐税等，这时的资本主义税收是以间接税为主体的税制结构。

资本主义国家长期推行间接税，与资本主义经济的进一步发展和资产阶级利益发生了矛盾。资本主义国家从维护资产阶级利益的角度出发，陆续实行了一些改革措施，如提高土地税和地租税税负，开征土地增值税等，但结果收效甚微，因为它不能消除间接税带来的弊端。18 世纪末，英国首先开征所得税。所得税是直接税，它对所有社会成员包括资产阶级在内实行普遍征收，因遭到资产阶级反对，开始只作为一种临时税，时征时停，到 19 世纪 40 年代，成为永久性税收。所得税的开征，尽管资产阶级并不满意，但这是资本主义国家财政支出、缓和阶级矛盾的需要。从总体上看，实行所得税制度对资本主义经济的发展是有利的。因而，随着垄断资本主义经济的发展，所得税逐步成为现代资本主义国家的主体税种。

由于各资本主义国家的历史条件各异，各国税制结构也有很大差别。目前较为普遍的税收主要有：对各种所得课征的所得税，如个人所得税、公司所得税（美国、英国以个人所得税为主体税）；对商品流转额和劳务收入额课征的流转税，如消费税、销售税、营业税、增值税等（法国以增值税为主体税种），社会保险税在发达资本主义国家税收总额中占有很大比重；各种财产税；其他辅助税。

### （二）税收名称的发展

税收在历史上曾经有过许多名称，特别是在我国，由于税收历史悠久，名称尤为繁多。但是使用范围较广的主要有贡、赋、税、租、捐等几种。贡和赋是税收最早的名称，它们是同征税目的、用途相联系的。贡是向王室进献的珍贵物品或农产品，赋则是为军事需要而征收的军用物品。税这个名称始于"初税亩"，是指对耕种土地征收的农产品，即所谓"税以足食，赋以足兵"。但我国历史上对土地征收的赋税长期称为租，租与税互相混用，统称为租税，直至唐代后期，才将对官田的课征称为租，对私田的课征称为税。捐这个名称早在战国时代已经出现，但长期都是为特定用途筹集财源的，带有自愿性。当时，实际上还不是税收。明朝起捐纳盛行，而且带有强制性，成为政府的经常性财政收入，致使捐与税难以划分，故统称为捐税。总之，税收的名称在一定程度上反映了当时税收的经济内容，从一个侧面体现了税收发展史。

### （三）税收法制程度的发展变化

税收是国家凭借政治权力，按照法律程序强制征收的。但在不同的政治时期，由于法制程度不同，国家行使课税权的程序也不同。以国家行使征税权力程序的差别为标准，税收的发展大体可以分为以下四个时期。

#### 1. 自由纳贡时期

在奴隶社会时期和封建社会初期，税收作为一种独立的分配形式虽然已经形成，但其征收制度并不完善。当时，国家的赋税主要来自诸侯、藩属自由贡献的物品和劳力。从税收的法制观点看，这种以国家征税权和纳贡者自由纳贡相结合的方式所取得的税收，只是一种没有统一标准的自愿捐赠，还不是严格意义的税收，只是税收的雏形阶段。

#### 2. 承诺时期

随着国家的发展、君权的扩大，财政开支和王室费用都随之增加。单靠自由纳贡已逐渐难以维持，于是封建君主设法增加新税。特别是遇有战争等特别需要，封建君主更需要开征临时税以应急需。当时，由于领地经济仍处于主导地位，王权有一定的限制，课征新税或开征临时税，需要得到由封建贵族、教士及上层市民组成的民会组织的承诺，否则便无法付诸实施。这时的课税权是由国家的政治权力与统治阶级的社会力量相结合形成的。

#### 3. 专制课征时期

随着社会经济的逐步发展，封建国家实行了中央集权制度和常备军制度，形成了王权至高无上的封建专制制度。在封建专制制度下，君权扩张和政费膨胀，使国君不得不实行专制课征。一方面笼络贵族和教士，尊重其免税特权，以减少统治阶级内部的阻力；另一方面则废除往日的民会承诺制度，不受约束地任意增加税收。税收的专制色彩日益增强。

#### 4. 立宪课税时期

取消专制君主的课税特权曾是资产阶级革命的重要内容之一。资产阶级夺取政权以后，废除封建专制制度和教会的神权统治，实行资产阶级民主制和选举制。现代资本主义国家，不论是采取君主立宪制，还是采取议会共和制，一般都要制定宪法和法律，实行法治，国家征收任何税收，都必须经过立法程序，依据法律手续，经过由选举产生的议会制定。君主、国家元首或行政首脑不得擅自决定征税，人人都有纳税义务，税收的普遍原则得到广泛的承认，公众有了必须依照法定标准评定课征的观念。当然，资产阶级的民主制度和立宪课税有其虚伪和欺骗性，但与封建社会的专制课税相比，无疑是巨大的进步。

### （四）税收制度结构的发展变化

税收制度结构的发展变化，体现在各社会主体税种的演变方面。历史上税制结构的发展变化，大体上可以划分为四个阶段。

### 1. 以古老的简单直接税为主的税收制度

在古代的奴隶社会和封建社会，由于自然经济占统治地位，商品货币经济不发达，国家统治者只采取直接对人或物征收的简单直接税。马克思指出："直接税，作为一种最简单的征税形式，同时也是一种最原始最古老的形式，是以土地私有制为基础的那个社会制度的时代产物。"[①]例如，人头税，按人口课征；土地税，按土地面积或土地生产物课征；对各种财产征收的财产税，如房屋税等，按财产数量课征。当时虽然也有对城市商业、手工业及进出口贸易征收营业税、物产税、关税，但为数很少，在税收中不占重要地位。

### 2. 以间接税为主的税收制度

进入资本主义社会以后，由于简单的税制已不能满足财政的需要，因而利用商品经济日益发达的条件，加强对商品和流通行为课征间接税，形成了以间接税为主的税收制度。征收间接税既可将税收转嫁给消费者，又有利于增加财政收入，马克思曾说："消费税只能随着资产阶级统治地位的确定才得到充分发展。产业资本是一种靠剥削劳动来维持，再生产和不断扩大自己的持重而节俭的财富。在它手中，消费税是对那些只知消费的封建贵族们的轻浮、逸乐的挥霍的财富进行剥削的一种手段。"

### 3. 以所得税为主的税收制度

随着资本主义工商业的发展，社会矛盾和经济危机日益加深，国家的财政支出亦随之增加。资本主义国家深感广泛而过分课征间接税，会对资本主义经济发展和资产阶级的经济利益产生不利的影响。首先，对商品的流转额课征的间接税，在商品到达消费者手中之前，往往要经过多次流转过程，每次流转都要征税，流转次数越多，征税额越大，商品的价格也越高。这种情况很不利于企业的市场竞争和扩大再生产。其次，对消费品课征间接税，相应地提高了消费品价格，这就迫使资本家必须提高工人的名义工资。而提高工资又会提高生产成本，从而影响资本家的经济利益。而且过分扩大间接税的课征范围，还会引起无产阶级及劳动人民的反抗。资产阶级为了维护本阶级的根本利益、增加财政收入、适应国家的财政需要，不得不考虑税制的改革。因此，18世纪末，英国首创所得税。以后时征时停，直至1842年开始确定所得税为永久税。其后，各国先后仿效，所得税逐渐在各国税收收入中占主要地位。

### 4. 以所得税和间接税并重的税收制度

这种税收制度，在发展中国家使用得比较普遍，少数发达国家间接税也占一定比重，如法国，自20世纪50年代以来，增值税一直是主要税种。自1986年美国里根政府税制改革以后，发达国家鉴于过高的累进所得税率，不但影响投资者的投资积极性，而且还影响脑力劳动者的劳动积极性，因而普遍降低个人及公司所得税税率。但因政府的财政支出又不能随之减少，所以一方面需要扩大所得税税基，另一方面又只能有选择地增加间接税的征收。于是，一些国家出现间接税有所发展的趋势。

---

① 中共中央编译局. 马克思恩格斯全集. 第8卷. 北京：人民出版社，1961：543.

### （五）税收征纳形式的发展变化

税收征纳形式的发展变化，体现为力役、实物和货币等征收实体的发展演变。在奴隶社会和封建社会初期，自然经济占统治地位，物物交换是其主要特征，税收的征收和缴纳形式基本上以力役形式和实物形式为主。在自然经济向商品货币经济过渡的漫长封建社会中，对土地课征的田赋长期都是以农产品为主。尽管对商业、手工业征收的商税和物产税，以及对财产或经营行为征收的各种杂税，有以货币形式征收的，但货币征收形式在当时还不占主要地位。直到商品经济发达的资本主义社会，货币经济逐渐占据统治地位，货币不但是一切商品和劳务的交换媒介，而且税收的征收缴纳形式都以货币形式为主。其他实体的征收形式逐渐减少，有的只在个别税种中采用。

### （六）税收地位和作用的发展变化

税收地位和作用的发展变化，体现为税收收入在财政收入中所占比重的变化及其对经济的影响。在资本主义以前的封建社会制度下，财政收入中特权收入不足时，才征收赋税。但随着资本主义经济发展，资产阶级民主政治取代封建专制制度，特权收入逐渐减少，税收收入在财政收入中所占比重越来越大，成为财政收入的主要来源。中国自改革开放以来，利润在财政收入中所占比重较大的地位被税收取而代之。随着税收地位的变化，税收作用已从过去筹集资金满足国家各项支出的需要，发展成为调节经济的重要手段。税收在促进资源优化配置、调节收入分配、稳定经济等方面起着重要作用。虽然西方国家再次提出了所谓税收的中性原则，但税收调控经济的作用仍是不容否定的。

### （七）国家行使课税权范围的发展变化

税收征税权力的发展变化，体现在国家税收管辖权范围的演变方面。

在奴隶社会、封建社会及资本主义社会初期，由于国家之间经济往来较少，征税对象一般不发生跨国转移，因此，国家税收管辖权只局限于一国领土之内，实行地域管辖权，即一国政府只能对本国领土范围以内的生产、销售或财产等课税，而不能对本国领土以外的生产、销售或财产课税。当然，在对外贸易中，国家课征关税会影响到其他国家的经济利益，具有一定的国际意义，但是，关税是政府对本国的进口商或出口商课税，国家的课税权并没有超出本国领土的范围。

到了资本主义社会中期之后，国际交往日益增多，跨国经营逐步发展，这种生产经营的国际化必然带来纳税人收入的国际化。一些国家为维护本国的利益，开始对本国纳税人在国外的收入和外籍人员在本国的收入征税，这实际等于征税权力超过了领土范围，而主要以人的身份和收入来源确定是否属于一国的税收管辖权范围之内。这种被扩大了的税收管辖权等于延伸了税收征收权力，即从地域范围扩大到人员范围。现在以人员为确定标准的管辖权即居民或公民管辖权，已在各国广泛应用。

## ■ 第三节　税收职能

税收职能是税收所具有的内在功能，或税收本身所具有的满足国家需求的能力，它客观存在于税制的运行之中。税收职能是税收的基本理论问题，它指导税制设计，制约着特定税收制度的具体内容及其实施效果。概括地说，税收具有财政、经济和监督管理三种职能。

### 一、税收的财政职能

税收的财政职能即税收组织财政收入的职能。税收本质上是一种以国家为主体，以政治权力为依据，以强制性、无偿性、固定性为基本形式特征的特定的分配关系。这就决定了组织财政收入的职能是税收首要的和基本的职能。人类社会中客观地存在着不同于私人需要的公共需要，为满足公共需要，就要由政府执行公共事务职能，而为保证政府顺利执行其公共事务职能，就要使其掌握一定的经济资源。税收是一种国民收入分配形式，客观上能够形成国家的财政收入。国家为取得经济资源或其支配权，最理想的方式就是向人民征税。这使税收具有了取得经济资源或其支配权的职能。

税收的财政职能有如下几个特点。

#### （一）适用范围的广泛性

税收是国家凭借政治权力，通过法律形式强制、无偿、固定地取得财政收入的一种手段。从纳税人看，包括国家税收管辖权范围内的一切企业、单位和个人，不受所有制、行业、地区和部门的限制。从征税对象看，征税范围也非常广泛，既可以对流转额征税，也可以对所得额和财产额征税，还可以对特定的行为征税。这一特点确保了税收收入能够成为财政收入的主要来源。

#### （二）取得财政收入的及时性

税法中有关纳税义务发生时间和纳税期限的规定，确保了税收收入能够及时、均衡地入库。例如，流转税通常以商品销售收入的实现作为纳税义务发生时间，只要纳税人有销售收入，不论盈亏都需要依法缴纳流转税；而纳税期限的规定又对纳税人缴纳税款的时间作了严格的规定，有利于国家及时取得财政收入。

#### （三）确保财政收入的稳定性

税收具有固定性的特点，纳税人、课税对象和税率的规定不仅确定了各个税种在国民收入分配中的相对比例，同时也使税收在征收时间上具有连续性，保证了国家财政收入的稳定性。

税收的财政职能，不但外在于税收取得财政收入的量上，而且内在于税收取得财政收入的质上。税收具有的三个形式特征决定了税收取得财政收入具有可靠、及时和均衡的功能，能够满足国家实现其职能对财政收入的质的要求。而这些功能是其他财政收入形式所不具备或不完全具备的。

## 二、税收的经济职能

税收的经济职能即税收调节经济的职能。税收具有稳定、资源配置和分配三项基本的经济职能。

### （一）稳定职能

税收的稳定职能主要表现在税收对社会总供给与总需求的调节上，而这种调节作用主要是通过税收的内在稳定机制和相机抉择的税收政策来发挥的。

1. "内在稳定器"

"内在稳定器"是指税收制度本身所具有的内在稳定机制，使政府税收能够对经济波动有较强的适应性，即随着经济形势的周期性变化，一些政府税收自动发生增减变化，从而对经济波动发挥自动抵消作用。

税收的"内在稳定器"作用，主要表现在所得课税制度上。对所得课税一般实行累进税率，且规定有一定的免征额或起征点。免征额或起征点越低，稳定程度就越大；边际税率越高，累进程度越大，税收对收入的抑制就越强，稳定程度也越大。

在封闭经济状态下，社会总供给与社会总需求均衡的公式为

社会总供给=社会总需求 （1-1）

即

消费+储蓄+税收=消费+投资+政府支出 （1-2）

以个人所得税为例，当经济出现萧条时，社会总供给大于社会总需求，纳税人的收入减少，一部分纳税人收入可能会低于免征额，由缴纳个人所得税变为不需缴纳个人所得税，减少了税收收入；不仅如此，纳税人适用的个人所得税档次也会随着收入的降低而降低，也减少了个人所得税收入。税收的减少降低了社会总供给，从而使社会总供给与社会总需求趋于平衡；反之亦然。

自动稳定的税收政策作为稳定经济的手段，其相对优越性是能够比较及时地对经济形势的变化作出自动反应，避免了在政策抉择时所遇到的时滞因素对决策产生不利影响，作用目标准确，作用效果比较快。但是，这一政策本身也存在一定的局限性。在萧条时期，它只能缓和经济的衰退程度，而不能改变经济衰退的总趋势；在膨胀时期，它只能抑制过分的高涨，缓和通货膨胀的程度，而不能改变通货膨胀的总趋势。因此，要消除经济的周期波动，除了依靠税收的"内在稳定器"发挥作用之外，还必须采用更加有力的相机抉择的税收政策。

2. "人为稳定器"

"人为稳定器"又称相机抉择税收政策，或指政府根据不同的经济形势，运用税收

政策有意识地调整经济活动水平，以消除经济波动，谋求既无失业又无通货膨胀的稳定增长。

当经济衰退时，政府应当执行扩张性的税收政策，即减少政府税收。具体包括降低税率、废弃旧税，以及免税、退税等，其结果可以刺激消费和投资，扩大总需求。当经济高涨时，政府应当执行紧缩性的税收政策，即增加政府税收。具体包括提高税率、设置新税、扩张税基、取消不必要的税式支出等，其结果可以抑制消费和投资，从而抑制总需求。

一般把相机抉择的税收政策称为"逆经济风向行事"，即在经济高涨时期对之进行抑制，使经济不会过度高涨而引起通货膨胀；在经济衰退时期对之进行刺激，使经济不会严重萧条而引起失业。但相机抉择政策也存在一定的局限性：一是存在税收时滞问题；二是在实施中有时会遇到许多实际困难，一般而言，紧缩需求的税收政策较之刺激需求的税收政策更不容易得到公众的配合。

### （二）资源配置职能

税收资源配置职能是指政府通过税收政策，调整和引导现有经济资源的流向和流量，以达到资源的优化配置和充分利用，实现最大的经济效益和社会效益的功能。这一职能是政府通过税收手段弥补市场失灵，实现资源高效、优化配置的重要体现。

税收的资源配置职能主要体现在以下方面。

#### 1. 导向作用

政府通过一定的税收制度对企业或个人的经济行为以及经济的发展方向进行引导。例如，税收可以通过一定的优惠政策引导资源在地区、部门间的流动，对于经济发展滞后的地区或鼓励发展的行业予以一定的支持，实现资源配置的均衡。税收还可以通过影响消费者间接地引导资源的流向。

#### 2. 矫正作用

现实经济生活中，市场机制存在着内在缺陷。这主要是因为完全竞争的市场几乎不存在，如公共物品的供应只能由政府部门筹措足够的资金来提供，或经济中一旦出现外部性、风险与不确定性、收入再分配以及失业和通货膨胀等问题，就要求政府干预经济。政府干预经济的方式很多，如界定产权、国有化、管制、支出和税收都是可供选择的干预方式。其中税收是主要的调控手段。矫正市场失灵的典型税收措施是矫正税，它通过弥补私人边际成本与社会边际成本的差距纠正外部性，使经济重新回到效率的轨道。例如，对污染、珍稀动植物资源的使用或消费的课税（亦称"绿色税制"），就是典型的矫正税。

### （三）分配职能

市场基础上的收入和财富分配往往带来过大的差距，超出社会价值所能认可的程度。大多数人的贫穷和少数人的暴富在许多国家引发严重的社会问题，阻碍了经济发展。地区差距过大也是如此。因此需要政府运用宏观调控手段来缓解贫富悬殊，使分配趋于公平。其中税收是主要的调控手段之一。

税收的分配职能是指税收所具有的均衡社会成员之间占有收入或财富的差距，维护社会公平的职责或功能。政府通过税收措施，缩小市场基础上的收入和财富分配中的过大差距，让富人比穷人承担更多的税负。例如，直接税实行累进税率，税率随着财富或收入的增长而相应提高，这就意味着穷人的税负轻于富人，从而缩小贫富差距。对于间接税而言，累进性是通过对消费支出结构的税收措施实现的，如对奢侈品征收重税，使奢侈品的税负高于必需品的税负，从而缓解贫富悬殊。

但是累进税也会导致效率损失。因为过高的累进税会挫伤劳动者的积极性，也会刺激逃税，这反过来会削弱累进性。而且即使从缩小贫富差距的角度讲，也并不是累进程度越高越好，因此要发挥好税收的分配职能，在累进程度、级距的制定上应充分考虑。

## 三、税收的监督管理职能

监督管理职能即税收对整个社会经济生活进行有效监督和管理的职能。国家要把税收征收过来，必然要进行税收管理、纳税检查、税务审计和统计、税源预测和调查等一系列工作。这些工作一方面能够反映有关的经济动态，为国民经济管理提供依据；另一方面能够对经济组织、单位和个人的经济活动进行有效的监督。列宁说："要使税收实际可靠，不至落空，就必须实行实际的而不是停留在纸上的监督。"由于税收是一种无偿性的分配，分配的结果是直接减少纳税人的既得利益，它本身就要求必须具有监督管理功能，以使这种无偿性的分配得以顺利实现。所以监督管理也是税收内在的一个重要属性，是税收的三大职能之一。历史上任何一个国家的税收都具有监督管理职能。

税收的监督管理贯穿于税收活动的全过程。从税收制度的制定到税收收入的入库，都必须体现税收监督管理的职责和功能。否则，国家的财政收入就得不到保障，税收调节经济的职能也难以实现。税收监督管理职能所涉及的范围也十分广泛，就当前我国的经济结构看，涉及国有、集体、个体、外资、合资、乡镇、街道、个人及各种经济；就再生产过程而言，涉及生产、交换、分配、消费各环节；就企业内部而言，涉及全部生产、供销、成本、利润、各项基金的分配和使用，以及工资、奖金发放等全部经营活动。因此，必须充分认识税收的监督管理职能，在更广阔的领域里极大地发挥税收监督管理的作用，以保证国民经济按照预定的目标顺利地运行。

上述税收的财政、经济及监督管理职能，不是孤立的，而是一个统一的整体，统一在税收的分配手段中。对于税收三个职能各自的地位问题，我们应用辩证的观点看待。从税收产生的原因来考察，组织财政收入是税收的始发职能。随着国家经济职能的加强和商品经济的发展，税收调节经济的职能则越来越具有重要的地位。在我国社会主义现阶段，应强调税收的经济职能，在基本保证国家取得正常的财政收入情况下，要把税收的经济职能提到主导位置，并以此为基准来完善我国的税收制度，使我国的税收制度真正成为促进社会主义市场经济发展的强有力手段。

## 四、税收三职能的地位变化

税收职能虽然是税收与生俱来的，但税收三职能在不同历史时期是有侧重的。大体经历了三个阶段。

### （一）侧重财政职能时期

从税收产生到 19 世纪下半叶，税收的职能基本上只是取得财政收入。在这个时期，税收虽然也作用于社会经济，但不具有政策导向的性质，而是一种自发的影响。个别国家虽然也采取过一些税收措施来调节社会生活和经济发展，但并不具有必然性，而只是一种偶然现象。原因在于：在自然经济条件下，生产力的水平相对低下，财富的分配近乎平均，无须借助国家力量加以矫正。同时，生产和消费基本上均以家庭为单位来进行。生产和消费的联系在家庭内部是直观的，在家庭之间是稀少的，一般不会发生脱节现象，因而没有必要像后来那样由国家进行调节与控制。在工业革命早期，经济自由主义从理论到实践都占统治地位，国家对社会生活和经济活动的干预被当作对社会经济发展起消极作用的事情。因此，这一时期的国家，基本上只是充当"守夜者"，这一时期的税收职能，基本上只是取得财政收入。

### （二）侧重社会政策时期

19 世纪下半叶到 20 世纪 30 年代，税收的职能侧重于社会政策。所谓社会政策，根据其倡导者——德国学者瓦格纳的表述，就是由国家运用立法或司法的手段对财富分配方面存在的弊端加以矫正的政策。这是因为，资本主义由自由竞争进入垄断之后，资本日益集中，财富占有的差距越来越大。这不仅威胁着社会的稳定，而且妨碍着经济的发展。为保持社会稳定和经济发展，就要由国家承担起调节财富分配的任务。国家为完成这一任务，就要制定相应的社会政策，采取相应的政策手段。税收是国家取得财政收入的主要形式，能对社会经济运行产生预期的影响。国家对财富分配的调节，不能不采取税收的形式。这使税收不仅重视取得财政收入，而且重视贯彻社会政策即调节财富分配。

### （三）侧重调控经济时期

在 20 世纪 30 年代席卷整个世界的经济危机中，人们从市场机制万能的迷信中解放出来，认识到由于有效需求不足等，单靠市场机制这只"看不见的手"，并不能自发地使经济总量保持平衡或由不平衡恢复到平衡，从而政府必须干预经济，首先是对经济总量必须进行必要的调节。政府调节经济的主要手段是财政政策和货币政策。财政政策包括支出和税收两种手段。国家为实施财政政策，调节经济总量，采用了税收手段，这使得税收不仅重视取得财政收入和调节财富分配，而且要对国民经济运行进行调控。

# ★ 本章拓展材料

长得胖也要交税? 听听世界各国的奇葩税

任性地征税带来的后果和影响

世界上千奇百怪的税　这些你知道吗

税收的三性,你怎么看?

我国古代税收名称略考

以减税应对金融危机

# 第二章

# 税收原则理论

## 【学习目标与要求】

本章梳理了西方税收原则的主要理论，并对现代税收原则中的公平原则和效率原则进行了详细分析。通过本章的学习，了解西方税收原则产生的背景与主要内容，熟悉税收公平原则与效率原则的内涵，掌握税收超额负担的产生，同时深入理解最适课税理论的内容。

## 第一节　西方税收原则理论

税收原则是国家制定税收政策、建立税收制度应遵循的理论准则和行为规范。它规定了政府对什么征税（课税对象）、征收多少（课税规模）、怎样征税（课税方式和方法），既是政府在设计税制、税收立法过程中所应遵循的理论准则，也是税法实施的行为规范，同时还是评价税收制度优劣、考核税务行政管理状况的基本标准。在西方，税收原则长期以来一直为财税学界所关注。许多学者提出了较为详尽的税收原则。

### 一、威廉·配第的税收原则

威廉·配第（1623—1687）是英国古典政治经济学创始人，他在《赋税论》和《政治算术》两本代表作中比较深入地研究了税收问题，第一次提出了税收原则理论。

配第的税收原则是围绕公平税收负担这一基本观点来论述的。他认为当时的英国税制存在严重的弊端："第一，人民不愿意缴纳这些经费，是由于他们总是怀疑课征过多或征收的税款被人贪污或浪费了，或者课征得不公平……使各种税收加重的另一原因，就是强迫人民在一定时期用货币缴纳税款，而不允许人民在最适宜的季节用实物缴纳。第三，征收含糊不清，模棱两可。"在《政治算术》中，他也曾提到：英国的各种税收"并不是依据一种公平而无所偏袒的标准来课征的，而是听凭某些政党或派系的一时掌权来决定的。不仅如此，这些赋税的征税手续不简便，费用也不节省"。

由此，配第提出税收应当贯彻"公平""简便""节省"三条标准。在他看来，所谓"公平"，就是税收要对任何人、任何东西"无所偏袒"，应根据纳税人的不同能力征收数量不同的税，而且税负也不能过重；所谓"简便"，就是征税手续不能过于烦琐，方法要简明，应尽量给纳税人以便利；所谓"节省"，就是征税费用不能过多，应尽量注意节约。

配第特别强调税收的经济效果，反对重税负。他认为过分课税，会使国家资本的生产力相应地减少，因而是国家的损失。"如果国王确能按时得到他所需要的款项，则预先将税款全部从臣民手中征收过来，并将它储藏在自己的金库中，这对于他自己也是一种很大的损失。因为款项在臣民手中是能够通过贸易而增值的，而储存在金库之中不单对自己没有用处，而且容易为人求索而去或被浪费掉。"[①]因此，他主张在国民经济循环过程中把握住税收的经济效果，并根据税收经济效果的优劣相应决定税制结构的取舍。

威廉·配第虽然提出并初步解释了税收标准，但遗憾的是，他并没有系统地进行必要的论述。

## 二、尤斯迪的税收原则

尤斯迪（1717—1771），德国最著名的官房学派的代表性人物，主要代表作有《政府行政管理》《国家经济学》《租税及岁出论》《财政学体系》等，其中1766年出版的《财政学体系》被奉为当时论述德国政府财政问题的第一本系统论著，在这本书中，他首次提出了税收原则。

他提出，税收是当国家的王侯领地和特权取得的收入不足时，人民用一定比例分割自己的财产及收益以充实国家的必要经费，但国家征税时，不能使人民负担过重，这是赋税问题的根本命题。根据这个命题，他提出了征税的六条原则：①税收应该采用使国民自动自发纳税的方法；②税收不要侵害人民的合理自由，也不要对产业加以压迫，换句话说，税收应该无害于国家的繁荣和人民的幸福；③税收应该平等课征；④课征应有明确的依据，并且要实行确定的征收，不能发生不正常情形；⑤税收应对征收费用较少的物品课征；⑥税收的征收，必须使纳税容易而便利。

尤斯迪第一个比较系统地论述了税收的原则，比威廉·配第的税收原则又前进了一步，为以后税收原则理论的发展奠定了基础，但是尤斯迪的税收原则在论述上仍然不够明确，而且受到当时具体条件的影响，有些原则是不可能做到的。

## 三、亚当·斯密税收原则

英国古典政治经济学家亚当·斯密（1723—1790）第一次将税收原则提到理论的高

---

① 配第 W. 赋税论 [M]. 陈冬野，等译. 北京：商务印书馆，1978：30.

度，明确而系统地加以阐述。他在经济学名著《国民财富的性质和原因的研究》中，不仅系统地论述了政治经济学和经济政策理论，而且还专篇论述了财政税收问题，使财政学从此成为一门独立的经济学科。正是在这本著作中，斯密提出了著名的税收的四项原则，即平等原则、确实原则、便利原则和经济原则。

## （一）平等原则

平等原则是指国民应当根据自己的能力按比例纳税来承担政府的经费开支，应该按照国家保护之下所获得收入的多少来确定缴纳税收的额度。亚当·斯密认为："一国的国民，都须在可能的范围内，按照各自能力的比例，缴纳国赋，维持政府。一个大国的各个人必须缴纳政府费用，正如一个大地产的公共租地者须按照各自在该地产上所受益的比例提供它的管理费用一样。所谓的赋税的平等或不平等，就看对这种原则是尊重还是忽视。"[1]斯密的平等原则，主要有以下几点含义：①反对贵族免税特权，主张所有国民都应当平等纳税；②税收的来源有地租、利润、工资三种个人收入，税收应当由三种个人收入共同负担；③按照自然形成的社会财富分配情况，按比例税率征税，不干预社会财富的分配，即税收应该保持中立。

## （二）确实原则

确实原则，即国民应当缴纳的税收，必须明确规定，不得随意变更。具体地说，就是纳税时间、地点、手续、数额等都要事先规定清楚，使纳税人明白，避免税务人员上下联手，致使纳税义务人蒙受额外的损失。亚当·斯密认为："各国民应当完纳的赋税，必须是确定的，不得随意变更。完纳的日期、完纳的方式、完纳的数额，都应当让一切纳税人及其他人了解得十分清楚、明白。如果不然，每个纳税人，就多少不免为税吏的权力所左右。"[2]

## （三）便利原则

便利原则，即各种税收的缴纳时间和缴纳方式等，都要给纳税人以最大的便利。例如，纳税时间，应规定在纳税人收入丰裕的时期；征税方法，应力求简便易行；征收地点，应设在交通便利的场所；征收形式，应当尽量采用货币形式，以避免因运输实物而增加纳税人的负担；等等。亚当·斯密认为："各种赋税完纳的日期及完纳的方法，须予纳税者以最大便利。房租税和地租税，应在普遍缴纳房租、地租的同一时期征收，因为这时期对纳税者最为便利，或者说他在这时期最容易拿出钱来。至于对奢侈品一类的消费物品的赋税，最终是要出在消费者身上的；征取的办法，一般应对他极其便利，当他购物时缴纳少许。"[2]

① 斯密 A. 国民财富的性质和原因的研究（下卷）[M]. 郭大力，王亚南译. 北京：商务印书馆，1997：384.

② 斯密 A. 国民财富的性质和原因的研究（下卷）[M]. 郭大力，王亚南译. 北京：商务印书馆，1997：385.

### （四）经济原则

经济原则又称节约原则，是指在征收过程中，应尽量减少不必要的费用开支，所征税收尽量归入国库，使国库收入与人民缴纳税收的差额最小，即征收费用最少。亚当·斯密认为："一切赋税的征收，须设法使人民所付出的，尽可能等于国家所收入的。对人民所付出的，多于国家所收入的，那是由于以下四种弊端。第一，征收赋税可能使用了大批官吏，这些官吏不但要消耗去大部分税收作为薪俸，而且在正税以外苛索人民，增加人民负担。第二，它可能妨碍人民的勤劳，使人民对那些会给许多人提供生计和职业的事业裹足不前，并使本来可以利用以举办上述事业的基金，由于要缴纳税款而缩减乃至消灭。第三，对于不幸的逃税未遂者所使用的充公及其他惩罚办法，往往会倾其家产，因而社会便会失去由使用这部分资本所能获得的利益。……第四，税吏频繁的访问及可厌的稽查，常使纳税者遭受极不必要的困恼与麻烦。"[①]因此，在设计税收制度时，应遵循"使人民付出的尽可能等于国家所收入的"这一最少征收费用原则，以克服以上弊病。

亚当·斯密的税收原则理论，反映了资本主义自由经济时期资产阶级的思想和利益。同前人的研究成果相比，亚当·斯密除了对平等原则继续予以重视并作为首要原则提出外，对税收的征管效率也给予了极大重视。他提出了比例纳税思想、税制效率思想，并初步认识到税收与收入再分配、税收与经济活动的关系，成为资本主义国家制定税收制度所奉行的重要理论指导原则，也成为后人税收征管制度改革的指南。但是，亚当·斯密的税收效率仅仅是狭义的征管效率，没有从整个税制的效率乃至宏观经济的角度提出效率原则的真正内涵，这与他当时所处的资本主义初期的时代局限性密切相关。

## 四、西斯蒙第的税收原则

18世纪末19世纪初的资本主义工业革命后，税收成为资本主义国家财政收入的主要来源，税制日渐复杂，其评价标准——税收原则也在进一步发展。继亚当·斯密之后，主要代表之一是法国古典经济学派的西斯蒙第，他从经济发展的角度提出了税收四原则。

### （一）税收不可侵蚀税本

西斯蒙第认为，一切赋税必须以收入而不是资本为对象。对前者征税，国家只是支出个人所应支出的东西；对后者征税，就是毁灭应该用于维持个人和国家生存的财富。

### （二）不能以总收入为课税对象

西斯蒙第认为，指定赋税标准，不应该对每年的总产品和收入混淆不清。因为每年的总产品除了年收入，还包括全部流动资本。必须保留着部分产品，以维持或增加各种固定资本，以及一切积累起来的产品，保证或提高所有生产工人的生活。

---

① 斯密 A. 国民财富的性质和原因的研究（下卷）[M]. 郭大力，王亚南译. 北京：商务印书馆，1997：385-386.

### （三）税收不可侵及纳税人的最低生活费用

西斯蒙第主张，赋税是公民换得享受的代价，所以不应该向得不到任何享受的人征税，即永远不能对纳税人维持生活所必需的那部分收入征税。

### （四）税收不可驱使资本流向国外

西斯蒙第认为，绝不应该因征税而使应纳税的财富逃出国外。因此，规定最容易逃出国外的财富税赋时，应该特别缜密思考。赋税绝不应该触及保持这项财富所必需的那部分收入。

西斯蒙第补充的四个原则几乎都围绕着一个中心，即"收入"展开论述的，这与他的税收理论的根本出发点是分不开的。他认为，税收的课征对象只能是每年增加的国民财富，即收入。这部分收入是用于消费的，不再用于生产，对它征税不会减少财富，如果对资本课税，原有的财富就会减少，国家就会很快陷于贫困甚至灭亡，他的第一个税收原则正是基于这种思想。他接着提出，不能以年产品总额为征税依据，因为年产品总额中包括了用于保持土地肥力的部分、固定资本部分和流动资本部分，其中流动资本是劳动者用于维持生活的必要收入，对这些征税必然触及资本，而且如果对人民的必要生活部分也征税，是社会组织对人的掠夺和压迫，由此提出了第二条和第三条原则。第四条原则主要是指税负不能太重，否则会使纳税人争相逃税，并携财富于国外，从而导致本国总收入减少。最后，西斯蒙第认为，他提出的这几条原则应该同斯密的四项原则综合运用。他说："遵照这些规则，即使不能使赋税变成一件好事，至少也能使它产生的坏事降低到最低限度。"

## 五、萨伊的税收原则

让·巴地斯特·萨伊（1762—1832）是法国庸俗政治经济学派的创始人。他所在的时代是法国资产阶级革命后社会矛盾开始激化的时期。萨伊认为，国家征税是向私人征收一部分财产，充作公共需要之用，课税后不再返还给纳税人。由于政府支出不具有生产性，所以最好的财政预算就是尽量少花费，最好的税收是税最轻的税收。据此，他提出了税收的五项原则。

### （一）税率最适度原则

萨伊认为，课税事实上是剥夺纳税人用于满足个人需要或用于再生产的产品，所以税率越低，对纳税人的剥夺越少，对再生产的破坏作用也就越小。征税的水平很大程度上取决于税率，税收适度即可归结为税率适度，因此要求制定合理的税率结构和适度的税率水平，使税收收入量达到一个较合理的标准。具体而言，即在不影响激励纳税人从事社会经济活动的前提下，同时保证国家基本的财力需要。

### （二）节约征收费用原则

萨伊认为，由于税收征收费用对人民是一种负担，对国家也没有益处，所以应节省征收费用，一方面尽量减轻纳税人的负担，另一方面也不给国家增加困难。

### （三）负担公平原则

当每个纳税人承担同样的（相对）税收负担时，每个人的负担必须是公平的。如果税负不公平，不仅损害个人的利益，而且同时有损于国家的收入。

### （四）最小程度妨碍再生产原则

纳税人的税负增加，必然减少投资，可能对社会再生产造成不利影响，也就是说，税收只能从消极方面影响生产，而不可能促进生产，因此税收的这种客观弊端不可能自行消灭，只能尽量在最大程度上减少这些影响。

### （五）有利于国民道德提高原则

税收制度和政策的合理与否同社会公德的培育密切相关。税收除具有财政作用外，还会对改善或败坏人民道德，促进勤劳或懒惰以及引导节俭或奢侈方面发挥调节作用。如果税种设置不合理、税率水平过高，就会使纳税人产生种种抵触情绪、败坏国民道德；如果征税合理、宣传得法，则可以培养人们的良好道德习惯。因此，税收制度的设计和税收政策的制定应有益于形成良好的社会习惯和提高国民的道德水平。

## 六、瓦格纳的税收原则

瓦格纳（1835—1917）是19世纪末德国新历史学派和社会政策学派的代表人物，他所处的时代是自由资本主义向垄断资本主义转化和垄断资本主义形成的阶段。当时资本日益集中，社会财富分配日益悬殊，社会矛盾十分激烈。他认为，关于赋税，一是有纯财政目的，二是有社会政策的目的。所谓社会政策的目的，就是以调节自由交易下所产生的分配不公平为目的，赋税不但要干涉国民的所得及财产的分配，而且要积极干涉税制的税收原则。他提出涉及财政政策、国民经济、社会正义、税务行政方面的四端九项原则。

### （一）财政政策原则

财政政策原则又称财政收入原则，是指税收应为国家提供充足的财政收入，以满足财政支出的需要。瓦格纳认为，税收是国家为了维持其存在和实现其政策目的所取得的必需的资金，因此税收首先要保证满足国家财政资金的需要。同时，如果政府的需要增加或政府除征税之外的其他收入减少时，税收能够依据法律增税或自然增加，以适应这种收支的变化。为此，他提出收入充分和收入弹性两项原则：

（1）收入充分原则，是指在其他非税收入来源不能取得充分的财政收入时，必须依靠税收充分满足国家财政需要，同时由于国家的职能不断地增加，因此要求税收制度应该能够充分满足国家财政支出不断增加的资金需求。

（2）收入弹性原则，是指要求税收制度能够适应由于财政支出增加或其他财政收入减少的变化情况，可以通过增税或自然增收，相应地增加财政收入。

## （二）国民经济原则

这一原则主要是指国家征税应该考虑对国民经济的影响，应尽可能有利于资本的形成，培养税源，促进国民经济的发展。他提出税源选择和税种选择两项原则：

（1）税源选择原则，即选择有利于保护税源的税本，以发展国民经济。通常可以作为税源的有所得、资本和财产三种。瓦格纳认为，从国民经济考虑，资本和财产作为税源将危害资本，选择所得作为税源最好。但不能以所得作为唯一税源，可以适当地选择某些资本和财产作为税源。

（2）税种选择原则，即税种的选择主要应考虑税收转嫁的问题，应将税负的归宿落在应当承担税负的人身上。因此，应尽可能选择税负不易转嫁或税负转嫁明确的税种。

## （三）社会正义原则

社会正义原则，又称社会公平原则或社会政策原则，是指税收应当矫正社会财富分配不公和两极分化，实现税收负担在每个人与每个社会阶层之间的公平分配，从而达到缓和阶级矛盾，运用税收政策进行社会改良的目的。具体包括普遍与平等两个具体原则：

（1）普遍原则，即每一个公民都应有纳税的义务，对一切有收入的国民都要普遍征税，而不能因其特殊的社会地位而例外。

（2）平等原则，即国家应该根据纳税能力的大小征税，使纳税人的税收负担与其纳税能力相称。瓦格纳强调采用累进税率征税，高收入者税率从高，低收入者税率从低；同时对财产所得和不劳而获者应课以重税，以达到社会政策的目的。

## （四）税务行政原则

税务行政原则体现了税收管理方面的要求，是对亚当·斯密确实、便利和经济三原则的继承和发展，这是课税技术方面的原则，包括确实、便利和最少征收费用三项原则。

（1）确实原则，要求税收法律必须明确，税收机关对纳税的时间、地点、方式和数量也必须事先明确规定。

（2）便利原则，既要考虑给予纳税人方便，在纳税手续、纳税时间、纳税地点、纳税方式等方面要做到简化便捷，同时也要考虑征收的方便。

（3）最少征收费用原则，要求征收管理所开支的费用，应力求节省，以增加国库的实际收入，同时，征管费用不单纯指征税的费用，纳税人因缴税而直接或间接负担的费用也包括在内。

瓦格纳的税收原则集前人之精华，体系完整，对西方税收原则理论有很大影响。瓦格纳除了将亚当·斯密四原则归并为社会正义原则和税务行政原则外，根据社会政策的需要，增加了财政政策和国民经济两原则，使税收确保财政收入向调节社会生活和经济秩序的理论发展跨进一步，在税收与政治经济之间建立了联系。同时，瓦格纳比较突出地阐释了社会正义原则，即税收作为改善社会分配的一种手段，通过矫正自由经济社会中的不公正现象，达到社会政策的目的。瓦格纳的这种主张，既承认当时社会经济制度中存在不公正，又以社会政策的税收原则和财政作为改良手段，达到社会公正的目的。

## 第二节　现代税收原则的内涵

### 一、税收公平原则

#### （一）税收公平原则的含义

公平原则被公认为税收的首要原则。这一方面是由于税收是否公平直接关系到税收制度本身能否正常运转，另一方面是由于税收是否公平会影响到政治和社会是否稳定，而不仅仅是一个经济问题。

税收公平原则是指税收作为对国民收入再分配的手段，应尽可能调整社会财富分配，力求公平合理。概括地说，公平的税制应保证纳税人的实际纳税符合他们应该承担的合理份额。税收公平原则要求税制的设计和税收的课征应有助于国民收入分配的最优化，使社会财富的分配达到公认的公平、正义和合理状态，同时税收负担的分配也应与纳税人的经济状况相适应。一般认为，应首先符合以下要求：一是条件相同的人应缴纳相同的税，此为横向公平；二是条件不同的人应缴纳不同的税，此为纵向公平。

因此，公平是相对于纳税人的条件而言的，而不单是税收本身的绝对负担问题，或者说，衡量税收是否公平，不能孤立地看税负本身，而要联系纳税人的经济能力或纳税能力。税收负担要和纳税人的经济能力或纳税能力相适应。

#### （二）衡量税收公平的标准

1. 利益说

利益说要求按纳税人从政府公共支出中获得的利益程度来分配税负。这种观点的理论依据是，政府之所以要向纳税人课税，是因为它向纳税人提供了公共物品；纳税人之所以要向政府纳税，是因为他们从政府提供的公共物品中获得了利益。因此，税负在纳税人之间的分配，只能以他们享受利益的多少为依据，受益多者多缴税，受益少者少缴税，受益相同者缴纳相同的税。可见，利益说实际上是将公民纳税与政府提供公共物品看成是一种类似于市场交易的过程，税收就好比是政府提供公共物品的价格。受益学说产生于17世纪的重商主义时期，霍布斯、亚当·斯密、卢梭等许多经济学家或哲学家都曾阐述过这种思想。

这一观点在理论上是极易被接受的，但在实践中却遇到了问题，具有很大的局限性。

（1）纳税人从政府提供的公共物品中的受益程度和受益大小难以确定。每个纳税人从公共物品（如国防支出、行政管理支出、环保支出等）中受益多少的信息常常难以获得，如果让公共物品的受益者自己报告，则由公共物品特征决定的"搭便车"心理会使他们刻意歪曲自己的受益情况，进而隐瞒真实的信息，这是利益说的一个重要局限。

（2）利益说的另一个重要局限在于，它以市场的分配是公平的这一假设为前提，而在现实中这一前提并不存在，从而即使利益说能够实现，亦无法为收入再分配公平的实现贡献力量。因此，它也不能解释各种社会福利支出的税收来源问题。

当然，利益说虽在税制实践中不具有普遍意义，却并不排除其在某些个别税种中的运用。例如，2009年燃油税的开征就是利益说的典型例证。此外，不应忽略的是，利益说对公共物品有效供给模型的构建起到了启迪和奠基作用，从而为公共物品理论的发展作出了重要贡献。

2. 支付能力说

支付能力说要求根据纳税人的支付能力来确定其应承担的税负。按照这一观点，税收负担的分配与支出不发生联系，每个纳税人只要按支付能力大小来分摊税收总额即实现了公平。尽管这一观点由于不联系支出，遭到一些经济学家的反对，但从实践角度来看，它最具可行性，已成为被广为接受的指导税制建设的理论之一。

运用支付能力说实现税收横向公平时，面临的首先是支付能力的衡量问题，这实际上也就是税基的选择问题。

（1）收入通常被认为是衡量纳税人支付能力的最佳标准。收入越多，表明在特定时期内扩大生产和消费以及增添财产的能力越大，税收支付能力也越大，反之则越小。在实践中，如何界定收入，还有一些问题要解决：一是以单个人的收入为标准还是以家庭的平均收入为标准。二是以货币收入为标准还是以经济收入为标准。所谓经济收入，不仅指货币收入，而且包括任何能增加个人消费潜力的收入，如自产自用产品和服务的推定价值、居住自有房屋的推定房租、社会保障收入等。三是某些支出是否应予扣除，如医疗费用支出、获得收入所付出的成本费用等是否可扣除、怎样扣除。四是不同来源的收入是否应区别对待，如勤劳收入与不劳而获的收入是否应区分。以上问题如果处理不好，同样难以准确衡量纳税人的支付能力，进而妨碍公平。此外，由于收入既与人的能力有关，也与其努力程度有关，是人们工作与闲暇决策的结果，因此，一些学者认为不同收入的人可能有着相同的福利状况或支付能力，以收入作为衡量支付能力的标准这时就不能实现横向公平。这种批评也存在于下述的消费和财产标准中。

（2）消费被认为是衡量纳税人支付能力的又一标准。其理由是：消费意味着对社会的索取，索取越多，说明支付能力越强，越应多缴税。对消费课税除了避免对储蓄的重复征税，还能在客观上起到抑制消费、鼓励投资、促进经济发展的作用。但是，以消费为标准也具有一定局限性：收入不同的人，由于消费习惯不同，消费水平可能一致，如果征税相同显然有失公平；即便是收入相同的人，其边际消费倾向也可能不同，若以消费支出作为纳税能力判定标准，也会产生不公平；同时消费的累退性会导致对消费征税的累退性，这显然也不利于实现税收公平。

（3）财产也被认为是衡量纳税人支付能力的标准之一。一方面人们可利用财产赚取收入，增加支付能力；另一方面财产还可带来其他满足，如声望、权力、安全保障等，亦直接提高了财产所有者的实际福利水平。加之资本利得，财产隐含收入通常不被纳入收入税基，因此，也有必要将财产税基作为收入税基的补充。但用财产来衡量纳税人的支付能力，也有局限性：一是财产税是由财产收益负担的，数额相等的财产不一定会给纳税人带来相等的收益，从而使税收有失公平；二是财产税与所得税一样，存在抑制储蓄和投资的问题；三是财产形式多种多样，实践中难以查核，估值颇难，如字画、古董等。

从以上分析可以看出，无论以哪种标准衡量，都有其合理的一面，但也都有一定的局限性。事实上，现实生活中，绝对准确且公允的测度纳税能力的尺度是不存在的。用收入、消费和财产三个指标一起来衡量纳税人的纳税能力，是最符合公平原则的一种现实选择。

## 二、税收效率原则

税收效率原则要求税制的设计应使税收产生的社会总收益大于社会总成本。由于具体税收用途的非固定性，收益与成本没有直接的对应关系，我们一般将税收收益用税收收入代替，因此，税收效率也就意味着税收收入造成的社会成本应最小。概括地说，税收造成的社会成本主要有两个方面：一是税收干扰私人经济部门的选择造成的超额负担，亦称经济成本；二是税收征纳与管理带来的成本，即税务成本。也由此引出了税收效率的两个含义，即税收经济效率和税务效率。

### （一）税收经济效率

税收经济效率是指既定税收收入下的超额负担最小化和额外收益最大化。所谓税收超额负担，是指征税引起市场相对价格的改变，干扰私人部门选择，进而导致市场机制扭曲变形而产生的经济福利损失。由于征税不可避免，税收超额负担在多数情况下亦不可避免，因此，如何使税收超额负担最小化就成为提高税收经济效率的基本思路。同时，矫正性税收的开征，亦可消除或减少外部效应，使市场机制恢复效率，产生额外收益，也成为以提高税收经济效率为目标的税制设计予以关注的问题。

既然税收超额负担影响经济效率，那么，它是如何产生的呢？

征税会产生两种效应，一是收入效应，二是替代效应。收入效应是因征税使纳税人的购买力减少，但不改变商品（或经济活动）的相对价格而产生的效应。收入效应仅说明资源从纳税人转移给政府，不发生超额负担，也不导致经济无效率。替代效应是当税收影响商品（或经济活动）的相对价格时，导致纳税人以一种商品或经济行为替代另一种商品或经济行为而产生的效应。替代效应的结果是使纳税人的福利水平降低，这种福利损失是扣除政府税收后的净损失，所以是税收的超额负担。

下面用图 2-1 来说明税收的收入效应、替代效应以及超额负担的形成。如图 2-1 所示，横轴表示产品 X 的数量，纵轴表示产品 Y 的数量。消费者税前的预算约束线是 AB。预算约束线的斜率反映 X 和 Y 的价格比，所以 AB 也为价格线，$P_X/P_Y=OB/OA$，$I_1$、$I_2$、$I_3$ 是不同的无差异曲线，用来衡量消费者的福利水平，每条曲线都是 X 和 Y 的各种组合的点的轨迹，同一条曲线上的点给消费者带来的福利水平是相同的，曲线越是远离原点，则表示福利水平越高。消费者为了获得最大的满足，应该在现有的预算约束下选择某种 X 与 Y 的组合，使之能达到最高的无差异曲线，即实现均衡。均衡点应为预算线与无差异曲线的切点。图 2-1 中未征税前，均衡点为 $E_1$ 点。在该点生产的边际转换率 MRT（由价格线斜率表示）等于消费的边际替代率 MRS（由无差异曲线切线斜率表示），满足资源最优配置的条件。

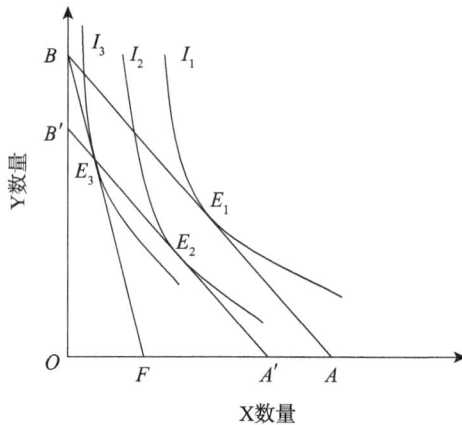

图 2-1　税收的收入效应和替代效应

如果政府征收一般消费税，即对商品 X 和 Y 按同样税率征税，税率为 $AA'/OA=BB'/OB$，则预算线平移至 $B'A'$，新的均衡点在 $E_2$ 点，福利水平降为 $I_2$。由于 X 和 Y 的相对价格未变，消费者在两种产品之间的选择偏好亦未变，只同时减少两种商品的消费，这反映出的是税收的收入效应。此时，MRS=MRT，仍满足效率条件，福利由 $I_1$ 下降到 $I_2$ 的差额部分由政府税收收益弥补，故不产生超额负担。征收人头税或所得税时也会产生同样的情况。

如果征收选择性消费税，只对商品 X 征税，情况将有很大不同。假定税率为 $AF/OA$，预算线变为 $BF$，斜率改变。预算线之所以绕 B 点旋转是因为不需缴税的 Y 商品价格未变，消费者原有收入能买到 Y 商品的最大量仍为 OB，预算线斜率增大，说明 X 商品由于税收的原因价格上升。新的均衡点位于 $E_3$，其福利水平为 $I_3$。此时 MRT 不再等于 MRS，效率条件被破坏。税收引起的这种福利水平的变化既包含了收入效应（消费者的收入减少了），也包含了替代效应（两种商品的相对价格发生了变化）。图 2-1 中 $E_3$ 点是 $B'A'$ 线和 $BF$ 线的交点，说明 $E_3$ 和 $E_2$ 代表的税后收入相同。$E_2$ 反映了收入效应发生作用的结果，但过 $E_3$ 的无差异曲线 $I_3$ 低于过 $E_2$ 的无差异曲线 $I_2$，$I_3$ 和 $I_2$ 之间的差距就是替代效应发生作用的结果。这部分福利损失不能由政府税收收益来弥补，是税收的超额负担。

可见，税收的替代效应产生超额负担，避免或降低超额负担的途径就是要遵循税收中性原则。所谓税收中性原则，是指税制应不影响市场中各相对价格，进而保证生产者和消费者纳税前后经济行为的一致性。从经济学角度看，税收的中性原则包括两方面含义：第一，国家征税时，纳税人除纳税而发生的负担外，最好不要再遭受其他额外的负担或经济损失，即理想的税制应使这个额外负担减少到最小程度。第二，国家课税应避免对市场经济机制产生不良的影响，即国家征税不能阻碍国民经济的运行和发展，力图设计出既不降低经济效率，也不扭曲资源配置的税收制度，并在可能范围内改善资本形成的环境。税收的经济效率主要着眼于超额负担的最小化，就这一点来看，税收经济效率与税收中性是一致的。但由于经济系统的复杂性，除了一次总付税（人头税）外，其他税种都可能产生超额负担。在实践中，一个国家的税制又必须存在一次总付税以外的其他税种，所以现实中的税制只能尽可能地接近中性，以减少税收超额负担带来的效率损失。此外，在市场配置资源失灵的领域，如果税收能有效矫正市场失灵，这时税收非中性即税收调节就会产生额外收益，在这种情况下，税收经济效率与税收非中性也是一致的。

税收中性与税收调节的关系可简单归纳如下：①在个别税种上，从效率角度看，如果实行税收中性有利，则排斥税收调节。从整个税制上说，税收中性与税收调节并不是矛盾的，而是相辅相成的。这是因为，即使是市场机制发达的国家，也存在市场失灵的领域，税收调节矫正这种失灵和缺陷是政府可选择的手段之一。所以，在市场有效和失灵的各自领域，税收中性与税收调节可以并存，统一于整体税制之中。②税收中性与税收调节服务的目标与作用的层次有所不同。税收中性着眼于资源配置，主要服务于微观效率目标，而税收调节既与资源配置有关，也关注收入分配，服务于公平和效率两个目标。不仅如此，税收调节还是宏观经济稳定与发展不可缺少的前提和手段，因此，二者完全可以统一于从微观到宏观的不同经济层次之中。③现实地看，税收中性也内含着一定的税收调节因素，这是因为完全纯粹的税收中性几乎是不存在的。

### （二）税务效率

税务效率是指以最小的税务成本取得既定的税收收入。一般通过税务成本占税收收入的比重这一标准来衡量。

$$税收行政效率 = \frac{一定时期的税务成本}{一定时期的税收收入} \times 100\% \tag{2-1}$$

税务成本是指在税制实施过程中征税机关和纳税人发生的各类费用和损失，包括征税成本和纳税成本。征税成本是指征税机关为履行职责，依法征税而发生的各种费用，包括人员工资和福利费用、设备和设施费用、办公费用等。狭义的税务成本即指征税成本。纳税成本是指纳税人为履行纳税义务，依法纳税所发生的各种费用，包括纳税人用于申报纳税花费的时间和交通费用，纳税人被征税机关访问和稽查花费的时间和费用，纳税人雇佣会计师、税务顾问代理涉税事务支付的费用，由于纳税事务引起的心理负担，纳税人为合法避税而进行税收筹划所花费的时间、金钱等。

征税成本较易计算，即使有些数字不能直接显示，也可通过估算获得。因此可用征税成本占已征税额的比重来评估其效率，比重越低，则效率越高，反之则越低。但纳税成本的计算相对较难，如纳税人花费的时间、心理方面的负担等，很难用货币来计量，亦有人将其称为"税收隐蔽费用"。所以，对税务效率的考察，基本上是从狭义的税务效率层次上进行的。

需要注意的是，在一定条件下，纳税成本和征税成本可相互转化，此增彼减。当征税机关实施改善纳税服务设施、扩大税务咨询和宣传的范围、强化培训税务人员等措施时，必然会降低纳税人的纳税成本，但一般也会因此增加征税机关的征税成本。而税务代理业务的开展，使征税机关的某些业务分离出去，有利于降低征税成本，但也有可能因此增加纳税人的纳税成本。在处理这种替代关系时，需十分谨慎。一般来说，除非能准确比较各自成本的大小，否则，宁可由征税部门支付征税费用，也不应由纳税人来负担纳税费用。

影响征税成本的因素除了税源的规模和分布结构、社会法制环境，主要是税制的繁简程度和征收管理水平。因此，为提高税务效率，一是要优化和简化税制，使征税机关易于执行，纳税人易于理解掌握，进而降低成本；二是要改进管理模式，优化征管资源的配置，同时采用先进的征管手段，最大可能地节约征管方面的人力和物力资源。从统计资料看，我国税务效率与先进国家相比还有较大差距，可挖掘提高的潜力还很大。

## 三、税收公平与效率的关系

税收必须以公平为本，同时又必须考虑效率的原则。税收公平与效率往往处于两难的选择，因此，把税制的设计同本国的具体情况和长远发展战略结合起来的税收原则，才是对公平和效率两者更深层次和更高层次的兼顾。

### （一）税收应以公平为本

在现代经济学看来，任何经济活动的目标，都是追求公平与效率以及二者的最佳结合，税收也是如此。公平合理是税收的基本原则和税制建设的目标。税收公平是指国家征税应使各个纳税人的税负与负担能力相适应，并使纳税人之间的负担水平保持平衡。税收公平要求税收必须普遍课征和平等课征。税收不仅是财政收入的主要形式，同时也是国家参与和调节国民收入分配和再分配的手段，与社会经济生活各个领域密切相关，对社会生活和经济运行发挥着巨大的影响，因此，税收公平是一个财政问题，也是一个社会问题和经济问题。税收公平原则通常被认为是税制设计和实施的首要原则，并被推为当代税收的基本原则。

### （二）征税必须考虑效率的要求

税收不仅应是公平的，而且应是有效率的。效率包括两层含义：一是指征税对经济运行效率的影响，宗旨是征税必须有利于促进经济效率的提高，有效地发挥税收调节经济的功能；二是征税过程必须要有效率，即较少的征收费、便利的征收方法等。税收作为一种重要的再分配工具，可以在促进资源配置的合理化、刺激经济增长等方面发挥作用，就是有效率的。因此，税收是否有效率必须结合经济运行本身的效率考察，如果经济运行本身已经是有效率的，税收活动就应以不干扰经济运行为有效率。假如经济运行本身已经是低效率乃至无效率的，税收效率则应体现在它对经济运行的影响和干预上。在市场经济国家，总是存在市场失灵的问题，税收的经济杠杆作用越来越受到重视。

### （三）税收公平与效率的两难选择

税收的公平与效率是密切相关的，从总体上讲，税收的公平与效率是相互促进、互为条件的统一体。首先，效率是公平的前提。如果税收阻碍了经济发展，影响了国内生产总值（GDP）的增长，尽管它是公平的，也是没有意义的。因为税收作为一种分配手段是以丰裕的社会产品为基础的，而没有效率的公平便成了无本之木。所以，真正的公平必须融合效率的要求，必须是有效率的公平。其次，公平是效率的必要条件。尽管公平必须以效率为前提，但失去公平的税收也不会是高效率的。因为税收不公平必然挫伤企业和个人的积极性，甚至还会引致社会矛盾，从而使社会生产缺乏动力和活力，自然也无效率可言。因此，真正的税收效率必须体现公平的要求，必须是大体公平的。

当然，税收的公平与效率的统一并不是绝对的，就某一具体的课征活动来说，两者会有矛盾和冲突。例如，商品课税可以通过各类奖限政策促进合理配置资源和发展生产，一般认为是有效率的，但由于它背离了量能纳税的原则，有时会造成纳税人的苦乐不均，通常又被认为是不公平的。又如，所得课税具有负担合理、课征公平的优点，但它距离经济运转过程较远，很难直接调节生产和流通，又有效率不高的缺点。正因为如此，在税制设计和征收管理上才有公平和效率难以兼顾的说法。只有同时兼顾公平和效率两个方面的税制才是最好的税制。但就具体税种来说，往往不是低效率、高公平就是高效率、低公平，高效率、高公平的最优组合是少有的。发展中国家实行"效率型"税制比实行"兼顾型"税制更能促进本国经济腾飞，发达国家实行"公平型"税制更有益于社会安定。因此，把税制的设计与本国的具体情况和长远发展战略结合起来，才是对公平与效率二者更深层次和更高层次的兼顾。

## ■ 第三节　最适课税理论

公平与效率都是在税制设计中应遵循的基本原则，然而税收公平与税收效率并非是相互独立的，在选择课税方式时，二者之间经常不可避免地发生矛盾和冲突。如何在税制中协调二者之间的关系，使税制设计在它们的相互约束中更尽如人意，就成为税收理论要解决的重要课题。正是适应这种需要，产生了最适课税理论。

### 一、最适课税理论的提出

最适课税理论的起源可以追溯到古典经济学家 J. S. 穆勒（Mill）首次提出的"牺牲"学说。穆勒认为，税收公正要求每个纳税人都要承担同等的牺牲。在埃奇沃思和庇古之后，现代福利经济学将牺牲解释为效用的损失，并提出将边际效用相等适宜作为使税收引起的总牺牲最小化的原则。1996 年英国剑桥大学经济学教授詹姆斯·米尔利斯和加拿大籍美国哥伦比亚大学名誉教授威廉·维克里提出了当代最适课税理论，认为税制结构造成的总牺牲应当最小，且把牺牲看作社会福利的减少，而不仅仅是个人效用的损失。二人也因对该理论的形成所作出的重要贡献而共同分享了 1996 年度诺贝尔经济学奖。

## 二、最适课税理论与"最优原则"和"次优原则"

### （一）最适课税理论与"最优原则"

最适课税理论与福利经济学中的"最优"概念有关。在福利经济学中，"最优原则"（first-best principle）的基本含义是私人部门（市场机制）对经济资源的有效配置，即"市场配置效率原则"。福利经济学认为，如果不存在任何市场失灵，市场机制就能使商品的供求达到均衡，消费者对最后一个单位商品所愿意支付的价格（即商品的边际价格）正好等于竞争性生产者生产该商品的成本（即边际成本）。在这种条件下，价格调整供给与需求，各种生产要素和经济资源得到充分的利用与有效的配置，从而在交换、生产与总体市场上都实现了均衡，这就是所谓的资源配置的"帕累托最优状态"。然而，由于在公共产品、外部性等市场失灵的情况下，市场配置资源无法达到最有效率状态。在这种情况下，公共部门配置资源如何确保效率？税收制度能否符合最优原则？税制最优原则是帕累托最优效率在税收领域的延伸。理想的最优课税理论是假定政府在建立税收制度和制定税收政策时，掌握着纳税人的完全信息并具有无限的征管能力。那么，在现实中税收制度能否符合最优原则，实现最优课税呢？

首先，从信息的角度看，在现实中，政府对纳税人的能力和课税对象等情况的了解并不完全，在信息不对称的情况下，政府只能根据纳税人的收入、支出等可观测到的信息来征税，这就难免产生纳税人经济行为的扭曲。其次，从征管角度看，政府的征管能力从来都是有限的。无限的征管能力和无限的成本是配套的，过高的成本限制了政府的征管能力。最后，从税收本身的特点来看，绝大部分税收也是不符合最优原则的。因为税收的征收等于在市场有效配置资源的过程中，加进了一个"楔子"，即"税收楔子"（tax wedge），使消费者支付的价格与生产者获得的价格发生了分离，产生了消费者剩余损失或生产者剩余损失，进而影响到消费者或生产者的行为。或者说，因税收楔子的存在，资源的利用不能充分反映消费者与生产者的偏好，也就无法实现最优配置。因此，在大多数情况下，税收的最优原则是不可能实现的。

### （二）最适课税理论与"次优原则"

鉴于最优原则在税制设计中无法实现，20 世纪 60 年代后西方经济学家把"次优原则"引入税制建设中。"次优原则"概念最早是由加拿大经济学家李普斯和美国经济学家兰卡斯特提出来的。这一理论原则论证了在市场存在失灵的既定条件下，如何建立能使这些失灵损失达到最小的优化价格条件。70 年代初以来，当代西方财税学界再次对如何最好地筹集财政收入这一传统问题产生兴趣，他们把次优原则应用到了税制理论上。阿特金森、米尔利斯、斯特恩等许多著名经济学家认为，应在维持一定的政府税收收入的前提下，使课税行为所导致的效率损失达到最小化。按这一思想进行的税制设计可称为"次优课税"，这构成了最适课税理论的重要理论基础。

最适课税理论是以最优原则与次优原则的发展及应用为基础建立起来的，但无论是最优原则还是次优原则，关注的都是资源配置效率问题，这当然不能满足人们对税制的全部需要。换言之，税制还必须关注收入分配的公平方面。最适课税理论是以资源配置的效率性和收入分配的公平性为准则，对构建经济合理的税制体系进行分析的学说。只有将资源配置效率与收入分配公平结合起来一并考虑的税制，才可能是合意的税制，即"最适"的税制。

## 三、最适课税理论的基本内容

最适课税理论围绕着公平与效率原则，对于究竟应该如何选择商品的征税范围，如何设计所得税的累进程度，如何搭配商品课税与所得课税之间的组合等非常重要的问题进行了深刻的分析。

### （一）最适商品课税理论

#### 1. 一般税与选择税的权衡

从效率角度看，在税收收入一定的情况下，课征一般商品税比课征选择税更符合经济效率的要求。因为用相同税率对商品（包括闲暇）普遍课税只会产生收入效应，因而不会扭曲消费者选择，不会造成税收超额负担。而对商品课征选择税，不仅会产生收入效应，还会产生替代效应，其结果必然会影响消费者的选择，并且造成税收超额负担。从社会公平角度看，一般商品税很容易课及一般生活必需品，而对生活必需品的课税具有明显的累退性，这与公平目标是相悖的。所以，从公平与效率兼顾的要求出发，最适商品课税应首先尽可能广泛课征，同时对一些基本生活必需品减征或免征。

#### 2. 拉姆齐法则——反弹性法则及其修正

在解决了商品课税的范围问题后，接下来的是税率结构的选择问题，即是对全部商品使用统一的税率课征，还是按不同商品确定差别税率课征。拉姆齐法则（the Ramsey rule）回答了这一问题。该法则指出："为了使总体超额负担最小化，税率的制定应当使各种商品在需求量上按相同的比例减少。"将拉姆齐法则进一步引申，可得出：只要商品在消费上互不相关，对各种商品课征的税率必须与该商品自身的需求价格弹性成反比。因为只有如此，才能达到"使各种商品在需求量上按相同的比例减少"的目的。故拉姆齐法则也被称为反弹性法则。

反弹性法则的含义是显而易见的，一种商品的需求弹性越大，潜在的扭曲影响也就越大。因此，有效率课税要求对需求弹性相对小的商品课征相对高税率的税收，对需求弹性相对大的商品课征相对低税率的税收。然而，问题又产生了，我们会发现，需求弹性小的商品许多是生活必需品，而需求弹性大的商品许多是奢侈品。根据反弹性法则，对生活必需品要课征比奢侈品更重的税收，这显然违背了收入分配公平的原则，必须加以适当修正。基于公平的考虑，政府应对生活必需品制定较低的税率，而对高收入阶层偏重消费的奢侈品课征较高的税率，以增加商品税的累进性，即使会因此产生一定的效率损失。需要说明的是，这种对反弹性法则的修正，并非否定其本来的意义，因为除必需品和奢侈品以外的商品仍应按反弹性法则行事。

3. 科勒特-哈格法则

科勒特-哈格法则（the Corlett-Hague rule）主张：为了纠正商品课税对工作-闲暇关系的干扰，在设计商品课税的税率结构时应采取一种补偿性措施，即对与闲暇互补的商品课征较高的税率，对与闲暇互替的商品课征较低的税率。科勒特和哈格之所以提出这一法则，是因为一般商品税实际上并不把闲暇这种特殊商品包括在征税范围中，而闲暇与其他商品之间又确实存在互补或互替关系，这就会扭曲人们在闲暇和一般商品消费之间的选择，鼓励人们多消费闲暇，减少劳动供给，降低经济效率。为了解决这一问题，在确实又无法对闲暇直接征税的情况下，就只能对与闲暇存在互补或互替关系的商品进一步采取补偿性措施，并且这也多少弥补了所得课税对工作-闲暇关系干扰造成的效率损失。还需指出的是，科勒特-哈格法则与反弹性法则并不矛盾，因为与闲暇互补的商品一般也是无需求弹性或低弹性的商品。

## （二）最适所得课税理论

1. 所得税的边际税率不能过高

在政府目标是使社会福利函数最大化的前提下，社会完全可以采用较低累进程度的所得税来实现收入再分配，过高的边际税率不仅会导致效率损失，而且对公平分配目标的实现也无益。就标准的累进税制而言，边际税率递增的累进税制要比单一税率的累进税制造成的超额负担更大，而且边际税率越高，替代效应越大，超额负担也越大。同时，相对而言，边际税率越高并不等于越有助于收入分配公平，因为最低收入阶层所获得的免税额或补助额是不变的，高边际税率充其量只是限制了高收入者的收入水平，而无助于低收入者福利水平的提高。

2. 最适所得税率结构应当呈倒"U"形

从社会公平与效率的总体角度来看，中等收入者的边际税率可适当高些，而低收入者和高收入者应适用相对较低的税率，拥有最高所得的个人适用的边际税率甚至应当为零。这一结论是基于这样的判断：在同样的效率损失情况下，政府通过提高中等收入者的边际税率，从较为富裕那里取得更多的收入；而通过降低最高和最低收入者的边际税率，增加这一群体的福利，从而既能实现帕累托改进，又能促进收入分配公平。应清楚的是，倒"U"形税率结构的分析结论是在完全竞争的假定前提下得出的，现实中完全竞争几乎不存在，因此不能完全按照倒"U"形税率结构设计所得税率。

### （三）关于所得税与商品税的搭配理论

#### 1. 所得税与商品税应当是相互补充的，都有其存在的必然性

许多经济学家从不同角度分析了直接税和间接税的优劣，虽然结论莫衷一是，但一般认为所得税是一种良税，而差别商品税在资源配置方面也是所得税所不能取代的。原因在于：第一，由于所得税不能对闲暇征税，故政府可利用商品税对闲暇商品课征高税，以抑制人们对闲暇的消费。第二，由于一些经济活动存在着外部不经济性，故政府可通过征收差别商品税使各项经济活动的私人成本等于社会成本，以使社会资源得到更合理的配置。因此，最适课税理论认为无论是商品税还是所得税都有其存在的必然性。

#### 2. 税制模式的选择取决于政府的政策目标

在所得税和商品税并存的复合税制条件下，是以所得税还是以商品税作为主体税种影响到税制的总体功能。既然所得税有利于实现分配公平目标，商品税有利于实现经济效率目标。那么，如果政府的政策目标是以分配公平为主，就应选择以所得税为主体税种的税制模式；如果政府的政策目标以经济效率为主，就应选择以商品税为主体税种的税制模式。所以，一国的税收制度最终实行何种税制模式，要取决于公平与效率目标间的权衡。

迄今为止，从最适课税理论到实际税制设计之间尚有相当的距离。但随着理论的进步和完善，这种距离正在逐步缩小。事实上，这一理论在 20 世纪 90 年代已成为西方税制改革的主要理论依据。正如著名经济学家阿特金森和斯蒂格里茨所言，最适课税理论的结论是定性的而非定量的，是税制设计的重要指导原则而不是税制改革的实践基础。仅就此意义来说，它也应在我国的税制优化过程中发挥重要的作用，其借鉴价值不可低估。

## ★ 本章拓展材料

房地产税改革应坚持公平导向

马歇尔税收思想

消费税的完善有利于社会的公平

应对数字经济征税以保证税收公平

# 第三章

# 税收负担与税负转嫁理论

## 【学习目标与要求】

本章主要介绍了税收负担和税负转嫁理论。通过本章的学习，熟悉税收负担的分类及衡量指标，学会分析影响宏观税负和微观税负的因素，深入理解拉弗曲线的内涵和最佳宏观税负的确定；掌握税负转嫁的含义、转嫁的基本方式，深入理解影响税负转嫁的因素。

## 第一节 税收负担

税收负担是指国家征税减少了纳税人的直接经济利益，从而使其承受的经济负担。它反映一定时期内社会产品在国家与纳税人之间税收分配的数量关系，通常用税收负担率这一相对量来表示。税收负担问题，既涉及国家集中财力的多少，又涉及纳税人承受能力的大小，直接关系到国家、集体、个人和地区间、行业间、各种经济成分间、各类纳税人间的利益分配，体现着国家的分配政策。因此，税收负担问题是税收的核心问题，因而也是建立税收制度要解决的首要问题。

### 一、税收负担的分类

#### （一）绝对税负与相对税负

依据税收负担水平衡量方式的不同，税收负担可以分为绝对税负和相对税负。

绝对税负是指用绝对额表示的税负程度。对纳税人个体而言，绝对税负是指一定时期内所缴纳的税收的总额，一般用"负担额"表示。对纳税人整体而言，绝对税负是一国在一定时期内的税收收入总额。

相对税负是用相对额（百分比）表示的税负水平，用纳税人在一定时期内所缴纳的税额与其实际的收益比较，一般称之为"负担率"。如果衡量全体纳税人的相对税负，则用一国一定时期内的税收收入总额除以同期 GDP（税收收入总额/GDP）得出。

这是最基本的一种分类方法。这种分类方法便于更准确地反映和比较税收负担水平，避免了仅用绝对税额或相对税负衡量税收负担水平的片面性。

## （二）名义税负与实际税负

名义税负是指纳税人在一定时期内依据税法向国家缴纳的税额，考察的是纳税人缴纳的全部税款与其税收的对比关系，即名义税负=应纳税额/总收入。

实际税负是指纳税人在一定时期内实际缴纳的税额，即用纳税人在一定时期内实际缴纳的税额与其实际收益的比率来表示。严格意义上的实际税负应是纳税人实际承受的税款。因为在市场经济行为中存在着税负转嫁的因素，纳税人实际缴纳的税款并非都由自己负担，但税负转嫁过程非常复杂，纳税人到底转嫁了多少税负难以确定，因而，一般用纳税人实纳税额来反映。

也就是说，名义负担率用应纳税额与名义收入计量，而实际负担率用实纳税额和实际收益计量。与名义税负相比，实际税负把影响税收负担水平的减税、税负转嫁和计量口径等因素考虑在内，更能准确地反映纳税人的实际状况，而且更能反映税收负担变化对经济行为的实际影响。

## （三）直接税负与间接税负

从税负是否转嫁的角度考虑，税收负担可以分为直接税负和间接税负。

直接税负是指纳税人向国家缴纳的税款不能转嫁给他人，只能由纳税人自己承担。这时，纳税人既是税款的缴纳者，又是税收负担的实际承担者，税负没有发生转嫁。

间接税负是指税款由纳税人通过各种方式部分或全部转由他人负担。在这种情况下，纳税人与负税人不一致，负税人成为税负的部分或全部实际承担者，其税负是转嫁来的。因而，对负税人来说，就是间接税负。

考虑直接税负与间接税负的意义在于：一是正确评价某些重要税种及税制对经济运行的实际影响效果，并为税制改革与完善提供依据；二是公平评价社会经济中各经济活动主体实际负担税收的情况。

## （四）平均税负与边际税负

从总量和增量的关系角度考虑，税收负担可以分为平均税负和边际税负。

平均税负，可从多个角度考察。在考察某个税种的平均税负时，将在一定税率条件下的全部税款与课税对象相比较。此时，平均税负与平均税率是一致的。在考虑某个纳税人的平均税负时，则用纳税人在一定时期内缴纳的各种税收收入总和与纳税人的全部收入相比较。在考察不同行业或不同经济形式的企业的平均税负时，则是将不同产业、不同地区、不同经济形式的企业分组，分别将其名义税负或实际税负进行加权平均。

边际税负也可以从不同的角度进行考察。在考虑某个税种的边际税负时，可用边际税率来反映。在分析某个或某类纳税人的边际税负时，一般用纳税人缴纳的各种税收总额的增量与纳税人收入增量进行比较。

### （五）宏观税负与微观税负

按照考察税收负担的范围不同，税收负担可分为宏观税负和微观税负。

宏观税负，也称总体税负。它是指一定时期内国家参与国民收入分配过程中，以税收形式所集中的价值总额及其比率，通常用 GDP 税负率来表示，并称为宏观税率。

微观税负根据研究视角的不同可以分为个别税种的税负和个别纳税人的税负。一般微观税负是指后者，即某个纳税人应纳税额与其所得或收益的比率。

微观税负是宏观税负的基础，微观税负的规模和水平制约着宏观税负的规模、水平和结构。反过来说，宏观税负又是一国微观税负的集中体现。一国宏观税负与该国经济发展水平相适应，又在总体上反映着该国微观税负水平与纳税人的经济承受力相适应。宏观税负的确定还需要考虑国民经济运行的整体态势和政府职能的需要。从这个意义来说，宏观税负又制约着微观税负。

## 二、税收负担的衡量指标

税收负担可以从不同的角度去分析和考察，衡量税收负担的指标也多种多样。我们主要从宏观税收负担、中观税收负担和微观税收负担三个角度来衡量。

### （一）宏观税收负担

#### 1. 衡量宏观税收负担的指标

目前各国常用的宏观税负指标是一国或地区一定时期内（通常是 1 年）税收收入总额占国民生产总值或 GDP 的比重。其计算公式如下：

$$宏观税收负担（GDP的税收负担）= \frac{一定时期的税收收入总额}{一定时期的GDP} \times 100\% \qquad （3\text{-}1）$$

宏观税收负担（GDP 的税收负担）常常用来衡量一国税负总水平以及进行国与国之间税负比较的宏观指标。

#### 2. 影响宏观税负的因素

由于受到多种因素的影响，每个国家的宏观税负水平各不相同，同一国家不同时期的宏观税负也不是一成不变的。尽管影响宏观税负水平的因素极为复杂，但通过观察和分析，我们仍然能够发现一些具有普遍意义的、主要的因素，具体如下。

1）经济发展水平

经济发展水平是影响税收负担的决定性因素。经济发展水平反映一国经济实力的强弱。一般来说，经济越发达，生产水平越高，社会产品就越丰富，人均收入水平也就越高。所以，经济发展水平较高的国家税基比较广泛，经济对税收的承受能力也比较强。这也是发达国家的宏观税负普遍高于经济落后国家的重要原因。就同一国家的不同经济发展阶段来看，亦是如此。随着生产力的发展，一国的宏观税负通常呈逐渐上升之势。当然，这只是经济发展水平与宏观税负的一般关系，有时也会出现宏观税负与生产力发展水平不相一致的情况，如有些生产力水平大体相同的国家之间宏观税负存在较大差异，个别经济发达国家的宏观税负可能低于某些生产力比较落后的国家，同一国家生产力较为发达时期的宏观税负反而低于生产力比较落后的时期。这主要是由于经济发展水平不是影响宏观税负的唯一因素，一国的宏观税负还受其他很多因素影响，正是这些因素的影响使宏观税负与经济发展水平出现不一致的情况。

2）政府职能范围

政府职能范围也是影响宏观税负水平的一个重要因素。这主要是由于税收收入作为财政收入的主要来源，其金额必然受财政支出需要的影响，而财政支出的多少取决于一国政府的职能范围。一般而言，在经济发展水平一定的条件下，税负总水平与国家在社会经济生活中所处的地位和承担的责任呈同方向变动。地位比较重要、承担较多社会和经济责任的国家，税负较重；地位相对不太重要、承担较少社会和经济责任的国家，税负较轻。从市场经济发展的历史来看，政府职能经历了从小到大、从少到多、从弱到强的变化过程。在自由市场经济条件下，政府只是充当守夜人的角色，其职能主要是保卫国家安全和维护社会秩序；随着资本主义经济的发展，自由放任市场经济的缺陷日益暴露，特别是 1929~1933 年资本主义世界爆发的空前的经济大危机，主张自由竞争的传统经济理论的主导地位被政府全面干预市场的凯恩斯主义经济理论所取代，从此，政府的职能发生了相应的变化，除了行使一般的行政和社会职能外，还要承担起调节经济运行、进行社会管理的主要任务。政府职能的扩大导致对政府支出的需求不断增加，客观上要求提高宏观税负以满足财政支出增长的需要。

3）经济管理体制

从经济发展的历史来看，经济管理体制包括市场经济体制和计划经济体制。一般而言，实行高度集中统一的经济管理体制时，政府充当着全社会的管理者和经营者，垄断了大部分社会经济决策权力，肩负着最大限度地为社会经济各方面提供资金的责任，在政府收入采取税收方式的条件下，宏观税负往往比较高；相对来说，实行市场经济体制的国家，企业是生产经营主体，全社会投资主要来源于私人部门，政府的生产性投资很少，政府社会经济的各种责任也相对分散化，宏观税负通常比较低一些。

4）税收征管水平

税收征管水平不同，税收流失程度就不同。在税收征管水平较低时，税收流失严重，政府实际取得的税收收入减少，宏观税负水平较低；反之，在税收征管水平较高时，税收流失较少，税收收入的课征数量更接近制度规定的水平，宏观税负水平较高。最佳的税收管理不仅能尽可能地获得税收收入，而且能缩小实际税收与潜在税收的差距。在很多发展中国家，征管能力较弱致使税收流失，使税制弹性降低，进而导致税收收入大幅度下滑，为了保持原有的税收规模，只能不断地通过提高税率和开征新税种来满足政府财政支出的需要。这种做法必然会造成登记在册的纳税户税负加重，更增强了人们偷逃以及避税的动机，给税收征管增加了新的难度。

## （二）中观税收负担

中观税收负担是指各地区、各部门或行业销售收入或净产值中税收含量的比值。具体包括以下两方面。

### 1. 地区税收负担

地区税收负担是指某一地区在一定时期内征收的税收总额与该地区 GDP 的比重。用公式表示为

地区税收负担 = 该地区税收收入 ÷ 该地区 GDP 总额 × 100%　　　　　（3-2）

分析地区的税收负担水平及其结构，可以准确把握地区的税收课征强度，了解各地区的税源结构，分析税收制度及政策与国家地区经济发展战略的协调状态，实现区域经济的持续、协调发展。

### 2. 行业或部门税收负担

行业或部门税收负担是指某一国民经济行业或部门在一定时期内所缴纳的税收收入占该行业或部门产值的比重。用公式表示为

行业或部门税收负担率 = 该行业或部门的税收收入 ÷ 该行业或部门的 GDP 总额 × 100%

（3-3）

分析研究行业或部门税收负担水平及其结构，可以把握税收制度和税收政策与宏观产业政策的协调状况，考察税收制度的经济调节功能，从行业发展和结构调整的角度实现税收制度的优化。

需要指出的是，中观税收负担很多时候也可以合并到宏观税收负担中，作为宏观税负的结构内容进行研究。

## （三）微观税收负担

度量微观税收负担的指标主要有企业税收负担率和个人税收负担率。

### 1. 企业税收负担率

企业税收负担率是指一定时期内企业缴纳的各种税收占同期企业总产值（毛收入）的比例。反映企业税收负担的指标也可以分为两类，一类是企业综合税收负担率，另一类是企业税种负担率。

企业综合税收负担率用公式表示如下：

$$企业综合税收负担率 = \frac{一定时期企业缴纳的各项税收总额}{一定时期企业的收入总额} \times 100\%　　　（3-4）$$

企业税收负担率表明了国家以税收方式参与企业收入分配的规模，反映企业的综合税收负担状况，也可用来比较不同类型企业的税收负担水平，为合理设计税制结构提供分析方法和参考数据。

这一指标还可分解为企业税种负担率（即企业缴纳的单个税种占企业销售收入总额的比例），进一步度量企业缴纳的各种税构成的税收负担水平，如：

$$企业流转税税收负担率 = \frac{一定时期企业缴纳的流转税总额}{一定时期企业的销售收入总额} \times 100\%　　　（3-5）$$

$$企业所得税税收负担率=\frac{一定时期企业缴纳的所得税总额}{一定时期企业的利润总额}×100\% \qquad （3-6）$$

**2. 个人税收负担率**

个人税收负担率是指个人缴纳的各种税收的总和占个人收入总额的比例，其计算公式与企业税收负担率的方法相仿。

$$个人税收负担率=\frac{一定时期个人缴纳的各项税收总额}{一定时期个人的收入总额}×100\% \qquad （3-7）$$

需要注意的是，微观税收负担率并不能完全真实地反映纳税人的税收负担水平，原因在于，税收领域中存在大量客观税负转嫁的情况，因此，这个指标只是名义税负，并不是实际税负。

**3. 微观税负的制约因素**

微观税收负担的制约因素是多方面的。撇开主观因素不论，客观因素主要有以下几个。

第一，宏观税收负担水平。不考虑税负交叉因素，整个国民经济的宏观税收负担是纳税人微观税收负担的总和，纳税人微观税收负担是整个国民经济的宏观税收负担的分解。在一定的税收制度下，宏观税收负担水平的高低必然对微观税收水平的高低形成直接的制约。

第二，收入分配体制。收入分配体制是整个经济体制的组成部分并与其相辅相成。在市场经济体制下，收入分配以市场要素价格决定的要素分配为基础，税收主要是国家在市场要素分配基础上的再分配，从而分配的顺序表现为先分配，后征税。这种收入分配体制决定了个人是主要的纳税主体和税负承担者，个人的税收负担率比较高，而企业税收负担率比较低。在计划经济体制下，国有经济在整个经济中占有绝对优势，国家对国有企业实行统收统支的分配体制。在这种体制下，国有企业向国家上缴税收还是利润是没有什么本质区别的，实际上国家参与国有企业纯收入分配时也常常税利不分，如果国家主要采用税收形式，则国有企业的税收负担率就很高；如果国家主要采用利润上缴形式，国有企业的税收负担率就很低。再从个人收入分配来看，其分配顺序表现为先扣除（采用税或利的形式），后分配。也就是说，国有企业中的职工工资收入是已被进行了社会扣除后的低收入，因此，至少在名义上职工个人不再是纳税主体或很少纳税，当然个人税收负担率也就等于零或很小。我国建立社会主义市场经济体制过程中，在一定的经济发展水平上，伴随着收入分配体制的调整及由此导致的个人收入的增加，个人税收负担率会逐步增加，相应企业税收负担率会逐步有所下降。

第三，税制结构。这里所说的税制结构指的是税收制度中的税种构成。在一定的经济发展水平和经济体制条件下，不同的税制结构对微观主体税收负担的影响是不同的。例如，以商品课税为主的税制结构中，企业的税负会比较重，个人的税负相应比较轻；以所得课税特别是个人所得课税为主的税制结构中，个人的税负会较重，企业的税负相应比较轻。此外，每一种税的开征及完善与否，都会影响和制约相关纳税人的税收负担。

## 三、税收负担的确定

### （一）最佳宏观税收负担率

宏观税收负担水平的确定问题实质上是一个财政职能的实现问题，既关系到资源配置效率，同时也关系到社会公平和经济稳定与发展。宏观税收负担率如果过低，从而政府可供支配的收入过少，就不能满足社会公共需要；如果宏观税收负担率过高，不仅民间部门可供支配的收入过少，不能有效满足私人需要，而且往往影响民间部门资本和劳动的投入，使以后的产出减少，进而最终减少税收收入。

从宏观上看，税收是国家为了满足社会公共需要而集中的一部分 GDP。在 GDP 一定的条件下，国家税收与民间部门可支配收入相互消长。因此，GDP 在政府与民间部门之间有一个最佳分割点，而最佳宏观税收负担率（简称最佳税率）就是其具体体现。

在这里有必要介绍一下由美国供给学派代表人物阿瑟·拉弗（Arthur B. Laffer）设计的"拉弗曲线"（Laffer curve）（图 3-1）。

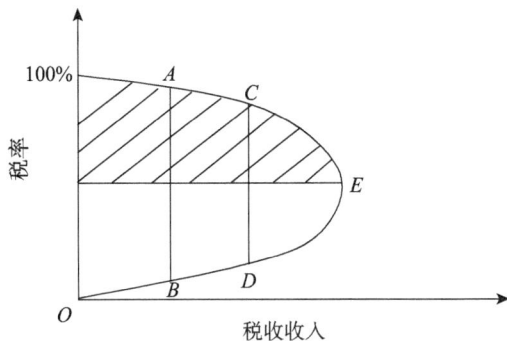

图 3-1　拉弗曲线

该曲线阐明了税率、税收收入和国民产出之间的关系。图 3-1 中以纵轴代表税率，横轴代表由税率与生产共同决定的税收收入。当税率为零时，政府税收为零；当税率为 100% 时，由于人们将停止生产，政府税收也为零。A 点代表一个很高的税率和很低的产出，B 点代表一个很低的税率和很高的产出，然而两者为政府提供同等的税收。若税率从 A 点下降到 C 点，产出和税收均增加；若税率从 B 点上升到 D 点，税收将增加，但产出可能减少，C 点与 D 点也提供同等的税收。E 点代表的税率，是与生产相结合能提供最大税收的税率。在 E 点上，如果政府再降低税率，产出将增加，但税收将下降；如果提高税率，产出和税收都会下降。因此，图 3-1 中阴影区是税率禁区。拉弗曲线形象地说明了税率与经济增长和税收收入的一般关系，具有很大的参考价值。

拉弗曲线主要阐明了三方面的经济含义：①在一定资源和环境条件下，一个兼顾税收收入及经济增长的最佳税率是存在的，即图 3-1 中的 E 点，在实践中应以之作为税制设计的依据。因此，为了获得最佳的经济增长和税收收入，税率不能过高也不能过低。②随着经济的发展，对应一定经济水平的税率过高或过低都不利于经济进一步增长。税率过低致使财政收入无力承担该经济水平下的公共支出，从而制约经济增长；税率过高导致私人和企业税负过重，影响和打击投资者的积极性并影响资本积累而削弱经济主体的活力，从而导致经济停滞或下滑。因此，一定经济水平应有一个最优税率与之对应。③取得同样多的税收收入可以采取两种不同的税率，$A$ 点和 $B$ 点、$C$ 点和 $D$ 点的税收收入相等，$A$ 点和 $C$ 点是高税率，$B$ 点和 $D$ 点是低税率，这说明适度降低税率可能会减少当前税收收入，但从长远来看却可以刺激生产，扩大税基，从而增加政府的税收收入。

拉弗曲线是富有启发性的，它可使我们更全面、直观地认识税收与经济的内在联系，并告诉我们最佳税率应是既能使政府获得实现其职能的预期收入，又能使经济实现预期产出（常用 GDP 表示）的税率。显然，这个最佳税率应该小于或等于 $E$ 点代表的税率。由于所处发展阶段的不同，各国具有政治体制、经济体制和文化传统上的差别，因而不可能有一个各国通用的最佳税率。同样，一个国家不同时期的最佳税率也可能是不同的。归根到底，最佳税率的确定只能建立在本国国情的基础上。

拉弗曲线也具有一定的局限性。第一，拉弗曲线仅就税率与税收收入之间的关系进行了一般性描述，而没有进行任何规范的论证，也没有相应的历史文献和统计资料作为佐证。第二，拉弗曲线只是在一定程度上解释了税率与税收收入的变动趋势。我们只能从拉弗曲线上的 $E$ 点得到最优税率，但是在现实中 $E$ 点的确定存在一定困难。第三，拉弗曲线在考虑税率对经济影响时，只考虑高税率对资本和劳动供给造成的不利影响，忽略了高税率对经济的积极调节作用。例如，在投资过热、经济通货膨胀时政府会利用较高的税率调节经济，这时税率并不像拉弗曲线描述的那样，只能对经济产生负面影响，相反在很大程度上却起到了调节控制作用。

### （二）社会主义经济条件下最佳税率的确定

在社会主义市场经济条件下，最佳税率的确定，应考虑以下几点：

第一，必须保证生产过程中的物质消耗得到补偿。劳动资料和劳动对象的消耗属于生产过程中的物质消耗，它们的及时足额补偿是生产在原有规模上继续进行的必备条件。否则，生产规模就要缩小，经济就会下降。人们常说的税收不能侵蚀资本，就是这个道理。

第二，必须保证劳动者的必要生活费用得到满足。劳动者是生产中起主导作用的要素，因此，要保证社会再生产的顺利进行，必须保证劳动力的再生产，而要保证劳动力的再生产，就必须满足劳动者的必要生活费用。换句话说，即税收不能侵蚀必要生活费用。不仅如此，劳动者的生活水平还应随着经济的发展不断提高。

第三，必须保证国家行使职能的最低物质需要。国家行使职能，是满足社会公共需要，构成社会再生产的必不可少的外部条件。如果税收不能满足国家行使职能的最低物质需要，社会再生产也是不能顺利进行的。具体来说，国家行使职能的最低物质需要由三部分构成：①业已达到的、不随生产发展和人口增加而相应增加的社会公共需要量，如行政经费、和平时期的国防费用；②随着生产发展和人口增加而要相应增加的社会公共需要量，如文教卫生事业费；③为满足由人口增加所引起的社会投资中必须由国家承担的部分，如基础设施投资。上述前两点构成宏观税负水平的最高量限，后一点构成宏观税负水平的最低量限。最佳税率显然应在这个界限之内，并需根据当时的社会经济发展目标及具体国情综合确定，同时依据实践的检验结果及时修正。

## 第二节　税负转嫁

### 一、税负转嫁与归宿的含义

税负转嫁是纳税人通过经济交易中的价格变动，将所纳税收转移给他人负担的行为及过程。其含义包括以下几点。

（1）纳税人是唯一的税负转嫁主体，税负转嫁是纳税人作为主体为实现自身利益最大化的一种主动的有意识行为。

（2）价格变动是税负转嫁的基本途径，国家征税后，纳税人或提高商品、要素的供给价格，或压低商品、要素的购买价格，或二者并用，借以转嫁税负，除此之外，别无他法。

（3）税负转嫁是经济利益的再分配，纳税人与负税人一定程度的分离是税负转嫁的必然结果。

税负归宿是指处于转嫁中的税负最终落脚点，它表明转嫁的税负最后是由谁来承担的。税负转嫁导致税负运动。如果税负转嫁一次完成，这一税负运动就是只有起点和终点而无中间环节的过程；如果税负转嫁多次才能完成，这一税负运动就是包括了起点、终点和若干中间环节的过程。由于每次税负转嫁实现的程度不同，转嫁的税负可能只归着于运动的终点，也可能归着于起点到终点的整个运动过程的各个环节。可见，税负归宿的状况是由税负转嫁的状况决定的，税负归宿是税负转嫁的结果。税负的实际承担者就是负税人。

### 二、税负转嫁理论

税负转嫁是财税理论中的一个十分重要的部分。国外自 17 世纪中叶以来，税负转嫁理论在经济学和财政学中一直占有重要地位。众多的经济、财税学家基于一定的思想观点，提出了许多不同的见解，大致可分为绝对说和相对说。

#### （一）绝对说

绝对说是指对税负转嫁问题作出绝对的结论，即一切税收都可以转嫁，或某种特定税收无论在什么情况下都不能转嫁。这一观点包括纯产品说、纯所得说及均等分布说。

### 1. 纯产品说

税负转嫁的纯产品说是由重农学派的经济学家倡导的。在他们看来，对地租课税之外的所有税收都可转嫁，而且最终还是落在土地的所有人身上。

重农学派的代表人物魁奈认为，只有土地能够增加国民收入，创造剩余价值或提供纯收益，所以赋税必定是土地的纯产品。"对于土地所有者，对于君主和全体国民来说，把赋税完全对土地收入直接征收，是有很大的利益的。因为所有其他的课税形式都是违反自然秩序的，都是对于再生产和赋税本身有害的，都是会在赋税之上加上赋税的。"这就是说，除土地收入税之外的所有其他税收，如向消费物品或劳动征收的赋税，实际上要附加到生产的财富价格中，最终转嫁给产品的消费者。魁奈的税收转嫁思想，包括两个方面：一是除土地收入税之外的所有税收都会转嫁；二是各种赋税的最终归宿是土地的纯产品。正因为如此，他主张实施单一土地税。

### 2. 纯所得说

税负转嫁的纯所得说是由古典学派的经济学家倡导的。在他们看来，一切租税皆来源于纯所得。纯所得包括地租、利润和工资。除地租税不转嫁之外，利润税、工资税等所有税收都转嫁，而且最终都要由地主或消费者来承担。

亚当·斯密是绝对转嫁论的先驱者。他曾区别不同税种，阐述了税收转嫁与归宿问题。

（1）地租税。地租税可分为两类：一是直接地租税，不能转嫁，由地主负担；二是土地生产物税，这种税先由农民垫支，由农民再转嫁给地主，故地主是真正的纳税者。

（2）利润税。亚当·斯密把全部利润分为利润和利息。将全部利润课税的转嫁与归宿分为两部分：一是由资本使用者以提高利润率的方式转嫁赋税，若被用作农业资本，则通过扣除地租，转嫁到地主身上；若被用作商业资本或制造业资本，则通过把赋税的份额加入，以抬高货物价格，把赋税转嫁到消费者身上。二是对利息部分课税，因不能提高利息率，而不得不落在利息头上，最终由资本使用者负担。

（3）劳动工资税。对劳动工资课税，将使劳动者要求提高工资，因而工资税转嫁到利润，再由利润转嫁给一般消费者，再转嫁到地租，这时因为地主无法再转嫁给其他人，结果就由地主来负担工资税。亚当·斯密的劳动工资税转嫁论是以工资等于最低生活费用为前提的。

（4）消费品税。亚当·斯密把消费品分为必需品和奢侈品。他认为，对必需品课税必然会使商品的价格乃至劳动工资按课税的程度而上涨，最终由消费者或地主负担。对奢侈品课税，其税负最终由奢侈品的消费者承担。

李嘉图发展了亚当·斯密的赋税转嫁和归宿理论。亚当·斯密认为，土地税由地主负担，工资税、利润税也全部由地主负担。李嘉图却认为，地主只负担了土地税中经济地租的部分，对土地的其他课征则转嫁了。简单来说，李嘉图的税收转嫁与归宿观点是：①地租税由地主负担，利润税和工资税由资本家负担。②什一税和农产品税虽然能够转嫁，但结果使工资上涨，利润下降，最终还是由雇主负担。③对消费品课税，如果是垄断商品，则由生产者负担；如果是奢侈品，则由富有者负担；如果是必需品，课税就会使工资上涨，最终由雇主负担。

3. 均等分布说

均等分布说始于 18 世纪的欧洲国家，主要代表人物有意大利的沃里、英国的曼斯菲尔德等。持这种学说的人虽然都认为税收负担皆可转嫁，但有乐观者也有悲观者，故分为乐观派的观点和悲观派的观点。

乐观派的学者认为，税收负担的转嫁可分为三个层次：首先从纳税人转移至其商品的买主和卖主以及消费者，然后从此逐渐扩张于其他一切业务，最后扩张至一切方面，所有人都负一定的税，而每个人都有负税的感觉。

以普鲁东为首的悲观派则认为，无论何种税收，都要转嫁，而且最终都要由消费者来承担。消费者大多属于穷人阶级，而穷人负担税收是不公平的。

## （二）相对说

税负转嫁的相对说是对税收转嫁问题不作绝对的结论，认为税收负担是否转嫁以及转嫁的程度如何，要根据税种、课税商品的性质、供求关系以及其他经济条件的不同而异。有时可以转嫁或可以完全转嫁，有时不能转嫁或只能部分转嫁。相对转嫁说最先由德国经济学家劳提出，后由美国经济学家塞里格曼系统化，现代观点则基本上属于相对说。

德国经济学家劳，虽然继承了古典经济学派的经济思想，但在税收转嫁理论方面，他开创了相对转嫁学说。他认为，对利润、工资、地租的课税是否会发生变化，要根据供求关系的变化而定。他指出，课征于所有阶级的所得税，一般不易发生转嫁；关税易于转嫁给消费者。

后来，随着现代经济学的创立与发展，逐渐以数学方法来分析税收转嫁与归宿。最早对税收转嫁进行数理分析的经济学家是库诺（Cournot）。他把价格分为垄断价格和竞争价格，通过分析某种课税商品的价格变化对生产者和消费者的影响，说明税负转嫁的形态。后来，西方经济学家又提出了规模收益不变、规模收益递增、规模收益递减规律，并以此作为分析税负转嫁与归宿的工具。

美国经济学家塞里格曼利用这些现代经济学分析工具，对税负转嫁与归宿提出了如下一般法则：①从课税对象是由垄断支配还是受竞争支配来看，在竞争支配之下，税负不易转嫁；②从赋税是普遍的还是特别的来看，越是普遍的，生产者负担租税的可能性越大；③从资本是否可以完全流动来看，资本流动越难，税负转嫁越少且越缓；④从课税物品的供求弹性来看，供给弹性越大，前转的可能性越大，需求弹性越大，后转的可能性越大；⑤从生产成本是比例的递增的或还是递减的变化来看，同其他法则相比，在成本递减法则之下，凡在自由竞争的情况下，消费者的负担增加，在垄断的情况下，生产者的负担增加；⑥从租税的轻重来看，税负越轻，越不容易转嫁；⑦从税率是累进的还是比例的来看，累进性越高，转嫁程度越高；⑧从课税商品是最终产品还是中间产品来看，若为最终产品，最终由消费者负担，若为中间产品，则要发生多次转嫁；等等。因此，他认为，直接税中也有转嫁，间接税中也有不转嫁，故直接税与间接税的区别毫无价值可言。

日本财税学家小川乡太郎自称其转嫁理论属于相对说。他的主要观点是：①税负转嫁实际上是课税物品和工资能否上涨的问题，也是转嫁者与被转嫁者的一种税负推让斗争，谁胜谁负取决于经济过程中各方的势力；②转嫁以交换流通为媒介，与流通无关的税无从转嫁；③转嫁的方向与程度取决于供求力量；④转嫁分为预期的转嫁和违反预期的转嫁，前者有利于税负公平，后者导致税负的不公平。

马克思认为，资本主义社会的税负转嫁，最后负担都落在劳动人民身上，税负转嫁体现资产阶级对劳动人民的剥削关系。

## 三、税负转嫁方式

### （一）前转

前转又称为顺转或向前转嫁，是指纳税人通过提高商品或要素的价格将税负转嫁给购买者。在商品经济条件下，很多税种都与商品或要素的价格密切相关，大量的税收以价内税或价外税的方式课征。作为从事特定经营活动的纳税人，往往可以通过加价的方式出售商品和生产要素，从而把该商品或要素所含税收转移给下一个环节的生产者或消费者。如果加价额度大于税款，则不仅实现了税负转嫁，纳税人还可以得到额外的收入，称为超额转嫁；如果加价的额度小于税款，则纳税人自身仍要负担部分税收，称为不完全转嫁；如果加价额度等于税款，称为完全转嫁。一般来说，前转是税负转嫁最典型和最普通的形式，一般发生在商品和劳务的课税上。

### （二）后转

后转又称为逆转或向后转嫁，是指纳税人通过压低购进商品或要素的价格将税负转嫁给商品或要素的提供者。后转是相对于前转而言的。它与经济活动或经济运行的顺序相反，如政府在零售环节征税，零售商通过压低进货价格将税收负担向后转嫁给批发商，批发商又通过压低购进价格将其转嫁给生产商或制造商，制造商又压低原材料价格和工人工资将税收负担转嫁给原材料的供应者和劳动者。但是，税负后转实现的前提条件是供给方提供的商品需求弹性较大，而供给弹性较小。

### （三）散转

在现实生活中，前转和后转两种基本方式常并行使用，即一种商品或要素的税负通过提高卖价转移一部分，又通过压低其他商品或要素的买价转移一部分，这种转嫁方式称为混转或散转。

### （四）税收资本化

税收资本化又称资本还原，即生产要素购买者以压低生产要素购买价格的方式将所购生产要素未来应纳税款，从所购要素的资本价值中预先扣除，向后转嫁给生产要素的提供者。税收资本化主要发生在某些资本品的交易中。例如，政府征收土地税，土地购买者便会将其与未来应纳的土地税折入资本，将税负转嫁给土地出售者，从而表现为地价下降。因此，名义上虽由土地购买者纳税，但实际上税款是由土地销售者承担的。

税收资本化同一般意义上的税收转嫁的不同之处在于：后者是将每次经济交易所课征的税款通过各种途径随时予以转移，前者则是将累计应纳的税款作一次性的转移。所以，它实际上是税收后转的一种特殊形式。

## 四、税负转嫁的依存条件

### （一）纳税人具有独立的经济利益是税负转嫁存在的主观条件

国家征税，表明原来归属纳税人拥有的一部分价值向国家的单方面无偿转移，是纳税人的一种物质利益损失，在纳税人具有独立的经济利益条件下，必然要想办法避免或减少因纳税而减少的物质利益。在排除偷逃税等非法手段以后，通过经济交易中的价格变动来合法转移税负就成为纳税人的一个重要和基本的选择。反之，如果纳税人没有独立的经济利益，也就失去了转嫁税负的内在动机。在我国过去高度集中的计划经济条件下，国有企业的利润全部上缴，亏损由国家拨款弥补，生产发展所需资金也由国家拨款，工资奖金标准由国家统一制定，企业没有自身的经济利益，即使作为纳税人纳税，由于和其直接经济利益无关，也不存在转嫁税负的强烈欲望和内在要求，加之其他外部条件亦基本不具备，所以，在那个时期，税负转嫁较少存在。

### （二）自由价格机制的存在是税负转嫁存在的客观条件

在自由价格机制运行条件下，国家征税后，由于纳税人有自由定价权，可在商品和要素的市场供求弹性制约下决定价格变动幅度，进而决定是全部转嫁税负，还是部分或无法转嫁税负。

通过对税负转嫁存在条件的分析，可以得出这样的结论：我国在经济体制改革之前，实行高度集中的计划管理，基本上不存在税负转嫁。现阶段，在社会主义市场经济中，客观存在着税负转嫁。这是因为：首先，随着市场经济体制的逐步建立，商品生产经营者独立的利益主体地位得以确立，盈利成为一切生产经营者追求的根本目标，实现税负转嫁从而确保盈利成为各类纳税人的主观动机和愿望。其次，市场经济是一种高度发达的商品经济，商品交换成为极为普遍的经济行为，从而为纳税人在交易中通过价格变动转嫁税负创造了前提条件。最后，随着我国价格体制改革的深化，市场自由定价机制已成为价格体制中的主要机制，目前竞争性产品的价格已基本上放开，由市场来调节和决定，这表明我国税负转嫁的客观条件业已具备。

## 五、税负转嫁的制约因素

在存在税负转嫁条件下，税负最终能否转嫁以及转嫁程度大小，还要受诸多因素的制约。

## （一）商品或要素供求弹性

商品或要素的价格是由其供求状况决定的，反过来，商品或要素价格的变化也影响其供求量，二者相互作用的程度可由商品或要素供求的价格弹性（简称供求弹性）来表示。具体来说，商品或要素的供给弹性是指在市场供给曲线的任何一点上，价格变化百分之一所导致的供给量变化的百分比，它衡量的是商品或要素供给量对价格变化的反应程度。商品或要素供给弹性越大，表明当价格变化时供给者调整供给量的可能性越大，进而通过调整供给量影响价格的可能性也越大。反之，商品或要素供给弹性越小，影响价格的可能性也越小。商品或要素需求弹性是指在市场需求曲线的任何一点上，价格变化百分之一所导致的需求量变化的百分比，它衡量的是商品或要素需求量对价格变化的反应程度。商品或要素需求弹性越大，表明当价格变化时需求者调整需求量的可能性越大，进而通过调整需求量制约价格的可能性也越大。反之，商品或要素需求弹性越大，制约价格的可能性也越大。

商品或要素供求弹性与税负转嫁之间的关系可更直观地用图 3-2 来说明。图 3-2 中的符号 $S$ 代表税前供给曲线，$S'$ 代表税后供给曲线，$D$ 代表需求曲线，$P$ 代表价格，$Q$ 代表供给量或需求量。征税前，均衡价格与均衡数量分别为 $P_1$ 和 $Q_1$，均衡点为 $E_1$。当政府对供给方征收定额税后，供给曲线由 $S$ 向左上方移动到 $S'$，形成新的均衡价格 $P_2$ 和均衡数量 $Q_2$，新均衡点为 $E_2$。税后的购买者支付价格由 $P_1$ 上升到 $P_2$，税后的供给者所得价格由 $P_1$ 下降到 $P_3$，$P_2-P_3$ 为单位税额，且 $P_2-P_3=(P_2-P_1)+(P_1-P_3)$。这时税收由购买者和供给者共同负担，即购买者负担的单位税额为 $P_2-P_1$，供给者负担的单位税额为 $P_1-P_3$。

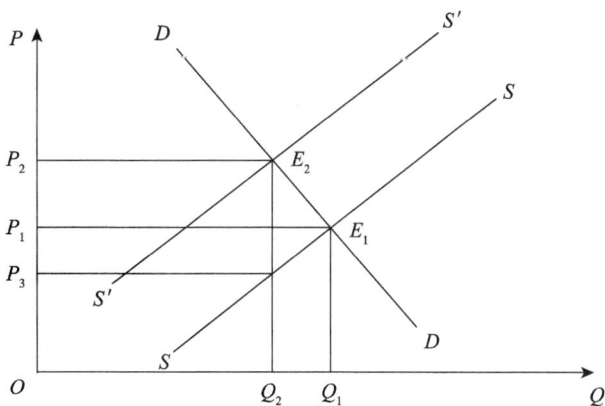

图 3-2　供求弹性与税负转嫁的关系

分析至此，可进一步推断和概括出商品或要素供求弹性与税负转嫁之间的一般关系。

（1）商品或要素需求弹性大小与税负向前转嫁的程度成反比，与税负向后转嫁的程度成正比，即商品或要素需求弹性越大，税负前转的量越小，后转的量越大；商品或要素需求弹性越小，税负前转的量越大，后转的量越小。特别地，当需求完全有弹性时，税负将全部由供给方负担；当需求完全无弹性时，税负将全部由需求方负担。

（2）商品或要素供给弹性大小与税负向前转嫁的程度成正比，与税负向后转嫁的程度成反比，即商品或要素供给弹性越大，税负前转的量越大，后转的量越小；商品或要素供给弹性越小，税负前转的量越小，后转的量越大。特别是，当供给完全无弹性时，税负将全部由供给方负担；当供给完全有弹性时，税负将全部由需求方负担。

（3）当商品或要素的需求弹性大于供给弹性时，则税负由需求方负担的比例小于由供给方负担的比例，如果供给方是纳税人，税负只能实现较少部分的转嫁；当商品或要素的需求弹性小于供给弹性时（图 3-2），则税负由需求方负担的比例大于由供给方负担的比例，如果供给方是纳税人，大部分税负的转嫁将得以实现。

### （二）课税范围

一般来说，课税范围越宽广，越有利于实现税负转嫁；反之，课税范围越狭窄，越不利于实现税负转嫁。这是因为商品或要素购买者是否接受提价（税负转嫁引起）的一个重要制约因素是能否找到不提价的同类替代品。如果商品或要素课税的范围很广，同类商品或要素都因课税而提价，其购买者接受转嫁的可能性就加大；如果商品或要素课税范围很窄，同类商品或要素许多因未课税而价格保持不变，其购买者转向购买未课税替代品的可能性增大，相应减小了税负转嫁的可能性。实际上，课税范围对税负转嫁的制约也是通过影响供求弹性的变化而间接产生的。

### （三）反应期间

就需求方面来说，课税后的短期内，由于消费者（买方）难以变更消费习惯，难以寻找到代用品和改变支出预算，从而对课税品的需求弹性较低，只好承担大部分或全部税负；而在课税后的长时间内，以上状况都可能改变，从而消费者只承担少部分税负或很难实现税负转嫁。就供给方面来说，时间因素的影响更大。课税产品的转产，会要求机器设备与生产程序的改变，短期难以做到，所以生产者（卖方）的税负，有时不能在短期内转嫁，但长期内情况会发生变化并导致税负转嫁。

### （四）税种属性

在实践中，由于税种的属性不同，作为其课税对象的商品或要素的供求弹性不同，而在税负转嫁中表现出不同的特点。总体而言，以商品为课税对象，与商品价格有直接联系的增值税、消费税、关税等是比较容易转嫁的。而对要素收入课征的所得税，则常常是不易转嫁的。例如，个人所得中的工资，主要决定于企业与员工的协商，税前的协定往往是双方尽可能得到的成交条件，税后很难变更。且个人所得税课税范围较宽，个人难以因课税而改变工作，也就难以转嫁税负。对企业课征的法人所得税尽管也存在转嫁的渠道，如提高企业产品售价、降低员工的工资或增加工作强度，以及降低股息和红利等，但这些渠道或者过于迂迴，或者会受到企业员工和股东的反对，也都不易实现。

间接税可以转嫁并不是意味着税负转嫁与市场供求间存在一种绝对的因果性必然联系和近似机械性转变过程。这里生产者决策和生产者经营偏好，对转嫁与否及转嫁程度也有很大影响。税负转嫁常常是生产经营者决策、偏好及市场作用的共同结果。在许多种情况下，生产者经营决策是一回事，市场作用是另一回事。市场需求弹性大的商品，经营者未必不愿意经营，生产者未必不愿意生产，反之亦然。例如，当课征一种新的商品税时，往往造成征税商品的价格上涨。如果物价不上涨，生产和经营这种商品的单位和个人就无利可图。反之，若该商品课税后价格上涨超过一定水平，如超过所纳税额，它还会在不久的将来回归到与所征税额导致价格上涨相同的水平。但是倘若生产经营者不作出生产经营这种商品的决策，或生产经营偏好转移到别的商品上去，那么上述这些变化也就不可能实现。因此，间接税的转嫁也还是有条件的。

### （五）市场结构

在不同的市场结构中，生产者或消费者对市场价格的控制能力是有差别的，由此决定了在不同的市场结构条件下，税负转嫁的情况是不同的，市场结构成为制约税负转嫁的重要因素。

#### 1. 完全竞争的市场结构

完全竞争指的是一种竞争完全不受任何阻碍和干扰的市场结构。在这种市场结构下，任何单个厂商都无法影响价格，他们都是既定价格的遵从者或接受者，市场价格由整个行业的供求关系决定。因此，在政府征税以后，任何个别生产者都无法在短期内单独提高课税商品的价格，把税负向前转嫁给消费者（买方）。但从长期看，在完全竞争条件下，各个生产者会形成一股整个行业的提价力量，从而实现税负转嫁。

#### 2. 垄断竞争的市场结构

垄断竞争指的是一种既有垄断又有竞争，既不是完全竞争又不是完全垄断的市场结构。在这种市场结构下，产品之间的差别性使生产者成为自己产品的垄断者，同时由于差别的有限性使许多产品又具有一定程度的替代性，从而形成各种有差别的产品之间的竞争。并且生产者的数量比较多，各生产者对市场的控制力都不大。在垄断竞争条件下，单个生产者可利用自己产品的差异性对价格进行适当调整，从而有可能把税负加入价格向前转嫁给消费者。但由于没有形成垄断市场，不能完全转嫁出去而保留垄断利润，因此只能实现部分转嫁。

#### 3. 寡头垄断的市场结构

寡头垄断指的是少数几个生产者供给某种商品的大部分，其产量在该行业的总产量中各占有较大的份额，从而可对市场的价格和产量发挥重要影响的一种市场结构。在这种市场结构下，每个生产者对其商品价格和产量的改变都会影响整个市场和其他竞争对手的行动。因此，每个生产者在作出价格和产量的决策时，不仅要考虑其自身的成本、利润情况，而且需考虑对市场的影响及竞争对手可能采取的对策。在政府征税之后，各寡头生产者或许早已达成协议，可在原价基础上，自动根据某一公式，各自提高其价格转嫁税负。

### 4. 完全垄断的市场结构

完全垄断指的是整个行业的市场完全被一家厂商所控制的市场结构。在这种市场结构下，实际上是生产者自行定价。政府若对其产品征税，垄断者会千方百计地将税负转嫁给消费者，但转嫁多少及转嫁方式要视其产品的需求弹性大小而定。

## （六）影响税负转嫁的其他因素

课税制度中税种设置及其各要素的设计差异，诸如税率的形式和高低、课税方法等都对税负转嫁有一定的影响。

### 1. 课税方法

从量课税，负税者容易感觉，课税加价，消费者可能少买或不买高价商品，或采用代用品，因而税负转嫁趋势较弱。而从价课税，一般昂贵商品税重，廉价商品税轻，课税加价，负税者不易觉察，因而税负转嫁趋势较强。

### 2. 税率形式

实行比例税率，价格与税负相辅相成。同种商品，价高税负多，价低税负少，税负易于转嫁。实行定额税率，价格与税负相背，同种商品，价高税负轻，价低税负重，因而高价商品税负容易转嫁，低价商品税负较难转嫁。

### 3. 税负轻重

税负轻重是税收转嫁能否实现的一个重要条件。在其他条件相同的情况下，如果一种商品税负很重，出售者试图转嫁全部税负就必须大幅度提高价格，势必导致销售减少，但为了保持销路，又不得不降低价格，其结果是税负只能部分转嫁或不能转嫁。然而对于税负很轻的商品来说，课税后加价幅度较小，一般不致影响销路，全部税负能顺利地转嫁给购买者。

## ★本章拓展材料

2015 年中国宏观税负 30.1%低于世界平均水平

布斯称中国税负痛苦指数居全球第二引热议

人均万元税负 高还是低

我国宏观税负

中国宏观税负究竟有多大
之一

中国宏观税负究竟有多大
之二

中国宏观税负与发达国家
相当，或可降低

中金：我国宏观税负 37%
超发达国家，福利水平低

# 第四章

# 税收效应理论

【学习目标与要求】

本章从税收效应的含义与分类入手，分析了税收的宏观效应和微观效应。通过本章的学习，能够全面了解税收效应的内涵，学会从宏观视角分析税收对国民收入、经济稳定、收入分配的影响；学会从微观视角分析税收对消费、生产、储蓄和投资的效应。

## 第一节　税收效应概述

### 一、税收效应概念

税收效应是纳税人因国家征税而在其经济选择或经济行为方面作出的反应，或者说是国家征税对纳税人在经济选择或经济行为方面的影响。一般而言，政府课税除为满足财政所需外，总是要对经济施加某种影响。但其影响的程度和效果如何，不一定会完全符合政府的最初意愿，纳税人对政府课税所作出的反应可能和政府的意愿保持一致，但更多的情况可能是与政府的意愿背道而驰。例如，课税太重或课税方式的不健全，都可能使纳税人不敢去尽心尽力地运用他的生产能力。又如，政府课征某一种税，是想促使社会资源配置优化，但执行的结果可能是使社会资源配置更加不合理。凡此种种，都可归于税收的效应。

### 二、税收效应的分类

税收效应在理论上常分为正效应与负效应、收入效应与替代效应、中性效应与非中性效应、激励效应与阻碍效应等。在实际分析中，根据需要，税收的效应还可进一步分为储蓄效应、投资效应、产出效应、社会效应、心理效应等。

### （一）正效应与负效应

某税收的开征必定使纳税人或经济活动作出某些反应。如果这些反应与政府课征该税时所希望达到的目的一致，税收的这种效应就谓之正效应；如果课税实际产生的经济效果与政府课税目的相违背，税收的这种效应则谓之负效应。例如，我国曾开征的烧油特别税，课征的主要目的是通过对工业锅炉和窑炉烧用的原油和重油征税，限制和压缩烧油，实现以煤代油。如果有充分的数据说明，通过一年或若干年的课税之后，政府课征该税所取得的收入越来越少，则说明工业锅炉和窑炉烧用应税油品的现象在逐渐减少，该税发挥的效应是正效应。税收负效应一个最明显的例子是 1747 年英国课征的窗户税，征税的目的是想取得财政收入，但其结果是纳税人为了逃避该税纷纷将窗户堵塞。显然政府通过该税的课征不仅未能使财政收入逐渐增加，反而使纳税人将窗户封塞而降低了舒适度。

政府课征某税究竟是在产生正效应还是在产生负效应，可用课征该税取得收入的环比增长率来测定。用公式表示如下：

收入环比增长率=（本期收入-上期收入）/上期收入×100%　　　　　　　　（4-1）

如果政府课征该税的主要目的是筹集财政收入，上式中收入环比增长率为正时，则该税产生的效应是正效应；如果比率为零或为负，则说明该税没有产生正效应甚或产生了负效应。

如果政府课征该税不是为了筹集财政收入，而是为了限制经济活动向原有方向发展或促进其向新的方向发展，那么上式中收入环比增长率为负时，则该税产生的效应为正效应；如果比率为零或为正，则说明该税无效应或产生了负效应。

在这里，政府的职责在于应经常对税收的正负效应进行分析，要根据产生负效应的原因，及时修正税则，使课税产生的效果和政府的初衷保持一致。

### （二）收入效应与替代效应

从税收对纳税人的影响来看，一般可产生收入效应或替代效应，或两者兼有。所谓税收的收入效应，是指课税减少了纳税人可自由支配的所得和改变了纳税人的相对所得状况。税收的收入效应本身并不会造成经济的无效率，它只表明资源从纳税人手中转移到政府手中。但因收入效应而引起纳税人对劳动、储蓄和投资等所作出的进一步反应则会改变经济的效率与状况。

税收的替代效应是指当某种税影响相对价格或相对效益时，人们就会选择某种商品或行为来代替另一种商品或行为。例如，累进税率的提高，使工作的边际效益减少，人们就会选择闲暇来代替部分工作时间；又如，对某种商品课税可增加其价格，从而引起个人消费选择无税或轻税的商品。税收的替代效应一般会妨碍人们对消费或活动的自由选择，进而导致经济的低效或无效。

### （三）中性效应与非中性效应

中性效应是指政府课税不打乱市场经济运行，即不改变人们对商品的选择，不改变人们在支出与储蓄之间的抉择，不改变人们在努力工作还是休闲自在之间的抉择。能起中性效应的税称为中性税。中性税只能是对每个人一次征收的总额税——人头税，因为人头税不随经济活动的形式变化而变化，所以它对经济活动不会发生影响。但人头税由于课及所有的人，它可能会影响到纳税人家庭对人口多少的规划。所以，即使是人头税，在一般情况下，也不可能是完全中性的。可以肯定地说，在现代社会，完全意义上的中性税是根本不存在的。

与中性效应相反，非中性效应是指政府课税影响了经济运行机制，改变了个人对消费品、劳动、储蓄和投资等的抉择，进而影响到资源配置、收入分配和公共抉择等。几乎所有的税收都会产生非中性效应，因而现代社会的税收均属于非中性税收。

### （四）激励效应与阻碍效应

税收激励效应是指政府课税（包括增税或减税）使人们更热衷于某项活动，而阻碍效应则是指政府课税使人们更不愿从事某项活动。但政府的课税究竟是产生激励效应还是产生阻碍效应，取决于纳税人对某项活动的需求弹性。弹性很少，则政府课税会激励人们更加努力地工作，赚取更多的收入，以保证其所得不因课税而有所减少；如果纳税人对税后所得的需求弹性大，则政府课税会妨碍人们去努力工作，因为与其努力工作，赚取收入付税，还不如少赚收入不付税。

## ■ 第二节　税收宏观效应

税收的宏观效应分析是从国民经济总量平衡和整体运行的角度来考察税收对国民经济的影响力。它以微观经济效应为基础，是无数微观经济效应的综合。我们不能忽略宏观效应与微观效应之间的有机联系。当然，在具体的分析方法上，二者是完全不同的。

### 一、税收对国民收入的影响

#### （一）国民收入中的税收因素

国民收入是指一国生产要素在一定时期内提供生产性服务所得报酬的总和。假设是在三部门经济社会，由消费者、厂商、政府三个经济部门的活动组成。通过对总供给和总需求的构成分析，可以得到国民收入水平的决定公式。

从总供给看，国民收入是指一定时期内各生产要素收入总和，即工资+利息+利润+地租。可将其分解为消费、储蓄、税收，则国民收入决定的公式表达为

$$Y=消费+储蓄+税收=C+S+T \tag{4-2}$$

从总需求看，国民收入是指一定时期内各项支出总和，用公式表达为

$$Y=消费+投资+政府支出=C+I+G \tag{4-3}$$

由于总供给=总需求，我们可以这样表达国民收入构成的基本公式：

$$C+I+G=C+S+T \tag{4-4}$$

由于需求和供给在实际生活中经常出现变化，会形成经济波动，因此，税收 $T$ 与政府支出 $G$ 则可以作为政府调节经济的杠杆，维持总供给与总需求的平衡。例如，当 $C+I$ 不足时，引起失业人数的增加，经济增长缓慢，政府可以通过增加政府支出 $G$，减少税收 $T$，来维持总供求平衡，刺激经济增长。反之，当 $C+I$ 过多引致通货膨胀时，政府则可以减 $G$ 增 $T$。

可见，税收不仅是构成国民收入的一个重要因素，而且在维持总量平衡方面起着特殊的调节作用。

## （二）税收乘数

### 1. 税收乘数的推导

当 $I+G+X$（$X$ 代表出口）一定时，消费函数决定国民收入，即

$$C=\alpha+\beta Y Э \tag{4-5}$$

其中，$Y Э$ 为可支配收入，$\alpha$ 为最低生活水平消费，$\beta$ 为边际消费倾向。

当税收为总额税 $T$ 时，

$$Y Э=Y-T \tag{4-6}$$

将式（4-3）、式（4-5）、式（4-6）联立：

$$\begin{cases} Y=C+I+G \\ Y Э=Y-T \\ C=\alpha+\beta Y Э \end{cases} \rightarrow Y=(\alpha+I+G-\beta T)\div(1-\beta) \tag{4-7}$$

假定在式（4-7）中，只有税收 $T$ 变动，而其他为常量，则税收为 $T_1$ 和 $T_0$ 时的收入分别为

$$y_0=(\alpha_0+I_0+G_0-\beta T_0)\div(1-\beta);\ Y_1=(\alpha_0+I_0+G_0-\beta T_1)\div(1-\beta)$$

$$y_1-y_0=\Delta y=(-\beta T_1+\beta T_0)\div(1-\beta)=(-\beta\Delta T)\div(1-\beta)\rightarrow(\Delta y)\div(\Delta T)=-\beta\div(1-\beta)=K_t \tag{4-8}$$

我们将 $K_t=-\beta\div(1-\beta)$ 称为税收乘数。所谓乘数，即指倍数。税收乘数，反映了税收与国民收入之间的变化关系，实际上就是式（4-7）所表示的斜率。

### 2. 税收乘数对国民收入的作用机制

对于税收乘数的作用机制，应该从以下几方面来理解：

税收乘数是一个负数，这表明税收与国民收入之间是一种反向运动关系。当政府增加税收时，国民收入则成倍减少；当政府减少税收时，国民收入则成倍增加。

税收乘数的大小由边际消费倾向 $\beta$ 决定。从税收乘数公式看，边际消费倾向越大，则税收乘数的绝对值越大，对国民收入的倍数影响也越大。举例说明税收与国民收入的乘数关系。假设政府增税 100 亿元，若边际消费倾向为 0.8，则税收乘数为 $K_t=-0.8\div(1-0.8)=-4$，意味着国民收入将减少 400 亿元（4×100 亿元）；若边际消费倾向为 0.6，则税收乘数为 $K_t=-0.6\div(1-0.6)=-1.5$，意味着国民收入将减少 150 亿元（1.5×100 亿元）。假如政府变增税为减税而其他条件不变，则国民收入将会增加，增长量与减税时国民收入减少量相同。

如果考虑到增税和减税对纳税人消费偏好的不同影响，增税带来的国民收入减少往

往大于减税带来的国民收入增加。原因是当增税时，纳税人可支配收入下降或者实际收入降低，此时，边际消费倾向上升，而边际储蓄倾向则下降；当减税时，纳税人可支配收入或实际收入水平增加，边际消费倾向下降，而边际储蓄倾向则上升。增税时边际消费倾向上升和减税时边际消费倾向下降，使增税引致的国民收入减少大于同一数量的减税引致的国民收入增加。

税收乘数对国民收入的影响还应结合政府购买支出乘数和政府转移支付乘数来分析。政府支出乘数是指政府购买支出变化给国民收入带来的倍数效应，其公式 $K_g=1÷(1-\beta)$；政府转移支付乘数是指政府转移支付变化给国民收入带来的倍数效应，其公式为 $K_{tr}=\beta÷(1-\beta)$。两个乘数综合起来，就是政府总支出对国民收入的效应。从公式上看，这两种效应都是正相关效应，支出的增长会带来国民收入的增加。只有把税收乘数和政府购买支出乘数、政府转移支付乘数结合起来，才能体现政府收支行为对国民收入的综合影响。通过政府的一收一支和国民收入的一减一增，维持国民收入的总量平衡，确保国民经济的稳定和增长。

## 二、税收对经济稳定的影响

经济稳定是指在经济发展过程中，经济运行平稳，波动幅度小。经济过热和经济萧条都属于经济不稳定。一般认为，一个稳定的经济体应该达到四个目标，即经济增长、物价稳定、充分就业和国际收支平衡，特别是物价稳定，这是经济稳定的主要特征。要实现这四个目标，最重要的条件是要实现社会总供给和总需求的平衡。

### （一）税收的经济稳定作用

税收在维护经济稳定、熨平经济波动方面，能发挥逆向调节作用。税收逆向调节可以通过两种方式来实现。一种方式是制度性的调节机制，当经济形势发生周期性变化时，政府税收会自动发生增减变化，从而自动抵消经济波动的部分影响。这种自发的制度性调节机制在累进税制下体现最充分。当经济高涨时，国民收入增加，纳税人适用的累进税率提高，税收增幅高于国民收入增幅，抑制了社会总需求；当经济衰退时，国民收入减少，纳税人适用的累进税率降低，税收减幅小于国民收入减幅，增加了社会总需求。这种调节机制称为"内在稳定器"。另一种方式称为相机抉择，是指政府根据经济运行的不同状况，相应地采取灵活多变的税收措施，以消除经济波动，谋求既无失业，又无通货膨胀的稳定增长。由于相机抉择是一种人为的政策调节，因而针对性很强。例如，在经济高涨时期，政府实行增税的紧缩性税收政策，通过提高税率，设置新税，扩大征收范围，降低起征点和免征额，以缩小总需求。当经济衰退时，政府则实行减税的扩张性税收政策，通过降低税率、增加减免税、提供税收优惠等措施增加纳税人可支配收入水平，从而增加消费支出和投资支出，以提高总需求。

需要说明的是，在宏观总量调控中，税收杠杆的运用必须和采用国内支出手段与货币调控手段相结合。税收和财政支出是紧密结合的。一收一支对总需求的效应相反但又不能相抵，因此，如果要实行紧缩政策，增税就必须与预算盈余或减少赤字相配合。如果要实行扩张政策，减税还必须和扩大赤字或减少盈余相结合。

### （二）税收与社会总供求

如果具体分析税收对总供给和总需求的影响，可以发现，无论是税收收入水平的变化，还是税制结构的变化，都会产生一定的需求效应和供给效应，从而影响价格。凯恩斯学派经济学家只重视税收政策对总需求的影响，通过调节总需求以平衡总供求关系，实现物价稳定，消除通货膨胀。而 20 世纪 80 年代兴起的供给学派经济学家，则强调税收政策对总供给的影响，通过调节总供给来达到总供求均衡的目标。由于税收政策对总需求的影响较直接，而对总供给的影响，则须先改变资本存量才能影响总供给，因而是间接性的，所以以调节总需求为目标的税收政策可能比以调节总供给为目标的税收政策在稳定物价、抑制通货膨胀方面，更易操作。

从反通货膨胀角度分析税收政策如何影响总供给和总需求。当总需求过旺时，我们可以选择的税收政策有两种：一种是抑制总需求过旺的税收政策，主要是通过对所得特别是个人所得的增税政策，减少民间部门可支配收入，以抑制需求，实现社会总供给与总需求的均衡，防止或减轻通货膨胀；另一种则是增加总供给的税收政策，主要是通过对个人所得和公司所得的减税政策，刺激劳动投入和资本投入的增加，以实现总供给的均衡，抑制通货膨胀。两种政策侧重点不同，但最终目的是一致的。

综上所述，税收在维持经济稳定方面具有特殊的调节功能，利用税收政策的需求效应和供给效应，可以促进社会总供求的均衡，实现经济的稳定增长。

## 三、税收对收入分配的影响

税收对收入分配的调节功能主要从两种途径来实现：一是从收入来源方面减少个人可支配的收入；二是从个人可支配收入的使用方面减少货币的实际购买力。具体有以下三种表现形式。

### （一）税收制度对收入分配的影响

#### 1. 个人所得税是调节收入分配的重要工具

个人所得税直接减少个人的可支配收入，而且作为一种直接税，它具有税负难以转嫁的特点，纳税人与负税人的相同也使该税种成为政策制定者经常使用的收入分配调节手段。多数国家的个人所得税采用的是累进税率，即税率随着收入的增加而上升，对高收入者征收较高的个人所得税，而对低收入者征收较低的个人所得税，在这一点上，累进的个人所得税很好地体现了税收的公平原则。但是，累进性越高的个人所得税所带来的效率损失也越大，过高的累进性可能会损耗高收入者的工作积极性，从而不利于整个社会的经济发展。所以，多数实行累进的个人所得税的国家在设计税率时，都既要考虑公平的需要，又要适当地选择税率，以避免过多的效率损失。

通常情况下，个人所得税具有广泛的税基，因为其要求对纳税人、所有来源的收入征税，包括工资、薪金、股息、利息、资本收益、租金等，且无论是货币收入还是实物收入。但是，有时候国家出于一些政策或政治考虑，对于某些收入予以免除或优惠。例如，对纳税人从政府获得的转移支出免纳税义务或对资本收益给予免税优惠，这在一定程度上会对税基形成"侵蚀"，但是，其调节收入分配的效果却各有不同。对转移支付免税会增加低收入者的可支配收入；而对资本收益免税，则会在一定程度上增加个人所得税的累退性，因为通常只有高收入人群才有能力获得资本收益。

2. 对商品和劳务征收的间接税也是调节收入分配的重要工具

对商品和劳务征收的间接税主要是以降低纳税人的货币实际购买能力来发挥调节作用的。同时，利用间接税对收入分配进行调节，具有两个明显的优点：一是间接税由于其易于转嫁并且多数直接包含在了最终消费品的价格中，因此较为隐蔽，不易被察觉，容易为纳税人所接受；二是间接税在一定程度上具有促进储蓄的作用。间接税仅对纳税人的消费支出征税，因此不存在对储蓄所得重复征税的问题，从而有利于储蓄。

如果对所有消费品都征收一般比例税率，那么，在存在边际消费递减的情况时，间接税的税收负担将出现累退性质，即低收入者承担的税收负担要高于高收入者承担的税收负担。因为对高收入者来说，普通消费品在其所有收入中所占的比重低于这些消费品在低收入者所有收入中占的比重，这种累退性对于收入分配会产生不利影响。因此，多数国家都对生活必需品免税而仅对奢侈品征收消费税，由于购买奢侈品的通常都是高收入者，这样实际上就免除了低收入者缴纳消费税的义务，税收仅由高收入者负担，从而在一定程度上调节了收入分配不公的现象。

3. 财产税也可以对收入分配进行调节

在市场经济条件下，财产的拥有者可以运用其财产所有权参与收益的分配，获得各种收入，而这些收入通常都是非劳动收入，它们的存在既不利于鼓励劳动者供给，又可能挫伤劳动者的劳动积极性。因此，对财产征税，尤其是对无偿获得或转让的财产所有权征税，如遗产税、赠与税，可以对财产的积累形成一种制约，促进社会财富的公平分配。因此，财产税可以弥补直接税和间接税对收入调节的不足。

4. 遗产税和赠与税限制财富过度集中

遗产税是对财产所有人死亡时所遗留的财产课征的一种税。按纳税人和课税对象不同，遗产税可分为总遗产税、分遗产税和总分遗产税（即混合遗产税）三种类型。不同类型对收入分配影响的程度有所差别。遗产税不能单独实现公平财富目标，因为如果财产所有人在死亡前就将财产转让给继承人，那么遗产税的课税对象就会消失，因此遗产税必须和赠与税配合才能实现其功能。遗产税和赠与税是税收防止财富过度集中的最直接有效的制度工具，对缓和分配不公、补充个人所得税的不足具有重要意义。

## （二）税式支出对收入分配的调节

所谓税式支出是指政府以特殊的税收法律条款规定的，给予特定类型的纳税人以各种税收优惠待遇而形成的税收损失。政府通过税式支出，可以间接增加低收入阶层的实际收入。实现这一目标的途径有两条：一是对低收入阶层的许多纳税项目给予税收优惠，允许更多的费用税前扣除；二是对间接增加最低收入阶层收入的行为给予税收优惠。例如，对那些向慈善机构、公益事业捐赠财物的企业和高收入者，在其纳税时给予适当税收优惠，以鼓励他们继续慷慨解囊。

### （三）税收指数化减轻通货膨胀对收入分配的扭曲

在累进所得税税制下，通货膨胀会增加纳税人的名义收入，使纳税人适用的税率档次提高，从而加重低收入阶层的税收负担，扭曲累进所得税收入分配效应。税收指数化是消除这种扭曲的有效方法。这里的税收指数化是指根据每年物价指数作出制度性安排，使所得税制能自动确定应税所得的适应税率和纳税扣除额等，以剔除通货膨胀时名义所得上涨的影响。税收指数化的方法较多，各国最常用的是指数调整法，即依据物价指数或相关的某些指标指数，来调整个人所得税中的免税额、扣除额及课税级距等，以消除通货膨胀带来的名义所得增加部分。应该注意的是，虽然税收指数化能够有效减轻通货膨胀对收入分配的扭曲效应，但同时它也会削弱所得税制"内在稳定器"的功能；而且税收指数化只作用于政府收入，而不涉及政府支出，这样会影响到财政收支平衡。

## 第三节 税收微观效应

税收微观效应是税收对个人的经济行为和企业的经济活动产生的直接影响和效果。

### 一、税收对消费的效应

税收的收入效应和替代效应打乱了消费者对各种不同产品需求的抉择。无论是征收商品税，还是征收所得税，也不论政府只对某一部分商品课税，还是对全部商品课税，由于收入效应与替代效应的影响，都会改变人们对消费品的自由选择。

### （一）商品税对消费的收入效应和替代效应

#### 1. 商品税对消费的收入效应

商品税对消费的收入效应，表现为政府对商品课税之后，会使纳税人实际购买能力下降，降低对商品的消费量，从而居于较低的收入水平。商品税对消费的收入效应大小由平均税率决定，而平均税率是纳税人缴纳的税金与其总消费支出之比。平均税率越高，消费水平损失越大，收入效应越明显。

#### 2. 商品税对消费的替代效应

商品税对消费的替代效应，则表现为政府对商品课税之后，会使课税商品价格相对上涨，这意味着纳税人消费同一课税商品得到的效用不变，代价增大，于是纳税人对消费该商品的偏好降低，以其他无税或轻税商品来代替它。如图 4-1 所示，征税前预算线为 $AB$，无差异曲线为 $I_1$，两者相交于均衡点 $E_1$，在 $E_1$ 点上对商品 X、Y 的消费组合（$x_1$，$y_1$）效用最大。假若政府对商品 X 征税，引起商品 E 和 F 的相对价格变化，纳税人为提高消费效用水平，减少对商品 X 的消费，增加对商品 Y 的消费。于是，预算线 $AB$ 内旋至 $BF$ 与无差异曲线 $I_3$ 相交于新均衡点 $E_3$，消费组合为（$x_3$，$y_3$），此时有 $x_3<x_1$，$y_3>y_1$，替代效应发生。替代效应的大小，取决于不同商品的边际税率，边际税率差异越大，替代效应则越强烈。总体上看，政府对商品课税总会降低纳税人的实际购买能力，无论是收入效应还是替代效应，最终都会使消费水平下降。另外，在商品课税中，税基范围的宽窄也会影响消费水平，如果税基范围宽，税负转嫁就比较容易，商品价格因课税而上升的幅度大，因而对消费影响较大。

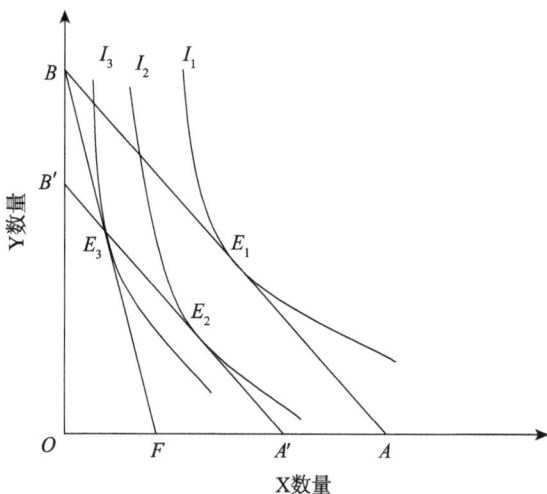

图 4-1    税收对消费的收入效应和替代效应

## （二）所得税对消费的影响

对所得课税（主要是指个人所得税）会减少纳税人可支配收入，降低纳税人消费水平，但不会改变商品相对价格和纳税人的消费偏好。如图 4-1 所示，征税前预算线为 $AB$，无差异曲线为 $I_1$，均衡点为 $E_1$，当政府对所得课税后，纳税人可支配收入下降，预算线 $AB$ 平行向下移动至 $A'B'$，与无差异曲线 $I_2$ 交于新均衡点 $E_2$。由于商品 X、Y 相对价格没有改变，在 $E_2$ 时纳税人的消费结构没有改变。

## 二、税收对生产的效应

### （一）税收对企业生产的影响

#### 1. 税收对生产的收入效应

政府的征税行为会影响企业的产量，使市场均衡的供求数量较征税前有所下降，也就是说，政府的征税行为会导致企业产出的减少。首先，政府的征税行为，有可能使企业生产的成本（包括边际成本与平均成本）上升，若是在完全竞争的市场条件下，企业的边际收益不变，则企业的最终产品水平必定会下降。同时，政府征税还会导致企业获得的生产者价格下降，也就是企业的边际收益下降，因此，当企业的生产成本上升时，企业的产出一定会下降。其次，政府的征税行为就是从本应为企业获得的收入中分走一部分，从而减少了企业的可利用资源。这也会导致企业最终产出减少，这就是所谓税收对企业生产行为产生的收入效应。

在这种情况下，如果政府征税的税率相对过高，就可能引起两种后果：一是导致企业的成本大幅度增加，可能会使平均可变成本高于企业实际得到的价格，使企业不得不放弃生产；二是导致企业没有足够的可利用资源来维持其可持续生产，而最终退出市场。

2. 税收对生产的替代效应

税收对企业的生产行为产生替代效应，主要是由于政府征收选择性商品税引起的。因为政府有选择地对某些商品征收商品税，而对另一些商品则不征税，从而对企业的产品结构产生影响。政府的征税行为会使课税商品的成本和价格发生不利于企业的变化，从而导致企业相应地减少课税商品的产量或放弃生产，而把更多的资源转移到非税产品的生产上。

### （二）税收对劳动力供给的影响

劳动力的供给在社会生产中起着十分重要的作用，是社会生产中人的因素。劳动力的供给主要由劳动力的平均劳动强度和人口总规模决定，同时，还受到包括文化素质、地理环境等其他诸多因素的影响。

税收对劳动力供给的影响主要表现为对各项劳动所得的课税。这种课税对劳动力的供给状况带来两种不同效应，即收入效应和替代效应。

收入效应是指征税使纳税人的可支配收入减少，为弥补因纳税而造成的收入减少，纳税人将增加工作时间，减少闲暇和休息时间，以达到原来的收入水平。显然，征税的收入效应具有激励纳税人更加努力工作、增加劳动供给的特点。收入效应的大小由纳税人的总收入与税金之比即平均税率决定。在收入效应中纳税人只考虑征税引起的收入减少，而不考虑闲暇和工作的相对价格变化。

替代效应是指由于征税引起纳税人闲暇和工作的相对价格关系发生变化，从而改变了人们在工作与闲暇之间的选择，进而影响劳动力供给量。显然，替代效应的大小取决于边际税率高低。边际税率越高，实际报酬率越低，要达到原来的实际收入水平就需要投入更多的工作时间，使工作时间的边际效用降低，而闲暇的边际效用上升，纳税人为维持较高的效用水平，就会放弃一些工作用于休闲。可见，征税的替代效应对劳动力供给具有反激励作用。

## 三、税收对储蓄的效应

储蓄是国民收入决定中的一个重要因素，储蓄的大小直接影响投资规模，涉及总供求的平衡与增长。储蓄包括国内储蓄和国外储蓄。其中国内储蓄包括政府储蓄、企业（公司）储蓄和居民个人储蓄，国外储蓄包括国外政府的储蓄和国外社团组织的储蓄及国外私人储蓄。税收对储蓄的影响，主要是通过税收政策的改变，影响不同的储蓄主体倾向及全社会储蓄率的改变。下面重点讨论税收对国内储蓄的影响。

### （一）税收与居民储蓄

#### 1. 所得税对储蓄的影响

所得税会对储蓄产生影响，主要原因是它会对个人实际收入水平产生影响。对个人所得征税，会减少个人实际可支配收入，并减少个人的储蓄率。设 $S$ 表示储蓄，$b$ 为边际消费倾向，$Y$ 为收入，$C$ 为消费，那么税前个人储蓄 $S_1$ 为

$$S_1 = (1-b)Y \tag{4-9}$$

其中，$(1-b)$ 表示边际储蓄倾向，以 $C$、$Y$ 分别表示消费增量和收入增量，则

$$(1-b) = (Y-C)Y \tag{4-10}$$

那么，在征收所得税以后，税后个人储蓄 $S_2$ 为

$$S_2 = (1-b)(1-T)Y \tag{4-11}$$

其中，$T$ 为个人所得税税率，当个人收入 $Y$ 和边际消费倾向 $b$ 不变的情况下，对个人收入征税将减少个人储蓄额。

根据所得税的税率形式，所得税可以分为累进所得税和比例所得税两种。其中，比例所得税采用比例税率，而累进所得税采用累进税率，对于高收入者显然累进税率的收入损失大于比例税率，根据边际消费倾向递减规律，收入越高，边际储蓄倾向越大，所以累进所得税纳税人的边际储蓄倾向小于比例所得税纳税人的边际储蓄倾向。这说明累进所得税对储蓄的替代效应强于比例所得税。

#### 2. 利息税对储蓄的影响

对储蓄利息征利息税，会减少储蓄人的收益，从而降低储蓄报酬率，影响个人的储蓄和消费倾向。一方面，对储蓄利息征税，会减轻储蓄倾向，促进个人增加消费额；另一方面，由于储蓄行为属于潜在消费，在对储蓄利息征税之后，会迫使储蓄人提高储蓄水平，也保证未来的消费水平。因此，利息税对储蓄的影响是双重的，既有减轻的效果，也有提高的效果。当今世界绝大多数国家都对储蓄利息征税，同时对一些特定储蓄项目的利息免征或减征利息税，这些利息项目一般包括养老基金、退休基金以及政府机构、慈善机构和非营利性事业组织的利息所得，这表明各国政府试图发挥税收对利息所得的调节功能。

#### 3. 间接税对储蓄的影响

间接税主要通过改变消费倾向来影响储蓄。从理论上讲，在提高储蓄率方面，间接

税的作用要强于所得税。因为尽管征收间接税也会减少个人可支配收入，但它所影响的主要是消费支出。在储蓄率或社会平均的储蓄水平一定的情况下，个人的储蓄水平通常是不会降低的，即在西方经济学中所表述的"替代效应"不存在，居民个人只能采取减少消费支出的办法，去抵消税收上的支出。

### （二）税收与企业储蓄

企业储蓄是指企业将征收所得税和进行分配之后的净利润，存入金融机构的行为。其目的如下：一是获取利息收益；二是将一部分闲置资金保存下来作为扩大再生产之用。对企业利息征收所得税，其直接影响是减少企业的税后留利，对企业的扩大再生产产生不利影响，其结果是降低企业储蓄愿望。

### （三）税收与政府储蓄

政府储蓄是指政府将财政收入中经常性收入大于经常性支出的部分存入金融机构的行为。税收对政府储蓄的主要影响，体现在税收收入规模对预算收入的影响方面。从原理上讲，所有提高税收总量的行为，都对政府储蓄产生有利的影响。但提高税收水平也不是随意的，它受经济发展水平的制约。一国税负总水平的改变，必须以不损害经济均衡发展为前提，所以，最有效的途径不是提高税率，而是完善税制，并不断提高税收征收管理水平。总之，税收对政府储蓄有积极影响，但这种影响必须建立在强化税收管理方面。

## 四、税收对投资的效应

投资可以按不同标准分类。从大范围来讲，投资包括实际投资和证券投资。实际投资又可分为物质资本投资和人力资本投资。按投资的来源划分，在开放的经济体系中，投资可分为国内投资和海外投资。按投资的主体划分，投资可分为政府投资、企业投资和个人投资。税收对投资的效应，主要表现为刺激投资与抑制投资两个方面。

### （一）税收对私人投资的效应

在此把非政府行为的投资，即企业投资和个人投资定为私人投资。这类投资的基本特征是以投资利益最大化为目标，它与政府投资的目标有着原则性的区别。税收对私人投资的影响，可以是鼓励性的，也可以是限制性的，它主要是通过税收负担的高或低，来完成政府在不同时期和不同经济发展阶段的政策目标。

投资是经济增长的主要动力，各国政府一般都致力于扩大私人投资，并且利用税收政策来鼓励和刺激。特别是当经济增长缓慢、需要扩大投资时，在税收政策上常采取降低边际税率（表现为降低税收负担）、扩大税收优惠和允许加速折旧等措施来刺激投资。在这方面，直接影响资本成本的公司所得税充当重要角色。公司所得税从两个方面来影响公司的投资决策：一是对资本的边际收入征税，可能使投资的边际收入下降，抑制投资行为；二是允许对某些资本成本项目进行扣除，产生"节税"，降低资本成本，鼓励投资行为。因此，在其他条件不变的情况下，任何旨在提高资本成本的税收措施，将抑制投资的增长；而任何旨在使资本成本下降的税收优惠措施，将刺激投资意愿。

首先，从降低税收负担看，对投资人影响最为直接的是公司所得税税负的调整，即公司所得税负的高低直接影响投资者税后利润的多少。公司所得税负越高，可供投资人分配的实际所得越少；反之，投资人所得就越多。因此，从理论上讲，在其他条件相同的情况下，无税（即公司所得税税率为零）对投资的刺激效果是最理想的，但实际上除少数避税地以外，世界上大多数国家都对投资行为征税。问题的关键不在于是否征税，而在于征多少税，理想的目标是，设计合理的税负水平，能够尽量减少公司税对投资决策的影响。

其次，从税收优惠的方法看，鼓励税收的措施通常采取免税、减税和再投资退税等办法。免税分为全部免税和分项免税两种。全部免税是指对投资者的投资所得在一定时期内不征税，以鼓励投资者的积极性，但政府仍保留征税的权力，当政府的目的达到之后，则恢复征税。分项免税是指政府对部分需要扶持的特殊行业、特殊项目、特殊产品给予免税的优惠，而对其他投资行为依法征税，如对基础产业、农业投资所得的免税，对部分外商投资者投资所得的免税等。减税是对投资者的所得，少征一定比例的所得税，以达到鼓励投资的目的。再投资退税是政府将已经征收的税款，在投资者将投资收益进行再投资时予以退还，以鼓励其扩大投资规模。

最后，从折旧的方法看，公司所得税制中的折旧政策对投资具有较大的效应。在税法上允许加速折旧和允许考虑通货膨胀对折旧的影响是鼓励投资的主要措施。如果公司税制中允许的折旧率高于实际应该折旧率，则企业的计税所得就会相应减少，其公司所得税负就会减轻，投资人就得到了税收鼓励的好处而可能加大投资。在通货膨胀的税收政策方面，传统意义上的折旧方式，通常采取直线折旧法，重点考虑的是资本的原始成本，其折旧费不足以补充资本的重置消耗。在通货膨胀的情况下，公司所得税是否允许考虑资本的真实成本，则影响到企业的经营成本和再投资能力。当折旧比例与通货膨胀率达到同步时，对投资人是有利的，体现了税收上的鼓励措施，至少没有限制投资的效应。

与税收对投资的鼓励效应相对应，税收对投资也有抑制效应。当经济发展过热，需要抑制投资时，国家可在税收上采取限制性措施，如提高税负、减少税收优惠和降低在税法上允许的折旧率，相应加大投资人的税收负担而使其减缓或削减投资。

## （二）税收对政府投资的效应

税收对政府投资的效应，主要体现在税收数量或总规模的改变，可以改变政府的投资规模和投资结构。换言之，即宏观税负水平的高低，不仅影响政府的投资能力，而且影响企业和居民个人的投资能力。

政府投资的目标是公共利益最大化。所谓公共利益，主要是指社会大众的公共利益，包括基础设施、公共设施和社会服务等。从性质上说，为社会公共需求而进行的支出，一般无法用经济关系中的投入-产出比例进行衡量，因为大部分投资项目可能无利可图，甚至是负产出。但政府又必须承担这些义务，因为它们是社会的必需品。政府要进行公共投资，必须通过相应方式取得资金来源。税收是政府取得收入的基本形式，在现代经济生活中，各国税收是政府收入的主要来源。政府课税对投资的效应，主要体现在对投资总量、投资结构和私人投资三方面的影响上。

首先看税收对投资总量的影响。在一定时期之内，社会投资总量由私人投资（含企业投资）和政府投资组成。当私人投资规模一定时，政府投资规模的大小，就决定投资总量的大小，政府投资愈多，投资总量愈多，对经济增长的影响愈大；反之愈小。通常，政府利用这一原理，可以通过投资数量的改变，发挥其对经济运行的周期性调节作用。由于投资具有"乘数效应"，通过扩大投资，可以刺激消费，拉动相关产业，扩大社会需求，并增加工资和利润。政府投资的目标比私人投资更明确，特别是在经济萧条时期，政府通常通过运用财政政策，扩大投资，拉动需求，推动经济增长。当然，政府为扩大投资，必须增加税收，以便于政府的再分配，因此税收总量与政府投资规模之间是互为依存的关系。在政府经常性支出一定的条件下，税收规模愈大，则可供政府投资的规模愈大。

其次看税收对投资结构的影响。投资结构是指各种投资行为在不同产业和不同地区之间的分布和格局，它是衡量投资效果的重要指标之一。通过政府投资会对投资结构产生两个层次的影响：一是政府投资的不同方向、不同组合，直接构成投资结构的组成部分。二是政府通过不同的税收政策，影响投资者的决策，最终影响投资方向。显然，税收政策目标和政府的经济政策目标具有一致性，它是一国政府政策目标的重要组成部分，有鲜明的政策倾向，因而能对投资结构产生重要效应。

最后看税收对私人投资的影响。课税数量的增加，会减少私人投资量。在一定时期内，可供分配的国民收入量是一定的，所能改变的只能是政府、企业和居民之间的分配比例。一是当税收规模增加时，会相应减少企业和个人可得的份额，并降低其投资能力；二是当社会对投资的需求一定时，政府投资有可能同私人投资争市场和领域；三是政府可能给予比本身投资更优惠的税收政策。

### （三）税收对海外投资的效应

海外投资包括来自海外的投资和向海外投资两方面。税收对海外投资的效应也表现在这两方面。当今世界各国通常在税收政策上对这两种投资有所区别，特别是发展中国家，由于资金不足，通常采取鼓励投资的措施。

一般认为，东道国的税收对吸引海外投资的影响主要通过三个变量来实现，即外国投资者在东道国实现的税后收益率，东道国资本的总体税后收益率，对外国人拥有的东道国资本课征的税率与对东道国投资者拥有的本国资本课征的税率的相对高低。这可以归结为两个问题：一是外国投资者在东道国从事的边际投资项目的实际税负是多少；二是东道国鼓励外商投资的税收优惠措施，其效果如何取决于居住国的税制状况。通常情况下，东道国的税收法律是内外一致的，对于吸引外资，一般是采取税收鼓励投资的政策，主要体现在公司所得税优惠方面，包括免税、减税、再投资退税等措施。

免税包括定期免税和长期免税，前者是指在一定时期内的免税；后者是指无限期的免税，即不征收所得税，这只是原则上的规定，实际上难以做到。减税是对投资者降低税收负担，包括税基、税率和税额的减税方法。再投资退税是指对外国投资者从外商投资企业取得的利润再投资给予的退税，以此鼓励外商投资。

对向海外投资，在国际经济一体化的今天，各国一般也从税收上给予鼓励，其主要措施是税收减免和抵免，以促使本国经济向外扩展。但是，影响海外投资的因素很多，包括政治、经济、文化、国际关系等多方面，税收只是其中一个要素。在吸引海外投资问题上，不能单纯依靠税收，特别是依靠税收优惠去吸引外资，而应该完善投资的整体环境，只有这样，税收才可能在吸引外资上产生最大或理想的效应。

### （四）税收对国际资本流动的效应

税收对国际资本流动的影响是复杂的。讨论税收对国际资本流动影响的核心问题，是要论证在考虑税收因素之后，会引起投资的选择方向，直至国内、国外投资的报酬一致。对投资的选择，会对汇率、利率等产生一定的影响。

国际资本流动的影响因素很多，包括政治、经济、文化、国际关系等多方面，但税收、利率、通货膨胀也起相当重要的作用，并且它们还相互交织在一起产生替代效应。

其一，当两国通货膨胀水平不同时，尽管对利息所得与汇兑利得按相同标准课税，也会对投资选择产生影响。但是，在税率相同时，通货膨胀的差异，并不会引起国际资本流动。只有在利息所得与汇兑利得被课以不同税率时，才会引起国际资本流动，并随之引起实际利率的改变，以及汇率的改变。

其二，两国税率水平的不同，会造成税后实际利率水平的不同。其一般的变化趋势是，在两国通货膨胀率相同的条件下，高税率的国家会形成低的实际利率。

其三，当汇率由利率决定时，汇率波动的幅度与两国的税率差成比例。但当汇兑利得不课税时，只有在汇率水平固定时，利率平价才会成立。这里面也包含了两国名义利率的均等。之所以会产生均等，是由于资本会从低税率国家流向高税率国家，由此引起两国调整税后实际利率。

其四，在购买力平价的条件下，高税率国家通货膨胀率的提高，会引起资本的流入，从而导致实际利率的下降。如果另一国的通货膨胀率会同时等量提高，当汇兑利息适用税率低于利息所得税率时，会发生资本的双向流动以实现新的均衡。

### ★本章拓展材料

2016 年营改增影响解读：全面认识"减税效应"

减税的"临界点效应"

税收的经济增长效应——基于经济增长理论的一个述评

税收制度影响居民消费需求的效应及制度创新

正确认识减税效应

# 税制基本理论

【学习目标与要求】

本章主要介绍了税制要素、税收分类和税制结构等基本理论。通过本章的学习，熟练掌握纳税人、课税对象、税率等基本的税制构成要素，熟悉各种税收分类，深入理解税制结构的含义，了解税制结构发展的历程，熟练掌握影响税制结构的因素。

## 第一节 税制要素

税收制度简称税制，是国家各项税收法规和征收管理制度的总称，是国家向纳税人征税的法律制度依据和纳税人向国家纳税的法定准则。任何一个完备的具体税种的税制，总是由一些基本要素构成，这些基本要素一般包括纳税人、课税对象、税率、纳税期限等。此外，由于课税技术上的需要，还要规定一些较为次要的要素，如税目、纳税环节等。

### 一、纳税人

纳税人亦称纳税主体，是指税法规定的负有纳税义务的单位和个人。纳税人是纳税义务的法律承担者，只有在税法中明确规定了纳税人，才能确定向谁征税或由谁来纳税。因此，纳税人是税法的基本要素之一。

纳税人既有自然人，也有法人。所谓自然人，一般是指公民或居民个人。所谓法人，是指依法成立并能独立行使法定权利和承担法定义务的企业或社会组织。一般来说，法人纳税人大多是公司或企业。

纳税人应与负税人相区别。负税人是指最终负担税款的单位和个人。在税收负担不能转嫁的条件下，纳税人与负税人是一致的；在税收负担可以转嫁的条件下，纳税人与负税人是分离的。

与纳税人相关的另一个概念即扣缴税款义务人，简称扣缴义务人，是指税法上规定的负有扣缴税款义务的单位。例如，个人所得税的扣缴义务人是支付所得的单位。扣缴义务人在法律上不负有履行纳税的义务，但负有扣缴税款的义务。如不履行扣缴义务，同样要受到法律制裁。

## 二、课税对象

课税对象亦称税收客体，是指税法规定的征税标的物，是征税的根据。课税对象用于确定对纳税人哪些所有物或行为征税的问题，它是区别税种的主要标志。在现代社会，税收的课税对象主要包括商品、所得和财产三大类。

在税收理论研究与实践活动中，应该注意与课税对象相关概念的区别和联系。

### （一）税目

由于课税对象是比较笼统的，为了满足税制的需要，还必须把课税对象具体化，将课税标的物划分成具体项目。我们把这种在税制中对课税对象规定的具体项目称为税目。税目规定了一个税种的征税范围，反映了征税的广度。根据国家调节经济和税收管理的不同需要，税目的划分可繁可简。

### （二）税源

课税对象与税源有一定联系。税源是指税收的经济来源或最终出处，从根本上说，税源是一个国家已创造出来并分布于各纳税人手中的国民收入。由于课税对象既可以是收入，也可以是能带来收入的其他客体，或是仅供消费的财产，因此，课税对象与税源未必相同。有些税种的课税对象与税源相同，如所得税的课税对象与税源都是纳税人的所得；有些税种的课税对象与税源不同，如财产税的课税对象是纳税人的财产，但税源往往是纳税人的财产收入或其他收入。课税对象与税源的关系提示我们，选择和确定课税对象时，必须考虑税源的存在性及其对税源的影响。

### （三）税基

税基是源于西方的一个概念，一般而言，是指课税对象的数量。由于人们总是在一定的税制条件下讨论相应的税基，因此税基可进一步作下列表述：税基是按课税标准计量的课税对象的数量。按课税标准的不同，税基可分为实物税基和货币税基。同时，由于国家为了实现一定的政治和经济目标，往往并不是对课税对象的全部数量都予以课税，而是规定某些税前减免项目或扣除项目，这样一来，就存在所谓的经济税基与法定税基的差别。经济税基是按课税标准计算的课税对象的全部数量；法定税基是经济税基减去税法规定的税前减免或扣除项目后的剩余数量，是据以直接计算应纳税额的基数。可见，如果没有法定税前减免或扣除项目，经济税基与法定税基在数量上是相同的。

税基的选择，尤其是法定税基宽窄的界定，对税收效率与税收公平均有显著影响，因而是实现税制目标函数的重要变量。

### （四）计税依据

计税依据是指计算应纳税额的依据。它是课税对象在数量上的具体化。计税依据从形态上看有两种：一种是价值形态，就是以征税对象的价值为计税依据，如商品的销售收入额、劳务收入额等；另一种是实物形态，以征税对象的数量、容积、重量、面积等为计税依据。前者称为"从价计征"，后者称为"从量计征"。计税依据的形态不同，会影响到税收负担。从价计征，税收负担与价值的关系是"水涨船高，水落船低"；从量计征，税额不受物价变化的影响。物价上涨会使税负减轻，物价下跌会使税负加重。

### （五）课税标准

课税标准指的是税法规定的对课税对象的计量标准。课税对象的存在形态各异，有的以货币形态存在，如所得；有的以实物形态存在，如商品、房地产等，而实物形态的课税对象也是可以用货币加以计量的。故此，首先，课税标准要确定课税对象是按实物单位计量还是按货币单位计量，这是课税标准解决的第一个层次的问题。其次，在第一个层次的基础上，课税标准还要确定课税对象的具体实物或货币计量标准。如用实物单位计量，有数量、重量、容积、体积、面积等具体标准；如用货币单位计量，还有实际价格、平均价格、组成价格、含税价格、不含税价格、原价、现价等具体标准。这是课税标准解决的第二个层次的问题。确定课税标准，是国家实施征税的重要步骤。

## 三、税率

税率是相对于税基的比率。税基与税率的乘积就是税额。反过来说，税额与税基之比即为税率。税率是税收制度的核心和中心环节，税率的高低既是决定国家税收收入多少的重要因素，也是决定纳税人税收负担轻重的重要因素，因此，它反映了征税的深度，体现国家的税收政策。从税法角度，税率可划分为比例税率、累进税率和定额税率三种类型。

### （一）比例税率

比例税率是按税基规定但不随税基数额大小而改变的征税比率。比例税率具有计算简便、利于征管、促进效率的优点。缺点是在一定条件下，不利于税收负担公平，即在税收负担上具有累退性，表现为收入越高，负担越轻，不尽合理。它一般适用于对商品或劳务的征税。比例税率分为统一比例税率和差别比例税率两种形式，其中差别比率税率有三种类型：行业差别比例税率，即按不同行业差别规定不同的税率；产品差别比例税率，即按产品的不同规定不同的税率；地区差别比例税率，即对不同地区实行不同的税率。

### （二）累进税率

累进税率是随税基增加而逐级提高的税率。其具体形式表现为根据税基的大小，规定若干个等级，每个等级对应一个税率，其税率水平随着税基等级增加而递增。累进税率因计算方法的不同，又分为全额累进税率和超额累进税率两种。

全额累进税率在计算方法上是将税基的全部按照与之相对应的最高级次的税率计算税额，全部税基只适用一个税率。超额累进税率在计算方法上是将税基的各部分按照相应级次的税率分别计算税额，然后合并相加为应纳税额，全部税基可能适用几个不同级次的税率。

全额累进税率与超额累进税率都是按照量能负担的原则设计的。但二者又有不同的特点，主要表现在以下几方面。

（1）在名义税率相同的情况下，全额累进税率的累进程度高，税负重；超额累进税率的累进程度低，税负轻。

（2）在级距的临界点附近，全额累进税率会出现税额增长超过税基增长的不合理现象，超额累进税率则不存在这种问题。

（3）全额累进税率在计算上简便，超额累进税率计算复杂。

在实践中，各国税制都将公平原则放在重要位置，因此，超额累进税率目前得到普遍推行。为了解决该税率使用上的复杂性问题，采取了简化计算的"速算扣除法"，即先计算出速算扣除数，然后运用下列公式计算出应纳税额：

应纳税额＝法定税基×适用税率－速算扣除数 （5-1）

所谓速算扣除数，是指同一税基按全额累进税率计算的税额与按超额累进税率计算的税额之间的差额。

下面举例说明全额累进税率和超额累进税率的运用。

【例 5-1】王某 12 月应纳税所得额为 10 000 元，适用的税率如表 5-1 所示。

表 5-1 全额累进税率与超额累进税率表

| 级数 | 月应纳税所得额 | 税率/% | 速算扣除数/元 |
|------|----------------|--------|----------------|
| 1 | 不超过 1 500 元的部分 | 3 | 0 |
| 2 | 超过 1 500 元至 4 500 元的部分 | 10 | 105 |
| 3 | 超过 4 500 元至 9 000 元的部分 | 20 | 555 |
| 4 | 超过 9 000 元至 35 000 元的部分 | 25 | 1 005 |
| 5 | …… | | |

要求：分别按全额累进税率、超额累进税率计算王某应纳的税额。

【解析】

全额累进税率下应纳税额的计算：

10 000×25%＝2 500（元）

超额累进税率下应纳税额的计算：

1 500×3%＋3 000×10%＋4 500×20%＋1 000×25%＝45＋300＋900＋250＝1 495（元）

或者

10 000×25%－1 005＝2 500－1 005＝1 495（元）

### （三）定额税率

定额税率是指对每一单位的征税对象直接规定固定税额的一种税率，它是税率的一种特殊形式。具体运用时，又可分为地区差别定额税率、幅度定额税率和分类分级定额税率等形式。

（1）地区差别定额税率，即地区差别税额，是指根据不同地区的自然资源、成本水平和盈利水平的情况，分别制定不同的税额。

（2）幅度定额税率，即幅度税额，是指税法统一规定税额幅度，各地区在规定的幅度内自行规定本地的定额税率。

（3）分类分级定额税率，是指按照征税对象的不同种类和不同等级，分别规定不同税额的定额税率。

定额税率具有计算简便、税额不受价格和收入变动影响的特点。定额税率适用于从量计征的税种。在现代商品货币经济条件下，价格和收入经常变动，为稳定税收负担和保证财政收入，从价计征的税种在多数国家的税制中居于主要地位，从而从量计征的税种居于次要地位，由此也决定了定额税率在使用上的局限性。在我国，目前定额税率主要在财产课税、资源课税中使用。

比例税率、定额税率和累进税率都是税法中的基本税率形式，可概括称之为"税法税率"。有时人们为了经济分析的需要，还常引入另外的税率形式，主要包括名义税率、实际税率、边际税率和平均税率，可概括称之为"虚拟税率"。

名义税率与实际税率是分析纳税人负担时常用的概念。名义税率是指税法规定的税率。实际税率是指实际负担率，即纳税人在一定时期内实际缴纳税额占其征税对象实际数额的比例。由于某些税种中计税依据与征税对象不一致，税率存在差异及减免税等因素，实际税率常常会低于名义税率。

边际税率是指一定数量的税基再增加一个单位所适用的税率，在实行比例税率的条件下，边际税率始终不变；在实行累进税率条件下，税基的不同级距上有不同的边际税率。平均税率是指全部税额与全部征税对象数额之比。在比例税率条件下，边际税率等于平均税率。在累进税率条件下，边际税率往往要大于平均税率。边际税率的提高还会带动平均税率的上升。边际税率上升的幅度越大，平均税率提高就越多。

【例 5-2】王某 12 月收入为 11 500 元，应税所得为 8 000 元，适用的税率如表 5-2 所示。

表 5-2　税率表

| 级数 | 月应纳税所得额 | 税率/% | 速算扣除数/元 |
|---|---|---|---|
| 1 | 不超过 1 500 元的部分 | 3 | 0 |
| 2 | 超过 1 500 元至 4 500 元的部分 | 10 | 105 |
| 3 | 超过 4 500 元至 9 000 元的部分 | 20 | 555 |
| 4 | 超过 9 000 元至 35 000 元的部分 | 25 | 1 005 |

按超额累进税率计算王某应纳的税额：8 000×20%−555=1 045（元）

计算：王某的名义税率、实际税率、边际税率和平均税率。

**【解析】**

王某的名义税率：由于王某 12 月的应税所得为 8 000 元，对应的名义税率即税法规定的税率，为 20%。

王某的实际税率：实际税收负担率=实际缴纳的税收/应税所得=1 045÷8 000×100%≈13.06%。

王某的边际税率：在实行累进税率条件下，税基的不同级距上有不同的边际税率。王某应税所得 8 000 元，边际税率为 20%。

王某的平均税率：指全部税额与全部税基之比，即 1 045÷8 000×100%≈13.06%

## 四、纳税环节

纳税环节是指在商品流通和非商品的劳务或其他交易过程中，税收予以课征的点或者说是关节。在上述各税制要素分别解决了对谁课税，对什么东西课税，以及征多少税之后，纳税环节要解决在哪里征税的问题。根据纳税环节的多少和选择可以分为不同的课税制度：同一种税只在一个环节课征税收的，称为"一次课征制"；同一种税在两个或两个以上环节课征税收，或同种性质不同税种对同一种收入课以税收的，称为"多次课征制"。纳税环节的多少以及具体环节的选择，不仅关系到国家财政收入水平，而且会影响纳税人的经济行为和纳税积极性，影响商品流通和经济运行的轨迹。

## 五、纳税期限

纳税期限是纳税人向国家缴纳税款的法定期限。各种税都明确规定了税款的缴纳期限。

现代税收制度在确定纳税期限时一般有以下的考虑：根据各行业生产经营的不同特点和不同征税对象决定纳税期限，如企业所得税，以年所得额为征税对象，实行按全年所得额计算征收，分期预缴，年终汇算清缴，多退少补的办法。根据纳税人缴纳税款数额的多少来决定。缴纳税款多的纳税人，纳税期限核定短些；反之，纳税期限核定长些。根据纳税行为发生的情况，以从事生产经营活动的次数为纳税期限，实行按次征收。

现行税制的纳税期限有三种形式：

（1）按期纳税。根据纳税义务的发生时间，通过确定纳税间隔期，实行按日纳税。纳税人的具体纳税间隔期限由主管税务机关根据情况分别核定。

（2）按次纳税。根据纳税行为的发生次数确定纳税期限，如车辆购置税、耕地占用税等均采取按次纳税的办法。

（3）按年计征，分期预缴或缴纳。例如，企业所得税按规定的期限预缴税款，年度结束后汇算清缴，多退少补；房产税、城镇土地使用税实行按年计算、分期缴纳。

## 六、税收优惠

税收优惠是指国家根据一定时期政治、经济和社会发展的总目标，运用税收政策在税收法律、行政法规中给予特定的纳税人和征税对象减轻或免除税收负担的各种优待的总称。

税收优惠作为税收制度不可或缺的重要组成部分，它分为狭义的税收优惠和广义的税收优惠。狭义的税收优惠是指减税和免税。减税、免税是对某些纳税人或征税对象给予鼓励和照顾的一种特殊规定。减税是对应纳税额少征一部分税额，免税是对应纳税额全部免征。广义的税收优惠是指减税、免税、优惠税率、出口退税、加速折旧、税项扣除、投资抵免、亏损弥补、税额抵扣、税收抵免、税收饶让等减轻或免除纳税人和征税对象税收负担的规定。

按照税收优惠方式的不同，可以分为税基式优惠、税率式优惠和税额式优惠三种。

### （一）税基式优惠

税基式优惠主要是通过直接缩小计税依据的方式实行的税收优惠。具体包括起征点和免征额、项目扣除以及亏损弥补等。其中，起征点是征税对象达到征税数额开始征税的界限。征税对象的数额未达到起征点的不征税；达到或超过起征点的，就其全部数额征税，而不是仅就超过部分征税。免征额是在征税对象总额中免于征税的数额，即按照一定标准从征税对象总额中预先扣除的数额，免征额部分不征税，只就超过免征额的部分征税。免征额一般是正常的费用扣除。在税法中规定起征点和免征额是对纳税人的一种优惠，但二者优惠的侧重点不同。前者优惠的是个别纳税人，后者则惠及所有纳税人。

【例5-3】某地A企业月经营收入为50 000元，若当地规定的起征点为30 000元，计算A企业应税收入额；若当地规定的免征额为30 000元，计算A企业的应税收入额。

【解析】

起征点是征税对象达到征税数额开始征税的界限，达到或超过起征点的，就其全部数额征税。若当地规定的起征点为30 000元，A企业的应税收入额为30 000元。

免征额是在征税对象总额中免于征税的数额，即按照一定标准从征税对象总额中预先扣除的数额，免征额部分不征税，只就超过免征额的部分征税。若当地规定的免征额为30 000元，A企业的应税收入额为20 000元。

项目扣除是指在征税对象中扣除一定项目的数额以其余额作为计税依据计算税额。亏损弥补是指将以前纳税年度的经营亏损在本纳税年度的经营利润中扣除，以其余额作为计税依据计算税率等。

### （二）税率式优惠

税率式减免是通过直接降低税率的方式实行的减税免税。具体包括重新确定税率、选用其他税率、零税率。例如，我国企业所得税中，对于符合小型微利条件的企业可以适用 20% 的税率，而对于国家重点扶持的高新技术企业，则给予 15% 的企业所得税税率，因此 20% 和 15% 的企业所得税税率相对于 25% 的基本税率就是税率式减免。

### （三）税额式优惠

税额式优惠是指通过减少应纳税额的方式实行的税收优惠，如减税、免税、出口退税、投资抵免、税收抵免、税收饶让等。例如，我国增值税和消费税税法中都有出口退税的规定；企业所得税法中，对企业从事蔬菜、谷物、薯类、油料、豆类、棉花、麻类、糖料、水果、坚果的种植等项目的所得，免征企业所得税，这些都是税额式优惠。

近十几年来，西方国家在税收优惠的问题上出现了一个"税收支出"的新概念，并被不少国家列为财政预算的一个正式科目。税收支出，也称为税式支出，是指由于税收优惠而造成的政府收入损失。因这种损失与政府征税后通过预算拨给纳税人的作用基本相同或相似，故称之为税收支出。确立这一概念，旨在与预算支出进行对照和比较。税收支出的形式，除上述各种减免形式外，还包括税收抵免、延迟纳税等。

## 七、税收附加与加成

减税、免税是减轻税负的措施。与之相对应，税收附加与加成是加重纳税人负担的措施。

税收附加也称为地方附加，是地方政府按照国家规定的比例随同正税一起征收的列入地方预算外收入的一种款项。正税是指国家正式开征并纳入预算内收入的各种税收。税收附加由地方财政单独管理并按规定的范围使用，不得自行变更。例如，教育费附加只能用于发展地方教育事业。税收附加的计算方法是以正税税款为依据，按规定的附加率计算附加额。

税收加成是指根据税制规定的税率征税以后，再以应纳税额为依据加征一定成数和税额，加征一成相当于纳税额的 10%，加征成数一般规定在一成到十成之间。和加成相适应的还有税收加倍，即在应纳税额的基础上加征一定倍数的税款。所以，加成和加倍没有实质性区别。税收加成或加倍实际上是税率的延伸，但因这种措施只是针对个别情况，所以没有采取提高税率的方法，而是以已征税款为基础再加征一定的税款。例如，《中华人民共和国个人所得税法》规定，对劳务报酬所得畸高的，可以实行加成征收，具体方法由国务院规定。

无论是税收附加还是税收加成，都增加了纳税人的负担。但这两种加税措施的目的是不同的。实行地方附加是为了给地方政府筹措一定的机动财力，用于发展地方建设事业；实行税收加成是为了调节和限制某些纳税人获取的过多的收入或者是对纳税人违章行为进行的处罚措施。

## 第二节 税收分类

现代国家的税制一般都是由多个税种组成的复合税制，各税种既相互区别又相互联系。

按求同存异的原则，依一定的标准对税种进行归类，是税制研究和建设的必要前提。

## 一、按课税对象的性质分类

按课税对象的性质可将税收分为商品课税、所得课税和财产课税三大类。这种分类最能反映现代税制结构，因而也是各国常用的主要税收分类方法。

商品课税是以商品为课税对象，以商品流转额为税基的各种税收。在我国，常被称为流转课税。广义的商品不仅指有形商品——货物，而且包括无形商品——劳务。所以，商品课税具体包括对货物和劳务征收的各种税，如增值税、消费税、关税等。

所得课税是以所得为课税对象，以要素所有者（或使用者）取得的要素收入为税基的各种税收。所得课税主要是指企业所得税和个人所得税。由于社会保险税、资本利得税实际上也是一种对要素收入的课征，故一般也划入所得课税类别。各国在对所得课税时，一般都是对各种要素收入进行必要的成本或费用扣除后的纯收入（净所得）进行课征。

财产课税是以动产和不动产形式存在的财产为课税对象，以财产的数量或价值为税基的各种税收，如一般财产税、遗产税、赠与税等。

需要说明的是，由于各个国家的税制千差万别，税种设计方式各异，因而同样采用此种分类方法，结果也不完全相同。例如，我国税制按此分类方法，一般分为商品课税、所得课税、资源课税、财产课税和行为课税五大类。

## 二、按税负能否转嫁分类

按税负能否转嫁，可将税收分为直接税和间接税。凡税负不能转嫁，纳税人与负税人一致的税种为直接税；凡税负能够转嫁，纳税人与负税人不一致的税种为间接税。一般认为，所得课税和财产课税属于直接税，商品课税属于间接税。但需要指出的是，某种税之所以归属于直接税或者间接税，只是表明这种税在一定条件下税负转嫁的可能性。在实践中，税收是否真正能够转嫁，则必须根据它所依存的客观经济条件来判断，这与理论上的税收分类并不矛盾。

## 三、按课税标准分类

按课税标准分类，可将税收划分为从量税和从价税。国家征税时，必须按照一定标准对课税对象的数量加以计量，即确定税基。有两种方法：一是以实物量为课税标准确定税基的方法；二是以货币量即以价格为课税标准确定税基的方法。采用前一种方法的税种称为从量税，采用后一种方法的税种称为从价。从量税的税额随课税对象实物量的变化而变化，不受价格影响，在商品经济不发达时期曾被普遍采用，在现代市场经济条件下，只宜在少数税种采用。我国目前的城镇土地使用税、耕地占用税等属于从量税。从价税的税额随课税对象的价格变化发生同向变化，收入弹性大，能适应价格引导资源配置的市场经济运行的要求，便于贯彻税收政策和增加税收收入，因而被多数税种所采用。

## 四、按税收与计税价格的关系分类

在从价税中，按税收与计税价格的关系可将税收划分为价内税和价外税。税金如果是计税价格的组成部分，称为价内税；税金独立于计税价格之外的，称为价外税。价内税的负担较为隐蔽，能适应价税合一的税收征管需要；价外税的负担较为明显，能较好地满足价税分离的税收征管要求。中国目前的消费税属于价内税，增值税属于价外税。

## 五、按税收管理权限分类

在分税制财政体制国家，通常根据中央和地方各级政府之间的职权范围划分税源，并在此基础上确定各自的税收权限和税制体系。按照这种分类方法，一般可以将全部税种划分为中央税、地方税和中央与地方共享税。

中央税是由中央立法机关立法，税收管理权和收入支配权属于中央政府的税收的总称。中央税构成中央政府的固定收入。

地方税是地方立法机关立法，税收管理权和收入支配权属于地方政府或者由中央政府统一立法但税收管理权和收入支配权全部或部分属于地方政府的税收的总称。地方税税收收入构成地方政府的固定收入。

共享税是属于中央政府和地方政府共同拥有，以一定方式分享的税种的总称。共享税一般采取三种方式共享：第一，分征。即对同一税源，中央政府和地方政府分别按不同的税率征税。第二，分成。即对同一税源由中央政府征收后按一定比例分享给地方政府或者由地方政府征收后按比例分享给中央政府。第三，附加。即对中央政府的税源征收地方附加税或对地方政府的税源征收中央附加。

除了以上主要分类之外，还有其他的一些分类方法，如以税收收入的形态为标准分为实物税和货币税；以税收收入的用途为标准分为一般税和特定税；以税收的存续期间为标准分为经常税和临时税；以税种的独立性为标准分为征税和附加税；按照税收负担随收入的增加是上升还是下降，税收可以分为累进税和累退税；按课税权有无连续性，可以分为经常税与临时税；按税收收入的形态不同，可以分为实物税和货币税；等等。

## ■ 第三节　税制结构

### 一、税制结构的内涵与类型

税制结构是一个国家在一定社会经济环境下，为实现政府职能，按照效率和公平原则，合理设置税种，选择税源，安排税率而形成的主次分明、相互配合、协调一致的税收体系。不同的税制结构，在税收分配活动中产生的效用有较大差异，因此，研究和构建合理的税制结构，必然与税制结构的分类有密切的联系。税收结构按照税种的多寡，分为单一税制结构和复合税制结构。

## （一）单一税制结构

所谓单一税制结构，即由一种税构成的税制形式。这种税制结构的理论依据是18世纪法国重农学派主要代表人物魁奈根据其"纯产品"学说提出的地租单一税设想。按照魁奈的观点，农业是社会财富的唯一源泉，其他经济部门只不过是把已经存在的各种物质因素结合起来，也就是把各种使用价值结合为一种新的使用价值，并没有使物质本身增加，所以没有创造财富。因此，对其他形式的收入课税，只不过是对土地使用权间接的、在经济上有害生产的征税方法，并且，实行地租单一税可以简化税制，减少征收费用。

除了地租单一税外，历史上还有过单一消费税、单一资本税、单一所得税等主张。单一税制的优点：仅课征一种税，对社会的生产与流通的危害较小；纳税人易于明了其应纳税额；稽征手续简单，征收费用较低。单一税制的弊端主要在于，从财政收入上看，收入少，弹性小，逃税的可能性大；从社会政策上看，课税范围窄，不普遍，有失公平；从经济发展上看，就某一课税对象课以重税，枯竭税源，阻碍经济平衡发展。单一税制结构在理论上违反了国民收入及其税收分配的一般规律，在税收负担上有悖公平合理、普遍纳税的原则。因此，世界上任何一个国家的税收实践从未采用过单一税制结构。

## （二）复合税制结构

复合税制结构是指在一个税收管辖权范围内，同时征收两种以上税的税制结构。复合税制是一种比较科学的税收制度，在税制体系内部税种间，有相互协调、相辅相成的作用。就财政收入而言，税源广、范围大、弹性充分；就税收政策而言，具有平均社会财富、稳定国民经济的功能；就税收负担而言，既公平合理又具有普遍性。复合税制在很大程度上能克服单一税制的弊端，因而，各国税制古往今来都是复合税制模式。

复合税制结构，按照主体税种的不同，可以分为以商品劳务税为主体的税制结构、以所得税为主体的税制结构，以及以商品劳务税和所得税为双主体的税制结构。

### 1. 以商品劳务税为主体的税制结构

以商品劳务税为主体的税制结构，是指在一个国家一定时期的税收收入总额中，通过增值税、消费税、普通销售税、关税等商品课税所筹集的税收收入占主要部分，在整个税制中发挥主导作用的一种税制模式。相应的，所得税、财产税、行为税的收入占次要部分，起辅助作用。

该税制模式有以下几个优点：首先，商品劳务税征税范围广，同时伴随着商品流转行为的发生而及时课征，不受成本费用变化的影响，因此税收收入比较稳定，并能随着经济的自然增长而增长。其次，该税制模式很好地体现了税收的效率和中性原则，减少了征税带来的"超额负担"，更有利于市场机制对资源配置作用的发挥。最后，商品劳务税计算简便，征收和管理成本较低。

但这种税制模式的缺陷在于其调节经济的功能相对较弱，特别是在抑制通货膨胀方面显得无能为力。同时，商品劳务税在税负上具有累退性，不利于贯彻税收公平原则，难以发挥税收公平收入分配的作用。

### 2. 以所得税为主体的税制结构

以所得税为主体的税制结构，是指通过所得税筹集的税收收入占全部税收收入的主要部分，对社会经济的调节作用主要通过所得税来实现，同时辅以其他税类。在西方的发达国家中，所得税的收入尤其是个人所得税的收入在整个税收收入中居主体地位。

以所得税为主体的税制模式有许多好处。首先，税收收入与国民收入关系密切，能够比较准确地反映国民收入的增减变化情况，税收弹性大；其次，所得税一般不能转嫁，税收增减变动对物价不会产生直接的影响；再次，所得税的变化对纳税人的收入产生影响，从而对消费、投资和储蓄等方面都有直接迅速的影响，比其他税种更能发挥宏观经济调节的税收杠杆作用；最后，所得税没有隐蔽性，对纳税人的税收负担清楚明了，比其他税种更能体现公平负担的原则，累进性质的所得税尤其如此。

但是，以所得税为主体的税制模式也有其局限性。首先，过多的累进级次和过高的边际税率会挫伤劳动和投资的积极性；其次，所得税比较容易受经济波动和企业经营管理水平的制约，不宜保持财政收入的稳定；最后，征收和稽查手续也复杂，使奉行和征收管理的成本大大提高。

### 3. 以商品劳务税和所得税为双主体的税制结构

这类税制结构的主要特征是：在税制体系中，商品劳务税和所得税并重，收入比重几乎各占一半，相互协调、相互配合。这类税制模式的特点是兼容上述两种模式的各自优势，更好地发挥整体功能。这类税制模式多在一些中等收入的国家采用。

## 二、税制结构的发展演变

税制结构是一国税收的总体安排。每个国家的税制模式选择都与本国政治、经济、社会文化、制度等因素密切相关。在不同的国家或同一国家的不同经济发展阶段，各税种的相对重要性差异很大，形成了不同的税制模式。特别是其中的主体税种，决定着税制体系的总体功能。纵观人类社会经济发展的历史，税制结构的演变过程是从以简单的直接税为主的税制结构发展到以间接税为主的税制结构，再发展到以发达的直接税为主的税制结构。

### （一）简单的直接税制结构

在农业经济时代，由于生产力水平非常低下，社会剩余产品都由农业所生产，土地成为产生社会纯收益的源泉，地租是收益的绝大部分。因此，当时主要是以土地和其他不动产的多少作为测度纳税能力强弱的依据。这样，税收大部分都以土地收益税为核心。正如马克思所说："直接税，作为一种最简单的征税形式，同时也是一种最原始、最古老的形式，是以土地私有制为基础的那个社会制度的时代产物。"同时，也有少量市场税（即商品进入市场、利用市场设施及享受市场保护时所课之税）和入市税（即商品运入市场时所课之税）作为辅助税种。

### （二）从简单的直接税制发展到间接税制

社会生产发展到从农业经济向工业经济转型时期，工业生产逐渐发展起来。工业生产的兴起，为商业的繁荣创造了条件，自由职业随之出现，社会纯收益的分配比较分散，而商品的流转环节大量增加，税源比较分散。因此，只有对货物及交易等课征间接税（如营业税、销售税、国内消费税或称货物税以及关税）才能保证财政收入。再加上间接税容易转嫁，新兴的资产阶级便利用商品市场日益发展的条件，大力推行间接税，以取代古老的直接税。这样做，资产阶级可得一箭双雕之利：只要课税商品能按提高的商品价格出售，资本家就可将税款转嫁给消费者负担；国外进口的工业品和本国生产的高质量工业品，主要消费者是贵族和大地主阶级，课以消费税，既可以削弱封建势力，又可充实资产阶级政府的国库。

### （三）从间接税制发展到现代直接税制

随着资本主义工商业的发展，社会矛盾和经济危机日益加深，国家的财政支出亦随之增加。资产阶级国家深感广泛而过分课征间接税，会对资本主义经济发展和资产阶级的经济利益产生不利的影响。首先，对商品的流转额课征的间接税，在商品到达消费者手中之前，往往要经过多次流转过程，每次流转都要征税，流转次数越多，征税额越大，商品的价格也越高。这种情况很不利于企业的市场竞争和扩大再生产。其次，对消费品课征间接税，相应地提高了消费品价格，这就迫使资本家必须提高工人的名义工资。而提高工资又会提高生产成本，从而影响资本家的经济利益。而且过分扩大间接税的课征范围，还会引起无产阶级及劳动人民的反抗。资产阶级为了维护本阶级的根本利益、增加财政收入、适应国家的财政需要，不得不考虑税制的改革。因此，18世纪末，英国首创所得税。以后时征时停，直至1842年开始确定所得税为永久税。其后各国先后仿效，逐渐使所得税在各国税收收入中占主要地位。

### （四）税制模式发展的新趋势

近半个多世纪以来，所得税在工业化国家得到了长足发展，已成为大多数发达国家的主体税。但是，由于所得税又有对所得重复征税之嫌，抑制了人民的劳动供给和私人储蓄，不利于经济增长，再加上通货膨胀对所得税的不良影响，故近十年来，理论界又重新掀起税制模式的大讨论。讨论的核心在于削弱甚至废除所得税，建立新型的间接税制。

综上所述，复合税制本身也有个发展变化的过程。从古老而又简单地以土地收益税为主的直接税，发展到现代以所得税为主的直接税；从落后的以关税、货物税为主的间接税，发展到现代以增值税为主的间接税，都是生产力不断发展、社会经济体系不断进步、财政经济理论不断发展的结果。

## 三、税制结构优化的基本要求

任何一国税收制度的设置客观上都存在着税制结构的选择和优化的问题，这是由税收职能的多重性以及不同种类税种具有不同的功能决定的。

### （一）主体税种的选择

确定某一税种能否成为主体税种，应从以下几个方面来考虑。

1. 财政收入功能方面的标准

主体税种的税基应宽厚而扎实，能够保证财政收入的充裕、稳定、及时取得，即主体税种所担负的组织财政收入任务要在各税种中稳定地居于十分突出的地位，并与国民经济的增长直接保持较高的一致性。税收是基于组织国家财政收入的需要而产生的，因此，不具备良好的财政收入功能的税种根本没有资格充当主体税种的角色。主体税种的选择必须保证财政收入的足额稳定、适度合理，尽量兼顾政府支出的需要。因此，组织财政收入的有效性应成为我们选择主体税种所考虑的首要备件，或者说是判断的首要标准。

2. 对经济的引导和调控方面的主体税种应具有较强的宏观调控功能

当今世界均把市场经济作为其经济运行的基本选择，这是在认同市场对资源优化配置高效率基础上形成的共识。市场自发性和盲目性要求必须用一系列经济杠杆对市场机制进行有效调节，税收杠杆正日益发挥着其他经济杠杆不可替代的作用。这就要求主体税种应当在市场规则的建立与运作、市场经济的形成与规范等方面具有促进与保障作用，克服市场的自发性与盲目性，避免大的市场波动对经济的危害。此外，还要求主体税种应当与经济发展的客观要求相一致，在促进经济持续、快速、协调发展方面有较好的作用，能够配合国家的经济政策、产业政策实施结构调节，配合国家经济发展目标实施总量调控等。

3. 税收公平与效率方面的标准

按市场经济的要求，经济主体以平等的身份参与市场竞争。但因客观条件和经济政策的差异性，会使经济主体处于不公平竞争的状况中，造成市场经济的效率低下。主体税种的选择，应有助于建立公平的外部税收环境，保证并促进经济主体的公平竞争。同时，在组织税收收入的过程中，必然要耗费一定的费用，客观上存在税收收入与征收费用之间的比较。作为主体税种，要求其税务行政成本最小，方便纳税，以利于征收，最大限度地减轻税收征纳的工作量，不断提高税务行政工作的质量和效率。

### （二）税源选择

在税源选择上，主要是考虑税源与税本之间的关系，即税本是税源之根本，税源是税本产生之收益。显然，有了税本才可能有税源，有了税源才可能有税收，所以税源的选择问题实际上就是如何选择税本，才能使税收不致侵蚀税本。一般来说，工资、地租和利润可以作为税源，若将征税范围限制在这个范围之内，则不会侵蚀税本。而那些生产性资本或财产则是税本，一般不应作为课税对象，否则就会损害资本的形成和积累，而最终导致国民经济的萎缩，使政府的税收收入来源枯竭。而那些消费性资本或财产如遗产就可以作为税源，以对收入分配进行调节。

### （三）税率的安排

税率水平的确定应考虑一国社会、经济发展现状以及政府的政策目标。根据拉弗曲线，在一定限度内，税收收入将随税率的提高而增加，因为税源不会因税收的增加而等比例地减少；当税率超过这个限度后，继续提高税率，税收收入则不但不会增加，反而会下降。因此，税率的设置应该适当。

根据最适课税理论，在商品税税率的设计上，为了使税收的额外负担最小，对不同的商品应根据其不同的需求弹性来确定各自的税率，即对商品需求弹性小的物品应以高税率课税，同时考虑对生活必需品按低税率甚至零税率课征，而对奢侈品则按高税率课征。在所得税税率的设计中，累进税率要优于比例税率，而且理论上累进税率的税率结构应是倒"U"形的。但个人所得税的最高累进税率不宜设计得过高，否则就会造成效率损失。

## 四、影响税制结构选择的因素

当今，大多数经济发达国家明显地表现为以所得税为主体的税制结构，即所得税占总税收收入的比重最大；而发展中国家的现行税制结构明显地表现为以商品税为主体的税制结构。具体而言，影响各国主体税种选择的主要因素表现为以下几方面。

### （一）经济发展水平的差异

经济发展水平是影响一个国家主体税种选择的决定性因素。

发达国家生产力水平高，人均国民收入居世界领先地位，大部分的收入作了必要的扣除后还有较多的剩余，这就使所得税的征收有了丰富的税源、宽厚的税基，即已具备所得税普遍征收的物质基础。而且由于生产力高度发展，所形成经济的商品化、货币化、城市化、公司化程度高，也为所得税征管创造了便利条件。经济货币化程度高，个人所得主要表现为货币所得，非货币所得或实物性收入不占很大比重，可以较为准确地计算个人所得，提高所得税的公平性。同时由于人口主要集中在城市，如美国有四分之三的居民住在城市，且大部分人在公司企业工作，从而能够有效地进行个人收入水平的查核和各项费用的扣余，也便于采用源泉扣缴的简便征税方法。

发展中国家生产力水平较低，人均国民收入水平不高，其收入只够维持基本生活需要，因此所得税尤其是个人所得税的税源极其有限。处于商品经济发展初期所形成的商品交易日益活跃，商品流转额迅速膨胀的局面，使商品税的税源远远大于所得税的税源，必然形成以商品税为主体的税制结构。同时生产力水平低下致使经济的商品化、货币化、社会化程度也很低，存在大量的自给自足经济、分散经营和实物经济。所得不主要表现为货币收入，个人所得税的征收很难做到按能力征税、公平负担。生产的社会化、公司化程度低，大部分人口从事农业、个体或小规模经营，所得难以核实，使个人所得税普遍征收的可行性不具备管理上的条件。

### （二）对税收政策目标侧重点的差异

税收政策目标包括收入效率和公平。不同的国家对这些政策目标的侧重不同，从而会影响到它们对税制结构的选择。

发达国家着重考虑的，是如何更有效地配置资源或公平调节收入分配。而所得税在促进宏观经济稳定方面可以发挥重要的作用，因此注重税收公平目标的实现，个人所得税无疑是一个重要手段。西方发达国家经济发展到一定程度，贫富悬殊、分配不公问题十分突出和严重，为缓和社会矛盾，保持社会稳定，征收社会保障税并建立社会保障体系，可以起到减小收入差距、抑制贫富悬殊的作用。所以，注重发挥宏观效率和税收公平目标，就必然会选择以所得税为主体的税制结构。

发展中国家面临着迅速发展本国经济的历史任务，需要大量稳定可靠的财政收入作保证。商品税较之所得税对于实现收入目标更具有直接性，税额多少不受经营者盈利水平高低的影响，税源及时、稳定。并且，以商品税为主体的税制结构在实现税收效率目标上占有优势。发展中国家宏观经济中的主要问题在于结构失衡，即产业结构不合理、不协调，在市场机制健全的条件下，对产业结构的调节作用，商品税要比个人所得税规模大得多，商品税通过差别税率可配合国家产业政策的实施，最终使整个经济体系的效率提高。

### （三）税收征管水平的差异

税收征管水平也是制约一个国家主体税种选择的重要因素。

发达国家具有现代化的税收征管手段，已普遍建立了电子计算机管理系统。以美国为例，计算机广泛应用于申报纳税、年终的所得税汇算清缴、税务审计、税务资料和税收法规的存贮检索、税收咨询服务等工作。税务征收人员文化素质比较高，同时有健全的监督制约机制，使税收征管效率大大提高。这些都适应了所得税征收对征管水平的较高要求，使所得税成为税制结构中的主体税种成为可能。

发展中国家经济管理水平较低，税收征管手段和技术比较落后，加上收入难以控制的农业就业人口和城市非正式就业人口所占比重较大，客观上所得税的征收管理存在着很大的困难，所得税成为主体税种的可能性极小。相比较，商品税一般采用从价定率或从量定额征收，比所得税采用累进税率征收要简单得多，加之，商品税对为数较少的厂商征收，比所得税的纳税人要少得多，征管上要便利。总之，商品税对征管水平的要求比较低，使发展中国家从现实出发，只能选择商品税作为国家主要的筹资渠道。

### （四）公民的文化素质、法制意识和纳税意识的差异

一国公民的文化素质高低会涉及法制意识的建立和纳税意识的形成，进而会影响税收的征管效率，影响到主体税种的选择。

发达国家公民的文化素质普遍较高，加之税法宣传广泛深入，税收法制健全、执法严厉等，公民的法制意识和纳税意识都比较强，还有齐全的税务服务网络，纳税人能主动地亲自或委托专业人员正确填报较为复杂的所得税纳税申报表，使以自觉为核心的申报纳税制度得以真正执行，为个人所得税的普遍征收提供了可能。

发展中国家公民的法制意识和纳税意识都比较淡薄，由于税法宣传力度不够，执法不严，纳税人纳税的主动性、自觉性较低，无法建立自动申报制度，因此，仅就征管而言，个人所得税也难以普遍征收。

## 五、我国税制结构模式的目标

近年来，一部分人主张借鉴西方国家现行税制模式，我国的税制应该确立以所得税为主体的目标模式。但是，大多数人认为，一个国家确定其主体税种，必须根据主体税种标准的要求，并结合国情来选择，我国税制模式的改革取向应是以商品税和所得税为双主体的税制。

### （一）政府实现职能的需要与可能性之间的矛盾决定了我国的双主体税制结构的选择

从需要来看，同发达国家相比，现阶段我国的市场仍需发育完善，这就决定了我国政府的职能不仅要弥补市场所固有的市场失效，如公共产品、规模报酬递增、外部效益、分配不公、失业、通货膨胀和经济失衡，而且还要培育市场，加大对交通运输、邮电通信以及农业、能源和原材料工业、落后地区的投入。而要保证政府职能的实现，就必须为政府活动提供充裕的资金，否则，政府的积极作用将得不到充分发挥，社会效用就不可能达到最大化。

从可能性来看，现阶段我国的国情决定了所得税还不能满足保证财政收入充足的要求。从征管上来说，所得税的难度列所有税种之最已是一个不争的事实，所得税的高效运作必须建立在公民纳税意识强以及依法治税的社会环境基础之上。现阶段，公民的纳税意识在短时间内不可能迅速培养起来，依法治税的社会环境有待完善，所得税税基不可避免地要遭到侵蚀，所得税难以保证财政收入充足的要求。而由于流转税税源广，而且不受产品成本和盈利水平的影响，随流转额的实现而实现，征收管理上的要求也较低。因此，现阶段我国还必须发挥流转税在取得财政收入方面的功能，流转税的主体地位还不能削弱。

### （二）社会主义市场经济的完善要求我国必须加强所得税与流转税的双重调控功能

从微观上来看，发达完善的市场，通过价值机制能够实现资源的优化配置，因此，

征税应以不影响市场的相对价格为标准，即要尽量采用中性税收。流转税对不同的商品征收不同的税率，若只对 A 产品征税，而对 B 产品不征税，或者对 A 产品和 B 产品征收不同的税收，此时由于征税而对市场相对价格产生了影响，于是就会产生替代效应，干扰纳税人正常选择，使资源配置产生低效，造成税收额外负担。由此可见，完善的市场经济客观上要求弱化流转税对微观资源配置的影响。但是，在我国经济发展过程中，结构性矛盾成为一直困扰经济建设的主要因素。而要解决结构性矛盾，恰恰需要流转税对相对价格的校正。因此，我国市场经济的不完善性，决定了现时必须加强而不是弱化流转税对资源配置的调节。

而所得税的征收由于只改变了个人的收入水平，征税以后消费者所面对的价格体系还是原来未变的市场相对价格。因此，所得税不会干扰消费者的选择，不会产生税收的额外负担，它对资源配置的影响是中性的。同时，从宏观上来看，市场机制对经济的调节是一种事后的调节，市场调节虽然能够自动调节并实现社会总供给与总需求的平衡，但要经历一个长期的过程，而且这一过程往往伴随着经济波动、震荡甚至经济危机，引起资源配置的低效率和浪费。因此，市场经济客观上需要政府对市场经济的运行进行宏观总量调控。由于一定时期的货币购买力表现为社会总需求，因此以货币作为操作对象的财政手段，实际上表现为对社会总需求调控。而在调控社会总需求方面，所得税通过"内在稳定器"和相机抉择作用的发挥显然具有比较优势。因此，我国社会主义市场经济的特殊性，决定了现阶段必须加强流转税和所得税的双重调控功能。

### （三）双主体税制结构是我国经济持续发展和缩小收入差距的必然选择

我国现正处于社会主义初级阶段，"发展才是硬道理"。而要发展，就必须有投资，投资是经济增长的原动力。在促进经济增长方面，由于所得税对资本和利息所得都征税，实际上降低了投资报酬率，从而干扰了人们对消费和储蓄的选择，人们将更倾向于消费，致使储蓄减少，不利于经济的发展。而由于流转税只是对收入中用于消费的部分征税，不改变投资报酬率，不会扭曲人们对消费和储蓄的选择，不会对经济的发展产生不利的影响。因此，发展落后的生产力的需要，使我们有必要坚持流转税的主体地位，促进经济的增长。

不可否认，随着改革开放的深化，我国的经济取得了快速发展，但与此同时，我国个人收入分配关系和分配格局发生了显著变化，在城乡居民收入水平大幅度提高的同时，出现了社会分配不公和部分社会成员收入差距扩大的现象。在实现公平分配方面，由于流转税对流转额征税，而流转额占收入的比重随着收入的增加而降低，这就造成了税收负担的累退，不利于实现公平分配。而所得税在实行累进税率的条件下，可以较好地体现按能力纳税的原则，改善收入分配，实现公平分配。

### （四）税制结构的国际惯例决定了我国双主体税制模式的选择

目前，我国的流转税收入占税收收入的比重不仅远远高于发达国家，而且高于很多发展中国家。税法的严肃性和税制结构的惯性，使我国今后一段时间税制改革的重点应是完善增值税和逐步提高所得税占税收收入的比重，而不是一蹴而就，变更税制结构，把所得税上升到绝对主体的地位。否则，过大的税制模式调整，必然会对经济运行产生过大的影响，在一定时期内影响财政收入的增长。

此外，我们还应注意西方国家税制模式的演变对我国税制模式目标确立的启示。纵观西方国家的税制演变，其税制模式经历了从以流转税为主体到以所得税为主体，然后向二者不断融合的税制模式的发展过程。以美国为例，美国在1913年之前，一直执行的是统一的间接税制。1865年，消费税占到财政收入的55%，1902年占财政收入的95%。1913年，全国全面开征所得税以后，确立了以直接税为主体的税制模式。1936年，公司所得税采用分级累进税制，1943年《现行赋税法》又从立法上确立了"凡有收入，必须纳税"的赋税原则，使所得税的税基扩大。1941年到1945年所得税一直占联邦收入的66%，到1975年已达72%。从20世纪80年代起，由于里根总统实施以大规模减税为中心内容的经济复兴税法，所得税占联邦收入的比重才有所下降，但仍不低，如1981年到1984年分别为56.5%、54.2%、49.9%和49.4%。80年代的税制改革，由于片面强调减税以促进经济增长，在促进经济增长的同时，也导致政府财政收入的减少和社会分配矛盾的激化，于是90年代美国开始了以优化税制理论为依据的税制改革。1996年美国国会提出以某种消费税取代现行公司所得税和个人所得税的议案，出现了流转税向所得税融合的发展趋势。而在资本和商品的国际流动日益频繁的今天，国际市场的形成日益加快，这必然带来税收国际一体化进程的加快。因此，西方税制模式的演变趋势也为我国未来税制改革指明了方向。

## ★ 本章拓展材料

分税制：中央税、地方税、
共享税

人人都是纳税人

税收优惠

# 第六章

# 税收制度改革

## 【学习目标与要求】

通过本章的学习，了解 1994 年前我国税制建立的背景与发展变化；充分认识和理解 1994 年分税制税收框架和税收制度；了解 1994 年以来税收制度的调整和改革；掌握"十二五"期间我国深化税制改革的重大举措和税制进一步改革的趋势。

## 第一节  1994 年前我国税制的建立与发展

### 一、1950 年和 1953 年税制的建立和修正

#### （一）1950 年税制的建立

1. 统一全国税政的背景

在统一全国税政前，各老解放区处于被敌人分割、包围、封锁的局面，虽然税收政策是统一的，但税收制度却很不一致。以主要税种农业税为例，在华北地区实行有免征额的比例税制，在东北地区则实行无免征额的地区差别比例税制，税率的差别很大。老解放区不仅农业税有差别，而且工商税收也有差别，如营业税、出入口税、牲畜交易税、所得税等，各解放区都有不同。

在新解放区，由于刚从国民党手中解放不久，新的税收制度来不及建立，为了及时取得财政收入，满足革命战争和其他财政支出的需要，党中央及时正确地提出"暂时沿用旧税法，部分废除，在征收中逐步整理"的原则。根据这一原则，在农村废除了国民党时的旧田赋制度，组织随军征粮队向当地富户实行所谓的"借征"。中华人民共和国建立后，各省相继公布了一些临时征粮条例。在城市废除了国民党时的苛捐杂税，对另外一些税种，如营业税、货物税、房地产税等，则暂时沿用国民党时的旧税法征收。

"暂时沿用旧税法"虽然适应了纳税人原有的习惯，使国家能取得一些财政收入，但毕竟是暂时性的权宜之计。因为旧税法是与半封建半殖民地的国情相适应的，有些则

是为维护大资产阶级利益服务的，税收负担极不公平，旧税种设置有许多不合理的地方。并且，从全国情况来看，各地税收制度很不统一，税种、税目设置，税率的制定，征收管理方法很不相同。

这种情况与全国统一的新形势很不适应，影响了地区间、城乡间的物资交流，不利于生产的恢复和发展。特别是当时刚接收国民党遗留下来的烂摊子，经济崩溃、民生凋敝、物价飞涨，而夺取全国胜利的人民战争仍在进行，农村有 4 000 万名灾民亟待救济，恢复铁路、交通等工作也需要投入巨额资金。因此，安定人民生活，恢复发展国民经济，亟须加强对财税工作的管理，尤其是统一全国税政，建立新税制的任务更为迫切。

2. 统一全国税政，建立新税制

为建立全国统一的税收制度，1949 年 9 月中国人民政治协商会议第一届全体会议通过的《共同纲领》第 40 条就规定："国家的税收政策，应以保障革命战争的供给、照顾生产的恢复和发展及国家建设的需要为原则，简化税制，实行合理负担。"本着这个精神，中央人民政府政务院 1950 年 1 月发布了《关于统一全国税政的决定》，同时制定并公布了《全国税政实施要则》和《全国各级税务机关暂行组织规程》。在《全国各级税务机关暂行组织规程》中，规定城市税务工作由该城市的一个税务机关统一管理，结束了国民党统治时期税务机关林立的状况，为统一全国税政奠定了组织基础。在《全国税政实施要则》中，规定除农业税外，全国统一实行 14 种中央税和地方税，即货物税、工商业税、盐税、关税、薪给报酬所得税（后未开征）、存款利息所得税、印花税、遗产税（后未开征）、交易税、屠宰税、房产税、地产税、特种消费行为税、使用牌照税。

货物税是以列举的货物为征税对象，就生产环节征收的一种税。该税以产制者或购运者为纳税人，规定应税货物的品目有 1 136 个，税率最低为 3%，最高为 120%。货物税实行从价计征，完税价格是不含税价格。

工商业税就是对工商企业的营业额及所得额征收的一种税。它分为按营业额计算和按利润所得额计算两个部分。按营业额计算部分，对坐商征收的，一般称作营业税；对行商征收的，一般称作临时营业税；对摊贩业征收的，一般称作摊贩营业牌照税。按利润所得额计算部分，一般称作所得税。

存款利息所得税，是对存款和证券的利息所得征收的一种税，该税以取得利息所得者为纳税人，以支付或经付利息者为扣缴义务人。存款利息所得税于 1950 年 12 月开征，1959 年停征。

印花税是对因商事、产权等行为所书立或使用的凭证征收的一种税。印花税以凭证书立人、领受人或使用人为纳税义务人，依照凭证性质，分别按凭证所记金额比例贴花，或按件定额贴花。

交易税是对市场交易的棉花、土布、粮食、药材、牲畜等，按交易额计算征收的一种税，一般由买方负担。

特种消费行为税是对某些特定的消费行为征收的一种税，具体包括筵席、娱乐、冷食、旅店四种消费行为。这种税由消费者负担，而由经营企业单位负责代征。该税实行从价计征：对筵席、冷食等按每次消费的金额计征，但每次消费金额不满规定起征点的不征税。

其他各税，如盐税、关税、薪给报酬所得税、遗产税、屠宰税、房产税、地产税、使用牌照税及随后颁布的契税，也都相应制定了税法或条例、规定。

以上各税在全国统一施行以后，就统一了全国税收，标志着新中国社会主义税收制度已经建立起来。

1950年6月，党的七届三中全会上提出了"为争取国家财政经济状况的基本好转而斗争"的任务，指出：要巩固财政经济工作的统一管理和统一领导，巩固财政收支的平衡和物价稳定。在此方针下，调整税收，以照顾经济恢复中工商业遇到的困难。其主要内容有：①减少税种。把房产税与地产税合并为城市房地产税，决定薪给报酬所得税和遗产税暂不开征。②减并税目。货物税由原定1 136个税目，简并为358个，印花税税目由30个减为25个。③调低税率。降低货物税中某些工业品的税率，出口外销品退货物税，提高营业税佣金所得税率。④改进征收方法。工商业税采用查账征收、民主评议、定期定额三种征收方法，大城市设立税务复议委员会。⑤开征新税种。为配合棉纱统购统销政策和保证财政收入，对花纱布公司统销的棉纱一项，开征棉纱统销税。

### （二）1953年税制的修正

#### 1. 修正税制的必要性

1953年是我国开始实行第一个五年计划的第一年，我国进入了大规模经济建设的新时期。按照第一个五年计划的要求，在进行以工业为中心的经济建设的同时，要对生产资料私有制进行全面社会主义改造。这就要求，税收一方面为社会主义建设事业提供资金保证，另一方面要促进对私有制进行社会主义改造。

在国民经济恢复时期，我国工农业生产迅速发展，社会主义的经济力量已经有了很大发展，原来制定的较为烦琐的征税方法已显得不适应社会主义经济，尤其是国有经济的需要。同时，随着经济情况的发展变化，国有经济和合作经济更多地采用了委托加工、代购代销和内部调拨的经营方式，私营工商业则趋于联合经济和产销直接见面等经营方式。这样，商品的流转环节逐步减少，导致原来在工业和商业环节上征收的营业税减少。税收收入下降，出现了"经济日益繁荣、税收相对下降"的现象。这说明原来的多环节征税的税收制度已不适应发展变化了的经济状况，对工商税收制度及时进行修正，成为亟待解决的问题。

#### 2. 修正税制的主要内容

1952年11月，在第四届全国税务会议上，财政部根据"保证税收、简化手续"的精神，研究修正税制。12月31日，政务院财政经济委员会发布《关于税制若干修正及实行日期的通告》，并规定从1953年1月1日起实行。税制修正的主要内容如下：

1）试行商品流通税

将货物税中国家能够控制生产或销售的产品，以及棉纱统销税的征税项目纳入商品流通税征税范围，共有22个项目。实行一次课征制，即对征收商品流通税的商品，把从生产、批发到零售各个环节应纳的货物税、工业营业税、商业批发和零售营业税及其附加税和印花税，都合并起来，集中到商品第一次批发或调拨环节征收，以后进入流通环节均不再征收。以每种商品原来的综合税负为标准，同时按保证国家财政收入，并考虑城乡、工农、产销的商品流转规律与价格等因素及照顾企业合理利润与消费者负担确定税率。

2）修正货物税

将应税货物原来应缴纳的印花税、营业税及其附加，均并入货物税征收，并调整货物税的税率。货物税税目也由原来的 358 个简并为 174 个。把原来征收交易税的粮食改征货物税，并新加了香精、照相机等少数税目。

3）修正工商业税

主要是将工商业原来缴纳的营业税、营业税附加和印花税并入营业税内，相应调整营业税税率。对已纳商品流通税的商品不再缴纳营业税，已缴纳货物税的货物也只在商业零售时缴纳营业税。对不缴纳商品流通税和货物税的商品，无论是工业出售或商业贩卖，都应缴纳营业税。在工商所得税方面，实行地方附加并入正税缴纳，临时营业税的地方附加及印花税也并入临时营业税缴纳。

4）修正其他各税

修正印花税。原印花税税额表各自规定的对保费收据、承揽及加工收据、佣金收据等的征税，分别并入商品流通税、货物税、工商业税及屠宰税征收。

修正屠宰税。屠宰商应缴纳的营业税及其附加、印花税均并入屠宰税内缴纳。税率当时定为13%，农民出售者按10%计税。

修正交易税。粮食交易税改征货物税，棉花交易税并入商品流通税，牲畜交易税按财政部公布的征收办法执行。

同时，将原特种消费行为税改称为文化娱乐税。对原列电影、戏剧及娱乐部分的税率不变，对原列筵席、冷食、旅店、舞厅部分，并入营业税，分别规定税率。

经过 1953 年的修正税制，我国的税种共有 14 个，即商品流通税、货物税、工商业税、盐税、关税、农（牧）业税、存款利息所得税、印花税、屠宰税、牲畜交易税、城市房地产税、文化娱乐税、车船使用牌照税、契税。虽然税种总数并没有减少，但一个企业缴纳的主要税种已经合并简化了。

## 二、1958 年到 1979 年的税制改革

### （一）1958 年的税制改革

1. 对工商税的改革

在"三大改造"完成以后，国民经济的构成发生了根本变化。包括国有经济、合作社经济和公私合营经济在内的社会主义公有制经济的比重上升到 93%，私有制经济只占7%。国民经济结构由多种经济成分并存变为基本上单一的社会主义经济，征税对象也由以资本主义工商业为重点变为以社会主义全民所有制和集体所有制经济为重点。原来在多种经济成分并存条件下制定的税收制度也就不适应新的经济情况了，简化税制的要求

非常迫切。因此，我国在 1958 年对工商税制进行了一次较大的改革。这次改革的方针是"基本上在原有税负基础上简化税制"。改革的主要内容是试行工商统一税。

工商统一税是由原来的商品流通税、货物税、营业税、印花税合并而成的，是对工商企业和个人按其经营业务的流转额和提供劳务收入额征收的一种税。该税的纳税人是从事工产品生产、农产品采购、外货进口、商业零售、交通运输和服务性业务的单位和个人。

工商统一税的税目分为两大部分：一部分是工农业产品，它大体上是根据产品性质、用途和部门分工相接近，积累水平相接近等标准来划分的；另一部分是商业零售、交通运输和服务性业务。

工商统一税的纳税环节比以前简化。对工农业产品，从生产到流通，实行两次课征制。工业品确定在工业销售环节和商业零售环节纳税；农产品只就列举的 11 种产品，在采购环节和商业零售环节征两次税，未列举的只在商业零售环节纳税，取消了批发环节的营业税。工商统一税的计税办法大大简化。凡属应税产品，都按实际销售收入计税，改变过去分别按国家调拨价格或商业批发牌价计税的规定。

这次改革后的税制与原税制相比，税制体系与结构基本未变，但多种税、多次征的状况发生了变化：工商业税、货物税、营业税、印花税四税合一，使税种大大减少；纳税环节实行两次课征，使税制进一步简化。

### 2. 对农业税的改革

1958 年在改革工商税制的同时，还改革了农业税制。新中国建立初期，由于老解放区和新解放区的情况不同，采用的农业税制也不相同，老解放区基本上沿用老征税办法，实行比例税制，新解放区按 1950 年颁布的《新解放区农业税条例》征收农业税，实行全额累进税制。1956 年农业合作化以后，全国各地农村生产关系发生巨大变化，个体经济通过合作化的道路变成了集体经济，农村阶级关系及其分配上的差别消失了，原来全国不统一的农业税制已无必要。为适应这种情况，1958 年 6 月，全国人大常委会通过了《中华人民共和国农业税条例》，在全国实行统一的农业税制，其主要内容如下：

废除累进税制，采用地区差别比例税制；继续实行以常年应产量为计税标准，"稳定负担，增产不增税"政策；适应农业合作化以后的农村经济情况，基本上以农业合作社为纳税义务人。

新中国成立以来农业税制的这次重大改革，对于巩固和发展农业集体经济、鼓励增产、掌握实物、积累资金、调节收入；对于正确处理国家与广大农民在收入分配中的关系，加强工农联盟，在长时期内起到了重要作用。

### （二）1963 年的税制调整

1963 年我国对工商所得税进行了一次调整。新中国成立初期的工商业税包括工商营业税和工商所得税两部分。1958 年改革税制时，将其中的营业税部分并入工商所得税。这样，工商所得税便成为一个独立的税种。这一税种是根据对私营工商业改造以前的形势、政策制定的，它规定不分经济性质和经营业务，一律按照 21 级全额累进税率征收。

就集体经济来说，由于当时规模比较小，适用统一税率的级次也较低，所以税负较轻。但是，生产资料所有制社会主义改造基本完成以后，工商所得税的纳税人主要变为集体企业，原有的税制就不适应了。进行调整的原则是"贯彻执行合理负担政策，限制个体经济，巩固集体经济"，以便调整集体经济和个体经济之间，集体经济经营不同业务的不同企业之间的负担水平。具体政策是，在税负上要使个体经济重于集体经济，合作商店重于其他合作经济。调整的主要内容有：

（1）提高个体工商业所得税负担，实行十四级全额累进税率，最低一级税率为7%，最高一级为62%。对全年所得在1 800元以上的，除适用最高一级税率外，分别加征一成至四成。

（2）提高合作商店所得税负担，实行九级超额累进税率，最低一级税率为 7%，最高一级为60%。全年所得超过5万元的，加征一至四成。

（3）调整手工业和交通运输合作社的所得税负担，实行八级超额累进税率，最低一级税率为7%，最高一级为55%，并作了一些减免税的优待。

这次调整由于当时受到"左"的指导思想的影响，急于实现个体经济向集体经济的过渡，对个体经济和合作商店限制过多，税收负担过重，这在一定程度上影响了个体经济和合作商店的存在和发展，限制了它们对全民所有制经济的补充作用。

### （三）1973年的税制简并

"文化大革命"期间，经济工作中"左"的影响更加严重。当时对于税收的作用，尤其是税收的调节作用，更加忽视。在这种背景下，1973年的工商税制改革，是在进一步片面强调简化税制的指导思想下进行的，这次改革的核心是实行工商税。当时财政部拟定了《中华人民共和国工商税条例（草案）》，国务院于1972年3月20日批转，从1973年1月起在全国试行。其主要内容如下：

（1）合并税种。把工商统一税及其附加、城市房地产税、车船使用牌照税、屠宰税、盐税合并为工商税。合并以后，国有企业只须缴纳一种工商税，集体所有制企业只须缴纳工商税和工商所得税两种税。盐税征收办法并没有改革，实际上仍是一个单独税种。城市房地产税、车船使用牌照税、屠宰税三个税种仍然保留，对个人和外侨继续征收。

（2）简化税目。税率税目由过去工商统一税的108个减为44个，税率由过去工商统一税的141个减为82个。在82个税率中有很多是相同的，实际上不同的税率只有16个。工商税税率是按行业设计的，"多数企业可以简化到只用一个税率征税"。

（3）改变征纳办法 工商税的征收范围包括工业、商业领域的商品流转额和非商品营业额。其纳税环节选择在工业品销售和零售环节，批发环节不纳税。在纳税环节上采取两次课征制。

这次工商税制改革过分强调减并税种、简化税制，一个企业一般只纳一种税，适用一个税率，从而大大缩小了税收在经济活动中的调节作用。

## 三、1979 年以后的全面税制改革

1978 年年底,中国共产党召开了具有历史意义的十一届三中全会,它是我国社会主义发展道路上的一个重要里程碑,以此为标志,中国开始建设有中国特色的社会主义。十一届三中全会以来,税收工作围绕着改革、开放、搞活的方针,对税收制度进行了全面改革,使我国税收制度步入新的轨道。

### (一)全面税制改革的必要性

1958 年以来片面追求简化税制,使整个税收制度完全不能适应经济形势发展的需要,经济体制改革和对外开放的实行迫切需要新的税收制度。经济管理形式的改革和国家职能的加强,也迫切需要税收发挥组织财政收入、调节经济的作用,迫切需要改革当时的税制。

#### 1. 经济体制改革要求税制全面改革

新中国建立以来,国家与国有企业的收入分配,长期实行统收统支、统负盈亏的制度,严重束缚了生产力的发展和企业积极性的提高,从深层次来看,也不利于国家财政收入的增加和国民经济的运行。我国经济体制改革的重要内容就是解决国家与国有企业的收入分配关系。其途径是一方面实行扩大企业自主权,使国有企业成为自主经营、自负盈亏的经济实体;另一方面强化经济杠杆的作用,运用各种经济手段,尤其是税收手段,来协调、规范国家与企业、国家与个人的分配关系。这不仅要求国有企业以税收形式为主上缴纯收入,稳定和规范国家与企业的分配关系,而且要求通过设置不同的税种对企业收入进行调节,以利于各企业在同等条件下开展公平竞争,完善企业经济责任制。通过税收的调节,贯彻国家的各项经济政策,以加强国家对宏观经济的管理和控制。因此,税制的全面改革成为当时推动经济体制改革的重大举措,也是解决国企关系,解决城市问题的迫切需要。

#### 2. 新形势下政治、经济的变化迫切需要税制改革

社会经济结构发生重大变化,多种经济成分并存,多样化的开放型的经济发展,需要运用税收杠杆,区别不同情况进行适当有效调节。而过去被简化了的税收制度不适应经济发展的变化,税收制度必须随着经济发展的新形势加以改革。

坚持用经济办法管理经济,这是认识和运用客观经济规律管理经济的重要原则,要求税收充分发挥它的调节经济和监督管理经济的杠杆作用,以引导国民经济按照国家宏观控制要求健康发展。

实行对外开放的政策,对外经济交往日益发展,也迫切需要有一套完整的,既适应国家对外经济政策的需要,又尊重国际惯例的涉外税法。

另外,国家的建设,必要的行政、文教、国防支出,以及提高人民的物质、文化生活水平的需要,都要求扩展税收渠道,增加财政收入。

总之,在社会主义建设的新时期,在新的政治经济形势下,税收不仅要更多地、更

稳定地发挥筹措财政资金的职能作用，保证国家财政的稳定和平衡，而且要更充分地发挥其调节经济和监督管理经济的杠杆作用，促进社会主义经济协调发展。改革过去简化了的税制已成为当时的迫切需要。

## （二）税制改革的基本内容

根据党中央、国务院的部署和经济体制改革的要求，1979 年至 1992 年，我国在加强税制建设方面作了大量工作，归纳起来，主要有下列几项。

### 1. 涉外税制的建立和完善

为了适应对外开放，吸引外商来我国投资办厂，以及对来我国工作的外籍人员课税的需要，我国从 1981 年起开始征收中外合资经营企业所得税和个人所得税。为了适应外国企业在我国设立机构，进行独立经营、合作生产、合作经营，以及未设立机构但取得收入的征税需要，1982 年起开始征收外国企业所得税。1983 年又对中外合资经营企业所得税法进行了修改，放宽了优惠条件。1991 年，把两个涉外企业所得税法，以及过去 10 年通过行政法规所作出的鼓励外商投资的一些主要规定合并，制定了统一的外商投资企业和外国企业所得税法，实现了统一的比例税率、统一税收优惠待遇、统一税收管辖原则。同时，增加了防止跨国关联企业转移利润避税的条款。我国涉外税制趋于成熟、完善。

### 2. 加强了宏观控制方面的税制建设

为了发挥税收在宏观调控方面的作用，增加了一系列旨在实行宏观调控的税种。为了促进节约油能源，1982 年开征了烧油特别税；为了控制投资规模，1983 年开征了建筑税，1991 年改为征收固定资产投资方向调节税；为了加强对消费基金的控制，1984 年开征了国营企业奖金税，1985 年开征了国营企业工资调节税，同年还开征了集体企业奖金税，1987 年开征了个人收入调节税。通过上述措施形成对消费基金（包括生产消费和生活消费）有了较完整的征税体系，有利于控制社会总需求与消费基金的膨胀，调节了个人收入之间的差距，发挥了税收的杠杆作用。

### 3. 实行两步"利改税"，并调整了原有税制，增设了新的税种

为了克服工商税过于综合的弊病，1984 年在实行第二步"利改税"的同时，将原来的工商税分为产品税、增值税、营业税和盐税。这次从工商税中重新划分出营业税和产品税，带有恢复原有税制的性质，而划分出的增值税则是一个新税种。1980 年，我国开始征收增值税的试点，第二步"利改税"时，明确了增值税是一个独立的税种，并扩大了原来的征税范围。在将工商税"一分为四"的过程中，还调整了原有税负，有的调低，有的调高，但总的来看，税负有所增加。同时，为加强税收在国营企业中的作用，规范国家与国营企业的分配关系，1983 年在第一步"利改税"时，全面开征了国营企业所得税。第二步"利改税"时，全面开征了国营企业调节税。为了调节由于资源优劣而形成的级差收入，在第二步"利改税"时，还开征了资源税。为健全地方税制，先后恢复和开征了城市维护建设税、房地产税、车船使用税和城镇土地使用税四个地方税种，我国

税收体系进一步完备。

### 4. 对国内所得税制度的改进

原来集体企业和个体经济都按工商所得税征税，但原工商所得税在税负上存在不合理的弊病。为了较全面地解决对集体企业和个体经济的所得税征收不合理问题，决定分别制定集体企业所得税法和个体经济的所得税法。并于 1986 年分别开始征收集体企业所得税和城乡个体工商业户所得税。后来，针对私营企业的发展，1988 年又开始征收私营企业所得税，从而使我国的所得税制度逐渐完善起来。

## 第二节　1994 年我国税制的全面改革

### 一、1994 年税制改革的必要性和紧迫性

十一届三中全会以后，我国税收制度经过一系列的改革，基本改变了以前较为单一的税制，建立起多税种、多层次、多环节的复合税制框架，基本适应了我国经济发展和经济体制改革的需要，取得了显著的成效。但是，我国 1994 年以前的税制格局也基本上是以"计划经济与市场调节相结合"的目标模式为指导的，因而随着改革开放的深入进行，特别是市场经济目标模式的确立，原有的税收制度逐渐暴露出一系列弊端。

#### （一）原有税制存在的弊端

##### 1. 税制结构不合理

从 1980 年到 1991 年我国陆续建立了 30 多个税种。这些税种都是根据当时的客观情况，为了一定的经济目的制定并发布执行的，加上有些税种出台仓促，没有理顺和其他税种的关系，因而使各种税之间不能很好地配合和协调，制约了税收整体职能作用的发挥。

从流转税来看，产品税、增值税、营业税三税并立，存在交叉征收。而产品税和增值税又互不交叉，产品税主要是配合价格调节经济，缓解价格不合理造成的企业苦乐不均。增值税征税范围是从产品税分离出来的，在生产领域与产品税并立，致使增值税征税面很窄。这种流转税制的特点决定了当时的增值税必须担负起两个任务：一是在调节经济方面与产品税发挥基本相同的作用；二是实行增值税后不减少国家的财政收入。这两个任务决定了增值税不可能是规范化的、体现中性功能的税种，而只能是具有鲜明中国特色的、过渡性的增值税。由于产品税、增值税都要配合价格调节经济，所以两种税的税率都较复杂。从产品税来看，将近有 30 个档次的税率。本应体现中性特征的增值税也有 12 个档次的税率。众多档次的税率使各行业之间、产品之间难以进行公平竞争，而且众多档次的税率也难以体现国家的产业政策。例如，在工业生产环节没有鲜明地体现基础工业的税负低于加工工业。此外，内外资企业还执行着两套不同的税制。

从所得税来看，1991 年以前，我国设置了 6 个企业所得税。不仅内外资企业之间的所得税不统一，而且内资企业和外资企业本身的所得税也不统一。从内资企业看，有国营、集体、私营和城乡个体工商业户所得税；从外资企业看，有中外合资经营企业所得税和外国企业所得税。这些内外资企业所得税，不仅税率不同，而且计税基数、税前扣除、减免规定以及征收办法也都各不相同。对个人所得税，对中国人和外国人分别设置了个人收入调节税和个人所得税。对待发放的职工奖金以及增发的工资按不同经济成分和单位性质设置了三个奖金税和一个工资调节税。所得税内部的这种多种税并存的复杂局面既不符合简化税制的要求，也难以适应企业面向市场、公平竞争和转换经营机制的要求。

从地方税来看，其不完善之处主要是税种不规范，没有形成地方税体系，收入规模小，地方的管理权限小，影响了以分税制为中心的财政管理体制的改革。

2. 税收的作用没有得到充分发挥

第二步利改税后虽然形成了以流转税、所得税为主，其他税种为辅的相互配合的复合税制，但由于以下原因使得复合税制的作用并没有得到充分发挥：第一，税制建设缺乏严密的总体规划，税种过多，税制总体结构松散和互不协调、互不配合，甚至有些税种之间的作用互相抵消；第二，从中央到地方层层放宽的多种形式的税收优惠，特别是繁杂的所得税优惠，严重侵蚀了税基；第三，税收管理不严，征管制度不完善，导致管理偏松，税款流失严重。这些都阻碍了税收作用的充分发挥。一方面是税收筹集资金的作用没有得到充分发挥，也没有实现税收收入与国民收入的同步增长；另一方面税收的宏观调控功能也不尽如人意，既不能很好地促进产业结构的调整，也不能为企业竞争创造平等的环境。

## （二）税制改革的必要性和紧迫性

上述问题是在新旧体制交替时期由多方面原因造成的。随着时间的推移和改革开放的深入，这些问题引发的矛盾不断尖锐。随着社会主义市场经济的发展，深化税制改革的必要性和紧迫性日益显现出来。

1. 建立、发展、完善社会主义市场经济体制，必须建立一套与之相适应的新税制

市场经济的统一性特征，要求打破地区间的界限，在不同地区的企业间形成平等的商品交换关系，也要求必须有一套统一的、完整的税法与之相适应。市场经济的竞争性特征，要求为市场主体的活动创造平等的宏观经济环境，以使它们享有平等的竞争条件和平等的发展机会，客观上也要求税收必须体现公平税负，要求税制在税种的设置、税目的制定、税率的选择、减免税的规定，以及所得税的税前扣除等方面，都要统一、规范。在实际征管中要贯彻一视同仁的原则，同等条件、同等纳税。并且通过不同税种和差别税率的调节，为经营条件和盈利水平不同的纳税人创造平等竞争的环境。市场经济的开放性要求税制结构、税收征管必须适应开放的要求，并逐步与国际税收惯例接轨。

2. 社会主义市场经济条件下的国家宏观调控，迫切需要健全的税制为之服务

只有加强和改善国家对经济的宏观调控，才能使我国市场经济走上健康发展的轨道。经济生活中已经产生的矛盾是新旧体制转换过程中的产物，要从根本上解决这些问题，必须靠深化改革来实现。由于税收同时具备调节功能和法律地位，税收又具有强制性、无偿性、固定性的特征，是国家加强宏观调控，解决现实矛盾，保障市场经济有序运行的重要手段之一。所以，通过市场调节和税收调节在内容上相互渗透，在功能上相互补充，在运行上相互配合，来弥补市场机制的弱点。市场经济下政府职能的转换和经济运行的有序性，要求健全税制、完善税法、依法治税。

3. 税制改革是当前整个经济体制改革的中心环节

我国社会主义市场经济体制改革是全面的、深刻的，它包括以分税制为核心内容的财政体制改革、金融体制改革、外贸体制改革、投资体制改革、国有资产管理体制改革等许多方面，而这些方面又都是与税制改革互为条件、互相依存、相互促进的。也就是说，税制改革是深化我国经济体制改革不可缺少的、重要的方面。

4. 税制改革是理顺分配关系的迫切需要

国家与企业、个人的分配关系，中央与地方的分配关系，既不合理，又不规范，这对于发展有序的市场经济、调动各方面的积极性都是不利的。税收从本质上讲是处理分配关系的，所以建立一套科学、合理的税收制度是非常必要、极其紧迫的。

总之，建立社会主义市场经济体制，对深化税制改革、加强税收法制提出了一系列迫切的要求。深化税制改革，逐步建立起一个具有中国特色的、符合社会主义市场经济要求的税制体系，将有利于加强和改善宏观调控，有利于法制化建设和社会主义市场经济体制的确立和完善，有利于促进改革开放和国民经济的持续、快速、健康地发展。

## 二、1994 年税制改革的指导思想和基本原则

### （一）税制改革的指导思想

1994 年税制改革的指导思想是按照社会主义市场经济对税收制度的总体要求，并针对原税制的某些不完善之处提出的。

中共十四届三中全会通过的《中共中央关于建立社会主义市场经济体制若干问题的决定》指出：近期要"按照统一税法、公平税负、简化税制和合理分权的原则，改革和完善税收制度。推行以增值税为主体的流转税制度，对少数商品征收消费税，对大部分非商品经营继续征收营业税。在降低国有企业所得税率、取消能源交通重点建设基金和预算调节基金的基础上，企业依法纳税，理顺国家和国有企业的利润分配关系。统一企业所得税和个人所得税，规范税率，扩大税基。开征和调整某些税种，清理税收减免，严格税收征管，堵塞税收流失"。这就是对税制改革的要求。

根据原税制不完善之处和建立社会主义市场经济体制对税制改革的要求，这次税制

改革的指导思想是：统一税法，公平税负，简化税制，合理分权，理顺分配关系，规范分配方式，保障财政收入，建立符合社会主义市场经济要求的税制体系。

## （二）税制改革的基本原则

根据税制改革的指导思想，这次税制改革遵循了以下基本原则：

（1）税制改革要有利于加强国家宏观调控能力。要调整税制结构，合理划分税种和确定税率，以增强国家宏观调控的范围和力度。实行分税制，理顺中央与地方的分配关系。通过税制改革，加强征管，逐步提高税收收入占国民生产总值的比重，缓解我国财政困难的状况，也为加强宏观调控提供强有力的财力保障。

（2）税制改革要有利于发挥税收调节个人收入相差悬殊和地区间经济发展差距过大的作用，促进协调发展，实现共同富裕。

（3）税制改革要有利于体现公平税负，促进平等竞争。要逐步解决按不同所有制、不同地区设置税种、税率的问题。通过统一企业所得税和完善流转税，使各类企业之间税负大致公平，为企业在市场中实现平等竞争创造条件。

（4）税制改革要有利于体现国家产业政策，促进经济结构的有效调整，促进国民经济整体效益的提高和持续、快速、健康地发展。

（5）税收制度要减化、规范。取消与形势发展不相适应的税种，合并重复设置的税种，开征确有必要的税种，实现税制的简化和高效。在处理税收分配关系上，要参照国际惯例，尽量采用较为规范的方式。保护税制的完整，以维护税法的严肃性和统一性。

# 三、1994 年税制改革的主要内容

我国 1994 年实施的税制改革，是全面性、结构性的重大改革，其基本内容包括流转税制改革、所得税制改革、其他税种的改革、税收征管制度的改革四个大的方面。

## （一）流转税制改革

流转税是我国税制结构的主体，其收入多、涉及面广、政策性强。因此，流转税制的改革成为整个税制改革的关键。流转税改革的模式是形成以增值税为主体的增值税、消费税、营业税三税并立，双层调节的新流转税制格局。其改革的目标是按照公平、中性、普遍的原则，形成有利于资源优化配置的税收分配机制，贯彻公平税负、鼓励竞争、促进专业化协作的精神，使总的税收负担保持原有水平。新的流转税制统一适用于内资企业、外商投资企业和外国企业，取消了对外贸企业征收的工商统一税，对原来征收产品税的农、林、牧、水产品，改为征收农业特产税。

### 1. 改革增值税

为了适应当前发展社会主义市场经济的要求，我国借鉴国际上公平、简明、普遍和规范化的增值税制，结合本国税收与经济的现实情况，对原增值税进行了根本性改革。这是整个工商税制改革的一个核心。改革的主要内容如下：

（1）扩大征收范围。改变了原只限于在工业环节对部分工业品销售征税的制度。新增值税较大地扩充了征税范围，在中国境内销售货物或者提供加工、修理修配劳务以及进口货物的业务经营，都列入征税范围。

（2）实行"价外税"。从过去的"价内税"改为现在的"价外税"，即把增值税税额与货物销售价格分开，从过去的以包含增值税税额在内的含税销售价格为计税依据，改为以不包含增值税税额在内的销售价格为计税依据。新增值税采用"价外税"，只是计征方法与财务会计处理方法的改变，价格水平和税负水平不变，并不是在原来价格和税负水平基础上，另外增加一块增值税税额。

（3）简并税率。改变了过去分设多种产品税目，每个税目制定12档差别税率的办法。采取只设置一个17%的基本税率，再加一档13%低税率的模式。除照顾少数日用生活必需品和农业生产资料以及农业产品、金属与非金属矿采选产品和煤炭等的生产销售，适用低税率外，其他货物和应税劳务均适用基本税率。对出口商品则采用零税率，便于退还以前各环节已缴纳的全部税款，以鼓励出口。

（4）实行凭专用发票抵扣税款的计征方法。改变过去按产品确定扣除项目和扣除率计算扣除额的复杂方法，实行凭增值税专用发票抵扣税款的规范化计算征收方法。以前各环节零售商品时，必须按规定在发票上分别注明增值税金额和不含增值税的价格。为了适应我国消费者的习惯，商品零售环节实行价内税，发票不单独注明税额。

（5）改革增值税的纳税制度。为了建立对纳税人的购销双方进行交叉审计的税收稽核体系，增强增值税自我制约偷税和减免税的内在机制，对按规范化办法计算纳税的一般纳税人，再进行专门的税务登记，并按规定使用增值税专用发票。

（6）对小规模纳税人简化计征办法。小规模纳税人，也就是年销售收入小于规定额度，并且会计核算不健全的小型纳税人。按原来的税率测算，征收率确定为6%，以销售额直接乘征收率计算应纳税额。销售额与增值税合在一起的，要分离出不含税的销售额。

2. 设立消费税

为了正确引导消费方向，有效地抑制超前消费和集体消费，限制某些特殊消费品的生产，调节生产、消费结构和社会供求关系，也为了确保某些高税率产品在改按增值税基本税率课征后，不致减少原有的国家财政收入，因而在对商品的生产、流通领域普遍征收增值税的基础上，对某些工业消费品加征一道消费税，从而建立了消费税这个税种。它主要是由原征产品税的税目改征的，也包括了部分原征产品税，后又改征原增值税的税目，在课征制度上，类同于原产品税，而又有所不同。

消费税调节的范围主要是一些特殊消费品、奢侈品、高能耗消费品、不可再生的稀缺资源消费品，也包括税基宽广、消费普遍、有一定财政意义的普通消费品。消费税税率设计考虑了消费品原有的税负水平，按照能引导消费方向、适应消费者负担能力和有一定财政意义的原则设计了14个税率，分别采取从价定率和从量定额的征收办法。对于目前消费税的征收范围，将来随国家宏观经济政策的需要和消费结构的变化，也在征税范围和税率结构上有适当调整。

### 3. 改革营业税

营业税在非商品经营领域发挥作用。改革后的营业税征税范围包括提供劳务、转让无形资产和销售不动产，共设置了 9 个征税项目和 3 档税率。其中，交通运输业、建筑业、邮电通信业、文化体育业等 4 个征税项目的税率为 3%；金融保险业、服务业、转让无形资产和销售不动产等 4 个征税项目的税率为 5%；娱乐业 1 个征税项目设置 5%～20% 的幅度比例税率。

## （二）所得税制改革

### 1. 企业所得税制改革

企业所得税制改革的目标是调整、规范国家与企业的分配关系，促进企业经营机制的转换，实现公平竞争。主要内容如下：

（1）统一税种。分两步进行：先把内资企业所得税统一起来，使内资、外资所得税在负担政策和计税方式上逐步靠拢；待条件成熟后，再把内资、外资企业的所得税，统一为一个税种，以利于更好地贯彻"公平税负，促进竞争"的原则。在 1994 年 1 月 1 日开始的第一步改革中，将原国有企业所得税、集体企业所得税、私营企业所得税等统一合并为企业所得税，同时取消国有企业调节税，并分步取消对税后利润征收的国家能源交通重点建设基金和国家预算调节基金。以此统一税收政策，统一税收负担，统一征税办法，为不同经济性质的企业在同等纳税条件下创造公平竞争的条件。

（2）统一税率。把原国有大中型企业适用的 55% 的比例税率，国有小型企业和集体企业原适用的 10%～55% 的 8 级超额累进税率和私营企业原适用的 35% 的比例税率，都统一降低为 33% 的比例税率。这与外商投资企业和外国企业所适用的税率一致，也与国际上多数国家 30%～40% 的税率水平相吻合。对一些利润率低、规模小的企业则实行两档更低一些的税率，使各类企业负担合理，增强了活力。

（3）统一计税标准。改变过去计算应纳税所得额依附于各行业、各经济性质企业的财务、会计制度的做法，明确统一按国家税法规定执行。使各类企业的计税口径一致，计算方法相同。取消原国有企业、集体企业的税前还贷政策、税前提留各项基金政策，以及各类企业的不同税前列支标准。规定了统一适用的税前列支项目和标准，增强了税法的刚性和国家宏观调控的有效性。

（4）统一征收方法和优惠减免。对国有企业不再实行承包上缴所得税的办法，统一由税务机关计算征收。改变了过去所得税减免过多、规定过滥的状况，确定了税收优惠的原则。

### 2. 个人所得税制改革

个人所得税制改革的基本原则是保护诚实劳动、合法经营，调节高收入，照顾中、低收入者，缓解社会分配不公的矛盾。针对过去对个人所得课税三税并存，不严谨、不规范和不适应当前形势发展的一些矛盾，国家重新修订公布了个人所得税法，把原有的个人所得税、个人收入调节税、城乡个体工商业户所得税三个税种合并为新的个人所得税。其主要内容如下：

（1）增加应税项目。由于个体工商业户所得改征个人所得税，相应设置了"个体工商户的生产、经营所得"项目；由于以股票、债券和房地产为主的各种动产、不动产交易日渐活跃，新增了"财产转让所得"项目；由于各种有奖活动日渐增多，新增了"偶然所得"项目。

（2）调整费用扣除额。把本国公民的月生活费用扣除标准从原 400～460 元提高为800 元。同时新税法增列了附加扣除费用的规定，适当照顾在我国的外籍人员。

（3）调整税率。规定工资、薪金所得适用 5%～45%的 9 级超额累进税率；个体工商业户的生产经营所得和对企事业单位的承包经营、承租经营所得，适用 5%～35%的 5级超额累进税率；其他应税项目适用 20%的比例税率。稿酬所得可按应纳税额减征 30%；对劳务报酬所得一次收入畸高者，可实行加成征收，以增强对高收入者的调节力度。

（4）改进计征办法。除个人经营所得按年计征，分期预缴外，其余各项所得分别按月、按次征收，采用"分项扣除、分项定率、分项征收"的模式，以利于实现源泉扣缴，堵塞税收征管上的漏洞。

（5）积极推行个人收入申报制度，逐步增强公民的纳税意识。加强源泉控制，严格代扣代缴。对从事高收入职业者或有高收入来源者，重点进行纳税检查，发挥社会舆论监督作用。

### （三）其他税种的改革

#### 1. 强化资源税

资源税改革体现了以下原则：

（1）统一税政，简化税制。把原来属于流转税类的盐税并入资源税类。简化税种，便于征收管理，但并不削弱原来盐税的调节作用。

（2）实行普遍征收、级差调节的原则，以扩大征税范围。为有效调节资源的合理开采和使用，要求所有生产应税资源产品的单位和个人都必须按规定缴税。

（3）统筹规划资源税负担与流转税负担的结构调整，把部分原材料产品少征的增值税转移到资源税来征，强化资源税的调节力度。根据以上原则，改革后的资源税的征税范围包括所有矿产资源。征税品目有原油、天然气、煤炭、其他非金属矿原矿、黑色金属矿原矿、有色金属矿原矿和盐。采取了按产品类别从量定额征税的办法，以及规定从量定额的幅度税额，依据资源条件不同，由财政部确定纳税具体适用的税额。

#### 2. 开征三种新税

为了规范土地、房地产市场交易秩序，合理调节土地增值收益，维护国家权益，促进房地产业健康发展，国家新开征了土地增值税。以转让房地产的增值额为课税对象，采取 30%~60%的 4 级超额累进税率。凡转让国有土地使用权、地上的建筑物及其附着物（简称转让房地产）并取得收入的单位和个人，均应依法缴纳土地增值税。为了促进证券市场的健康发展，保障投资者的权益，抑制投机，加强证券市场的管理，把原对股票交易征收印花税的办法，改为征收证券交易税。另外，还准备开征国际上普遍实行的遗产税。

### 3. 改农林特产税为农业特产税

把原征收产品税的 10 个农、林、牧、水产品税目，转移到原农林特产税中，并与其相同征税项目合并征收农业特产农业税，简称农业特产税。重新规定了应征税收入项目、税率、征收办法。产品税的原征税品目并入农业特产税后，其税收收入将超过以农田作物收入为课税对象的一般农业税，成为地方税体系中的一个骨干税种。

### 4. 调整其他税种

将特别消费税、烧油特别税并入消费税；把城镇土地使用税改为土地使用税，扩大征税范围，调高税额；把车船使用税改为车船税，明确其财产税性质，并调整税额；原集市交易税和牲畜交易税已不符合市场经济的要求，予以取消；取消企事业单位的奖金税和工资调节税；把对宏观经济没有多大影响的屠宰税和筵席税的开征、停征和立法权，下放给地方政府。

## （四）税收征管制度的改革

为了彻底改变征管制度不严密，征管手段落后的局面，从根本上提高我国税收征管水平，建立科学、严密的税收征管体系，以保证税法的贯彻实施，建立正常的税收秩序，必须对税收征管制度进行改革。改革的主要内容有以下几个方面。

### 1. 普遍建立申报纳税制度

建立申报纳税制度有利于形成纳税人自我约束的机制，促进公民的纳税意识，也是税务机关掌握经济信息，研究税源变化，进行有效征管的基础工程。申报纳税制度建立后，对不按期申报的，要进行经济处罚；不据实申报的，均视为偷税行为，依法处理。

### 2. 积极推行税务代理制

税务代理制是随着市场经济的发展而产生的。为加强税收征管，应按国际通行做法，实行会计师事务所、律师事务所、税务咨询机构等社会中介机构代理办税的制度。使其成为税收征管体系中一个不可缺少的重要环节，形成纳税人、代理办税机构、税务机关三方面相互制约的机制。

### 3. 加速推进税收征管电脑化的进程

经验证明，在税收征管中采用电子计算机等先进技术手段，是建立严密、有效的税收监控网络的必由之路，也有利于降低税收成本，提高税务行政效率。鉴于我国现实情况，可以先从城市、从重点税种征管的计算机化做起，逐步形成全国性的、纵横贯通的税收征管计算机网络。

### 4. 建立严格的税务稽核制度

普遍推行申报纳税制度和税务代理制度以后，税务机关的主要力量必然转移到日常的、重点的税务稽查上，建立申报、代理、稽查三位一体的税收征管格局，同时辅之以偷税、逃税行为的重罚措施。

5. 确立适应社会主义市场经济需要的税收基本规范

当前特别需要强调：纳税人必须依法纳税，税务机关必须依法征税；税收必须按税法规定依率计征，不得采用"包税"和任意改变税率的办法；一切销售收入都必须征税，以保证税基不被侵蚀；税收必须从价计征，取消对某些行业提价收入不征税的政策；除税法规定的减免税项目以外，各级政府都不能再开减免税的口子。

6. 加强税收法制建设

加快完成税收法律、法规的立法程序，逐步建立税收立法、司法、执法相互独立、相互制约的机制。

7. 组建中央和地方两套税务机构

适应分税制的要求，组建中央税收和地方税收两套税务机构，充分体现责、权、利相结合的原则，保证税收征管的质量和效率。

总之，经过 1994 年全面结构性税制改革，我国的税种及税制结构都发生了重大变化。我国现有的 25 个税种中，属于工商税收的有 18 个税种，即增值税、消费税、营业税、城乡维护建设税、土地增值税、企业所得税、外商投资企业和外国企业所得税、个人所得税、资源税、土地使用税、固定资产投资方向调节税、证券交易税、印花税、房产税、车船税、屠宰税、筵席税、遗产和赠予税。属于关税类的有进出口关税和船舶吨税 2 个税种。属于农业税类的有农业税、农业特产税、牧业税、耕地占用税、契税 5 个税种。

## 第三节　1994 年以来我国税制的调整

自 1994 年的税制改革至今已经有 22 年之久，我国的税收的整体框架、制度模式以及运行机制都没有发生根本性的改革。但是，这期间由于政治、经济和国际环境等综合因素的影响，我国各项税收制度进行了很多调整。

### 一、流转税的调整

#### （一）增值税的调整

1. 增值税由"生产型"向"消费型"转型

自 2004 年 7 月 1 日起，国家在东北地区（辽宁省、吉林省、黑龙江省、大连市[①]）部分行业率先实施了增值税转型政策的试点。这些行业包括：装备制造业、石油化工业、冶金业、船舶制造业、汽车制造业、农产品加工业、军品工业和高新技术产业。截至 2006

---

① 财税〔2004〕156 号。

年年底，试点地区的试点企业新增固定资产增值税进项税额 121.9 亿元，共抵扣增值税 90.62 亿元。该项政策的实施，在东北老工业基地三省一市起到了拉动投资、鼓励设备更新和技术改造、推动产业结构调整和产品更新换代的促进作用。自 2007 年 7 月 1 日起，国家在中部地区六省份的 26 个老工业基地城市的 8 个行业中进行扩大增值税抵扣范围的试点。2008 年 7、8 月，内蒙古东部 5 个市（盟）和汶川地震受灾严重地区先后被纳入增值税转型改革试点范围。自 2009 年 1 月 1 日起，增值税转型在全国全面推行。

2. 税收优惠政策的调整

1994 年后，根据国家宏观政策安排，增值税税收优惠政策进行了许多调整。例如，对废旧物资回收经营单位销售其收购的废旧物资免征增值税；对部分资源综合利用产品免征增值税；自 2003 年 7 月 1 日起至 2006 年 12 月 31 日止，对国内定点生产企业生产的国产抗艾滋病病毒药品免征生产环节和流通环节增值税；对宣传文化给予相应的税收优惠；等等。

3. 出口退税政策的调整

从出口退税政策开始实施以来，我国曾根据国际、国内经济形势的需要进行了几次调整。例如，为了减轻财政负担，1995 年 7 月 1 日，我国将出口退税率从 16.63% 下调到 12.86%，下调 3.77 个百分点；为了抵消东南亚金融危机对我国出口造成的不利影响，1999 年 7 月 1 日，我国将出口退税率从 12.56% 上调到 15.51%，上调了 2.95 个百分点。2003 年 10 月 13 日，《财政部、国家税务总局关于调整出口货物退税率的通知》正式出台，主要内容包括：自 2004 年 1 月 1 日起，对出口退税率进行结构性调整，适当降低出口退税率，综合出口退税率由 15.51% 调整到 12.51%；加大中央财政对出口退税的支持力度；建立中央和地方财政共同负担出口退税的新机制；推进外贸体制改革，优化出口产品结构，提高出口整体效益。

为了克服 2008 年以来的全球金融危机对中国出口企业的影响，稳定外需，我国从 2008 年 8 月 1 日起，已经连续 7 次上调出口退税率。截止到 2009 年 6 月，我国综合出口退税率已经提高到 15.3%。

## （二）消费税的调整

1994 年税制改革中设置的消费税选定了烟、酒、小汽车等 11 类应税产品。在实行的过程中仍存在很多问题：一是征收范围偏窄，消费税的调节作用难以发挥；二是原来确定的某些高档消费品已经具有大众消费的特征；三是有些应税品的税率结构与国内产业结构、消费水平和消费结构的变化不相适应；四是消费税促进资源节约和环境保护的作用有待加强。

鉴于此，2006 年 4 月 1 日，财政部、国家税务总局联合下发通知，对我国消费税的税目、税率和相关政策进行调整，这是 1994 年进行税制改革以来消费税最大规模的一次调整。这次调整中，增加了成品油、一次性筷子、实木地板、游艇、高尔夫球及球具和高档手表 6 个税目，取消了对护肤护发品征收的消费税。同时，除烟、鞭炮焰火 2 个税目外，其他税目都不同程度地进行了改革。

2009 年，针对我国严峻的财政形势和消费税征收管理中存在的问题，国家对卷烟和白酒消费税政策作出了调整。

### 1. 卷烟方面

财政部和国家税务总局联合下发了《关于调整烟产品消费税政策的通知》（财税〔2009〕84 号），对卷烟产品消费税政策进行了调整。这是实行消费税政策以来，国家对卷烟产品消费税政策进行的第四次调整。我国卷烟消费税从开征以来，经历了四次大调整：1994 年以前，烟草业与其他行业一样统一征收 60% 的产品税；1994 年实行分税制后将产品税改征增值税，并新增了消费税种，1994 年各类卷烟按出厂价统一计征 40% 的消费税；1998 年 7 月 1 日，为促使卷烟产品结构合理化，对卷烟消费税税制再次进行改革，调整了卷烟消费税的税率结构，将消费税税率调整为三档，一类烟为 50%，二、三类烟为 40%，四、五类烟为 25%；2001 年 6 月 1 日起，对卷烟消费税的计税方法和税率进行了调整，实行从量与从价相结合的复合计税方法，即按量每 5 万支卷烟计征 150 元的定额税，从价计征从过去的三档调整为二档，即每条调拨价为 50 元以上（含 50 元）的税率为 45%，50 元以下的税率为 30%。2009 年卷烟消费税调整与历次相比，主要有以下新变化：

一是卷烟分类标准调高。现行的消费税规定，每标准条（200 支）调拨价格在 50 元（不含增值税）以上（含 50 元）的卷烟为甲类卷烟，每标准条（200 支）调拨价格在 50 元（不含增值税）以下为乙类卷烟。而财税〔2009〕84 号规定：调拨价格 70 元/条（含 70 元/条）以上的为甲类卷烟，其余为乙类卷烟，即甲、乙类卷烟分类标准由 50 元调整到 70 元。

二是卷烟从价税率调高。财税〔2009〕84 号规定：甲类卷烟消费税税率调整为 56%，乙类卷烟的消费税税率调整为 36%。

三是卷烟纳税范围扩大。财税〔2009〕84 号规定：在卷烟批发环节加征一道从价税，税率 5%。即在中华人民共和国境内从事卷烟批发业务的单位和个人，凡是批发销售的所有牌号规格卷烟的，都要按批发卷烟的销售额（不含增值税）乘 5% 的税率缴纳批发环节的消费税。

新政策从 2009 年 5 月 1 日起执行。

### 2. 白酒方面

根据国税函〔2009〕380 号的规定，白酒生产企业销售给销售单位的白酒，生产企业消费税计税价格低于销售单位对外销售价格（不含增值税）70% 以下的，税务机关应核定消费税最低计税价格。该规定从 2009 年 8 月 1 日起执行。

## （三）营业税的调整

1994 年以后，营业税税收制度从税目、计税依据、计税营业额到税收优惠政策、税收征管制度都进行了较大的调整，在此仅选出几个主要税目予以说明。

### 1. 个人转让住房营业税的调整

2008 年 12 月 29 日，财政部和国家税务总局共同推出了《关于个人住房转让营业税政策的通知》（财税〔2008〕174 号），文件规定："自 2009 年 1 月 1 日至 12 月 31 日，个人将购买不足 2 年的非普通住房对外销售的，全额征收营业税；个人将购买超过 2 年（含 2 年）的非普通住房或者不足 2 年的普通住房对外销售的，按照其销售收入减去购买房屋的价款后的差额征收营业税；个人将购买超过 2 年（含 2 年）的普通住房对外销售的，免征营业税。"

**2. 金融保险业税率**

2001 年 3 月出台的《财政部　国家税务总局关于降低金融保险营业税税率的通知》（财税〔2001〕21 号）规定："从 2001 年起，金融保险营业税税率每年下调一个百分点，分三年将金融保险业的营业税税率从 8% 降低到 5%。"同时注明了"因营业税税率降低而减少的营业税收入，全部为各地国家税务局所属征收机构负责征收的中央财政收入"。此外，《国家税务总局关于银行贷款利息收入营业税纳税义务发生时间问题的通知》（国税发〔2001〕38 号）还规定："对银行未予收回的应收利息不征营业税，2000 年以前的应收未收利息可以在以后 5 年内冲减营业收入。"

**3. 税收优惠政策调整**

为继续支持我国宣传文化事业的发展，2006 年，经国务院批准，对宣传文化营业税支持政策进行了调整。包括：自 2006 年 1 月 1 日起至 2008 年 12 月 31 日止，对电影发行单位向放映单位收取的发行收入，免征营业税；对科普单位的门票收入，以及县及县以上（包括县级市、区、旗）党政部门和科协开展的科普活动的门票收入免征营业税；对科普单位进口自用科普影视作品播映权免征其应为境外转让播映权单位代扣（缴）的营业税；对报社和出版社根据文章篇幅、作者名气收取的"版面费"及类似收入，按照"服务业"税目中的广告业征收营业税。

## （四）关税的调整

**1. 关税总水平不断下降**

我国关税总水平从 1994 年的 35.9%，逐步调整为 1996 年的 23%，1997 年的 17%，1999 年的 16.73%。2004 年 1 月 1 日下降至 10.4%，2005 年为 9.9%，2007 年进一步下调至 9.8%。其中，农产品平均税率为 15.2%，工业品平均税率为 8.95%。我国实现了加入世界贸易组织（World Trade Organization，WTO）关税减让的承诺。

**2. 限制高能耗产品的出口，提高出口关税**

从 2007 年 1 月 1 日起，我国对不锈钢产品，钨初级加工品，锰、钼、锑、铬金属等高能耗资源产品开始征收出口关税。通过限制这些产品的出口，保证国内经济发展所需要的原材料，减轻煤、石油等资源的消耗，为其他生产部门提供更多目前已经紧缺的燃料资源，保证经济的均衡发展。

**3. 区域性贸易协定优惠更加突出**

1994 年以后，特别是加入世界贸易组织以来，中国对很多地区实行关税优惠政策，甚至将对原产于印度、韩国、孟加拉国、巴基斯坦等国的部分进口商品实行比最惠国税率更低的协定税率。区域性贸易协定的关税优惠都是对等互惠的，因此，我国的关税税收优惠政策给相关企业带来了更广阔的发展空间。

## 二、所得税的调整

### （一）企业所得税"两税合并"

企业所得税领域最大的调整和最突出的成就即"两税合并"。2007 年 3 月 16 日，中共第十届全国人大五次会议表决通过了《中华人民共和国企业所得税法》草案。时任中华人民共和国主席胡锦涛签署了第 63 号主席令，自 2008 年 1 月 1 日起施行。至此，内外资企业所得税实现统一，在中国存在十多年的内外资企业所得税并存的"异税"时代宣告结束。"两税合并"后，企业所得税进行了多项调整。

#### 1. 纳税人

企业所得税法以法人组织为纳税人，改变了以往内资企业所得税以独立核算的三个条件来判定纳税人标准的做法。按此标准，企业设有多个不具有法人资格营业机构的，实行由法人汇总纳税。实行法人（公司）税制是世界各国所得税制发展的方向，也是企业所得税改革的内在要求，有利于更加规范、科学、合理地确定企业纳税义务。

#### 2. 税率

按照十六届三中全会提出的"简税制、宽税基、低税率、严征管"的税制改革基本原则，结合我国财政承受能力、企业负担水平，考虑世界上其他国家和地区特别是周边地区的实际税率水平等因素，新的企业所得税法将企业所得税税率确定为 25%。

#### 3. 税收优惠

新的企业所得税法现行税收优惠政策进行适当调整，将现行企业所得税以区域优惠为主的格局，转为以产业优惠为主、区域优惠为辅、兼顾社会进步的新的税收优惠格局。例如，对国家需要重点扶持的高新技术企业，减按 15% 的税率征收企业所得税，公益性捐赠扣除比例提高到 12%。

#### 4. 反避税

反避税制度是完善企业所得税制度的重要内容之一。借鉴国外反避税立法经验，结合我国税收征管工作实践，企业所得税法将反避税界定为"特别纳税调整"，进一步完善现行转让定价和预约定价法律法规。

### （二）个人所得税的调整

#### 1. 个人储蓄存款利息所得税

1999 年 8 月 30 日第九届全国人大常务委员会第十一次会议通过了《关于修改〈中华

人民共和国个人所得税法〉的决定》，规定自当年 11 月 1 日起对个人储蓄存款的利息所得征收 20%的利息税。2007 年 5 月份居民储蓄存款增长下降的速度加快，储蓄存款余额下降规模创历史新高，很多专家呼吁取消利息税。2007 年 8 月 15 日，利息税的税率由20%调减至 5%，2008 年 10 月 9 日起，暂免存款利息税。

2. 收入划分的变化

2002 年，个人所得税由原来的地方税改为中央与地方共享税。除储蓄存款利息所得的个人所得税归中央政府外，其余部分由中央和地方政府按比例分成。这样，一方面可以保证中央的财政收入，实现中央调节个人收入分配的公平，并实现对经济的宏观调控；另一方面，保证了地方政府履行职能时有稳定的收入来源。

3. 免征额的提高

为了更好地适应经济发展的形势，满足工薪阶层基本的生活需要，2005 年 10 月第十届全国人大常委会第十八次会议高票表决通过关于修改个人所得税法的决定，将个人所得税的扣除标准由原来的每月 800 元提高到 1 600 元，自 2006 年 1 月 1 日起施行；自 2008年 3 月 1 日，工资薪金个人所得税的每月扣除标准进一步提高到 2 000 元。2011 年 9 月 1日，每月扣除标准调整为 3 500 元/月。

4. 规范征收管理

强化对高收入者的管理，始终是个人所得税征管工作的重点。针对高收入行业和个人的特点，2003 年以来，各地税务机关逐步推行扣缴义务人和纳税人向税务机关双向申报制度，要求高收入者定期申报收入情况，对高收入者实施动态管理。2006 年 11 月，国家税务总局正式发布《个人所得税自行纳税申报办法（试行）》，明确规定年所得 12 万元以上的纳税人须向税务机关进行自行申报的五种情形以及申报内容等相关操作办法。这是我国规范税收征管，为高收入行业和个人建档的基础工作。

## 三、其他税种的调整

### （一）土地增值税的调整

在 1993 年发布的《中华人民共和国土地增值税暂行条例》的基础上，1995 年 1 月，国家税务总局发布《中华人民共和国土地增值税暂行条例实施细则》除规定具体征收税率之外，还规定："纳税人建造普通标准住宅出售，增值额未超过扣除项目金额之和 20%的，免征土地增值税；增值额超过扣除项目金额之和 20%的，应就其全部增值额按规定计税。"根据这一细则，部分普通住宅将可以免征土地增值税。

2007 年 1 月 16 日，国家税务总局发布《关于房地产开发企业土地增值税清算管理有关问题的通知》，按照新规定：从 2 月 1 日起，将正式向房地产开发企业征收 30%～60%不等的土地增值税。土地增值税进入实质性的操作阶段。

### （二）农业税的取消

在新的历史发展时期，一方面，为了加强农业的竞争力，提高农业综合生产能力和农产品的国际竞争力，促进农村经济健康发展，从 2004 年开始，中央决定免征除烟叶税外的农业特产税，同时进行免征农业税改革的试点工作。到 2005 年，全国免征农业税的省份已达 28 个，其余河北、山东、云南三省也有相当比例的县（市）免征农业税，全国剩下的农业税及附加只有约 15 亿元，只占全国财政总收入 3 万亿元的 0.05%。为了进一步体现公共财政职能，2005 年 12 月 19 日，第十届全国人大常委会第十九次会议经表决，决定在全国范围内取消农业税。自此，在中国已经延续了 2600 年的"皇粮国税"宣告结束。农业税的取消对于切实减轻农民负担，增加农民收入，使广大农民更多的分享改革开放和现代化建设的成果具有重要意义，同时也有利于城乡统筹和社会主义和谐社会的实现。

### （三）车船税的调整

根据我国目前车船拥有、使用和管理现状及发展趋势，本着简化税制、公平税负、拓宽税基，方便税收征管的原则，2007 年 6 月，国务院将《车船使用牌照税暂行条例》和《中华人民共和国车船使用税暂行条例》进行了合并修订，新发布了《中华人民共和国车船税暂行条例》（简称《暂行条例》），对各类企业、行政事业单位和个人统一征收车船税，新的车船税将随机动车交通事故责任强制保险一同征缴。

与原来车船使用税相比，新的车船税在以下几个方面有所改变：一是将车船使用税和车船使用牌照税合并为"车船税"，统一了各类企业的车船税制；二是将其由财产与行为税改为财产税；三是提高了税额标准，根据《暂行条例》，将原车船使用税税额幅度上限提高 1 倍左右，各地结合本地情况有所不同；四是调整了减免税范围，国家机关等财政拨付经费单位的车船将不再规定免税，同时自行车等非机动车、拖拉机、养殖渔船等车船增列为免税车船。

### （四）证券交易印花税税率的调整

证券交易印花税是从普通印花税发展而来的，专门针对股票交易发生额征收的一种税。证券交易印花税是政府增加税收收入的一个手段，也是政府调控股市的重要工具。1994 年税制改革后，我国股市印花税率曾经有过数次调整。1997 年 5 月，证券交易印花税率从 3‰提高到 5‰。1998 年 6 月下调至 4‰，一年后，B 股交易印花税降低为 3‰。2001 年 11 月，财政部决定将 A、B 股交易印花税率统一降至 2‰。2005 年 1 月，财政部又将证券交易印花税税率由 2‰下调为 1‰。2007 年 4 月 23 日，证券交易印花税税率，由 1‰调整为 3‰，2008 年 5 月 30 日，又下降到 1‰。经国务院批准，财政部决定从 2008 年 9 月 19 日起，对证券交易印花税政策进行调整，由现行双边征收改为单边征收，税率保持 1‰。

### （五）开征燃油税

2008 年 11 月 26 日，国务院常务会议审议燃油税费改革方案，向社会征求意见，并于 2009 年 1 月 1 日实施。燃油税的改革将取消公路养路费、航道养护费、公路运输管理费、公路客货运附加费、水路运输管理费、水运客货运附加费六项收费；并将汽油消费税单位税额由每升 0.2 元提高到 1 元，柴油由每升 0.1 元提高到 0.8 元，其他成品油单位税额相应提高；汽油、柴油等成品油消费税价内征收，单位税额提高后，现行汽油、柴油价格水平不提高。

### （六）城市维护建设税与教育费附加的调整

为了进一步统一税制、公平税负，创造平等竞争的外部环境，根据第八届全国人民代表大会常务委员会第五次会议通过的《全国人民代表大会常务委员会关于外商投资企业和外国企业适用增值税、消费税、营业税等税收暂行条例的决定》，国务院决定统一内外资企业和个人城市维护建设税和教育费附加制度，自 2010 年 12 月 1 日起，外商投资企业、外国企业及外籍个人适用国务院 1985 年发布的《中华人民共和国城市维护建设税暂行条例》和 1986 年发布的《征收教育费附加的暂行规定》。1985 年及 1986 年以来国务院及国务院财税主管部门发布的有关城市维护建设税和教育费附加的法规、规章、政策同时适用于外商投资企业、外国企业及外籍个人。

## 第四节　我国税收制度改革的深化

"十二五"期间我国确立了税制改革的目标，即以科学发展观为统领，继续坚持"简税制、款税基、低税率、严征管"的原则，同时，适当降低间接税比重，提高直接税比重，实现结构性减税与结构性增税的优化平衡，建立一个能适应经济波动并进行有效调节、体现国家产业政策并适合国情，以及促进国民经济可持续发展、满足国家财政正常性需求的税制体系。这一时期，税制改革不再只是简单地与经济发展挂钩，而将是更多地与税收制度的公共政策功能结合起来。税制改革不再是简单地看其经济效应，而将更多地与公众的接受程度结合起来。

## 一、个人所得税调整及进一步改革思路

### （一）个人所得税调整

2011 年 4 月和 6 月，全国人大常委会两次对个人所得税法修正草案进行了审议，在充分考虑民众呼声的基础上，为进一步降低所有纳税人尤其是低收入群体的税收负担，对工资薪金减除费用标准、税率的级次级距和个体工商户税率的级距等内容进行了修订。

具体来看，对于工资、薪金所得的规定主要有三处变化：第一，减除费用标准的变化。减除费用标准由每月 2 000 元提高到每月 3 500 元。第二，税率级次和结构的变化。将原来的 9 级超额累进税率减少为 7 级，取消了 15% 和 40% 两档税率，将最低税率由 5% 降低到了 3%。第三，级距（税率适用范围）的变化。分别扩大了低档税率和高档税率的适用范围，适用 3% 税率的应纳税所得额提高为不超过 1 500 元的部分，而原来适用 5% 税率的应纳税所得额为不超过 500 元的部分，相比之下，适用最低档税率的部分提高了 1 000 元；适用 10% 税率的应纳税所得为超过 1 500 元至 4 500 元的部分，而原来适用 10% 税率的应纳税所得为超过 500 元至 2 000 元的部分，即下限提高了 1 000 元，上限提高了 2 500 元；适用 45% 税率的应纳税所得额由原来超过 10 万元的部分降低为超过 8 万元的部分，降低了 2 万元（表 6-1、表 6-2）。

**表 6-1　改革前工资、薪金所得个人所得税税率表**　　　　单位：%

| 级数 | 全月应纳税所得额 | 税率 |
| --- | --- | --- |
| 1 | 不超过 500 元的 | 5 |
| 2 | 超过 500 元至 2 000 元的部分 | 10 |
| 3 | 超过 2 000 元至 5 000 元的部分 | 15 |
| 4 | 超过 5 000 元至 20 000 元的部分 | 20 |
| 5 | 超过 20 000 元至 40 000 元的部分 | 25 |
| 6 | 超过 40 000 元至 60 000 元的部分 | 30 |
| 7 | 超过 60 000 元至 80 000 元的部分 | 35 |
| 8 | 超过 80 000 元至 100 000 元的部分 | 40 |
| 9 | 超过 100 000 元的部分 | 45 |

注：本表所称全月应纳税所得额是指按照税法，以每月收入额减去费用 2 000 元后的余额或者减除附加费用后的余额

**表 6-2　改革后工资、薪金所得个人所得税税率表**　　　　单位：%

| 级数 | 全月应纳税所得额 | 税率 |
| --- | --- | --- |
| 1 | 不超过 1 500 元的 | 3 |
| 2 | 超过 1 500 元至 4 500 元的部分 | 10 |
| 3 | 超过 4 500 元至 9 000 元的部分 | 20 |
| 4 | 超过 9 000 元至 35 000 元的部分 | 25 |
| 5 | 超过 35 000 元至 55 000 元的部分 | 30 |
| 6 | 超过 55 000 元至 80 000 元的部分 | 35 |
| 7 | 超过 80 000 元的部分 | 45 |

注：本表所称全月应纳税所得额是指按照税法，以每月收入额减去费用 3 500 元后的余额或者减除附加费用后的余额

减除费用标准由 2 000 元提高到 3 500 元后，纳税人纳税负担普遍减轻，体现了国家对因物价上涨等因素造成居民生活成本上升的一个补偿。通过调整工薪所得税率结构，使绝大部分的工薪所得纳税人在享受提高减除费用标准的同时进一步减轻税负。工薪收入者的纳税面经过调整以后，税负由约 28% 下降到约 7.7%，纳税人数由约 8 400 万人减至约 2 400 万人。根据静态测算，经过此次改革，个人所得税收入全年减收 1 600 亿元左右，

其中提高减除费用标准和调整工薪所得税率级距带来的减收大约是 1 440 亿元, 占 2010 年工薪所得个人所得税的 46%。

对于个体工商户生产经营所得和企事业单位承包承租经营所得, 其变化主要体现在扩大了税率级距, 但仍然保留 5 级超额累进税率 (表 6-3、表 6-4)。

表 6-3 改革前个体工商户的生产、经营所得和对企事业
单位的承包经营、承租经营所得个人所得税税率表          单位: %

| 级数 | 全年应纳税所得额 | 税率 |
|---|---|---|
| 1 | 不超过 5 000 元的 | 5 |
| 2 | 超过 5 000 元至 10 000 元的部分 | 10 |
| 3 | 超过 10 000 元至 30 000 元的部分 | 20 |
| 4 | 超 30 000 元至 50 0000 元的部分 | 30 |
| 5 | 超过 50 000 元的部分 | 35 |

注: 本表所称全年应纳税所得额是指以每一纳税年度的收入总额减除成本、费用以及损失后的余额; 对企业事业单位的承包经营、承租经营所得来源, 是指以每一纳税年度的收入总额, 减除必要费用后的余额

表 6-4 改革后个体工商户的生产、经营所得和对企事业
单位的承包经营、承租经营所得个人所得税税率表          单位: %

| 级数 | 含税级距 | 税率 |
|---|---|---|
| 1 | 不超过 15 000 元的 | 5 |
| 2 | 超过 15 000 元至 30 000 元的部分 | 10 |
| 3 | 超过 30 000 元至 60 000 元的部分 | 20 |
| 4 | 超过 60 000 元至 100 000 元的部分 | 30 |
| 5 | 超过 100 000 元的部分 | 35 |

注: 本表所称全年应纳税所得额是指以每一纳税年度的收入总额减除成本、费用以及损失后的余额; 对企业事业单位的承包经营、承租经营所得来源, 是指以每一纳税年度的收入总额, 减除必要费用后的余额

对于个体工商户生产经营所得和企事业单位承包承租经营所得, 2011 年修订的个人所得税法尽管依然保留了 5 级超额累进税率, 但是扩大了各档税率尤其是低档税率的适用范围, 因此, 普遍减轻了个体工商户和企事业单位承包承租经营者的税收负担。其中, 年应纳税所得额在 6 万元以下的纳税人应纳税额减幅最大, 平均减幅约 40%, 最大的减幅为 57.14%, 如年应纳税所得额为 1.5 万元的纳税人原来适用 20% 的边际税率, 现在则适用 5% 税率, 应纳税额也相应地由 1 750 元减少到了 750 元, 减幅为 57.14%, 同时实际税负减轻了 6.67 个百分点。

## (二) 个人所得税进一步改革思路

### 1. 实行综合与分类相结合的个人所得税制

实行综合与分类相结合的个人所得税制是不可回避的改革方向。它可以比较好地兼顾纳税人的综合收入情况, 能够进一步体现税收公平的思想, 而且更加有利于个人所得税收入调节作用的充分发挥。可以考虑将工资薪金所得、劳务报酬所得、稿酬所得、特

许权使用费所得、个体工商户生产经营所得、企事业单位承包承租经营所得、财产租赁所得，以及利息所得都纳入综合计征的范围；剩余的财产转让所得、股息、红利所得，偶然所得则继续分类课税。同时积极推进以家庭为申报单位的个人所得税改革，允许扣除老人、小孩、疾病等方面的支出，使税制设计更加公平。

### 2. 调整税率结构，降低边际税率

简税制、低税率是近年来世界上各国税制改革的方向。按照2011年修订的个人所得税，应纳税所得额超过8万元（扣除减除费用标准3 500元后）的纳税人，最高边际税率为 45%，这样高的边际税率会严重打击人们工作的积极性。而从逃税理论可知，税收欺骗的收益取决于税率的高低。在税率较低的情况下，这种收益并没有明显高得让人们觉得大肆进行税收欺骗是值得的，而一旦实行高税率，税收遵从就会出现问题。因此，我国应降低个人所得税的最高边际税率；同时，考虑到税收征管和遵从成本，税率档次不应设计太多。这样一方面有利于加强税收征管，降低纳税人的偷逃税动机，有利于降低征纳双方的税收成本；另一方面也能更加充分地发挥调节收入分配差距的功能。

### 3. 创造条件努力破除征管约束

从破除征管约束的角度看，下一步的重点是个人所得税的涉税信息工作，包括信息的采集、运用和共享。建立一套以自然人为核心的纳税登记制度，实现个人收入信息的集中控制，并为后面稽查选案和交叉稽核环节提供足够的信息；实现所有收入完全货币化，减少非货币性福利收入；加强现金管理，大额的现金流动必须通过银行；实现税务、工商、金融和企业等部门与机构联网；继续采取源泉扣缴和自行申报相结合的税款征收模式，建立服务于源泉扣缴的信息化体系，准确掌握各单位源泉扣缴个人所得税的纳税人的数量和扣缴金额；逐步构建个人涉税信息的全国联网体系，实现各地区自然人纳税人税务代码及其关联账户信息的联网，推动税务代码及其关联账户与个人所得税涉税信息系统的全国联网；加大征管和惩罚力度，对虚假申报等偷逃税行为处以高额罚款，直至追究刑事责任。

## 二、增值税的扩围及进一步改革思路

增值税和营业税是分税制改革后最为重要的两个流转税税种，二者分立并行。这种税制安排适应了当时的经济体制和税收征管能力，为促进经济发展和财政收入增长发挥了重要的作用。然而，随着市场经济的建立和发展，这种划分行业适用不同税制的做法，日渐显现出其内在不合理性和缺陷，对经济运行造成扭曲，不利于经济结构优化。2011年国家税务总局关于印发《"十二五"时期税收发展规划纲要》提出："扩大增值税征收范围，相应调减营业税等税收。结合增值税改革，完善生产性服务业税收制度。"2012年1月1日增值税扩围的改革大幕拉开。

### （一）增值税扩围——"营改增"

2011 年 10 月 26 日，国务院第 177 次常务会议审议通过了财政部和国家税务总局提交的《营业税改征增值税试点方案》，决定从 2012 年 1 月 1 日起，在上海市交通运输业和部分现代服务业开展深化增值税制度改革试点，逐步将目前征收营业税的行业改为征收增值税。试点的行业范围包括陆路运输服务、水路运输服务、航空运输服务、管道运输服务、研发和技术服务、信息技术服务、文化创意服务、物流辅助服务、有形动产租赁服务、鉴证咨询服务。

2012 年 7 月 25 日，国务院第 212 次常务会议决定，将"营改增"试点范围，由上海市分批扩大至北京市、天津市、江苏省、浙江省（含宁波市）、安徽省、福建省（含厦门市）、湖北省、广东省（含深圳市）8 个省（直辖市）。按照国务院的部署，北京市于 2012 年 9 月 1 日，江苏省、安徽省于 2012 年 10 月 1 日，福建省、广东省于 2012 年 11 月 1 日，天津市、浙江省、湖北省于 2012 年 12 月 1 日，"营改增"试点顺利实施。

2013 年 4 月 10 日，国务院第 4 次常务会议决定，自当年 8 月 1 日起，将交通运输业和部分现代服务业"营改增"试点在全国范围内推开，适当扩大部分现代服务业范围，将广播影视作品的制作、播映、发行等纳入试点。同时，扩大行业试点，择机将铁路运输和邮电通信等行业纳入试点。这标志着自 2012 年 1 月 1 日以来开展的"营改增"试点工作将进一步扩围、提速，迈入新的快车道。

2014 年 1 月 1 日，国务院将铁路运输和邮政服务业纳入营业税改征增值税试点，至此交通运输业已全部纳入"营改增"范围。这两个行业纳入"营改增"，至少体现了三个方面的特点：一是交通运输业整个行业彻底纳入了改革范围。二是此次改革是在全国范围内推开，而不是局部推进。三是从 1 月 1 日起开始实施，有利于企业进行会计核算。铁路运输、邮政属于国民经济基础性行业，几乎覆盖所有的经济活动。此次改革将对整个国民经济产业结构调整起到重要的作用。铁路运输量大，国内货运大多在铁路，"营改增"将减轻下游行业税收负担，有利于相关产业调整结构。邮政行业纳入"营改增"，释放了市场的内生机制，将促进快递业的发展。我国快递件数以每年 30%~40% 的速度增长，购买快递服务可以抵扣，有利于该行业的发展。而且，快递业和信息产业联系紧密，有利于促进信息产业的消费。

2014 年 6 月 1 日，国务院将电信业纳入"营改增"试点范围。基础电信服务和增值电信服务分别适用 11% 和 6% 的税率，为境外单位提供电信业服务免征增值税。电信业是重要的生产性服务业，将其纳入"营改增"试点，有利于进一步完善增值税抵扣链条，增加下游企业进项税抵扣，让更多的企业享受改革红利。

2016 年 5 月 1 日，国务院将试点范围扩大到建筑业、房地产业、金融业、生活服务业，并将所有企业新增不动产所含增值税纳入抵扣范围，确保所有行业税负只减不增。至此，所有营业税所涉行业均完成"营改增"转变，营业税退出历史舞台。

"营改增"试点的全面实施，使得原先地方政府因"营改增"试点减少的收入由中央补贴的做法难以为继，因而重新调整中央和地方的增值税收入分享比例，变得无法回避和拖延。在这样的背景下，2016 年 4 月 29 日国务院下发了《全面推开营改增试点后调整中央与地方增值税收入划分过渡方案》（国发〔2016〕26号），以2014年为基础核定中央返还和地方上缴基数，所有行业企业缴纳的增值税均纳入中央和地方共享范围。同时，中央分享增值税50%，地方按税收缴纳地分享增值税的50%。该方案的过渡期暂定为2~3年，过渡期结束后，将根据中央与地方事权和支出责任划分、地方税体系建设等改革进展情况再研究是否适当调整。虽然这是一份过渡性的短期改革方案，但必将对中央和地方财政关系乃至省以下地方各级财政关系产生重大影响。

### （二）增值税进一步改革设想

#### 1. 适时完成增值税立法

现行《中华人民共和国增值税暂行条例》由全国人民代表大会及其常务委员会授权国务院制定，法律级次较低。随着"营改增"在全国范围内的实施，应同步启动并完成增值税立法工作。

#### 2. 适当简化增值税税率

党的十八届三中全会明确提出，应简并增值税税率，优化增值税制。原增值税制度设置有17%和13%两档税率，"营改增"后新增11%和6%两档税率，增值税出现了多档税率并存的局面，有悖于社会公平。并且，现在经济活动越来越复杂，特别在当前"互联网+"、金融创新等新形势下，新产业、新业态、新商业模式不断涌现，具体的一项经营活动到底应适用于哪档税率，在短期内或难于达成一致。因此，应适当简化增值税税率，降低征管难度。

#### 3. 理顺中央与地方财政关系

"营改增"全面实施后，营业税已实质性退出了历史舞台，对于地方政府而言意味着其收入最多的一个税种消失了。例如，2015年全国收缴的1.9万亿元营业税收入中，99%以上是归属地方的，如今这一块收入将改为增值税，成为中央和地方的共享税，因此必定会对地方财政收入产生深刻影响。李克强在2016年4月11日主持召开国务院专题座谈会上指出："合理解决中央和地方增值税收入分成比例，是顺利推进营改增的关键，要调动中央和地方两个积极性。"为了调动地方积极性，应适当提高地方按税收缴纳地分享增值税的比例，调动地方发展经济和培植财源的积极性，缓解经济下行压力。同时为了兼顾东中西部利益关系，调整后，收入增量分配向中西部地区倾斜，加大对发达地区的支持力度，推进基本公共服务均等化。

#### 4. 构建地方税体系

"营改增"全面改革后，地方税体系将丧失主体税种。地方收入规模大幅降低，构建什么样的地方税体系、地方税体系在地方财政总收入中的贡献程度以及哪些税种能够承担起支撑作用等问题亟待解决。地方税体系的构建应基于保障地方财力和地方政府有效行使职能等方面，从税改的方向肯定是增加直接税比例，减少间接税比例。但地方主体税种的确立，牵扯面比较广。从程序上来讲，这是一个相对较长的过程。

## 三、消费税的调整及进一步改革思路

### （一）征税范围的调整

1. 取消税目

根据《财政部 国家税务总局关于调整消费税政策的通知》（财税〔2014〕93号），我国取消了以下项目的消费税，并自2014年12月1日起执行。

（1）气缸容量250毫升（不含250毫升）以下的小排量摩托车消费税。气缸容量250毫升和250毫升（不含250毫升）以上的摩托车继续分别按3%和10%的税率征收消费税。

（2）取消汽车轮胎税目。

（3）取消车用含铅汽油消费税，汽油税目不再划分二级子目，统一按照无铅汽油税率征收消费税。

（4）取消酒精消费税。

2. 增加税目

为促进节能环保，经国务院批准，自2015年2月1日起，将电池、涂料列入消费税征收范围，在生产、委托加工和进口环节征收，适用税率均为4%。同时对无汞原电池、金属氢化物镍蓄电池（又称"氢镍蓄电池"或"镍氢蓄电池"）、锂原电池、锂离子蓄电池、太阳能电池、燃料电池和全钒液流电池免征消费税。2015年12月31日前对铅蓄电池缓征消费税，自2016年1月1日起，对铅蓄电池按4%税率征收消费税。对施工状态下挥发性有机物（volatile organic compounds，VOC）含量低于420克/升（含420克/升）的涂料免征消费税。

### （二）税率税额的调整

1. 烟草消费税

自2015年5月10日起，将卷烟批发环节从价税税率由5%提高至11%，税率提高了6个百分点，并按0.005元/支加征从量税。本次调整是对烟产品消费税制度的完善，由于对甲类、乙类卷烟消费税的调整幅度一致，有利于公平税负，对烟草行业转方式、调结构有积极作用。通过调整，生产环节和批发环节税负差距缩小，有助于建设全国统一烟草市场。同时，产销量的总体下降，将加剧烟草企业的竞争，企业需要通过调整产品结构、加强成本控制、提高管理水平等办法来提升效益。

2. 成品油消费税

为促进环境治理和节能减排，根据《财政部 国家税务总局关于提高成品油消费税的通知》（财税〔2014〕94号）的规定，自2014年11月29日起，汽油、石脑油、溶剂油、润滑油消费税定额税率提高0.12元/升，柴油、燃料油、航空煤油消费税定额税率提高0.14元/升，航空煤油消费税继续暂缓征收。

2014年12月12日《关于进一步提高成品油消费税的通知》（财税〔2014〕106号）

中，将汽油、石脑油、溶剂油和润滑油的消费税单位税额由 1.12 元/升提高到 1.4 元/升，将柴油、航空煤油和燃料油的消费税单位税额由 0.94 元/升提高到 1.1 元/升。航空煤油继续暂缓征收。自 2014 年 12 月 13 日起执行。

根据财政部、国家税务总局联合下发的通知，自 2015 年 1 月 13 日起，将汽油、石脑油、溶剂油和润滑油的消费税单位税额每升提高 0.12 元，由现行每升 1.4 元提高至每升 1.52 元；将柴油、航空煤油和燃料油的消费税单位税额每升提高 0.1 元，由现行每升 1.1 元提高至每升 1.2 元。航空煤油继续暂缓征收。

从 2014 年 11 月 28 日以来，国家连续三次提高成品油消费税，都是选择油价下行时推出，提税不涨价，提税与降价同步进行，兼顾了宏观调控需要和社会承受能力。而提高成品油消费税的新增收入将继续纳入一般公共预算统筹安排，一方面积极支持治理环境污染、应对气候变化，另一方面促进节约能源，鼓励新能源发展。

### （三）消费税进一步改革的思路

#### 1. 调整消费税征收范围

现行应税消费品中，化妆品和摩托车已进入大众消费领域，不再属于奢侈品，应剔出消费税征收范围。同时，私人飞机、高档箱包等消费品越来越普及，应纳入消费税征收范围。为了体现税收的环保功能，宜对含磷洗衣粉、塑料袋等高耗能、高污染产品及不利于环保节能的产品征收消费税。同时，应及时将娱乐业纳入消费税征税范围，实现消费税向劳务领域延伸。

#### 2. 调整消费税征收环节

"营改增"之后，应调整消费税征收环节，对大部分消费品和消费劳务由生产环节征收改为消费环节征收。考虑到石油和卷烟是国家重要战略物资和管控资源，其税基对财政收入的影响较大，宜将石油和卷烟维持在生产环节征收或改在批发环节征税。

#### 3. 调整消费税收入归属

将消费税主要税目改在零售环节征收后，应调整消费税收入归属，将改在零售环节征收的收入划归地方，用以弥补由于"营改增"带来的地方财政减收的缺口。消费税后移至零售环节征收后，可以消费税将与车辆购置税的征收环节合并，因此，宜将车辆购置税并入消费税，并将车辆购置税收入全部划给地方。

## 四、其他税种的改革

### （一）车船税改革

2011 年 2 月 25 日，第十一届全国人民代表大会常务委员会第十九次会议通过了《中华人民共和国车船税法》（简称《车船税法》）。同日，时任国家主席胡锦涛签署第 43 号主席令予以公布，自 2012 年 1 月 1 日起施行。与《中华人民共和国车船税暂行条例》相比,《车船税法》规定有以下几方面。

1. 完善了征税范围

《车船税法》不再按车船是否登记来确定纳税义务,将征税范围统一为本法规定的车船。

2. 改革乘用车的计税依据

《车船税法》对乘用车不再按"辆"征收,而是将"排气量"作为乘用车计税依据。

3. 调整税负结构

一方面,为支持交通运输业发展,《车船税法》对占汽车总量28%左右的货车、摩托车以及船舶(游艇除外)仍维持原条例税额幅度不变;对载客 9 人以上的客车税额幅度略作提高;对挂车由原条例规定的与货车适用相同税额改为减按货车税额的 50%征收。另一方面,为更好地发挥车船税的调节功能,体现对汽车消费和节能减排的政策导向,《车船税法》对占汽车总量 72%左右的乘用车(也就是载客少于 9 人的汽车)的税负,按发动机排气量大小分别作了降低、不变和提高的结构性调整。此外,为了体现车船税调节功能,《车船税法》将船舶中的游艇单列出来,明确按长度征税,将税额幅度确定为每米600 元至 2 000 元。

4. 规范税收优惠

《车船税法》增加了三项优惠规定:一是对节约能源、使用新能源的车船可以减征或免征车船税。二是省、自治区、直辖市人民政府根据当地实际情况,可以对农村居民拥有并主要在农村地区使用的摩托车、三轮汽车和低速载货汽车定期减征或免征车船税。三是对受严重自然灾害影响、纳税困难以及有其他特殊原因确需减、免税的,可以减征或免征车船税。

5. 强化征收管理

《车船税法》规定:车辆所有人或者管理人在申请办理车辆相关登记、定期检验手续时,应向公安机关交通管理部门提交依法纳税或者免税证明。公安机关交通管理部门核查后予以办理相关手续,这一规定对提高征收绩效、防止税源流失具有重要作用。

此外,船舶的流动性大,对船舶征税在源泉控制上效果不够理想。为此,《车船税法》规定,船检机构应当在提供船舶有关信息方面协助税务机关加强车船税的征收管理。

## (二)房产税试点

我国房产税自 1986 年开征以来,其征收范围、计税依据、税率始终保持稳定。但是,随着经济社会的快速发展,现行房产税的弊端逐渐显现,如征税范围窄、计税依据不合理、房地产税费混乱、房产税收入偏低、缺少针对存量房的税种等。因此,旧的房产税已经不能适应新的形势。特别是在 1998 年房地产市场化之后,房地产价格一路飙升,房产税作为针对房地产业的税收,却不能有效起到调控房产价格的作用,因此有必要对房产税进行改革,以起到调节收入分配、引导个人合理住房消费的作用。

　　具体说来，可以将房产税收入作为地方政府财政收入的主要来源，由地方征收，并在税率上分不同层次设置。例如，对普通住宅标准的调整以及对二手房交易指导价格的确定，可以在一定程度上使不同人群承担不同税负。在这样的指导思想下，2011 年房产税改革在艰难中"破冰前行"。经国务院同意，上海与重庆作为新型房产税试点地区，分别制定了有针对性的新的房产税政策。

　　2011 年 1 月 27 日，上海市人民政府印发《上海市开展对部分个人住房征收房产税试点的暂行办法》，该办法规定从 1 月 28 日起对上海居民家庭新购第二套及以上住房和非上海居民家庭的新购住房征收房产税，税率因房价高低分别暂定为 0.6% 和 0.4%。该办法明确对上海居民家庭给予人均 60 平方米的免税住房面积（住房建筑面积）扣除，即对居民家庭新购且属于第二套及以上住房的，合并计算的家庭全部住房面积人均不超过 60 平方米（含 60 平方米）的，其新购的住房暂免征收房产税；人均超过 60 平方米的，对属新购住房超出部分的面积，按规定计算征收房产税。同时，实行差别化比例税率，即一般适用税率暂定为 0.6%，但对应税住房每平方米市场交易价格低于上年度新建商品住房平均销售价格 2 倍（含 2 倍）的，税率可暂减为 0.4%。其中，"上年度新建商品住房平均销售价格"由统计部门每年公布。

　　重庆从 2011 年 1 月 28 日起实施对部分个人住房征收房产税改革试点。首批纳入征收对象的住房为三类：一是个人拥有的独栋商品住宅，不论存量和增量都征税；二是个人新购的高档住房，即建筑面积交易单价达到上两年重庆主城九区新建商品住房成交建筑面积均价 2 倍（含 2 倍）以上的住房；三是在重庆市无户籍、无企业、无工作的三无个人新购的第二套（含第二套）以上的普通住房。关于房产税的税率，独栋商品住宅和高档住房建筑面积交易单价在上两年主城九区新建商品住房成交建筑面积均价 3 倍以下的住房，税率为 0.5%；3 倍（含 3 倍）至 4 倍的，税率为 1%；4 倍（含 4 倍）以上的税率为 1.2%。在重庆市同时无户籍、无企业、无工作的个人新购第二套（含第二套）以上的普通住房，税率为 0.5%。2011 年 1 月 27 日晚，在国务院宣布同意在部分城市进行对个人住房征收房产税改革试点后，上海、重庆决定自 2011 年 1 月 28 日起开展房产税试点，实施情况如表 6-5 所示。

表 6-5　重庆、上海房产税试点实施情况

| 项目 | 重庆 | 上海 |
| --- | --- | --- |
| 启动时间 | 2011 年 1 月 28 日 | 2011 年 1 月 28 日 |
| 试点范围 | 重庆 9 个主要城区 | 上海市行政区域内 |
| 征收对象 | 1. 对独栋商品住宅，不管存量还是增量都收税<br>2. 个人新购高档住房要征房产税（高档住房是指建筑面积交易单价达到上两年主城九区新建商品住房成交建筑面积均价 2 倍（含 2 倍）以上的住房）<br>3. 如果个人在重庆没有户籍、没有工作，在重庆购买房，首套房不收税，多套房从第二套房开始收税，即使是普通房也要收税 | 1. 本市居民家庭在本市新购，且属于该居民家庭第二套级以上住房（包括新购的二手存量住房和新建商品住房）<br>2. 非本市居民在本市新购住房 |
| 税率 | 不管独栋商品住宅还是高档住房，以上两年主城区新建均价为基准，3 倍以下的 0.5%，3~4 倍的 1%，4 倍以上的 1.2% | 1. 房产税试点适用税率暂定为 0.6%<br>2. 应税住房每平方米市场交易价格低于本市上年度新建商品住房平均销售价格 2 倍（含 2 倍）的，税率暂减为 0.4% |

续表

| 项目 | 重庆 | 上海 |
|------|------|------|
| 计税依据 | 以房产交易价为征税基数 | 1. 参照应税住房的房地产市场价格确定的评估值，评估值按规定周期进行评估<br>2. 试点初期，暂以应税住房的市场交易价格作为计税依据<br>3. 房地产暂按应税住房市场交易价格的 70% 计算缴纳 |

从现阶段看，房产税改革的主要目标在于调节收入分配和引导住房合理消费；从长远看，推进房产税改革，可以为地方政府提供持续、稳定的收入来源，并有利于形成政府公共服务水平提高与税收增加的良性循环，改变地方政府行为的短期化倾向，推动政府职能和经济发展方式的转变。2016 年 3 月 11 日，全国人大常委会预算工作委员会副主任刘修文表示，加快房产税立法并适时推进改革，是十八届三中全会提出来的一项重要改革任务。调整后的常委会立法规划已经将房产税法列入了第一类的立法项目。据悉，2016 年的立法工作计划，已将房产税法列入预备项目。

### （三）资源税的改革

资源税改革由点及面，逐步深化。从 2010 年 6 月 1 日起，我国率先在新疆开展资源税改革试点，将原油、天然气资源税由从量计征改为从价计征，并相应提高了原油、天然气的税负水平。从 2010 年 12 月 1 日起，油气资源税改革扩大到整个西部地区。从 2011 年 11 月 1 日起，在全国范围全面实施原油、天然气资源税的从价计征改革。同时，统一内外资企业的油气资源税收制度，取消对中外合作油气田和海上自营油气田征收的矿区使用费，统一征收资源税。资源税改革有力地促进了资源的合理开采利用，增加了资源产地改善民生和治理环境的能力。

2013 年，在一些地区实施了部分金属和非金属矿资源税从价计征改革试点。

2014 年 10 月 9 日、10 日，财政部联合国家税务总局、国家发展改革委接连发布 3 项通知，宣布自 12 月 1 日起，在全国范围统一将煤炭、原油、天然气矿产资源补偿费费率降为零，原油、天然气矿产资源税适用税率由 5% 提高到 6%；实施煤炭资源税从价计征改革；同时清理涉及煤炭、原油、天然气的各项收费基金。2014 年 10 月 11 日，财政部、国家税务总局联合发布《关于实施煤炭资源税改革的通知》，决定自 2014 年 12 月 1 日起，在全国范围内实施煤炭资源税从价计征改革。

自 2015 年 5 月 1 日起，稀土、钨、钼资源税由从量定额计征改为从价率计征。轻稀土按地区执行不同的适用税率，其中，内蒙古为 11.5%，四川为 9.5%，山东为 7.5%；中重稀土资源税适用税率为 27%；钨资源税适用税率为 6.5%；钼资源税适用税率为 11%。

2016 年 5 月 1 日，财政部发布《关于全面推进资源税改革的通知》。通知强调，通过全面实施清费立税、从价计征改革，促进资源节约集约利用和生态环境保护的作用。此次资源税的主要内容是：①开展水资源税改革试点。先在河北省开展水资源税试点，条件成熟后推广到全国。②逐步将其他自然资源纳入范围。省级人民政府可以根据本地实际，根据森林、草场、滩涂等资源开发利用情况提出资源税的具体改革方案，报国务院批准。③实施矿产资源税从价计征改革。对《资源税税目税率幅度表》中列举名称的 21 种资源品目和未列举名称的其他金属矿实行从价计征，对《资源税税目税率幅度表》中未列举名称的其他非金属矿产品，按照从价计征为主、从量计征为辅的原则，由省级人民政府确定计征方式。按照现行财政管理体制，此次纳入改革的矿产资源税收入全部为地方财政收入。

### （四）环境保护税征求意见稿发布

2015 年 6 月 10 日，《中华人民共和国环境保护税法（征求意见稿）》（简称《征求意见稿》）发布。

排污费的缴纳人为排放污染物的企业事业单位和其他生产经营者。为与排污费有关规定相衔接，《征求意见稿》规定，环境保护税的纳税人为在中华人民共和国领域以及管辖的其他海域，直接向环境排放应税污染物的企业事业单位和其他生产经营者。

《征求意见稿》明确规定，环保税的征税对象分为大气污染物、水污染物、固体废物和噪声四类，具体税目按照税目税额表的规定执行。对大气污染物、水污染物的征收范围，按每一排放口的污染物种类数以污染当量数从大到小的顺序，最多不超过三项（重金属污染物为五项）。省级人民政府可根据本地区污染物减排的特殊需要，增加同一排放口征收环保税的应税污染物种类数。

对农业生产（不包括规模化养殖）排放的应税污染物，机动车、铁路机车、非道路移动机械、船舶和航空器等流动污染源排放的应税污染物，城镇污水处理厂、城镇生活垃圾处理场向环境排放污染物不超过国家规定排放标准的，免征环保税。纳税人排放应税大气污染物和水污染物低于排放标准 50% 以上且未超过污染物排放总量控制指标的，省级人民政府可以决定在一定期限内减半征收环保税。

关于税额，《征求意见稿》规定，税额标准与现行排污费的征收标准基本一致。省级人民政府可以统筹考虑本地区环境承载能力、污染排放现状和经济社会生态发展目标要求，在规定的税额标准上适当上浮应税污染物的适用税额，并报国务院备案。

按照 2016 年立法工作计划，《征求意见稿》将在 6 月第一次提交全国人大常委会审议，最早有望在年内出台。

### ★ 本章拓展材料

《财政部 国家税务总局关于调整个人住房转让营业税政策的通知》（财税〔2011〕12 号）

财政部《关于全国利改税工作会议的报告》

财政部关于实行利改税办法中有关具体问题的解答

《财政部　国家税务总局关于调整出口货物退税率的通知》（财税〔2003〕222号）

《财政部　国家税务总局关于调整和完善消费税政策的通知》（财税〔2006〕33号）

《财政部　国家税务总局关于调整消费税政策的通知》（财税〔2014〕93号）

《个人所得税自行纳税申报办法（试行）》

《财政部　国家税务总局关于调整个人住房转让营业税政策的通知》（财税〔2009〕157号）

《财政部　国家税务总局关于调整个人住房转让营业税政策的通知》（财税〔2015〕39号）

《财政部　国家税务总局关于个人住房转让营业税政策的通知（财税〔2008〕174号）

《政务院财政经济委员会关于税制若干修正及实行日期的通告》

《国务院关于修改〈中华人民共和国个人所得税法实施条例〉的决定》

关于印发《中华人民共和国土地增值税暂行条例实施细则》的通知

《国家税务总局关于房地产开发企业土地增值税清算管理有关问题的通知》

农业税的前世今生

《全国人民代表大会常务委员会关于修改〈中华人民共和国个人所得税法〉的决定》

《上海市开展对部分个人住房征收房产税试点的暂行办法》

《新解放区农业税暂行条例》

中国人民银行办公厅关于转发《财政部 国家税务总局关于降低金融保险业营业税税率的通知》的通知

《中华人民共和国车船税法实施条例（国务院令第611号）》

《中华人民共和国工商统一税条例（草案）》

《中华人民共和国土地增值税暂行条例》

《中华人民共和国资源税暂行条例》

中央人民政府政务院颁布《全国税政实施要则》

《重庆市关于开展对部分个人住房征收房产税改革试点的暂行办法》《重庆市个人住房房产税征收管理实施细则》

第七章

# 增　值　税

**【学习目标与要求】**

通过本章的学习，了解增值税的概念、分类，熟悉我国增值税制度建立与发展的历程，掌握增值税的特点和作用，理解增值税转型和"营改增"的含义，熟悉增值税征税对象、纳税人与税率，熟悉增值税一般纳税人应纳税额的计算、小规模纳税人应纳税额的计算和进口货物应纳税额的计算，掌握增值税税收优惠与征收管理。

增值税是对商品流转额的价值增加部分征收的一种税种。按增值额征税的思想最早是由美国耶鲁大学的教授托马斯·S. 亚当斯和一名担任政府顾问的德国商人威尔海姆·范·西门子博士提出的。1954 年法国率先采用增值税，其后，其他一些国家争相效仿。目前，世界上有 170 多个国家和地区都建立了各自不同的增值税征收制度，范围遍及欧洲、拉美、亚洲等地，在 34 个经济合作组织（Organization for Economic Co-operation and Development，OECD）成员国中有 33 个国家征收了增值税。

## 第一节　增值税概述

### 一、增值税的概念

增值税是以增值额作为课税对象的一种税，即以商品生产流通各环节或提供劳务时实现的增值额为计税依据而征收的一种税。

所谓的增值额是指在一定时期内劳动者在生产货物（或提供劳务与服务）过程中新创造的价值额，也就是全部商品价值额扣除由于生产耗费所转移进来的价值之后的余额，即增值额相当于纳税人销售商品价值中的 V+M 部分。具体可以从以下两个方面理解：

（1）对于一个生产经营单位而言，增值额是指该单位销售货物所取得的收入额扣除为生产这种货物所消耗的外购材料的价款后的余额，其主要的内容包括工资、利润、利息、租金、股息等项目。

（2）对于商品生产的全过程而言，增值额是指该项货物经历各个生产、流通环节时人们所新创造的价值之和，也就是该项货物的最终销售价格。

【例 7-1】某项货物最终销售价格为 420 元，这 420 元是由三个生产经营环节共同创造的。那么，该货物在三个环节中创造的增值额之和就是该货物的全部销售额。该货物每一个环节的增值额和销售额的数量关系见表 7-1（为便于计算，假定每一环节没有物质消耗，都是该环节新创造的价值）。

表 7-1　货物在各环节的增值与价格关系　　　　单位：元

| 项目 ＼ 环节 | 制造环节 | 批发环节 | 零售环节 | 合计 |
|---|---|---|---|---|
| 销售额 | 200 | 300 | 420 | |
| 增值额 | 200 | 100 | 120 | 420 |

该项货物在上述三个环节创造的增值额之和为 420 元，该项货物的最终销售价格也是 420 元。这种情况说明，在税率一致的情况下，对每一生产流通环节征收的增值税之和，实际上就是按货物最终销售额征收的增值税。

## 二、增值税的类型

从各国实行增值额的实践看，作为计税依据的增值额是法定增值额，而非上述理论上的增值额。法定增值额可以等于理论上的增值额，也可以大于或小于理论上的增值额。法定增值额与理论上的增值额之所以出现不一致，主要是因为各国税法在规定扣除项目范围时，对外购固定资产价款的处理办法不同，由此形成了三种不同类型的增值税。

### （一）生产型增值税

生产型增值税的特点是计算增值税时，不允许扣除任何外购固定资产的价款。在这种情况下，法定增值额作为增值税的课税基础，除包括纳税人新创造的价值外，还包括当期记入成本的外购固定资产价款部分，即法定增值额相当于当期工资、奖金、利润、利息、租金、股息等理论增值额与折旧额之和。从整个国民经济角度来讲，这一课税基础在统计口径上大致相当于国民生产总值，所以将这种类型的增值税称为生产型增值税。

实行生产型增值税，不允许扣除外购固定资产的已纳税金，意味着这种类型增值税的税基包含了外购固定资产的价款，这样就存在对固定资产价值重复征税的问题。因此，生产型增值税是一种不彻底的增值税，对资本有机构成高的行业的发展以及加快技术进步有不利影响。但是，由于这种类型增值税的法定增值额大于理论上的增值额，因而有利于扩大财政收入。

### （二）收入型增值税

收入型增值税的特点是计算增值税时，不允许将当期购入的固定资产的价款一次全部扣除，只允许扣除纳税期内应计入产品价值的折旧费部分。即作为这种类型增值税课税基础的法定增值额，大体相当于纳税人当期工资、奖金、利润、利息、租金、股息等各个增值项目之和。从整个国民经济来看，这一课税基础相当于国民收入，故这种类型的增值税称为收入型增值税。

收入型增值税的法定增值额与理论增值额一致，在理论上它是一种标准的增值税，可以在固定资产的折旧期内逐步解决重复征税问题。然而，在实行这种类型的增值税时，一方面需要划分外购和自制固定资产，另一方面外购固定资产价款是以计提折旧的方式分期转入产品价值的，使得凭发票扣税的计算方法在操作上存在一定困难，进而影响了该种类型增值税的广泛应用。目前，实行收入型增值税的国家只有阿根廷、摩洛哥等以及一些实行计划经济体制的国家。

### （三）消费型增值税

消费型增值税的特点是计算增值税时，允许将纳税期内购入的全部固定资产的价款一次扣除。这种类型增值税的法定增值额为纳税人当期的销售收入总额扣除外购的全部生产资料（流动资产与固定资产）价款后的余额。从整个国民经济来看，该种类型增值税相当于生产资料不征税，其课税基础仅限于消费资料，因此称为消费型增值税。

消费型增值税对于扩大固定资产投资具有较强的激励效应。固定资产的基本特点是价值量大，而且其价值通常要在较长的使用周期内以折旧的方式逐步转移到产品价值中去。实行消费型增值税，允许外购固定资产的已纳税金在当期一次性全部扣除，实际上具有提前补偿固定资产价值的性质，在客观上可以发挥鼓励投资、加速设备更新的作用。由于这种类型增值税的法定增值额小于理论增值额，因而从静态上看，它对组织财政收入也有一定的不利影响。

【例 7-2】假定某企业纳税期限内货物销售额为 88 万元，从外单位购入的原材料等流动资产价款为 34 万元，购入机器设备等固定资产价款为 30 万元，当期计入成本的折旧费用为 6 万元。根据上述条件计算该企业理论增值额以及在不同国家增值税制度下的法定增值额，见表 7-2。

表 7-2　不同国别的法定增值额　　　　单位：万元

| 国别 项目 | 货物销售额 | 允许扣除外购流动资产价款 | 允许扣除外购固定资产价款 | 法定增值额 | 理论增值额 | 法定增值额与理论增值额的差 | 增值税类型 |
|---|---|---|---|---|---|---|---|
| 甲国 | 88 | 34 | 0 | 54 | 48 | 6 | 生产型增值税 |
| 乙国 | 88 | 34 | 6 | 48 | 48 | 0 | 收入型增值税 |
| 丙国 | 88 | 34 | 30 | 24 | 48 | −24 | 消费型增值税 |

## 三、增值税的特点

近年来增值税之所以在世界许多国家得到推广应用，主要与增值税的特点有关。概括地说，这种现代间接税在继承了传统间接税优点的同时，也克服了传统间接税的主要弱点。一般而言，增值税主要具有以下四个方面的特点。

### （一）征税范围广，税源充裕

增值税的课税对象是商品生产、流通过程中或提供劳务时实现的增值额，即人们在生产劳动中新创造的价值额。由于人们不论是从事矿产资源开发、工业品生产，还是经营商品批发、零售或提供劳务，都会在劳动过程中创造商品和劳务的附加值。因此，增值税可以课征于社会经济活动的各个部门、领域、环节。在商品生产、商品流通及提供劳务服务已成为现在经济活动普遍形式的条件下，以销售货物或提供劳务过程中实现的增值额为课税对象的增值税自然具有广阔、经常、稳定的税源。现阶段我国增值税的征税范围也已覆盖从工业生产到商业经营的所有货物销售环节与劳务、服务销售领域。

### （二）具有多环节征税的特征，是一种新型的流转税

传统的流转税对征税环节的选择一般有两种：一是在商品流转的各个环节课税，即道道征税；二是只在商品流转的特定环节征税。相对于只在商品流转的特定环节征税而言，选择道道征税有利于广泛筹集财政收入，保证预算资金入库的均衡。但是，如果采取道道征税时以商品流转额全额为课税对象，就会产生重复征税的弊端。增值税由于只对货物或劳务销售环节中没有征过税的那部分增值额征税，而对转移到销售额中在以前环节已征过的那部分不再征税，从而有效地解决了重复征税的问题。正因如此，人们将增值税称为一种对传统的流转税种去弊存利的新型流转税。

### （三）对资源配置不会产生扭曲性影响，具有税收中性效应

一种货物或劳务在其生产和经营过程中，不管经历多少生产和流通环节，实行增值税时都是对其销售中的增值额的征税，即对销售额中属于本企业活劳动所创造的、没有征过税的那部分销售额进行征税，而对销售额中属于转移过来的，以前环节征过税的那一部分销售额则不再征税。这就使增值税对经济活动的干扰大为减弱，从而不至于扭曲市场机制对资源配置的基础性调节作用。

### （四）税收负担随应税商品的流转而向购买者转嫁，最后由该商品的最终消费者承担

增值税作为一种流转税，本来就具有税负转嫁的可能性。实际上，由于这种新型流转税在计算征收时实行税款抵扣制度，即对某项应税商品的每个流转环节逐一征税的同时，还在每个环节按税法规定对纳税人外购项目的已纳税金逐一进行抵扣。因此，对应税商品各个环节的经营者而言，他们作为增值税的纳税人，只是把从购买者那里收取的税款转交给政府，而经营者本身并未承担增值税税款。这样，随着交易活动在应税商品的各个流转环节逐次展开，应税商品的经营者在出售商品的同时，也为政府从购买者那里收取了该应税商品所承担的税款。当应税商品销售给最终消费者时，该商品在以前所有环节已缴纳的税款连同本环节的税款，便全部转嫁给了最终消费者。可见，增值税的税收负担具有完全的转嫁性，作为纳税人的生产经营者并非增值税的真正负担者，最终消费者实际上是增值税的最后负担者，因此增值税属于典型的间接税。

## 四、增值税的作用

由增值税的特点决定，增值税对于企业生产经营结构合理化、保持财政收入稳定增长、推动对外贸易发展、加强税收征管等，较之传统的流转税种都具有更为积极的作用。

### （一）有利于促进企业生产经营结构的合理化

与全额税制相比，实行增值税可以消除重复征税的弊端，鼓励专业化生产，提高社会生产率的发展水平。全额流转税执行多环节征税的办法，在这种情况下必然会伴随着征税环节的增加而使价格中包含的税收因素越来越多，从而不可避免的产生了税上加税的问题。而商品的流转环节多少不一，同类商品就会形成税收负担的不公平现象，其结果将使全能化企业比专业协作化企业更能获得较多的经济利益，所以它最终会扼杀专业协作化生产方式，打击生产力的更快发展。

增值税制度中由于只对各个环节上的增值部分征税，转移价值不征税，无论商品的流转环节如何变化，都不可能产生重复征税的问题，其结果是对专业化生产更为有利，对全能化生产更为不利。它必然有利于生产组织结构适应生产力水平和劳动者素质不断提高的要求，为实现专业化生产奠定基础，这是现代生产力发展水平提高的重要标志。

### （二）有利于财政收入的稳定增长

实行增值税可以提高税收对社会经济结构变动的适应性，有利于保持财政收入的及时、稳定和持续增长。一方面，增值税以增值额为课税对象，其征税范围可以覆盖国民经济中的各个产业部门，涉及生产、流通、劳务服务等生产经营领域，这就使得增值税具有充足的税源和众多的纳税人；同时，因为人类的生产经营活动总是不停顿地进行，由此决定了增值税收入具有连续性、及时性。另一方面，从一项产品来看，由于其增值额不会因该产品生产方式的改变、经营环节的增减而变化，在增值税的税率确定的条件下，增值税收入就不会受生产结构、经营环节变化的影响，更不会因为生产经营由分散走向集中而减少；从整个国民经济来看，只要其国民生产总值或国民收入能实现稳定增长，不论其产业结构、所有制结构、区域结构如何变化，其增值税收入一般都会随之稳定增加。

### （三）有利于促进对外贸易的发展

实行增值税可以做到出口退税准确、彻底，有利于贯彻国家奖励出口的政策。所谓"奖励出口"是指在增值税制度下可以准确的计算出口商品包含的国内税金，并以此为依据对出口商品实行彻底的退税，从而有利于降低出口商品的成本与价格，增加商品的出口数量。这点在全额税制下是无法实现的，因为全额征税不能对每一种出口商品在国内的流转环节以及与之相对应的国内流转税进行准确的计算。虽然在全额税制下也存在出口退税、奖励出口的政策，但它只能采取估计退税的办法来进行，有可能出现退税不足或退税过多的情况。退税不足，发挥不了提高商品出口竞争力的作用；退税过多，不仅会减少国库收入，而且可能因为对出口商品形成财政补贴而引起其他国家的贸易报复。

同时，增值税制度下有利于对国内外同类商品按同一口径实行增值税制度，避免出现在全额税制下进口商品的税收负担低于国内商品的税收负担的情况，使国内外商品在同等的税收条件下开展竞争，有利于本国经济的发展。

### （四）有利于加强增值税税收征管

实行增值税有助于在税收征管上建立一种内在的监督制约机制，可以较有效地防止偷逃税行为。与增值税实行税款抵扣的计征方法相适应，各国普遍实行凭专用发票扣税的征管制度。这样，应税货物或劳务的买卖双方便通过专用发票结成了一种相互制约的关系，并由此形成一种有机的税款抵扣链条：销售方销售货物时开具的增值税专用发票，既是销货方自己计算销项税的凭证，也是购货方据以扣税的凭证，只有通过专用发票才能把货物承担的税款从上一个经营环节传递到下一个经营环节，最后传递到最终消费者身上。在这个税款抵扣链条中，如果哪个环节少缴了税款，必然导致下一个环节扣税减少而多缴税款。买卖双方的这种利害关系，显然有助于制约纳税人的偷税逃税行为，并防止或避免错计税款，也有利于税务机关对纳税人进行税务交叉稽查。

## 五、我国增值税制度的发展改革历程

我国的增值税是伴随改革开放政策的逐步实施和计划经济向市场经济转轨的进程，采取渐进方式分阶段建立起来的。建立与发展过程中既吸取国外增值税制度的经验，又立足于本国经济体制改革的实际，一步一步向前推进。增值税在我国大致经历了试点、确立、转型改革和扩围改革四个主要阶段。

### （一）增值税试点阶段

1979 年，我国开始对开征增值税的可行性进行调研。1980 年，我国开始在柳州、长沙、襄樊、上海等城市，选择重复征税矛盾最为突出的机器机械和农业机具两个行业进行增值税试点。1981 年，试点范围扩大到自行车、电风扇和缝纫机三种产品。1983 年，征税地点扩大到全国范围。1984 年工商税制全面改革，国务院正式颁布了《中华人民共和国增值税暂行条例（草案）》，同年 10 月 1 日试行，这标志着增值税正式成为我国税制体系中的一个独立税种，与产品税、营业税并列成为流转税三税，征税范围也扩大到 12 类产品，分别适用 6 档税率。这一时期增值税税目分甲、乙两大类产品，其中甲类产品按照"扣额法"计算应纳税额，乙类产品按照"扣税法"计算应纳税额。1987 年，增值税试行范围进一步扩大，将一部分轻工产品、建筑、有色金属和非金属矿产品纳入增值税征税范围，税目扩大到 30 个，并将计税方法统一为扣税法。1989 年，为了解决增值税计算方法存在的问题，国家税务总局在总结武汉、上海试点经验的基础上，在全国进行价税分流购进扣税法的试点，模拟价外税，规定企业在成本利润会计核算中不再包括增值税因素。当年又对工业企业的工业性加工、转让原材料改征增值税。至此，我国增值税已覆盖 31 大类税目的产品和劳务。除烟、酒、电力、石化、化工、鞭炮焰火等产品外的大部分工业品都纳入到增值税的征收范围。1993 年 7 月，我国对征收增值税的企业统一采用"购进扣税法"计算征收增值税。

### （二）增值税的确立阶段

1993 年年底国务院颁布《中华人民共和国增值税暂行条例》，并自 1994 年 1 月 1 日起全面实施规范化的增值税。此次改革有以下几个显著特点：第一，扩大了增值税的征税范围。凡是在我国境内销售货物或提供加工、修理修配劳务以及进口货物都需缴纳增值税。征税范围扩大到货物生产、加工和销售范畴，并在生产、批发、零售和进口环节分别征收。第二，延续价税分离的计算方法，采用凭增值税专用发票注明税款进行税额抵扣。第三，简并了税率档次，由原来的 12 档税率简并为 2 档税率。第四，最大限度地取消了减免税规定，使税制更为合理。第五，结合我国当时的经济和财政状况，仍然实施生产型增值税。第六，将纳税人分为一般纳税人和小规模纳税人，一般纳税人按照税率适用一般计税方法，小规模纳税人按照征收率适用简易计税方法。《中华人民共和国增值税暂行条例》的颁布实施标志着我国已经进入实施较为规范的增值税制度阶段。此后的很长一段时间，增值税制都比较稳定，只是针对运行过程中出现的问题和情况，进行了一些微调。

### （三）增值税转型阶段

自 2004 年 7 月 1 日起，为了支持东北老工业基地的发展，我国开始在东北三省开展增值税由生产型向消费型转型改革的试点，对东北地区的装备制造业、石油化工业、冶金业、船舶制造业、汽车制造业、农产品加工业以及军品、高新技术产品生产企业的增值税，一般纳税人外购固定资产所支付的增值税允许从销项税额中抵扣。自 2007 年 7 月 1 日起，在中部 6 省 26 个老工业基地城市进行扩大增值税抵扣试点，实行固定资产进项税额一次性全部予以扣除。2008 年 7 月 1 日试点范围扩大到内蒙古东部呼伦贝尔等 5 个盟市，试点政策与东北、中部地区一致。自 2008 年 8 月 1 日起，对汶川地震受灾严重地区实行固定资产进项税额一次性全部予以扣除。在试点的基础上，《中华人民共和国增值税暂行条例》经 2008 年 11 月 5 日国务院第 34 次常务会议修订通过，决定自 2009 年 1 月 1 日起在全国范围内实施增值税转型，我国增值税由生产型向消费型的转型改革彻底完成。

### （四）增值税扩围阶段——"营改增"

为了深化税制改革，解决增值税与营业税并存导致的重复征税问题，贯穿服务业内部和第二、三产业之间抵扣链条，推动服务业发展，自 2012 年 1 月 1 日起，我国率先在上海实施交通运输业（除铁路运输外）和部分现代服务业"营改增"试点，增值税扩围改革自此拉开序幕。2012 年 9 月 1 日至 12 月 1 日，交通运输业（除铁路运输外）和部分现代服务业"营改增"试点由上海市分批次扩大至北京市、江苏省、安徽省、福建省（含厦门市）、广东省（含深圳市）、天津市、浙江省（含宁波市）、湖北省 8 省（直辖市）。自 2013 年 8 月 1 日起，交通运输业除铁路运输外和部分现代服务业"营改增"试点推向全国，同时将广播影视服务纳入试点范围。自 2014 年 1 月 1 日起，铁路运输业和邮政业在全国范围实施"营改增"试点。自 2014 年 6 月 1 日起，电信行业在全国范围内实施"营改增"试点。至此，"营改增"试点已覆盖"3+7"个行业，即交通运输业、邮政业、电信业 3 个大类行业和研发、信息技术、文化创意、物流辅助、有形动产租赁、鉴证咨询、广播影视 7 个现代服务业。

2016 年 3 月 18 日，国务院常务会议审议通过了全面推开"营改增"试点方案，明确自 2016 年 5 月 1 日起，全面推开"营改增"试点，将建筑业、房地产业、金融业、生活服务业一次性纳入试点范围，将新增不动产所含增值税全部纳入抵扣范围。这就意味着，自 2016 年 5 月 1 日起，现行营业税全部改征增值税，营业税从此退出历史舞台。

"营改增"改革是一项立足当前、着眼长远的重大决策，对全面深化财税体制改革、推动经济结构调整和经济发展方式转变具有重大战略意义。

第一，"营改增"有利于促进税制的完善。从增值税理论来讲，增值税必须兼备征税范围广泛和统一的特点，才能保证税负公平，有效发挥本身具有的增加税收收入和税收中性的功能；增值税征税范围覆盖经济活动的各个领域，才能形成一个连接紧密、环环相扣的链条以及链条中的各个环节足额抵扣的相互稽核、相互制约的机制。"营改增"改革正是为了打通增值税抵扣链条，解决服务业和制造业税制不统一问题，避免重复征税，更好地体现税收中性原则。因此，"营改增"改革实际上是 1994 年税制改革的后续改革，将使我国整个税制更趋完善。

第二，"营改增"有利于减轻企业负担。"营改增"由于消除了重复征税，因而可减轻税负；同时试点方案调整了税率，即在现行增值税 17%标准税率和 13%低税率的基础上新增了 11%和 6%两档低税率，也是减轻企业税负的措施。数据显示，截至 2015 年年底，"营改增"累计实现减税达 6 412 亿元。其中，试点纳税人因税制转换减税 3 133 亿元，原增值税纳税人因增加抵扣减税 3 279 亿元。

第三，"营改增"是财税体制改革的重头戏。我国现行营业税是地方税的主要税种，是地方财政收入的主要来源，取消营业税后必须改变中央与地方政府之间和各地方政府之间原来的收入分配格局，那么地方政府减少收入如何弥补，增值税如何再分配，这就要求加快地方税体系建设的步伐，并按中央和地方财力与支出责任相匹配的原则推进财政体制改革，因而"营改增"必将倒逼整体税制和财政体制加快改革，"牵一发而动全身"。

第四，"营改增"有利于促进经济发展方式转变。从经济社会发展层次上看，"营改增"有利于促进经济结构调整，有利于促进服务业特别是现代服务业的发展，有利于促进制造业主辅分离和转型升级，从而推动经济结构的调整和优化；从企业层面看，"营改增"更充分地体现税收中性原则，可以更好地发挥市场对配置资源的决定性作用，增强企业发展活力，促进企业改进经营方式、提高管理水平，提高经济增长的质量和效益。

## 第二节　税制基本要素

现行增值税的基本规范是《中华人民共和国增值税暂行条例》、《财政部 国家税务总局关于全面推开营业税改征增值税试点的通知》（财税〔2016〕36号）（含《营业税改征增值税试点实施办法》、《营业税改征增值税试点过渡政策的规定》和《跨境应税行为适用增值税零税率和免税政策的规定》）。

### 一、征税范围

根据增值税暂行条例和全面推行"营改增"的通知，我们可以从一般规定和具体规定两方面理解征税范围。

#### （一）一般规定

全国推行"营改增"试点后，增值税的征税范围包括在中华人民共和国境内销售或进口货物、提供应税劳务和发生应税行为（特指销售应税服务、无形资产或不动产）。

1. 销售或进口货物

货物是指有形动产，包括电力、热力、气体在内。销售货物是指有偿转让货物的所有权。有偿是指取得货币、货物或其他经济利益。

2. 提供应税劳务

应税劳务是指纳税人提供的加工、修理修配劳务。加工是指委托加工货物，即委托方提供原料及主要材料，受托方按照委托方的要求制造货物并收取加工费。修理修配是指受托对损伤和丧失功能的货物进行修补，使其恢复原状和功能的业务。提供应税劳务，是指有偿提供加工、修理修配劳务。单位或个体工商户聘用的员工为本单位或者雇主提供的加工、修理修配劳务不包括在内。

3. 发生应税行为

应税行为是指销售应税服务、无形资产和不动产。其中，应税服务包括交通运输服务、邮政服务、电信服务、建筑服务、金融服务、现代服务和生活服务。但是，单位或个体工商户聘用的员工为本单位或雇主提供并取得工资的服务以及单位或个体工商户为聘用的员工提供的服务不包括在内。销售服务、无形资产和不动产是指有偿提供服务、有偿转让无形资产或不动产。

《营业税改征增值税试点实施办法》（简称《实施办法》）还对在境内销售服务、无形资产或者不动产作了具体规定：①服务（租赁不动产除外）或者无形资产（自然资源使用权除外）的销售方或者购买方在境内；②所销售或者租赁的不动产在境内；③所销售自然资源使用权的自然资源在境内；④财政部和国家税务总局规定的其他情形。

下列情形不属于在境内销售服务或者无形资产：境外单位或者个人向境内单位或者

个人销售完全在境外发生的服务；境外单位或者个人向境内单位或者个人销售完全在境外使用的无形资产；境外单位或者个人向境内单位或者个人出租完全在境外使用的有形动产；财政部和国家税务总局规定的其他情形。

### （二）特殊规定

1. 视同销售行为

（1）将货物交付其他单位或个人代销。

（2）销售代销货物。

（3）设有两个以上机构并实行统一核算的纳税人，将货物从一个机构移送其他机构用于销售，但相关机构设在同一县（市）的除外。

（4）将自产、委托加工的货物用于集体福利或个人消费。

（5）将自产、委托加工或购进的货物作为投资，提供给其他单位或个体工商户。

（6）将自产、委托加工或购进的货物分配给股东或投资者。

（7）将自产、委托加工或购买的货物无偿赠送他人。

（8）单位或者个体工商户向其他单位或者个人无偿提供服务，但用于公益事业或者以社会公众为对象的除外。

（9）单位或者个人向其他单位或者个人无偿转让无形资产或者不动产，但用于公益事业或者以社会公众为对象的除外。

（10）财政部和国家税务总局规定的其他情形。

2. 混合销售行为

一项销售行为如果既涉及服务又涉及货物，为混合销售。判断混合销售行为的标准有两个：一是其销售行为必须是一项行为；二是该项行为必须既涉及服务又涉及货物，其中"货物"是指《中华人民共和国增值税暂行条例》中规定的有形动产，包括电力、热力和气体等；"服务"属于改征增值税范围的交通运输业服务、建筑服务、金融服务、邮政服务、电信服务、现代服务和生活服务等。

3. 兼营行为

纳税人兼营销售货物、劳务、服务、无形资产或者不动产，适用不同税率或者征收率的，应当分别核算适用不同税率或者征收率的销售额，未分别核算的，从高适用税率。

## 二、纳税人

### （一）纳税人一般规定

根据《中华人民共和国增值税暂行条例》和全面推行"营改增"通知，纳税人是指中华人民共和国境内（以下称境内）销售或进口货物，提供应税劳务，发生应税行为的单位和个人。单位是指企业、行政单位、事业单位、军事单位、社会团体及其他单位。

个人是指个体工商户和其他个人（自然人）。

单位以承包、承租、挂靠方式经营的，承包人、承租人、挂靠人（以下统称承包人）以发包人、出租人、被挂靠人（以下统称发包人）名义对外经营并由发包人承担相关法律责任的，以该发包人为纳税人。否则，以承包人为纳税人。

境外单位或者个人在境内发生应税行为，在境内未设有经营机构的，以购买方为增值税扣缴义务人。财政部和国家税务总局另有规定的除外。

### （二）纳税人的管理

为了严格管理增值税的征收，参照国际惯例，对纳税人实行分类管理。将纳税人按其经营规模大小及会计核算健全与否划分为一般纳税人和小规模纳税人两类。

1. 一般纳税人

年应税销售额超过财政部和国家税务总局规定标准的纳税人为一般纳税人。年应税销售额是指纳税人在连续不超过 12 个月的经营期内累计应征增值税的销售额。

（1）原增值税中一般纳税人的标准为：①从事货物生产或提供应税劳务的纳税人，以及以从事货物生产或提供应税劳务为主，并兼营货物批发或零售的纳税人，年应税销售额超过 50 万元（不含本数）；②对上述规定以外的纳税人，年应税销售额超过 80 万元（不含本数）。

（2）"营改增"试点范围一般纳税人（简称试点纳税人）的标准。"营改增"试点实施前（简称试点实施前）应税服务年销售额超过 500 万元的试点纳税人，应向国税主管税务机关（简称主管税务机关）申请办理增值税一般纳税人资格认定手续。

试点纳税人试点实施前的应税服务年销售额按以下公式换算：

应税服务年销售额=连续不超过 12 个月应税服务营业额合计÷（1+3%） （7-1）

试点实施前已取得增值税一般纳税人资格并兼有应税服务的试点纳税人，不需要重新申请认定，由主管税务机关制作、送达《税务事项通知书》，告知纳税人。

试点实施前应税服务年销售额未超过 500 万元的试点纳税人，如符合相关规定条件，也可以向主管税务机关申请增值税一般纳税人资格认定。

年应税销售额未超过规定标准的纳税人，会计核算健全，能够提供准确税务资料的，可以向主管税务机关办理一般纳税人资格登记，成为一般纳税人。

符合一般纳税人条件的纳税人应当向主管税务机关办理一般纳税人资格登记。具体登记办法由国家税务总局制定。除国家税务总局另有规定外，一经登记为一般纳税人后，不得转为小规模纳税人。

2. 小规模纳税人

小规模纳税人是指年销售额在规定标准以下，并且会计核算不健全，不能按规定报送有关税务资料的增值税纳税人。所称会计核算不健全是指不能正确核算增值税的销项税额、进项税额和应纳税额。

根据《增值税暂行条例实施细则》的规定，小规模纳税人的认定标准是：①原增值税纳税人从事货物生产或提供应税劳务的纳税人，以及以从事货物生产或提供应税劳务为主，并兼营货物批发或零售的纳税人，年应税销售额在 50 万元以下的；②对上述规定以外的原增值税纳税人，年应税销售额在 80 万元以下的；③试点纳税人年应税销售额在 500 万以下的；④年应税销售额超过规定标准的其他个人按小规模纳税人纳税；⑤年应税销售额超过规定标准但不经常发生应税行为的单位和个体工商户可选择按照小规模纳税人纳税；⑥兼有销售货物、提供加工修理修配劳务和应税行为，且不经常发生销售货物、提供加工修理修配劳务和应税行为的单位和个人工商户，可选择按照小规模纳税人纳税。

## 三、税率和征收率

### （一）销售货物、提供应税劳务的增值税税率

1. 基本税率

增值税一般纳税人销售货物或进口货物，提供加工、修理修配劳务，除低税率适用范围外，税率一律为 17%。

自 2009 年 1 月 1 日起，将部分金属矿、非金属矿采选产品的增值税税率由原来的 13% 恢复到 17%，如石英、云母粉等。

2. 低税率

纳税人销售或者进口下列货物，按低税率 13% 计征增值税。

（1）粮食、食用植物油。

（2）自来水、暖气、冷气、热水、煤气、石油液化气、天然气、沼气、居民用煤炭制品。

（3）图书、报纸、杂志。

（4）饲料、化肥、农药、农机、农膜。

（5）国务院及有关规定的其他货物，如农产品、音像制品（自 2007 年 1 月 1 日起）、电子出版物（自 2007 年 1 月 1 日起）、二甲醚（自 2008 年 1 月 1 日起）。

### （二）应税行为的增值税税率

1. 销售应税服务的增值税税率

（1）提供增值电信服务、金融服务、现代服务（租赁服务外）、生活服务，税率为 6%。

（2）提供交通运输服务、邮政服务、基础电信服务、建筑服务、不动产租赁服务，税率为 11%。

（3）提供有形动产租赁服务，税率为 17%。

2. 销售无形资产的增值税税率

（1）转让土地使用权，税率为 11%。

（2）转让土地使用权以外的其他无形资产，税率为 6%。

3. 销售不动产的增值税税率为 11%

## （三）零税率

1. 纳税人出口货物，税率为零，国务院另有规定的除外

2. 境内单位和个人发生的跨境应税行为，税率为零

（1）国际运输服务。国际运输服务是指：①在境内载运旅客或者货物出境；②在境外载运旅客或者货物入境；③在境外载运旅客或者货物。

（2）航天运输服务。

（3）向境外单位提供的完全在境外消费的研发服务、合同能源管理服务、设计服务、广播影视节目（作品）的制作和发行服务、软件服务、电路设计及测试服务、信息系统服务、业务流程管理服务、离岸服务外包业务、转让技术。

（4）财政部和国家税务总局规定的其他服务。

## （四）征收率

1. 小规模纳税人

小规模纳税人经营规模小，且会计核算不健全，其增值税实行按销售额与征收率计算应纳税额的简易办法。小规模纳税人增值税征收率为 3%，财政部和国家税务总局另有规定的除外。

2. 一般纳税人

一般纳税人销售货物、无形资产或不动产，按规定可以选择简易计税方法计税。

（1）按照简易计税方法计税的销售不动产、不动产经营租赁服务（除试点前开工的高速公路的车辆通行费），征收率为 5%。

（2）其他情况，征收率为 3%。

## ■ 第三节　应纳税额的计算

增值税的计税方法，包括一般计税方法和简易计税方法。其中，一般计税方法适用一般纳税人，简易计税方法适用小规模纳税人和一般纳税人销售货物、无形资产或不动产选择简易计税方法计税的情况。

### 一、一般计税方法应纳税额的计算

我国现行一般纳税人增值税的计征方法为购进扣税法，即先按当期销售额和适用税率计算出销项税额，然后对当期购进项目向对方支付的价款进行抵扣，从而间接地计算出当期增值额部分应纳税额。也就是说，增值税应纳税额等于当期销项税额减当期进项

税额。

$$当期增值税应纳税额=当期销项税额-当期进项税额$$
$$=当期销售额×适用税率-当期进项税额 \qquad (7-2)$$

## （一）销项税额的计算

销项税额是指纳税人销售货物、提供应税劳务或发生应税行为，按照销售额或应税劳务收入与规定的税率计算并向购买方收取的增值税税额。销项税额的计算公式为

$$销项税额=销售额×税率 \qquad (7-3)$$

由此可见，销项税额的计算取决于销售额和税率两个因素，适用税率前边已经说明，此处主要介绍销售额。需要强调的是，增值税是价外税，公式中的销售额必须是不含税的销售额。

### 1. 一般销售方式下的销售额

销售额是指纳税人销售货物、提供应税劳务或发生应税行为取得的全部价款和价外费用，但是不包括收取的销项税额。一般纳税人如果取得含税销售额，计算销项税额时，必须换算成不含税的销售额，计算公式为

$$不含税销售额=含税销售额÷（1+税率） \qquad (7-4)$$

价外费用是指价外向购买方收取的手续费、补贴、基金、集资费、返还利润、奖励费、违约金（延期付款利息）、包装费、包装物租金、储备费、优质费、运输装卸费、代收款项、代垫款项及其他各种性质的收费。但不包括下列项目：

（1）受托加工应征消费税的消费品所代收代缴的消费税。

（2）代为收取的符合条件的政府性基金或者行政事业性收费。

（3）以委托方名义开具发票代委托方收入的款项，如：①同时符合以下条件的代垫运费，一是承运部门将运费发票开具给购货方的；二是纳税人将该项发票转交给购货方的。②航空运输公司代收的机场建设费和代收其他航空企业客票而代收转付的价款。

（4）销售货物的同时代办保险等而向购买方收取的保险费，以及向购买方收取的代购买方缴纳的车辆购置税和车辆牌照费。

凡随同销售货物、提供应税劳务或发生应税行为向购买方收取的价外费用，无论其会计制度如何核算，均应并入销售额计算应纳税额。

### 2. 特殊销售方式下的销售额

在现实经济活动中，纳税人销售货物的方式多种多样，因而销售行为会因销售方式的不同而有不同的销售额。我国现行增值税法对以下销售方式的计税销售额作了具体规定。

（1）采取折扣方式销售货物或发生应税行为。

为促进销售、占领市场，纳税人会不时采取折扣方式销售货物或应税劳务。在现实经济生活中，纳税人采取的折扣方式一般可区分为折扣销售、销售折扣、销售折让三种形式。我国现行增值税对这三种形式下的计税销售额都作了具体规定。

折扣销售（又称商业折扣）是指销货方在销售货物或应税劳务时，因购货方购货数

量较大等原因而给予购货方的价格优惠。这种折扣一般都是从销售价格中直接折算，即购买方所付的价款和销售方所收取的货款，都是按折扣以后的售价来计算的。例如，每件商品 10 元，如购买 50 件以上可按规定价格折扣 20%。在这种情况下，卖方的折扣行为和销售行为是同时发生的。对此，税法规定，如果销售额和折扣额在同一张发票上分别注明，可按折扣后的销售额征收增值税；如果将折扣额另开红字发票，不论其在财务核算上如何处理，均不得从销售额中减除折扣额。

销售折扣（又称现金折扣）是指卖方为鼓励买方尽早付清货款而在协议中许诺在价格方面给予买方的一种折扣优惠。例如，5 天以内付清货款，可按售价折扣 5%；5 天以上 10 天以内付清货款，可按售价折扣 3%；10 天以上付清货款，则不再给予折扣优惠。由于销售折扣是在销售货物之后发生的，属于企业融资性质的理财行为，所以，折扣额不允许从销售额中扣除。

销售折让是指货物卖出后，买方发现品种、质量等有问题，但没有提出退货，而是要求卖方给予一定的价格折让。销售折让虽然也是在货物销售后发生，但在实质上仍是因货物质量、品种等不符合要求而导致原销售额的减少。所以，在这种情况下应以折让后的销售额为计税销售额。

**【例 7-3】**某工艺厂为增值税一般纳税人，2016 年 2 月销售给甲企业 200 套工艺品，每套不含税价格 600 元，由于部分工艺品存在瑕疵，该工艺品厂给予甲企业 15% 的销售折让，已开具红字增值税专用发票。为了鼓励甲企业及时付款，该工艺品厂提出 2/20，n/30 的付款条件，甲企业于当月 15 日付款。请计算该工艺品厂此项业务的销项税额。

**【解析】**销售折让是指货物销售后由于品种或质量等原因购货方未予退货，但销货方需给予购货方的一种价格折让，销售折让可以从销售额中减除。销售折扣则是为了鼓励购货方及时偿还货款给予的折扣优待，属于销售折扣行为；由于销售折扣是在销售货物之后发生的，属于企业融资行为，所以，折扣额不允许从销售额中扣除。

所以，该工艺品厂此项业务的销项税额 = 600×200×（1−15%）×17%=17 340（元）。

（2）采取以旧换新方式销售货物。

所谓以旧换新是指卖方在销售货物时，有偿收回旧货物的行为。鉴于销售货物与收购货物是两种不同的业务活动，我国税法规定，在纳税人采取以旧换新方式销售货物时，应按新货物的同期销售价格确定计税销售额，不得减除旧货物的收购价格。

考虑到金银首饰以旧换新的特殊情况，对金银首饰以旧换新业务，可以按销售方实际取得的不含增值税的全部价款征收增值税。

**【例 7-4】**某中国人民银行批准的经营金银首饰的金店为增值税一般纳税人，2016 年 1 月采取"以旧换新"方式向消费者销售金项链 20 条，每条新项链的零售价格为 2 500 元，每条旧项链作价 800 元，每条项链取得差价款 1 700 元，当月取得首饰修理费价税合计金额 2 270 元。计算该金店上述业务应缴纳的增值税。

**【解析】**

金银首饰以旧换新按实际收到的不含增值税的价款计税。

应缴纳增值税=1 700÷（1+17%）×17%×20≈4 940.17（元）

修理修配劳务应缴纳增值税=2 270÷（1+17%）×17%≈329.83（元）

上述业务合计应缴纳增值税=4 940.17+329.83=5 270（元）

（3）采取还本销售方式销售。

还本销售是指纳税人在销售货物后，到约定的期限由卖方一次或分次将货款部分或全部退还给买方的一种销售方式。这种方式实际上是一种融资，是以货物换取资金的使用价值，到期还本不付息的方法。税法规定，采取还本销售方式销售货物，其销售额就是销售货物的价格，不得从销售额中减除还本支出。

（4）采取以物易物方式销售。

所谓以物易物是指买卖双方进行交易时，不是以货币进行结算，而是以同等价款的货物进行结算，从而实现货物的买卖，满足购销双方的需求。尽管以物易物销售方式不直接涉及货币收支活动，但其实质仍是一种购销行为。因此，税法规定，采取以物易物的方式销售货物的双方都应做购销处理，以各自发出的货物核算销售额并计算销项税额，以各自收到的货物核算购货额并计算进项税额。需要注意的是，在以物易物活动中，应分别开具合法票据，如收到的货物不能取得相应的增值税专用发票或其他合法票据的，不得抵扣进项税额。

（5）包装物押金的税务处理。

税法规定，纳税人为销售货物而出租出借包装物收取的押金，单独记账核算的，时间在 1 年以内，又未过期的，不并入销售额征税，但对逾期未收回包装物不再退还的包装物押金，应按所包装货物的适用税率计算销项税额。其中，"逾期"是指按合同约定实际逾期或以 1 年为期限，对收取 1 年以上的押金，无论是否退还均并入销售额（视为含税收入）征税。

另外，从 1995 年 6 月 1 日起，国家对销售除啤酒、黄酒外的其他酒类产品而收取的包装物押金，无论是否返还以及会计上如何核算，均应并入当期销售额征税。对销售啤酒、黄酒所收取的押金，按上述一般押金的规定处理。

【例 7-5】某酒厂为增值税一般纳税人，2016 年 3 月销售粮食白酒和啤酒给副食品公司，其中销售白酒开具增值税专用发票，收取不含税价款 50 000 元，另外收取包装物押金 3 000 元；销售啤酒开具普通发票，收取价税合计款 23 400 元，另外收取包装物押金 1 500 元。副食品公司按照合同约定，于 2016 年 4 月将白酒、啤酒包装物全部退还给酒厂，并取回全部押金。就此业务，计算该酒厂 2016 年 3 月增值税的销项税额。

【解析】

销项税额=50 000×17%+3 000÷（1+17%）×17%+23 400÷（1+17%）×17%=12 335.9（元）

（6）销售已使用过的固定资产的税务处理。

第一，销售自己使用过的 2009 年 1 月 1 日以后购进或者自制的固定资产，按照适用税率征收增值税。

第二，2008 年 12 月 31 日以前未纳入扩大增值税抵扣范围试点的纳税人，销售自己使用过的 2008 年 12 月 31 日之前购进或自制的固定资产，按照 4%征收率减半征收增值税；2014 年 7 月 1 日之后，按照 3%的征收率减按 2%征收增值税。

第三，"营改增"后认定的一般纳税人销售自己使用过的本地区试点实施之日（含）以后购进或自制的固定资产，按照适用税率征收增值税。销售自己使用过的本地区试点实施之日以前购进或自制的固定资产，按照 4%征收率减半征收增值税；2014 年 7 月 1 日之后，按照 3%的征收率减按 2%征收增值税。

（7）视同销售货物行为的销售额的确定。

视同销售货物行为的某些行为由于不是以资金的形式反映出来的，会出现无销售额的现象。因此，税法规定，对视同销售征税而无销售额的按下列顺序确定销售额：①按纳税人最近时期同类货物或应税行为的平均销售价格确定；②按其他纳税人最近时期同类货物或应税行为的平均销售价格确定；③按组成计税价格确定。

如果对该货物或应税行为不同时征收消费税，则计算组成计税价格的公式为

组成计税价格=成本×（1+成本利润率）　　　　　　　　　　　　　　　　（7-5）

如果对该货物或应税行为还同时征收消费税，则其组成计税价格中应加计消费税，比例税率计算公式为

组成计税价格=成本×（1+成本利润率）+消费税税额　　　　　　　　　　（7-6）

或

组成计税价格=成本×（1+成本利润率）÷（1-消费税税率）　　　　　　　（7-7）

在以上两个公式中，成本是指销售自产货物或应税行为的实际成本或实际采购成本；而成本利润率由国家税务总局统一规定，但属于应从价定率征收消费税的货物，其组成计税价格公式中的成本利润率，为国家税务总局确定的成本利润率。

【例 7-6】立达公司系增值税一般纳税人，增值税税率为 17%，按月缴纳增值税。该公司 2016 年 5 月份发生有关购销业务如下：

（1）2 日销售给长城公司 A 产品 50 000 公斤，开出普通发票，发票上注明的金额为 936 000 元。

（2）5 日向长虹公司销售 B 产品 300 台，每台不含税售价 500 元，单位成本每台 300 元，给予购货方 5%的商业折扣，折扣额与销售额在同一张发票上明确注明。

（3）20 日将自己生产的 C 产品 200 件无偿赠送给关系单位。该产品单位成本每件 800 元，不含税对外售价 1 000 元／件。

（4）23 日将 D 产品 200 台用于本企业职工福利。该产品单位成本 300 元／台，该产品无同类市场价格。已知国家税务总局核定的该成品的成本利润率为 10%。

（5）28 日销售 E 产品给小规模纳税人，开具的普通发票上注明价款 58 500 元。款项已收存银行，该批产品的成本为 30 000 元。

上述货物适用税率均为 17%，各项发票均为合法票据。

根据上述材料，计算分析该企业 5 月份的增值税销项税额。

【解析】

（1）销售 A 产品，开出的普通发票上的销售额为含税销售额，需要换算为不含税销售额。

销售 A 产品应缴增值税销项税额=936 000÷（1+17%）×17%=136 000（元）

（2）采取折扣销售方式销售 B 产品，由于折扣额与销售额在同一张发票上明确注明，准予用折扣后的销售额计算销项税额。

销售 B 产品增值税销项税额=300×500×（1-5%）×17%=24 225（元）

（3）无偿赠送 C 产品视同销售，应该按照该产品的市场价计算缴纳增值税。

赠送 C 产品的增值税销项税额=1 000×200×17% = 34 000（元）

（4）将自产的产品用于职工福利视同销售，应该按照市场价格计算缴纳增值税。

用于职工福利 D 产品的增值税销项税额=300×（1+10%）×200×17%=11 220（元）

（5）销售 E 产品增值税销项税额=58 500÷(1+17%)×17%=8 500（元）

（6）该公司 5 月份的增值税销项税额=136 000+24 225+34 000+11 220+8 500= 213 945（元）

## （二）进项税额的计算

进项税额是指纳税人购进货物或接受应税劳务、应税行为所支付或负担的增值税额。它与销项税额相对应，销售方收取的销项税额就是购买方支付的进项税额。需要注意的是，并不是纳税人支付的所有的进项税额都可以从销项税额中抵扣。

1. 准予抵扣的进项税额

（1）从销售方取得的增值税专用发票（含税控机动车销售统一发票）上注明的增值税额。

（2）从海关取得的海关进口增值税专用缴款书上注明的增值税额。

（3）购进农产品，除取得增值税专用发票和海关进口增值税专用缴款书外，按照农产品收购发票或销售发票上注明的农产品的买价和 13%的扣除率计算进项税额，从当期销项税额中扣除。即

准予抵扣的进项税额=买价×扣除率　　　　　　　　　　　　　　（7-8）

对这项规定的解释是：

第一，"农业产品"是指直接从事植物的种植、收割和动物的饲养、捕捞的单位和个人销售的自产而且免征增值税的农业产品。

第二，购买农业产品的买价，包括纳税人购进农产品在收购发票或销售发票上注明的价款和按规定缴纳的烟叶税。

第三，对烟叶纳税人按规定缴纳的烟叶税准予并入烟叶的买价计算增值税的进项税额，并在计算缴纳增值税时扣除，即购进烟叶准予抵扣的增值税进项税额按照《中华人民共和国烟叶税暂行条例》及《财政部 国家税务总局印发〈关于烟叶税若干具体问题的规定〉的通知》（财税〔2006〕64 号）规定的烟叶收购金额和烟叶税（20%）及法定扣除率计算。烟叶收购金额包括纳税人支付给烟叶销售者的烟叶收购价款和价外补贴，价外补贴统一暂按烟叶收购价款的 10%计算。计算公式如下：

烟叶收购金额=烟叶收购价款×（1+10%）　　　　　　　　　　（7-9）

烟叶税应纳税额=烟叶收购金额×税率（20%）　　　　　　　　　（7-10）

准予抵扣的进项税额=（烟叶收购金额+烟叶应纳税额）×扣除率（13%）　（7-11）

【例 7-7】某卷烟厂为增值税一般纳税人，2015 年 9 月从烟叶种植户收购烟叶生产卷烟，收购凭证上注明价款 100 万元、价外补贴 10 万元。试计算该卷烟厂 6 月份收购烟叶可抵扣的进项税额。

【解析】

①烟叶收购金额=100+10=110（万元）

②应纳烟叶税税额=110×20%=22（万元）

③烟叶准予抵扣进项税额=（110+22）×13%=17.16（万元）

（4）从境外单位或者个人购进服务、无形资产或者不动产，自税务机关或者扣缴义务人取得的解缴税款的完税凭证上注明的增值税额。

2. 原增值税一般纳税人进项税额的变化

（1）原增值税一般纳税人购进服务、无形资产或不动产，取得的增值税专用发票上注明的增值税额为进项税额，准予从销项税额中抵扣。

2016年5月1日后取得并在会计制度上按固定资产核算的不动产或者2016年5月1日后取得的不动产在建工程，其进项税额应自取得之日起分2年从销项税额中抵扣，第一年抵扣比例为60%，第2年抵扣比例为40%。

（2）原增值税一般纳税人自用的应征消费税的摩托车、汽车和游艇，其进项税额准予从销项税额中抵扣。

（3）原增值税一般纳税人从境外单位或者个人购进服务、无形资产或者不动产，按照规定应当扣缴增值税的，准予从销项税额中抵扣的进项税额为自税务机关或者扣缴义务人取得的解缴税款的完税凭证上注明的增值税额。

（4）原增值税一般纳税人购进货物或接受加工修理修配劳务，用于《销售服务、无形资产或者不动产注释》所列项目的，不属于用于非增值税应税项目，其进项税额准予从销项税额中抵扣。

3. 不得从销项税额中抵扣的进项税额

（1）用于简易计税方法的计税项目、免征增值税项目、集体福利或个人消费的购进货物、加工修理修配劳务、应税服务、无形资产和不动产。其中涉及的固定资产、无形资产、不动产，仅指专用于上述项目的固定资产、无形资产（不包括其他权益性无形资产）、不动产。纳税人的交际应酬消费属于个人消费。

（2）非正常损失的购进货物以及相关的加工修理修配劳务和交通运输劳务。

非正常损失，是指因保管不善造成货物被盗、丢失、霉烂变质，以及因违反法律法规规定造成货物或不动产被依法没收、销毁、拆除的情形。

（3）非正常损失的在产品、产成品所耗用的购进货物（不包括固定资产）、加工修理修配劳务和交通运输服务。

（4）非正常损失的不动产，以及该不动产所耗用的购进货物、设计服务和建筑服务。

（5）非正常损失的不动产在建工程所耗用的购进货物、设计服务和建筑服务。纳税人新建、改建、扩建、修缮、装饰不动产，均属于不动产在建工程。

（6）购进的旅客运输服务、贷款服务、餐饮服务、居民日常服务和娱乐服务。

（7）财政部和国家税务总局规定的其他情形。

同时，纳税人取得的增值税扣税凭证不符合法律、行政法规或者国家税务总局有关规定的，其进项税额不得从销项税额中抵扣。增值税扣税凭证，是指增值税专用发票、海关进口增值税专用缴款书、农产品收购发票、农产品销售发票和完税凭证。

适用一般计税方法的纳税人，兼营简易计税方法计税项目、免征增值税项目而无法划分不得抵扣的进项税额，按照下列公式计算不得抵扣的进项税额：

不得抵扣的进项税额=当期无法划分的全部进项税额×（当期免税项目销售额

+当期简易计征项目销售额合计）÷当期全部销售额　（7-12）

### （三）应纳税额的计算

在计算出销项税额和准予抵扣的进项税额后就可以得出实际的应纳税额，其计算的基本公式为

应纳税额=当期销项税额−当期进项税额　　　　　　　　　　　　（7-13）

为了正确运用这个公式，需要掌握以下几个重要的规定。

1. 应纳税额的时间限定

在上式中，"当期"是指按照税法规定准确计算应纳税额的重要条件，它决定了计算应纳税额的期限。只有在计算应纳税额的期限中发生的当期销项税额和当期进项税额，才是法定的计算应纳税额的根据。基于这一原因，税法对销项税额和进项税额作出了时间性限定。

（1）计算销项税额的时间限定。

对于什么时间计算销项税额，税法作了严格的规定。例如，采取直接收款方式销售货物，不论货物是否发出，均为收到销售额或取得索取销售额的凭据的当天；采取托收承付和委托银行收款方式销售货物，为发出货物并办妥托收手续的当天；纳税人发生视同销售货物行为第（3）至第（9）项的，为货物移送和应税服务完成的当天等，以保证准时、准确记录和核算当期销项税额。

（2）防伪税控专用发票进项税额抵扣的时间限定。

增值税一般纳税人申请抵扣的防伪税控增值税专用发票，必须自该专用发票开具之日起 180 日内到税务机关办理认证，并在认证通过的次月申报期内，向主管税务机关申报抵扣进项税额。

（3）海关进口增值税专用缴款书进项税额抵扣的时间限定。

自 2013 年 7 月 1 日起，增值税一般纳税人进口货物取得的属于增值税扣税范围的海关缴款书，需经税务机关稽核比对相符后，其增值税额方能作为进项税额在销项税额中抵扣。

纳税人进口货物取得的属于增值税扣税范围的海关缴款书，应当自开具之日起 180 日内向主管税务机关报送《海关完税凭证抵扣清单》（电子数据），申请稽核比对，逾期未申请的其进项税额不得抵扣。对稽核比对结果为相符的海关缴款书，纳税人应在税务机关提供稽核比对结果的当月纳税申报抵扣，逾期其进项税额不予抵扣。

2. 计算应纳税额时进项税额不足抵扣的处理

由于增值税实行购销扣税法，有时企业当期购进货物很多，在计算应纳税额时，可能出现当期销项税额小于当期进项税额不足抵扣的情况。根据税法规定，当期进项税额

不足抵扣的部分可以结转到下期继续抵扣。

3. 扣减发生期进项税额的规定

已抵扣进项税额的购进货物（不含固定资产）、劳务、服务发生非正常损失或改变用途的，应当将该进项税额从当期进项税额中扣减；无法确定该进项税额的，按照当期实际成本计算应扣减的进项税额。

已抵扣进项税额的固定资产、无形资产或者不动产，发生用途改变的情形，按照下列公式计算不得抵扣的进项税额：

不得抵扣的进项税额=固定资产、无形资产或者不动产净值×适用税率　　（7-14）

固定资产、无形资产或者不动产净值，是指纳税人根据财务会计制度计提折旧或摊销后的余额。

4. 销货退回或折让的税务处理

纳税人在货物购销活动中，因货物质量、规格等原因常会发生销货退回或折让的情况。销货退回或折让不仅涉及销货价款或折让价款的退回，还涉及增值税的退回，因此，销货方和购货方应相应对当期的销项税额或进项税额进行调整。纳税人适用一般计税方法计税的，因销售折让、中止或者退回而退还给购买方的增值税额，应当从当期的销项税额中扣减；因销售折让、中止或者退回而收回的增值税额，应当从当期的进项税额中扣减。

## 二、简易计税方法应纳税额的计算

### （一）适用范围

1. 小规模纳税人

2. 一般纳税人销售货物、无形资产或不动产，按规定可以选择简易计税方法计税的

（1）公共交通运输服务。

（2）电影放映服务、仓储服务、装卸搬运服务、收派服务、文化体育服务。

（3）以试点前取得的有形动产为标的物的提供的经营租赁服务。

（4）试点前签订的尚未执行完毕的有形动产租赁合同。

（5）销售或出租 2016 年 4 月 30 日前取得的不动产。

（6）房地产开发企业销售自行开发的房地产老项目。

（7）以清包工方式提供的建筑服务。

（8）为甲供工程提供的建筑服务。

### （二）应纳税额计算

简易计税方法的应纳税额，是指按照不含税销售额和增值税征收率计算的增值税额，

不得抵扣进项税额。应纳税额计算公式为

应纳税额=不含税销售额 × 征收率 （7-15）

### （三）含税销售额的换算

简易计税方法的销售额不包括其应纳税额，纳税人采用销售额和应纳税额合并定价方法的，按照下列公式计算销售额：

销售额=含税销售额 ÷（1+征收率） （7-16）

简易征税办法一律不得抵扣进项税额。而且简易征税办法取得的销售额与一般计税办法一样，都是销售货物或提供应税劳务向购买方收取的全部价款和价外费用，不包括按 3%的征收率收取的增值税税额。

**【例 7-8】**某商店为增值税小规模纳税人，2016 年 6 月取得零售收入总额 10.3 万元。试计算该商店 6 月应缴纳的增值税额。

**【解析】**

（1）零售收入总额为含增值税销售额，需要换算成不含税销售额。

6 月取得的不含税销售额=10.3 ÷（1+3%）=10（万元）

（2）6 月应缴纳的增值税税额=10 × 3%=0.3（万元）

### （四）销售折让或退回的税务处理

纳税人适用简易计税方法计税的，因销售折让、中止或者退回而退还给购买方的销售额，应当从当期销售额中扣减。扣减当期销售额后仍有余额造成多缴的税款，可以从以后的应纳税额中扣减。

## 三、进口货物应纳税额的计算

### （一）征税范围和纳税人

申报进入中华人民共和国海关境内的货物，均应该缴纳增值税。进口货物的增值税纳税人为进口货物的收货人或办理报关手续的单位和个人。

### （二）税率

进口货物增值税税率与本章第二节的内容相同。

### （三）应纳税额的计算

进口货物的应纳税额，不管纳税人是一般纳税人还是小规模纳税人，均按进口货物的组成计税价格和规定的税率计算，并且不能抵扣任何进项税额。

如果进口货物同时缴纳消费税，其组成计税价格的计算公式为

组成计税价格=关税完税价格+关税+消费税税额 （7-17）

如果进口货物不同时缴纳消费税，其组成计税价格的计算公式为

组成计税价格=关税完税价格+关税　　　　　　　　　　　　　（7-18）

确定进口货物的组成计税价格后，按式（7-19）计算进口货物的应纳税额：

应纳税额=组成计税价格×适用税率　　　　　　　　　　　　　（7-19）

根据《中华人民共和国海关法》和《中华人民共和国进出口关税条例》的规定，一般贸易下进口货物以海关核定的成交价格为基础的到岸价格作为完税价格。所谓成交价格是一般贸易项下进口货物的买方为购买该项货物向卖方实际支付或应当支付的价格；到岸价格是货价，加上货物运抵我国关境输入地点起卸前的包装费、运费、保险费和其他劳务费用等费用构成的一种价格。

【例 7-9】某增值税一般纳税人从国外进口一台机器设备，成交价为 80 万元，运抵我国海关前发生运输费、保险费、装卸费共计 20 万元。货物报关后，商场按规定缴纳了进口环节的增值税并取得了海关开具的海关进口增值税专用缴款书。该机器设备在国内销售，取得不含税销售额 170 万元。已知该机器设备进口关税税率为 20%，增值税税率为 17%。假设增值税缴款书经过比对符合抵扣条件。要求计算：

（1）该纳税人在海关环节应该缴纳的增值税税额。

（2）该纳税人国内销售环节应缴纳的增值税税额。

【解析】

（1）关税完税价格=80+20=100（万元）

　　　　应缴纳的关税=100×20%=20（万元）

　　　　进口环节增值税的关税完税价格=100+20=120（万元）

　　　　进口环节应缴纳的增值税税额=120×17%=20.4（万元）

（2）国内销售环节应纳增值税税额=销项税额−进项税额=170×17%−20.4=8.5（万元）

## 四、特殊经营行为的税务处理

### （一）兼营行为

试点纳税人销售货物、加工修理修配劳务、服务、无形资产或者不动产适用不同税率或者征收率的，应当分别核算适用不同税率或者征收率的销售额，未分别核算销售额的，按照以下方法适用税率或者征收率：

（1）兼营不同税率的销售货物、加工修理修配劳务、服务、无形资产或者不动产，从高适用税率。

（2）兼营不同征收率的销售货物、加工修理修配劳务、服务、无形资产或者不动产，从高适用征收率。

（3）兼营不同税率和征收率的销售货物、加工修理修配劳务、服务、无形资产或者不动产，从高适用税率。

## （二）混合销售行为

一项销售行为如果既涉及货物又涉及服务，为混合销售。从事货物的生产、批发或者零售的单位和个体工商户的混合销售行为，按照销售货物缴纳增值税；其他单位和个体工商户的混合销售行为，按照销售服务缴纳增值税。

上述从事货物的生产、批发或者零售的单位和个体工商户，包括以从事货物的生产、批发或者零售为主，并兼营销售服务的单位和个体工商户在内。

# 第四节 出口退（免）税

出口货物退（免）税是国际贸易中通常采用的并为世界各国普遍接受的、目的在于鼓励各国出口货物的公平竞争的一种退还或免征间接税（目前我国主要包括增值税、消费税）的税收措施。由于这项制度比较公平合理，因此它已成为国际社会通行的惯例。

我国的出口货物退（免）税是指在国际贸易业务中，对我国报关出口的货物退还或免征其在国内各生产和流通环节按税法规定缴纳的增值税和消费税，即对应征收增值税的出口货物实行零税率，对应征收消费税的出口货物免征消费税。

## 一、出口退（免）税的基本政策

我国根据国情，采取出口退税和免税相结合的政策。目前，出口货物税收政策分为以下三种形式。

### （一）出口免税并退税

出口免税是指对货物在出口销售环节不征增值税、消费税，这是把出口环节与出口前的销售环节都同样视为一个征税环节；出口退税是指对货物在出口前实际承担的税收负担，按规定的退税率计算后予以退还。

### （二）出口免税不退税

出口免税与上述第（一）项含义相同。出口不退税是指适用这个政策的出口货物因在前一道生产、销售环节或进口环节是免税的，因此，出口时该货物的价格本身就不含税，也无须退税。

### （三）出口不免税也不退税

出口不免税是指对国家限制或禁止出口的某些货物的出口环节视同内销环节，照常征税；出口不退税是指对这些货物出口不退还出口前其所负担的税款。

## 二、出口退（免）税的适用范围

（1）出口企业出口货物。

出口企业是指依法办理工商登记、税务登记、对外贸易经营者备案登记，自营或委托出口货物单位或个人工商户，以及依法办理工商登记、税务登记但未办理对外贸易经营者备案登记，委托出口货物的生产企业。

出口货物是指向海关报关后实际离境并销售给境外单位或个人的货物，分为自营出口货物和委托出口货物两类。

（2）视同出口货物。

（3）出口企业对外提供加工修理修配劳务。

（4）境内的单位和企业提供适用增值税零税率的应税服务，如果属于适用简易计税办法的，实行免征增值税的办法。如果属于适用增值税一般计税方法的，生产企业实行"免、抵、退"办法，外贸企业外购研发和设计服务出口实现免退税办法，外贸企业自己开发的研发服务和设计服务出口，视同生产企业连同其出口货物统一实行"免、抵、退"税办法。

（5）境内单位和个人适用增值税零税率应税服务的，可以放弃适用增值税零税率，选择免税或按规定缴纳增值税。放弃适用增值税零税率后，36个月内不得再申请适用增值税零税率。

## 三、增值税退（免）税办法

适用增值税退（免）税政策的出口货物、劳务及服务，按照下列规定实行增值税"免、抵、退"或免退税办法。

### （一）"免、抵、退"税办法

生产企业出口自产货物和视同自产货物及对外提供加工修理修配劳务，以及列明的74家生产企业出口非自产货物，免征增值税，相应的进项税额抵减增值税额，未抵减完的部分予以退还。

零税率应税服务提供者提供零税率应税服务，如果属于适用增值税一般计税方法的，免征增值税，相应的进项税额抵减增值税额，未抵减完的部分予以退还。

### （二）免退税办法

不具有生产能力的出口企业（简称外贸企业）或其他单位出口货物劳务，免征增值税，相应的进项税额予以退还。

外贸企业外购研发服务和设计服务免征增值税，其对应的外购应税服务的进项税额予以退还。

### （三）增值税出口退税的退税率

出口退税的退税率是指出口货物的实际退税额与退税计税依据的比例。除财政部和国家税务总局根据国务院规定而明确的增值税出口退税率（简称退税率）外，出口货物的退税率为其适用税率。应税服务的退税率为其按照"营改增"规定适用的增值税税率。

适用不同退税率的货物、劳务及应税行为，应分开报关并申报退（免）税，未分开报关、核算或划分不清的，从低适用退税率。

## 四、增值税出口退税的计算

### （一）"免、抵、退"税的计算方法

1. 当期应纳税额的计算

当期应纳税额=当期内销货物的销项税额-（当期进项税额-当期免抵退税不得免征和抵扣税额） (7-20)

其中，

当期免抵退税不得免征和抵扣税额=出口货物离岸价×外汇人民币折合率×（出口货物适用税率-出口货物退税率）-免抵退税不得免征和抵扣税额抵减额 (7-21)

免抵退税不得免征和抵扣税额抵减额=免税购进原材料价格×（出口货物适用税率-出口货物退税率） (7-22)

2. 当期"免、抵、退"税额的计算

免抵退税额=出口货物离岸价×外币人民币折合率×出口货物退税率-"免、抵、退"税额抵减额 (7-23)

其中，

"免、抵、退"税额抵减额=当期免税购进原材料价格×出口货物退税率 (7-24)

3. 当期应退税额和免抵税额的计算

（1）如果当期期末留抵税额≤当期"免、抵、退"税额，则

当期应退税额=当期期末留抵税额

当期免抵税额=当期"免、抵、退"税额-当期应退税额

（2）如果当期期末留抵税额>当期"免、抵、退"税额，则

当期应退税额=当期"免、抵、退"税额

当期免抵税额=0

【例 7-10】某自营出口的生产企业为增值税一般纳税人，出口货物的征税税率为17%，退税税率为13%，2015 年 8 月有关经营业务如下：购进一批原材料，取得增值税专用发票上注明的价款 200 万元，外购货物准予抵扣的进项税额 34 万元已经认证。上月末留抵税款 3 万元，本月内销货物不含税销售额 100 万元，收款 117 万元存入银行，本

月出口货物的销售额折合人民币 200 万元。计算该企业当期"免、抵、退"税额。

【解析】

（1）当期"免、抵、退"税不得免征和抵扣税额=200×（17%-13%）=8（万元）

（2）当期应纳税额=100×17%-（34-8）-3=17-26-3=-12（万元）

（3）出口货物"免、抵、退"税额=200×13%=26（万元）

（4）期末留抵税额≤当期"免、抵、退"税额时，则

当期应退税额=当期期末留抵税额

该企业当期应退税额=12（万元）

（5）当期免抵税额=当期"免、抵、退"税额-当期应退税

=26-12=14（万元）

【例 7-11】某自营出口的生产企业为增值税一般纳税人，出口货物的征税税率为 17%，退税税率为 13%，2015 年 10 月有关经营业务如下：购进一批原材料，取得增值税专用发票上注明的价款 400 万元，外购货物准予抵扣的进项税额 68 万元已经认证。上月末留抵税款 5 万元，本月内销货物不含税销售额 100 万元，收款 117 万元存入银行，本月出口货物的销售额折合人民币 200 万元。计算该企业当期"免、抵、退"税额。

【解析】

（1）当期"免、抵、退"税不得免征和抵扣税额=200×（17%-13%）=8（万元）

（2）当期应纳税额=100×17%-（68-8）-5=17-60-5=-48（万元）

（3）出口货物"免、抵、退"税额=200×13%=26（万元）

（4）期末留抵税额≤当期"免、抵、退"税额时，则

当期应退税额=当期期末留抵税额

该企业当期应退税额=26（万元）

（5）当期免抵税额=当期"免、抵、退"税额-当期应退税

=26-26=0（万元）

（6）10 月底留抵结转下期继续抵扣税额为 22 万元（48 万元-26 万元）。

## （二）"先征后退"的计算方法

### 1. 外贸企业出口委托加工修理修配货物以外的货物

增值税应退税额=增值税退（免）税计税依据×出口货物退税率　　　　　　　　（7-25）

【例 7-12】某有进出口经营权的外贸企业 2016 年 1 月出口美国棉纺布 4 000 米，进货增值税专用发票列明不含税单价 20 元/米。假设增值税出口退税率为 16%，计算该外贸企业的出口退税额。

【解析】增值税应退税额=4 000×20×16% =12 800（元）

### 2. 外贸企业出口委托加工修理修配货物

出口委托加工修理修配货物的增值税应退税额=委托加工修理修配的增值税退（免）计税依据×出口货物退税率　　　　　　　　（7-26）

【例 7-13】某进出口公司 2016 年 5 月购进牛仔布委托加工成服装出口，取得牛仔布

增值税发票一张，注明计税金额 10 000 元；取得服装加工费计税金额 2 000 元，受托方将原材料成本并入加工修理修配费用并开具了增值税专用发票。假设增值税出口退税率为 17%，计算企业的应退税额。

【解析】（10 000+2 000）×17%=2 040（元）

## 第五节　税收优惠

### 一、《增值税暂行条例》规定的免税项目

（1）农业生产者销售的自产农产品。农业生产者，包括从事农业生产的单位和个人。农业产品指种植业、养殖业、林业、牧业、水产业生产的各类植物、动物的初级农产品。

（2）避孕药品和用具。

（3）古旧图书。古旧图书是指向社会收购的古书和旧书。

（4）直接用于科学研究、科学实验和教学的进口仪器和设备。

（5）外国政府、国际组织无偿援助的进口物资和设备。

（6）由残疾人的组织直接进口供残疾人专用的物品。

（7）销售的自己使用过的物品。自己使用过的物品，是指除游艇、摩托车和应征消费税的汽车外的个人自己使用过的物品。

### 二、财政部、国家税务总局规定的其他减免税项目

#### （一）资源综合利用产品和劳务增值税优惠政策

根据财税〔2015〕78 号关于印发《资源综合利用产品和劳务增值税优惠目录》的通知规定，纳税人销售自产的资源综合利用产品和提供资源综合利用劳务，可享受增值税即征即退政策。目录中资源综合利用类别分为"共、伴生矿产资源""废渣、废水（液）废气""再生资源""农林剩余物及其他""资源综合利用劳务"五大类。退税比例有 30%、50%、70%、100%四个档次。

#### （二）蔬菜流通环节免征增值税问题

经国务院批准，自 2012 年 1 月 1 日起，免征蔬菜流通环节的增值税。

纳税人既从事销售蔬菜又销售其他增值税应税货物的，应分别核算蔬菜和其他增值税应税货物的销售额，未分别核算的，不得享受蔬菜增值税免税政策。

#### （三）粕类产品免征增值税问题

豆粕属于征收增值税的饲料产品，除豆粕以外的其他粕类饲料产品，均免征增值税。

### （四）制种行业增值税政策

制种企业在下列生产经营模式下生产销售种子，属于农业生产者销售自产农业产品，应根据《中华人民共和国增值税暂行条例》有关规定免征增值税。

（1）制种企业利用自有土地或承租土地，雇佣农户或雇工进行种子繁育，再经烘干、脱粒、风筛等深加工后销售种子。

（2）制种企业提供亲本种子委托农户繁育并从农户手中收回，再经烘干、脱粒、风筛等深加工后销售种子。

### （五）按债转股企业与金融资产管理公司签订的债转股协议，债转股原企业将货物资产作为投资提供给债转股新公司的，免征增值税

### （六）节能服务公司实施符合条件的合同能源管理项目，将项目中的增值税应税货物转让给用能企业，暂免征收增值税

## 三、营业税改征增值税试点过渡政策的规定

### （一）免征增值税的项目

（1）托儿所、幼儿园提供的保育和教育服务，养老机构提供的养老服务，残疾人福利机构提供的育养服务、婚姻介绍服务、殡葬服务。

（2）残疾人员本人为社会提供的服务。

（3）医疗机构提供的医疗服务。

（4）从事学历教育的学校提供的教育服务以及学生勤工俭学提供的服务。

（5）农业机耕、排灌、病虫害防治、植物保护、农牧保险以及相关技术培训业务，家禽、牲畜、水生动物的配种和疾病防治。

（6）纪念馆、博物馆、文化馆、文物保护单位管理机构、美术馆、展览馆、书画院、图书馆在自己的场所提供文化体育服务取得的第一道门票收入。

（7）寺院、宫观、清真寺和教堂举办文化、宗教活动的门票收入。

（8）个人转让著作权。

（9）个人销售自建自用住房。

（10）2018年12月31日前，公共租赁住房经营管理单位出租公共租赁住房。

（11）以下利息收入：2016年12月31日前，金融机构农户小额贷款；国家助学贷款；国债、地方政府债；人民银行对金融机构的贷款；住房公积金管理中心用住房公积金在指定的委托银行发放的个人住房贷款。

（12）保险公司开办的一年期以上人身保险产品取得的保费收入。

（13）金融同业往来利息收入。

（14）纳税人提供技术转让、技术开发和与之相关的技术咨询、技术服务。

（15）福利彩票、体育彩票的发行收入。

### （二）增值税即征即退

（1）一般纳税人提供管道运输服务，对其增值税实际税负超过 3% 的部分实行增值税即征即退政策。

（2）经中国人民银行、银监会或者商务部批准从事融资租赁业务的试点纳税人中的一般纳税人，提供有形动产融资租赁服务和有形动产融资性售后回租服务，对其增值税实际税负超过 3% 的部分实行增值税即征即退政策。

### （三）个人出售购买住房增值税规定

个人将购买不足 2 年的住房对外销售的，按照 5% 的征收率全额缴纳增值税；个人将购买 2 年以上（含 2 年）的住房对外销售的，免征增值税。上述政策适用于北京市、上海市、广州市和深圳市之外的地区。

个人将购买不足 2 年的住房对外销售的，按照 5% 的征收率全额缴纳增值税；个人将购买 2 年以上（含 2 年）的非普通住房对外销售的，以销售收入减去购买住房价款后的差额按照 5% 的征收率缴纳增值税；个人将购买 2 年以上（含 2 年）的普通住房对外销售的，免征增值税。上述政策仅适用于北京市、上海市、广州市和深圳市。

## 四、跨境应税行为适用增值税免税政策的规定

境内的单位和个人销售的下列服务和无形资产免征增值税，但财政部和国家税务总局规定适用增值税零税率的除外：

（1）下列服务：①工程项目在境外的建筑服务；②工程项目在境外的工程监理服务；③工程、矿产资源在境外的工程勘察勘探服务；④会议展览地点在境外的会议展览服务；⑤存储地点在境外的仓储服务；⑥标的物在境外使用的有形动产租赁服务；⑦在境外提供的广播影视节目（作品）的播映服务；⑧在境外提供的文化体育服务、教育医疗服务、旅游服务。

（2）为出口货物提供的邮政服务、收派服务、保险服务。

（3）向境外单位提供的完全在境外消费的电信服务、知识产权服务、物流辅助服务（仓储服务、收派服务除外）、鉴证咨询服务、专业技术服务、商务辅助服务、广告投放地在境外的广告服务、无形资产。

（4）以无运输工具承运方式提供的国际运输服务。

（5）为境外单位之间的货币资金融通及其他金融业务提供的直接收费金融服务，且该服务与境内的货物、无形资产和不动产无关。

（6）财政部和国家税务总局规定的其他服务。

## 五、增值税起征点的规定

纳税人销售额未达到国务院财政、税务主管部门规定的起征点的免征增值税。个人

发生应税行为的销售额未达到增值税起征点的，免征增值税；达到起征点的，全额计算缴纳增值税。增值税起征点不适用于登记为一般纳税人的个体工商户。

增值税起征点幅度如下：

（1）按期纳税的，为月销售额 5 000~20 000 元（含本数）。

（2）按次纳税的，为每次（日）销售额 300~500 元（含本数）。

起征点的调整由财政部和国家税务总局规定。省、自治区、直辖市财政厅（局）和国家税务局应当在规定的幅度内，根据实际情况确定本地区适用的起征点，并报财政部和国家税务总局备案。

为了扶持小微企业发展，经国务院批准，自 2013 年 8 月 1 日起，对增值税小规模纳税人中月销售额不超过 2 万元的企业或非企业性单位，暂免征收增值税。为了进一步加大对小微企业的税收扶持力度，经国务院批准，自 2014 年 10 月 1 日起至 2015 年 12 月 31 日，对月销售额 2 万元（含本数）至 3 万元的增值税小规模纳税人，免征增值税。2015 年 8 月 27 日，财政部和国家税务总局发文（财税〔2015〕96 号）该政策延续至 2017 年 12 月 31 日。

## 六、其他规定

（1）纳税人兼营免税、减税项目的，应当分别核算减税、免税项目的销售额，未分别核算的，不得减税、免税。

（2）纳税人销售货物、应税劳务、应税行为适用免税、减税规定的，可以放弃免税、减税，依照《营业税改征增值税试点实施办法》规定缴纳增值税。放弃免税、减税后，36 个月内不得再申请免税、减税。

纳税人发生应税行为同时适用免税和零税率规定的，纳税人可以选择适用免税或者零税率。

（3）安置残疾人单位既符合促进残疾人就业增值税优惠政策，又符合其他增值税优惠政策条件的，可同时享受多项增值税优惠政策，但年度申请退还增值税总额不得超过本年度内应纳增值税总额。

## ■ 第六节　征收与管理

### 一、纳税义务发生时间

增值税纳税义务发生时间是纳税人发生应税行为应当承担纳税义务的起始时间。税法明确规定纳税义务发生时间的作用在于：第一，正式确认纳税人已经发生属于税法规定的应税行为，应承担纳税义务；第二，有利于税务机关实施税务管理，合理规定申报期限和纳税期限，监督纳税人切实履行纳税义务。

### （一）销售货物或者提供应税劳务纳税义务发生时间

（1）纳税人销售货物或者提供劳务，其纳税义务发生时间为收讫销售款项或者取得索取销售款项凭据的当天；先开具发票的，为开具发票的当天。其中收讫销售款项或者取得索取销售款项凭证的当天纳税义务发生时间按结算方式不同，具体分为：①采取直接收款方式销售货物，不论货物是否发出，均为收到销售额获或取得索取销售额的凭据。②采取托收承付和委托银行收款方式销售货物，为发出货物并办妥托收手续的当天。③采取赊销和分期收款方式销售货物，为按合同约定的收款日期的当天；无书面合同的或者书面合同没有约定收款日期的，为货物发出的当天。④采取预收货款方式销售货物，为货物发出的当天，但生产销售生产工期超过12个月的大型机器设备、船舶、飞机等货物，为收到预收款或者书面合同约定的收款日期的当天。⑤委托其他纳税人代销货物，为收到代销单位销售的代销清单或者收到全部或者部分货款的当天；未收到代销清单及货款的，为发出代销货物满180天的当天。⑥销售应税劳务，为提供劳务同时收讫销售额或取得索取销售额的凭据的当天。⑦纳税人发生除将货物交付其他单位或个人代销或代销他人货物以外的视同销售货物行为，为货物移送的当天。

（2）纳税人进口货物，为报关进口的当天。

### （二）提供应税行为的纳税义务发生时间

纳税人发生应税行为并收讫销售款项或者取得索取销售款项凭据的当天；先开具发票的，为开具发票的当天。纳税义务发生时间按结算方式不同，具体如下：

（1）纳税人提供建筑服务、租赁服务采取预收款方式的，其纳税义务发生时间为收到预收款的当天。

（2）纳税人从事金融商品转让的，为金融商品所有权转移的当天。

（3）纳税人发生视同销售行为的，其纳税义务发生时间为服务、无形资产转让完成的当天或者不动产权属变更的当天。

## 二、纳税期限

增值税的纳税期限分别为1日、3日、5日、10日、15日、1个月或者1个季度。纳税人的具体纳税期限，由主管税务机关根据纳税人应纳税额的大小分别核定。以1个季度为纳税期限的规定适用于小规模纳税人、银行、财务公司、信托投资公司、信用社，以及财政部和国家税务总局规定的其他纳税人。不能按照固定期限纳税的，可以按次纳税。

纳税人以1个月或者1个季度为1个纳税期的，自期满之日起15日内申报纳税；以1日、3日、5日、10日或者15日为1个纳税期的，自期满之日起5日内预缴税款，于次月1日起15日内申报纳税并结清上月应纳税款。

纳税人进口货物，应当自海关填发税款缴纳书之日起15日内缴纳税款。

## 三、纳税地点

（1）固定业户应当向其机构所在地或者居住地主管税务机关申报纳税。总机构和分支机构不在同一县（市）的，应当分别向各自所在地的主管税务机关申报纳税；经财政部和国家税务总局或者其授权的财政和税务机关批准，可以由总机构汇总向总机构所在地的主管税务机关申报纳税。

（2）固定业户到外县（市）销售货物的，应当向其机构所在地主管税务机关申请开具外出经营活动税收管理证明，其向机构所在地主管税务机关申报纳税。未持有其机构所在地主管税务机关核发的外出经营活动税收管理证明，到外县（市）销售货物或者应税劳务的，应当向销售地主管税务机关申报纳税，未向销售地主管税务机关申报纳税的，由其机构所在地主管税务机关补征税款。

（3）非固定业户应当向销售货物、应税劳务或应税行为发生地主管税务机关申报纳税；未申报纳税的，由其机构所在地或者居住地主管税务机关补征税款。

（4）其他个人提供建筑服务，销售或者租赁不动产，转让自然资源使用权，应向建筑服务发生地、不动产所在地、自然资源所在地主管税务机关申报纳税。

（5）进口货物，应当由进口人或其代理人向报关地海关申报纳税。

## 四、"营改增"后的征收机关

营业税改征的增值税，由国家税务局负责征收。纳税人销售取得的不动产和其他个人出租不动产的增值税，国家税务局暂委托地方税务局代为征收。

## ★本章拓展材料

湖北荆门一团伙虚开增值税发票 涉案 16.5 亿

营改增公益广告

增值税的前世今生

# 第八章

# 消 费 税

**【学习目标与要求】**

通过本章的学习，理解消费税的概念、特征及作用，熟悉消费税的纳税人、征税范围、税目、税率、纳税环节以及征收管理制度，能够熟练进行应纳消费税税额的计算。

## 第一节 消费税概述

消费税是对消费品和特定的消费行为按消费流转额征收的一种商品税。广义上，消费税一般对所有消费品包括生活必需品普遍课征。狭义上，消费税主要是对特定消费品或特定消费行为课税。消费税的征收具有较强的选择性，是国家贯彻消费政策、引导消费结构从而引导产业结构的重要手段，因而在保证国家财政收入，体现国家经济政策等方面具有十分重要的意义。

### 一、消费税的特征

#### （一）征税范围具有选择性

世界各国在课征消费税时，出于配合国家经济、社会政策，甚至是道德、政治等方面的考虑，一般只对部分消费品和消费行为的流转额征税。因此，根据经济发展水平、社会风俗习惯、政府政治导向的不同，各国选择的消费税征收范围也有所差异。一般选择一些消费量大、需求弹性大和税基普遍的高档消费品、高能耗消费品、不可再生的稀缺资源消费品。对这些产品征税不会影响居民的基本生活水平，可以提高稀缺资源的利用率，具有重要的经济意义。

#### （二）征收环节具有单一性

消费税并不是在消费品生产、流通或消费的所有环节都征税，一般实行单一环节征收（主要是在生产、委托加工或进口环节），避免了重复征税，同时也使税源比较集中，降低了征收成本，提高了征管效率。

### （三）税负设计具有差别性

从制度设计看，消费税税率、税额具有明显的差别性，即根据不同消费品的种类、档次、结构、功能或消费品中某一成分的含量，以及市场供求状况、消费价格水平等情况，制定高低不同的税率、税额。这一设计使得消费税的调节功能更加显著，体现了国家的产业政策和消费政策。凡列入征税范围的消费品均可以在一定程度上起到限制消费、压缩生产和缓解供求矛盾的作用。

### （四）征收方法具有多样性

消费税一般选择税源大的商品，按销售收入或销售数量计税，既可以采取对消费品制定单位税额，依消费品的数量实行从量定额征收的方法，也可以采取对消费品或消费行为制定税率，依消费品或消费行为的价格实行从价定率征收方法。税率通常较高，税金包含在商品价格当中。这就使消费税能够提供较多和稳定的财政收入，并且不受成本变化的影响。

### （五）税收负担具有转嫁性

目前，各国开征的消费税均属于间接消费税，即对消费品而非个人消费支出征税，纳税人为经营和销售应税商品的人，但纳税人可以通过销售价格的调整，将税收负担最终转嫁给消费者。因此，在税收负担上，消费税具有转嫁性。

## 二、消费税的作用

消费税是对特定消费品和消费行为征收的一种税。开征消费税的作用有以下几点。

### （一）筹集财政资金，增加财政收入

消费税的征收特别突出了其积累财政资金的职能。首先，消费税税基宽广，税源充足。消费税的征税对象一般都是消费量大的消费品，而且实行高税率政策，因此，即使是在消费税征收范围小的情况下，也能获得充足的税收。其次，大部分开征消费税的国家，都会选择一些价格弹性比较小的商品。例如，对烟、酒、成品油等征税，需求不会因价格升高而下降，因而不致在提高税率后税基缩小而抵消增加的收入。因此，消费税的征收能够保证国家财政收入的稳定增长。

### （二）实施宏观调控，调节消费结构

随着经济的发展，我国的社会生活也发生了很大变化，新的消费观念和消费结构正在形成。在这一过程中，超前消费、互相攀比的现象也日渐明显。某些消费品的过量超前消费会对国家的经济结构产生不利影响，消费心理和需求的超前也不符合国家经济发

展的实际水平，如果任其发展，就会影响国家经济的稳定发展。因此，政府要从社会经济生活的大局出发，有选择地对一些高档消费品或奢侈品开征消费税，抑制其消费，正确引导消费方向，调节消费结构。

### （三）调节分配不公，缓解贫富差距

在市场经济条件下，由于个人禀赋不同、受教育程度和掌握的技能也不一样，造成居民间收入差距拉大，收入水平的不同自然带来消费水平的不同。消费税主要对非生活必需品和高档消费品开征，而消费这些产品的主要是高收入者。当高收入者消费这些产品的时候，消费税可对其收入进行间接调节。从这个方面来讲，消费税是一种"富人税"，是对个人所得税的有益补充。因此，开征消费税可以在一定程度上削弱和缓解贫富悬殊和分配不公的问题。

## 三、我国消费税的发展历程

从历史看，我国对消费品征税的历史可谓源远流长，一些封建朝代曾选定某些货物，如盐、铁、酒、茶等作为课税对象征税。消费税在我国最早可追溯到公元前 81 年，在国外可追溯到古罗马时代。1949 年以前的国民党政府也曾选择一些货物对其生产、运输和销售等环节加以课税，这种以某些货物作为征税对象的税种，当时被称为货物税。

新中国成立以来先后征收的货物税、商品流通税、工商统一税、工商税以及产品税、增值税中对一些消费品如烟、酒、化妆品、成品油等设计了较高的税率，都具有对消费品课税的性质。其中，在 1994 年税制改革中设置的消费税选定了烟、酒、小汽车等 11 类应税产品。

2006 年 4 月 1 日，财政部、国家税务总局联合下发通知，对我国消费税的税目、税率和相关政策进行调整，增加了成品油、一次性筷子、实木地板、游艇、高尔夫球及球具和高档手表 6 个税目，取消了护肤护发品税目并对除烟、鞭炮焰火 2 个税目外的其他税目进行了不同程度的改革。

2009 年国家又对卷烟和白酒消费税政策作出了调整。新政策分别从 2009 年 5 月 1 日和 2009 年 8 月 1 日起执行。

2014 年，根据《财政部 国家税务总局关于调整消费税政策的通知》（财税〔2014〕93号）的规定，自 12 月 1 日起取消汽车轮胎、酒精、气缸容量 250 毫升（不含 250 毫升）以下的小排量摩托车、车用含铅汽油的消费税。2014 年年末 2015 年年初，为促进环境治理和节能减排，合理引导消费需求，财政部、国家税务总局还三次提高了成品油的消费税额。

为促进节能环保，经国务院批准，自 2015 年 2 月 1 日起对电池、涂料征收消费税。

## 四、我国消费税与增值税的异同点

消费税的征收实现了我国流转税以增值税作为普遍调节税种对生产经营活动实行普

遍征收，辅之以消费税作为特殊调节税种选择部分消费品实行交叉征收和双层调节的改革原则。消费税和增值税相比，有许多相同与不同之处。

### （一）消费税和增值税的区别

消费税只对部分的消费品在生产、委托加工和进口环节才征收，而增值税对各种商品普遍征收。其主要区别在于：

（1）二者与价格的关系不同。消费税是价内税，计税依据中已经包含了消费税税额；增值税是价外税，计税依据中不包含增值税税额。

（2）二者纳税环节不同。消费税绝大多数只在出厂销售（或委托加工、进口）环节一次性征收；增值税则是在货物生产流通各个环节都要征收。

### （二）消费税与增值税的联系

消费税和增值税联系主要在于：从价征收消费税的应税消费品计征消费税的计税依据和增值税销项税额的计税依据是一样的，即都是以含消费税而不含增值税的销售额作为计税依据的。

## 第二节　税制基本要素

### 一、纳税人

在中华人民共和国境内生产、委托加工和进口应税消费品的单位和个人为消费税的纳税义务人。

单位是指企业、行政单位、事业单位、军事单位、社会团体及其他单位。个人是指个体工商户及其他个人。

在中华人民共和国境内是指生产、委托加工和进口的应税消费品的起运地或者所在地在境内。

### 二、征税范围

消费税的征税范围主要是根据我国目前的经济发展现状和消费政策，人民群众的消费水平和消费结构以及财政需要，并借鉴国外的成功经验和通行做法确定的。消费税的征税范围包括以下几方面。

### （一）生产应税消费品

生产应税消费品的销售是消费税征收的主要环节，因为消费税具有单一征税的特点，对于大多数消费品应税商品而言，在生产销售环节征税后，流通环节不用再缴纳消费税。

纳税人生产应税消费品，除直接对外销售应征收消费税外，将生产的应税消费品换取生产资料、消费资料、投资入股、偿还债务，以及用于继续生产应税消费品以外的其他方面都应缴纳消费税。

另外，工业企业以外的单位和个人的下列行为视为应税消费品的生产行为，按规定征收消费税：

（1）将外购的消费税非应税产品以消费税应税产品对外销售的。

（2）将外购的消费税低税率应税产品以高税率应税产品对外销售的。

### （二）委托加工应税消费品

委托加工应税消费品是指委托方提供原料和主要材料，受托方只收取加工费和代垫部分辅助材料加工的应税消费品。委托加工收回的应税消费品，再继续用于生产应税消费品销售的，其加工环节缴纳的消费税款可以扣除。

### （三）进口应税消费品

单位和个人进口货物属于消费税征税范围的，在进口环节也要缴纳消费税。为了减少征税成本，进口环节缴纳的消费税由海关代征。

### （四）零售应税消费品

根据《财政部 国家税务总局关于调整金银首饰消费税纳税环节有关问题的通知》（财税〔1994〕95号）、《财政部 国家税务总局关于钻石及上海钻石交易所有关税收政策的通知》（财税〔2001〕176号）、《财政部 国家税务总局关于铂金及其制品税收政策的通知》（财税〔2003〕86号）规定，在零售环节征收消费税的贵重首饰包括：金、银和金基、银基合金首饰，以及金、银和金基、银基合金的镶嵌首饰；钻石及钻石饰品；铂金首饰。在纳税人销售金银首饰、钻石及钻石饰品、铂金首饰时征收。

对既销售金银首饰，又销售非金银首饰的生产、经营单位，应将两类商品划分清楚，分别核算销售额。凡划分不清楚或不能分别核算的，在生产环节销售的，一律从高适用税率征收消费税；在零售环节销售的，一律按金银首饰征收消费税。金银首饰与其他产品组成成套消费品销售的，应按销售额全额征收消费税。

纳税人采用以旧换新（含翻新改制）方式销售的金银首饰，应按实际收取的不含增值税的全部价款确定计税依据征收消费税。

【例8-1】某饰品公司采用以旧换新方式销售金戒指一枚，商品标价2 000元，旧戒指折价1 000元，计算计征消费税的销售额。

【解析】

计征消费税的销售额=（2 000-1 000）÷（1+17%）≈854.70（元）

## 三、税目

根据《中华人民共和国消费税暂行条例》及相关法规规定，目前我国消费税税目包括烟、酒、化妆品等 15 种商品，部分税目又可细分为若干个子目。

### （一）烟

凡是以烟叶为原料加工生产的产品，不论使用何种辅料，均属于本税目的征收范围。包括卷烟（进口卷烟、白包卷烟、手工卷烟和未经国务院批准纳入计划的企业及个人生产的卷烟）、雪茄烟和烟丝。

其中，在"烟"税目下的"卷烟"子目又分为"甲类卷烟"和"乙类卷烟"。其中甲类卷烟是指每标准条（200 支）调拨价格在 70 元（不含增值税）以上（含 70 元）的卷烟；乙类卷烟是指每标准条（200 支）调拨价格在 70 元（不含增值税）以下的卷烟。

与其他应税消费品不同的是，卷烟除了在生产销售环节征收消费税外，还在批发环节加征一次。自 2015 年 5 月 10 日起，卷烟批发环节消费税的从价税税率由 5% 提高至 11%，并按 0.005 元/支加征从量税。

### （二）酒

酒是酒精度在 1 度以上的各种酒类饮料，包括白酒、黄酒、啤酒和其他酒。

白酒采用复合计征的方法，在从价税 20% 税率基础上按 0.5 元/500 克（500 毫升）加征从量税。

啤酒又分为"甲类啤酒"和"乙类啤酒"。其中，啤酒每吨出厂价（含包装物及包装物押金）在 3 000 元（含 3 000 元，不含增值税）以上的是甲类啤酒，每吨出厂价（含包装物及包装物押金）在 3 000 元（不含增值税）以下的是乙类啤酒。对饮食业、商业、娱乐业举办的啤酒屋（啤酒坊）利用啤酒生产设备生产的啤酒，应当征收消费税。果啤属于啤酒，按啤酒征收消费税。

### （三）化妆品

本税目征收范围包括各类美容、修饰类化妆品、高档护肤类化妆品和成套化妆品。

美容、修饰类化妆品是指香水、香水精、香粉、口红、指甲油、胭脂、眉笔、唇笔、蓝眼油、眼睫毛以及成套化妆品。

舞台、戏剧、影视演员化妆用的上妆油、卸妆油、彩油，不属于本税目的征收范围。高档护肤类化妆品征收范围另行制定。

### （四）贵重首饰及珠宝玉石

包括以金、银、白金、宝石、珍珠、钻石、翡翠、珊瑚、玛瑙等高贵稀有物质以及其他金属、人造宝石等制作的各种纯金银首饰及镶嵌首饰和经采掘、打磨、加工的各种珠宝玉石。对出国人员免税商店销售的金银征收消费税。

### （五）鞭炮、焰火

包括各种鞭炮、焰火。体育上用的发令纸、鞭炮药引线，不按本税目征收。

### （六）成品油

包括汽油、柴油、石脑油、溶剂油、润滑油、燃料油和航空煤油七个子目；航空煤油暂缓征收。

### （七）小汽车

小汽车是指由动力驱动，具有 4 个或 4 个以上车轮的非轨道承载的车辆。

本税目征税范围包括含驾驶员座位在内最多不超过 9 个座位（含 9 个座位）的，在设计和技术特性上用于载运乘客和货物的各类乘用车和含驾驶员座位在内座位数在 10～23 座（含 23 座）的，在设计和技术特性上用于载运乘客和货物的各类中轻型商用客车。

电动汽车不属本税目的征收范围。

沙滩车、雪地车、卡丁车、高尔夫车不属于消费税征税范围，不征消费税。

### （八）摩托车

包括轻便摩托车和摩托车两种。对最大设计车速不超过 50 千米/时，发动气缸工作容量不超过 50 毫升的三轮摩托车不征收消费税。气缸容量 250 毫升（不含 250 毫升）以下的小排量摩托车不征收消费税。

### （九）高尔夫球及球具

高尔夫球及球具是指从事高尔夫球运动所需的各种专用设备，包括高尔夫球、高尔夫球杆和高尔夫球包（袋）。

高尔夫球杆的杆头、杆身和握把属于本税目的征税范围。

### （十）高档手表

高档手表是指销售价格（不含增值税）每只在 10 000 元（含 10 000 元）以上的各类手表。

### （十一）游艇

游艇是指长度大于 8 米小于 90 米，船体由玻璃钢、钢、铝合金、塑料等多种材料制作，可以在水上移动的水上浮载体，包括无动力艇、帆艇和机动艇。

### （十二）木制一次性筷子

木制一次性筷子，又称卫生筷子，是指以木材为原料，经锯段、浸泡、刨切、烘干、打磨、包装等工序加工而成的各类一次性使用的筷子。

## （十三）实木地板

实木地板是指以木材为原料，经锯割、干燥、刨光、截断、涂漆等工序加工而成的块状或条状的地面装饰材料。

## （十四）电池

电池，是指一种将化学能、光能等直接转换为电能的装置，一般由电极、电解质、容器、极端，通常还有隔离层组成的基本功能单位，以及用一个或多个基本功能单元装配成的电池组。范围包括原电池、蓄电池、燃料电池、太阳能电池和其他电池。

对无汞原电池、金属氢化物镍蓄电池（又称"氢镍蓄电池"或"镍氢蓄电池"）、锂原电池、锂离子蓄电池、太阳能电池、燃料电池和全钒液流电池免征消费税。

## （十五）涂料

涂料是指涂于物体表面能形成具有保护、装饰或特殊性能的固态涂膜的一类液体或固体材料的总称。

对施工状态下挥发性有机物（volatile organic compounds，VOC）含量低于 420 克/升（含 420 克/升）的涂料免征消费税。

## 四、税率

消费税采用比例税率和定额税率两种形式。消费税税目税率（税额）见表 8-1。

**表 8-1　消费税税目、税率表**

| 税目 | 税率 |
| --- | --- |
| 一、烟 | |
| 　1. 卷烟 | |
| 　　（1）甲类卷烟（生产或进口环节） | 56%加 0.005 元/支 |
| 　　（2）乙类卷烟（生产或进口环节） | 36%加 0.005 元/支 |
| 　　（3）批发环节 | 11% |
| 　2. 雪茄烟 | 36% |
| 　3. 烟丝 | 30% |
| 二、酒 | |
| 　1. 白酒 | 20%加 0.5 元/500 克（或 500 毫升） |
| 　2. 黄酒 | 240 元/吨 |
| 　3. 啤酒 | |
| 　　（1）甲类啤酒 | 250 元/吨 |
| 　　（2）乙类啤酒 | 220 元/吨 |
| 　4. 其他酒 | 10% |
| 　5. 酒精 | 5% |
| 三、化妆品 | 30% |
| 四、贵重首饰和珠宝玉石 | |
| 　1. 金银首饰、铂金首饰和钻石及钻石饰品 | 5% |
| 　2. 其他贵重首饰和珠宝玉石 | 10% |

| 税目 | 税率 |
|------|------|
| 五、鞭炮、烟火 | 15% |
| 六、成品油 | |
| 　1. 汽油 | 1.52 元/升 |
| 　2. 柴油 | 1.2 元/升 |
| 　3. 航空煤油 | 1.2 元/升 |
| 　4. 石脑油 | 1.52 元/升 |
| 　5. 溶剂油 | 1.52 元/升 |
| 　6. 润滑油 | 1.52 元/升 |
| 　7. 燃料油 | 1.2 元/升 |
| 七、摩托车 | |
| 　1. 气缸容量为 250 毫升的 | 3% |
| 　2. 气缸容量在 250 毫升以上的 | 10% |
| 八、小汽车 | |
| 　1. 乘用车 | |
| 　（1）气缸容量（排气量）在 1.0 升（含）以下的 | 1% |
| 　（2）气缸容量（排气量）在 1.0 升以上至 1.5 升（含）的 | 3% |
| 　（3）气缸容量（排气量）在 1.5 升以上至 2.0 升（含）的 | 5% |
| 　（4）气缸容量（排气量）在 2.0 升以上至 2.5 升（含）的 | 9% |
| 　（5）气缸容量（排气量）在 2.5 升以上至 3.0 升（含）的 | 12% |
| 　（6）气缸容量（排气量）在 3.0 升以上至 4.0 升（含）的 | 25% |
| 　（7）气缸容量（排气量）在 4.0 升以上的 | 40% |
| 　2. 中轻型商用客车 | 5% |
| 九、高尔夫球及球具 | 10% |
| 十、高档手表 | 20% |
| 十一、游艇 | 10% |
| 十二、木制一次性筷子 | 5% |
| 十三、实木地板 | 5% |
| 十四、电池 | 4% |
| 十五、涂料 | 4% |

# 第三节　应纳税额的计算

## 一、计征方法

按照现行的消费税法的基本规定，消费税应纳税额的计算分为从价定率、从量定额、从价定率和从量定额混合计算三类计算方法。

### （一）从价定率的计算方法

在从价定率的计算方法下，应纳税额取决于应税消费品的销售额和税率两个因素。

1. 销售额的确定

销售额是指纳税人销售应税消费品向购买方收取的全部价款（不包括应向购货方收取的增值税税款）和价外费用之和。销售是指有偿转让应税消费品的所有权；有偿是指从购买方取得货币、货物或者其他经济利益。价外费用，是指价外向购买方收取的手续费、补贴、基金、集资费、返还利润、奖励费、违约金、滞纳金、延期付款利息、赔偿金、代收款项、代垫款项、包装费、包装物租金、储备费、优质费、运输装卸费以及其他各种性质的价外费用。但下列款项不包括在内：

（1）同时符合下列条件的代垫费用：①承运部门的运输费用发票开具给购买方的；②纳税人将该项发票转交给购买方的。

（2）同时符合下列条件代为收取的政府性基金或者行政事业性收费：①由国务院或者财政部批准设立的政府性基金，由国务院或者省级人民政府及其财政、价格主管部门批准设立的行政事业性收费；②收取时开具省级以上财政部门印制的财政票据；③所收款项全额上缴财政。

除此之外，其他价外费用，无论是否属于纳税人的收入，均应并入销售额计算征税。

有关包装物押金的核算：应税消费品连同包装物销售的，无论包装物是否单独计价，也不论在会计上如何核算，均应并入应税消费品的销售额中征收消费税。如果包装物不作价随同产品销售，而是收取押金，且单独核算又未逾期的，此项押金则不应并入应税消费品的销售额中征税。但对因逾期未收回的包装物不再退还的或者已收取的时间超过12个月的押金，应并入应税消费品的销售额，按照应税消费品适用税率征收消费税。

对既作价随同应税消费品销售，又另外收取押金的包装物的押金，凡纳税人在规定的期限内不予退还的，均应并入应税消费品的销售额，按照应税消费品的适用税率征收消费税。

国家对销售除啤酒、黄酒外的其他酒类产品而收取的包装物押金，无论是否返还以及会计上如何核算，均应并入应税消费品的销售额，按照应税消费品的适用税率征收消费税。

2. 含增值税销售额的换算

按照现行消费税的基本规定，应税消费品的销售额中不含向购买方收取的增值税税额。如果纳税人应税消费品的销售额中未扣除增值税税款或者因不得开具增值税专用发票而发生价款和增值税税款合并收取的，在计算消费税时，应当换算为不含增值税税款的销售额。其换算公式为

应税消费品的销售额=含增值税的销售额÷（1+增值税税率或征收率）　　　（8-1）

如果消费税的纳税人是增值税一般纳税人，应适用17%的增值税税率；如果消费税的纳税人是增值税小规模纳税人，应适用3%的征收率。

## （二）从量定额的计算方法

在从量定额的计算方法下，应纳税额的多少取决于应税消费品的销售数量和单位税额两个因素。

1. 销售数量的确定

销售数量是指纳税人生产、加工和进口应税消费品的数量。具体规定为：①销售应

税消费品的，为应税消费品的销售数量。②自产自用应税消费品的，为应税消费品的移送使用数量。③委托加工应税消费品的，为纳税人收回的应税消费品数量。④进口的应税消费品，为海关核定的应税消费品进口征税数量。

2. 计量单位的换算

为了便于纳税人准确计算应纳税额，实行从量定额办法计算应纳税额的应税消费品，计量单位的换算标准如下：

| | | | |
|---|---|---|---|
| 啤酒 | 1 吨=988 升 | 航空煤油 | 1 吨=1246 升 |
| 黄酒 | 1 吨=962 升 | 溶剂油 | 1 吨=1282 升 |
| 汽油 | 1 吨=1388 升 | 润滑油 | 1 吨=1126 升 |
| 柴油 | 1 吨=1176 升 | 燃料油 | 1 吨=1015 升 |
| 石脑油 | 1 吨=1385 升 | | |

### （三）价定率与从价定额混合的计算方法

现行消费税的征税对象中，只有卷烟和白酒采用复合计税的方法。应纳税额等于应税销售数量乘以定额税率再加上销售额乘以比例税率。

生产销售卷烟、白酒从量定额的计税依据为实际销售的数量。进口、委托加工、自产自用卷烟、白酒从量定额计税依据分别为海关核定的进口征税数量、委托方收回数量、移送使用数量。

### （四）计税依据的特殊规定

（1）纳税人通过自设非独立核算的门市部销售自产应税消费品，应当按照门市部对外销售额或销售数量征收消费税。

【例 8-2】某高尔夫球具厂为增值税一般纳税人，下设一非独立核算的门市部。2016年 4 月该厂将生产的一批成本价为 70 万元的高尔夫球具移送门市部，门市部将其中 80%零售，取得含税销售额 77.22 万元。已知高尔夫球具的消费税税率为 10%，成本利润率为10%，要求计算该项业务应缴纳的消费税税额。

【解析】

根据上述消费税法律制度的规定，该项业务应缴纳的消费税额=77.22÷（1+17%）×10%=6.6（万元）。

（2）纳税人用于换取生产资料和消费资料，投资入股或抵偿债务等方面的应税消费品，应以纳税人同类应税消费品的最高销售价格作为计税依据计算消费税。

（3）酒类关联企业间关联交易消费税问题处理。

白酒生产企业向商业销售单位收取的"品牌使用费"是随着应税白酒的销售而向购货方收取的，属于应税白酒销售价款的组成部分，因此，不论企业采取何种方式或以何种名义收取价款，均应并入白酒的销售额中缴纳消费税。

（4）兼营不同税率应税消费品的税务处理。

纳税人生产销售应税消费品，如果不是单一经营某一税率产品，而是经营不同税率的多种产品，这是兼营行为。

纳税人兼营不同税率的应税消费品，应当分别核算不同税率应税消费品的销售额、销售数量。未分别核算销售额、销售数量，或者将不同税率的应税消费品组成成套化妆品销售的，从高适用税率。需要注意的是，纳税人兼营不同税率的应税消费品，是指纳税人生产销售两种税率以上的应税消费品。

## 二、不同环节应纳税额的计算

### （一）直接对外销售环节应纳消费税的计算

直接对外销售应税消费品涉及三种计算方法。

1. 从价定率计税方法

从价定率计算方法下，应纳消费税额等于销售额乘以适用税率。基本计算公式为

应纳消费税=应税消费品的销售额×比例税率 　　　　　　　　　　　（8-2）

【例 8-3】A 香水生产公司为增值税一般纳税人。2016 年 6 月 1 日向 B 商场销售香水一批，开具增值税专用发票，取得不含增值税销售额 100 万元，销项税额 17 万元；6 月 15 日向 C 商店销售香水一批，开具普通发票，取得含增值税销售额 4.68 万元。已知香水适用的消费税税率为 30%。试计算 A 香水公司上述业务应缴纳的消费税额。

【解析】消费税的计税依据为不含增值税的销售额。

A 公司销售香水的应税销售额=100+4.68÷（1+17%）=104（万元）

A 香水公司应缴纳的消费税额=104×30% = 31.2（万元）

2. 从量定额计税方法

从量定额计算方法下，应纳税额等于应税消费品的销售数量乘以单位税额。基本计算公式为

应纳税额=应税消费品的销售数量×定额税率 　　　　　　　　　　　（8-3）

【例 8-4】A 啤酒厂 2016 年 6 月销售甲类啤酒 1 500 吨，取得不含增值税销售额 450 万元，增值税税款 76.5 万元，另收取包装物押金 34 万元。试计算 A 啤酒厂上述业务应缴纳的消费税额。

【解析】每吨啤酒的价格=（4 500 000+340 000）÷1 500≈3 226.67（元）>3 000 元，为甲类啤酒。甲类啤酒定额消费税税率为 250 元/吨。因此，

A 啤酒厂应缴纳的消费税额=1 500×250=375 000（元）

3. 从价定率和从量定额复合计税方法

现行消费税的征税对象中，只有卷烟和白酒采用复合计算方法。应纳税额等于应税销售数量乘以定额税率加上应税销售额乘以比例税率。

应纳税额=应税消费品销售数量×定额税率+应税销售额×比例税率 　　（8-4）

【例 8-5】某市 A 酒厂（增值税一般纳税人）2016 年 6 月生产粮食白酒 200 吨全

部对外销售，取得不含增值税销售额 960 万元，同时收取品牌加盟费，价税合计 30 万元，销售白酒时收取包装物押金计税合计 5.1 万元。试计算 A 酒厂上述业务应缴纳的消费税额。

**【解析】**收取的品牌加盟费 30 万元，为价外费用，计入销售额征税。对于酒类的包装物押金，除啤酒、黄酒外，一律于收到的当期计入销售额。价外费用都含增值税。因此，

A 酒厂 6 月白酒不含增值税销售额=960+（30+5.1）÷（1+17%）=990（万元）

A 酒厂上述业务应缴纳的消费税额=990×20%+200×2 000×0.5÷10 000=218（万元）

### （二）自产自用应纳消费税的计算

在纳税人生产销售应税消费品中，有一种特殊的形式，即自产自用形式。所谓自产自用，是指纳税人生产应税消费品后，不是用于直接对外销售，而是用于自己连续生产应税消费品或用于其他方面。

**1. 用于连续生产应税消费品**

纳税人自产自用的应税消费品，用于连续生产应税消费品的，不纳税。所谓"纳税人自产自用的应税消费品，用于连续生产应税消费品的"，是指作为生产最终应税消费品的直接材料并构成最终产品实体的应税消费品。例如，卷烟企业生产用于连续生产卷烟的烟丝，无需缴纳消费税，只对生产的卷烟征收消费税。但是，如果生产出的烟丝是直接销售的，则烟丝还是要缴纳消费税。税法规定对自产自用的应税消费品，用于连续生产应税消费品的不征税，体现了不重复征税且计税简便的原则。

**2. 用于其他方面的应税消费品**

"用于其他方面"，是指纳税人将自产自用的应税消费品，用于生产非应税消费品、在建工程、管理部门、非生产机构，提供劳务，以及用于馈赠、赞助、集资、广告、样品、职工福利、奖励等方面。"用于生产非应税消费品"，是指把自产的应税消费品用于生产《中华人民共和国消费税暂行条例》所附税目税率表所列 15 类产品以外的产品。例如，原油加工厂用生产出的应税消费品汽油调和制成溶剂汽油，该溶剂汽油就是非应税消费品。加工厂应该就自产自用行为缴纳消费税，但不用缴纳增值税。所谓"用于在建工程"，是指把自产的应税消费品用于本单位的各项建设工程。例如，实木地板厂将自己生产的实木地板用于会议室装修。所谓"用于管理部门、非生产机构"，是指把自产的应税消费品用于与本单位有隶属关系的管理部门或非生产机构。例如，汽车制造厂自产的小汽车提供给本单位管理部门使用。所谓"用于馈赠、赞助、集资、广告、样品、职工福利、奖励"，是指把自产的应税消费品无偿赠送给他人或以资金的形式投资于外单位某些事业或作为商品广告、经销样品或以福利、奖励的形式发给职工。例如，化妆品厂将自产的化妆品用于某节目的赞助，酒厂将自产的白酒作为职工福利发放给员工等。总之，企业自产的应税消费品虽然没有用于销售或连续生产应税消费品，但只要是用于税法所规定的范围的都要视同销售，依法缴纳消费税。

**【例 8-6】**某烟花生产企业将一批自产的鞭炮用作职工福利，其成本为 50 000 元，该鞭炮无同类产品市场销售价格，已知其成本利润率为 5%，消费税税率 15%。计算该批鞭

炮应缴纳的消费税税额。

【解析】组成计税价格=成本×（1+成本利润率）÷（1−消费税税率）

$$=50\ 000 \times (1+5\%) \div (1-15\%)$$

$$=52\ 500 \div 85\%$$

$$\approx 61\ 764.71（元）$$

应缴纳消费税额=61 764.71×15%=9 264.71（元）

3. 组成计税价格及税额的计算

（1）纳税人自产自用的应税消费品，凡用于其他方面，应当纳税的，按照纳税人生产的同类消费品的销售价格计算纳税。同类消费品的销售价格是指纳税人当月销售的同类消费品的销售价格，如果当月同类消费品各期销售价格高低不同，应按销售数量加权平均计算。

（2）没有同类消费品销售价格的，按照组成计税价格计算纳税。组成计税价格的计算公式是

实行从价定率办法计算纳税的组成计税价格计算公式：

组成计税价格=（成本+利润）÷（1−比例税率）

$$=［成本×（1+成本利润率）］÷（1−比例税率） \tag{8-5}$$

应纳税额=组成计税价格×比例税率 (8-6)

实行复合计税办法计算纳税的组成计税价格计算公式：

组成计税价格=（成本+利润+自产自用数量×定额税率）÷（1−比例税率）

$$=［成本×（1+成本利润率）+自产自用数量×定额税率］÷$$

$$（1−比例税率） \tag{8-7}$$

应纳税额=自产自用数量×定额税率+组成计税价格×比例税率 (8-8)

公式中的"成本"，是指应税消费品的产品生产成本。

公式中的"利润"，是指根据应税消费品的全国平均成本利润率计算的利润。应税消费品的全国平均成本利润率由国家税务总局确定（表8-2）。

表8-2　平均成本利润率　　　　　　　单位：%

| 货物名称 | 利润率 | 货物名称 | 利润率 |
|---|---|---|---|
| 1. 甲类卷烟 | 10 | 10. 贵重首饰及珠宝玉石 | 6 |
| 2. 乙类卷烟 | 5 | 11. 摩托车 | 6 |
| 3. 雪茄烟 | 5 | 12. 高尔夫球及球具 | 10 |
| 4. 烟丝 | 5 | 13. 高档手表 | 20 |
| 5. 粮食白酒 | 10 | 14. 游艇 | 10 |
| 6. 薯类白酒 | 5 | 15. 木制一次性筷子 | 5 |
| 7. 其他酒 | 5 | 16. 实木地板 | 5 |
| 8. 化妆品 | 5 | 17. 乘用车 | 8 |
| 9. 鞭炮、焰火 | 5 | 18. 中轻型商用客车 | 5 |

## （三）委托加工环节消费税应纳税额的计算

### 1. 委托加工应税消费品的确定

委托加工的应税消费品是指由委托方提供原材料和主要材料，受托方只收取加工费和代垫部分辅助材料加工的应税消费品。除此之外都不能称作委托加工。对于由受托方提供原材料，或受托方先将原材料卖给委托方然后再接受加工，以及由受托方以委托方名义购进原材料生产的应税消费品，不论纳税人在财务上是否作销售处理，都不得作为委托加工应税消费品，而应当视为受托方销售自制消费品，消费税的纳税人为受托方。

### 2. 代收代缴税款的规定

为了避免税款流失，对委托加工的应税消费品的应纳消费税，采取了源泉控制的管理办法，即由受托方（受托方为个人的除外）在向委托方交货时代收代缴消费税。纳税人委托个人加工应税消费品的，一律由委托方收回后在委托方所在地缴纳消费税。

受托方没有按规定代收代缴税款的，委托方必须补缴税款，对受托方则不再重复补税，但要按《中华人民共和国税收征收管理法》的规定，处以应代收代缴税款50%以上3倍以下的罚款。

委托方将收回的应税消费品，以不高于受托方的计税价格出售的，为直接出售，不再缴纳消费税；委托方以高于受托方的计税价格出售的，不属于直接出售，需按照规定申报缴纳消费税，在计税时准予扣除受托方已代收代缴的消费税。委托方收回后若用于连续生产应税消费品的，已纳的消费税款准予按规定抵扣。

### 3. 受托方代收代缴消费税的计算

委托加工的应税消费品，按照受托方的同类消费品的销售价格计算纳税；如果当月同类消费品各期销售价格高低不同，应按销售数量加权平均计算。没有同类消费品销售价格的，按照组成计税价格计算纳税。

实行从价定率办法计算纳税的组成计税价格计算公式：

组成计税价格=（材料成本+加工费）÷（1-比例税率） （8-9）

应纳税额=组成计税价格×比例税率 （8-10）

实行复合计税办法计算纳税的组成计税价格计算公式：

组成计税价格=（材料成本+加工费+委托加工数量×定额税率）÷（1-比例税率）

（8-11）

应纳税额=自产自用数量×定额税率+组成计税价格×比例税率 （8-12）

上述"材料成本"是指委托方所提供加工材料的实际成本。委托加工应税消费品的纳税人，必须在委托加工合同上如实注明（或以其他方式提供）材料成本。如果加工合同上未如实注明材料成本的，受托方所在地主管税务机关有权核定其材料成本。

"加工费"是指受托方加工应税消费品向委托方所收取的全部费用（包括代垫辅助材料的实际成本），但不包括随加工费收取的销项税额。

【例8-7】甲企业委托乙企业生产木制一次性筷子，甲企业提供的主要原材料实际成本为12万元，支付的加工费价税合计1.17万元。乙企业代垫辅料的不含税金额为0.87

万元。木制一次性筷子的消费税税率为 5%，乙企业无同类商品的同类商品的市场销售价格。要求计算乙企业代收代缴消费税。

**【解析】**

乙企业代收代缴消费税的组成计税价格应是不含增值税的价格。

组成计税价格=［12+1.17÷（1+17%）+0.87］÷（1−5%）=14.6（万元）

乙企业代收代缴消费税=14.6×5% = 0.73（万元）

### （四）进口环节应纳消费税的计算

进口的应税消费品，于报关进口时由海关代征进口环节的消费税，由进口人或其代理人向报关地海关申报纳税，自海关填发海关进口消费税专用缴款书之日起 15 日内缴纳税款。

纳税人进口应税消费品，按照组成计税价格和规定的税率计算应纳税额。计算方法如下：

1. 从价定率计征应纳税额的计算

组成计税价格=（关税完税价格+关税）÷（1−消费税税率）　　　　　（8-13）

应纳税额=组成计税价格×消费税税率　　　　　（8-14）

公式中的关税完税价格是指海关核定的关税计税价格。

2. 从量定额计征应纳税额的计算

应纳税额=应税消费品进口数量×消费税定额税率　　　　　（8-15）

3. 实行从价定率和从量定额复合计税办法的应纳税额的计算

组成计税价格=（关税完税价格+关税+进口数量×消费税定额税率）÷（1−消费税比例税率）　　　　　（8-16）

应纳税额=应税消费品进口数量×消费税定额税率+组成计税价格×消费税税率

（8-17）

进口的应税消费品的消费税由海关代征。除国务院另有规定外，均不得给予减免税。

**【例 8-8】**某商贸公司，2016 年 6 月从国外进口 6 000 公斤粮食白酒，已知该批白酒关税完税价格为 1 200 000 元，按规定缴纳了关税 180 000 元，粮食白酒的消费税税率为 20%，定额消费税为 0.5 元/斤。要求计算该批白酒进口环节应缴纳的消费税税额。

**【解析】**

（1）组成从价计税价格=（1 200 000+180 000+6 000×2×0.5）÷（1−20%）=1 732 500（元）

（2）应缴纳消费税税额=1 732 500×20%+6 000×0.5×2=352 500（元）

## 三、外购应税消费品已纳税款的扣除

为了避免重复征税，现行消费税规定，用外购应税消费品和委托加工收回的应税消费品继续生产应税消费品销售的，可以将外购应税消费品和委托加工收回应税消费品已缴纳的消费税给予扣除。

## （一）外购应税消费品连续生产应税消费品扣除范围

（1）外购已税烟丝生产的卷烟。

（2）外购已税化妆品生产的化妆品。

（3）外购已税珠宝玉石生产的贵重首饰及珠宝玉石。

（4）外购已税鞭炮焰火生产的鞭炮焰火。

（5）外购已税杆头、杆身和握把为原料生产的高尔夫球杆。

（6）外购已税木制一次性筷子为原料生产的木制一次性筷子。

（7）外购已税实木地板为原料生产的实木地板。

（8）对外购已税汽油、柴油、石脑油、燃料油、润滑油用于连续生产应税成品油。

（9）外购已税摩托车连续生产应税摩托车（如用外购两轮摩托车改装三轮摩托车）。

外购应税消费品已纳税款的扣除的计算公式是

当期准予扣除的外购应税消费品已纳税款=当期准予扣除的外购应税消费品买价×外购应税消费品适用税率 （8-18）

当期准予扣除的外购应税消费品买价=期初库存的外购应税消费品买价+当期购进的外购应税消费品买价－期末库存的外购应税消费品买价 （8-19）

其中，买价是指购货发票上的销售额（不包括增值税税款）。

【例8-9】甲实木地板厂为增值税一般纳税人，6月份向农业生产者收购木材20吨，收购凭证上注明支付收购货款100万元；木材验收入库后，甲厂又将其全部运往乙地板加工厂加工成未漆饰地板（素板），取得乙厂开具的增值税专用发票，注明支付加工费14万元，增值税1.02万元。7月份甲厂收回素板时乙厂代收代缴了甲厂的消费税。同月，甲厂将委托加工收回的素板全部用于连续生产漆饰实木地板，并全部销售出去，取得不含税销售额400万元。

计算：（1）6月份甲厂被代收代缴的消费税。

（2）6月份甲厂销售漆饰实木地板应缴纳的消费税。

【解析】

因为乙厂没有同类素板销售价格，所以只能按照组成计税价格计税。在计算组成计税价格时，收购木材的100万元价款中应扣除13%的进项税额，剩余的部分计入采购成本。

收回素板的组成计税价格=［100×（1-13%）+14］÷（1-5%）≈106.32（万元）

甲厂被代收代缴的消费税=106.32×5%=5.32（万元）

甲厂销售漆饰实木地板应缴纳的消费税=400×5%-5.32=14.68（万元）

## （二）委托加工收回的应税消费品已纳税款的抵扣

税法规定，用委托加工收回的已缴纳消费税的应税消费品连续生产应税消费品计税时，应当按当期生产领用数量计算准予扣除委托加工收回的应税消费品已纳的消费税税款。扣除范围包括：①以委托加工收回的已税烟丝为原料生产的卷烟；②以委托加工收回的已税化妆品为原料生产的化妆品；③以委托加工收回的已税珠宝玉石为原料生产的贵重首饰及珠宝玉石；④以委托加工收回的已税鞭炮焰火为原料生产的鞭炮焰火；⑤以委托加工收回的已税杆头、杆身和握把为原料生产的高尔夫球杆；⑥以委托加工收回的已税木制一次性筷子为原料生产的木制一次性筷子；⑦以委托加工收回的已税实木地板为原料生产的实木地板；⑧以委托加工收回的已税汽油、柴油、石脑油、燃料油、润滑油用于连续生产应税成品油；⑨以委托加工收回的已税摩托车生产的摩托车。

委托加工收回的应税消费品已纳税款的扣除的计算公式是

当期准予扣除的委托加工应税消费品已纳税款＝当期准予扣除的委托加工应税消费品价格×委托加工应税消费品适用税率 （8-20）

当期准予扣除的委托加工应税消费品买价＝期初库存的委托加工应税消费品买价＋当期购进的委托加工应税消费品买价－期末库存的委托加工应税消费品买价 （8-21）

## 四、消费税的出口退税的计算

对纳税人出口应税消费品，免征消费税。国务院另有规定的除外。

### （一）出口退税政策

#### 1. 出口免税并退税

有出口经营权的外贸企业购进应税消费品直接出口以及外贸企业受其他外贸企业委托代理出口的应税消费品适用这一政策。但是，外贸企业只有受其他外贸企业委托，代理应税消费品才可以办理退税，外贸企业受其他企业（主要是非生产型的商贸企业）委托，代理出口应税消费品是不予退（免）税的。

#### 2. 出口免税但不退税

有出口经营权的生产型企业自营出口或生产企业委托外贸企业代理出口自产的应税消费品，依据其实际出口数量免征消费税，不予办理退税。这里免征消费税是指对生产型企业按其实际出口数量免征生产环节的消费税。不予办理退税的原因是已经免征生产环节的消费税，该商品在出口环节并没有负担该税种，也就无需办理退税了。

#### 3. 出口不免税也不退税

除生产企业、外贸企业外的其他企业，具体是指一般商贸企业，委托外贸企业代理出口应税消费品一律不予退（免）税。

### （二）出口应税消费品退税额的计算

消费税税额的计算分为从价定率、从量定额和复合计征三种方法，在计算应退消费税款时，同样区分三种情况：

（1）属于从价定率计征消费税的应税消费品，为已征且未在内销应税消费税应纳税额中抵扣的购进出口货物金额，其公式为

消费税应退税额＝从价定率计征消费税的退税计税依据×比例税率 （8-22）

（2）属于从量定额计征消费税的应税消费品，为已征且未在内销应税消费品应纳税额中抵扣的购进出口货物数量，其公式为

消费税应退税额=从量定额计征消费税的退税计税依据×定额税率 （8-23）

（3）属于复合计征消费税的应税消费品，应按从价定率和从量定额的计税依据分别确定。

消费税应退税额=从价定率计征消费税的退税计税依据×比例税率+从量定额计征消费税的退税计税依据×定额税率 （8-24）

## 第四节　征收与管理

### 一、消费税纳税义务发生时间

消费税的纳税义务发生的时间，以货款结算方式或行为发生时间分别确定。

（1）纳税人销售的应税消费品，其纳税义务的发生时间为：①纳税人采取赊销和分期收款结算方式的，其纳税义务发生时间，为书面合同规定的收款日期的当天。书面合同没有约定收款日期或者无书面合同的，为发出应税消费品的当天。②纳税人采取预收货款结算方式的，其纳税义务的发生时间，为发出应税消费品的当天。③纳税人采取托收承付和委托银行收款方式销售的应税消费品，其纳税义务的发生时间，为发出应税消费品并办妥托收手续的当天。④纳税人采取其他结算方式的，其纳税义务的发生时间，为收讫销售款或者取得索取销售款的凭据的当天。

（2）纳税人自产自用的应税消费品，其纳税义务的发生时间，为移送使用的当天。

（3）纳税人委托加工的应税消费品，其纳税义务的发生时间，为纳税人提货的当天。

（4）纳税人进口的应税消费品，其纳税义务的发生时间，为报关进口的当天。

### 二、消费税纳税期限

根据《中华人民共和国消费税暂行条例》规定，消费税的纳税期限分别为 1 日、3 日、5 日、10 日、15 日、1 个月或者 1 个季度。纳税人的具体纳税期限，由主管税务机关根据纳税人应纳税额的大小分别核定；不能按照固定期限纳税的，可以按次纳税。

纳税人以 1 个月或 1 个季度为一期纳税的，自期满之日起 15 日内申报纳税；以 1 日、3 日、5 日、10 日或者 15 日为一期纳税的，自期满之日起 5 日内预缴税款，于次月 1 日起 15 日内申报纳税并结清上月应纳税款。

纳税人进口应税消费品，应当自海关填发税款缴款书之日起 15 日内缴纳税款。

如果纳税人不能按照规定的纳税期限依法纳税，将按《中华人民共和国税收征收管理法》的有关规定处理。

## 三、消费税纳税环节

（1）纳税人销售的应税消费品，于销售时纳税。

（2）自产自用应税消费品，用于连续生产应税消费品的不纳税；用于其他方面的，于移送使用时纳税。

（3）委托加工的应税消费品，由受托方在向委托方交货时代收代缴税款。对纳税人委托个体经营者加工的应税消费品，一律于委托方收回后在委托方所在地缴纳消费税。

（4）进口的应税消费品，于报关进口时纳税。

## 四、消费税纳税地点

（1）纳税人销售的应税消费品，以及自产自用的应税消费品，除国务院财政、税务主管部门另有规定外，应当向纳税人核算地主管税务机关申报纳税。

（2）委托加工的应税消费品，除受托方为个体经营者外，由受托方向所在地主管税务机关代缴消费税税款。

（3）进口的应税消费品，由进口人或者其代理人向报关地海关申报纳税。

（4）纳税人到外县（市）销售或委托外县（市）代销自产应税消费品的，于应税消费品销售后，向机构所在地或者居住地主管税务机关申报纳税。

纳税人的总机构与分支机构不在同一县（市），但在同一省（自治区、直辖市）范围内，经省（自治区、直辖市）财政厅（局）、国家税务总局审批同意，可以由总机构汇总向总机构所在地的主管税务机关申报缴纳消费税。省（自治区、直辖市）财政厅（局）、国家税务总局应将审批同意的结果，上报财政部、国家税务总局备案。

（5）纳税人销售应税消费品，如因质量等原因由购买者退回时，经所在地主管税务机关审查批准后，可退换已征收的消费税税款，但不能自行直接抵减应纳税款。

## ★本章拓展材料

| | | |
|---|---|---|
| 关注中国消费税政策调整 | 时隔六年 我国提高卷烟消费税 | 我国对电池涂料征收 4%消费税 |

油价迎新年首跌 消费税
月内第三次上调

## 第九章

# 关　税

【学习目标与要求】

通过本章的学习，掌握关税的概念、特征及作用，熟悉关税的纳税人、征税对象、税率形式及完税价格的确定，能够熟练进行应纳关税税额的计算。

## 第一节　关税概述

### 一、关税的概念

关税是指国家海关机构依法对进出境货物、物品征收的一种税。

所谓"境"指关境，是国家《海关法》全面实施的领域。在通常情况下，关境的领域同国境的范围是一致的，货物进出国境也就是进出关境，要征收关税。但是两者的大小也有不一致的情况，如有些国家在国境内设有自由贸易港、自由贸易区或出口加工区，关境则小于国境，如我国；当几个国家组成关税同盟时，成员国之间相互取消关税，对外实行共同的关税税则，其成员国关境大于国境，如欧洲联盟。

### 二、关税的特点

#### （一）以进出境的货物和物品为征税对象

关税的征税对象是进出境的货物和物品。属于贸易性进出口的商品称为货物；属于入境旅客携带的、个人邮递的、运输工具服务人员携带的，以及用其他方式进口个人自用的非贸易性商品称为物品。关税不同于因商品交换或提供劳务取得收入而课征的流转税，也不同于因取得所得或拥有财产而课征的所得税或财产税，而是对特定货物和物品途经海关通道进出口征税。

### （二）以货物进出口的国境或关境为征税环节

关税是主权国家对进出国境或关境的货物和物品统一征收的税种。在封建社会，由于时常出现地方势力割据的局面，导致国内关卡林立，重复征税，所以那时的关税主要为国内关税或内地关税，它严重地阻碍着商品经济发展。资本主义生产方式取代封建生产方式之后，新兴资产阶级建立起统一的国家，主张国内自由贸易和商品自由流通，因而纷纷废除旧时的内地关税，实行统一的国境关税。进口货物征收关税之后，可以行销全国，不再征收进口关税。

### （三）实行复式税则

关税的税则是关税课税范围及其税率的法则。复式税则又称多栏税则，是指一个税目设有两个或两个以上的税率，根据进口货物原产国的不同，分别适用高低不同的税率。复式税则是一个国家对外贸易政策的体现。目前，在国际上除极个别国家外，各国关税普遍实行复式税则。

### （四）关税具有涉外统一性，执行统一的对外经济政策

关税是一个国家的重要税种。国家征收关税不单纯是为了满足政府财政上的需要，更重要的是利用关税来贯彻执行统一的对外经济政策，实现国家的政治经济目的。在我国现阶段，关税被用来争取实现平等互利的对外贸易，保护并促进国内工农业生产发展，为社会主义市场经济服务。

### （五）关税由海关机构代表国家征收

关税由海关总署及所属机构具体管理和征收，征收关税是海关工作的一个重要组成部分。《中华人民共和国海关法》（简称《海关法》）规定："中华人民共和国海关是国家的进出关境监督管理机关，海关依照本法和其他有关法律、法规，监督进出境的运输工具、货物、行李物品，征收关税和其他税费，查缉走私，并编制海关统计和其他海关业务。"监督管理、征收关税和查缉走私是当前我国海关的三项基本任务。

## 三、关税的作用

### （一）维护国家主权和经济利益

对进出口货物征收关税，表面上看似乎只是一个与对外贸易相联系的税收问题，其实一国采取什么样的关税政策直接关系到国与国之间的主权和经济利益。历史发展到今天，关税已成为各国政府维护本国政治、经济权益，乃至进行国际经济斗争的一个重要武器。我国根据平等互利和对等原则，通过关税复式税则的运用等方式，争取国际间的关税互惠并反对他国对我国进行关税歧视，促进对外经济技术交往，扩大对外经济合作。

## （二）保护和促进本国工农业生产的发展

一个国家采取什么样的关税政策，是实行自由贸易，还是采用保护关税政策，是由该国的经济发展水平、产业结构状况、国际贸易收支状况以及参与国际经济竞争的能力等多种因素决定的。国际上许多发展经济学家认为，自由贸易政策不适合发展中国家的情况。相反，这些国家为了顺利地发展民族经济，实现工业化，必须实行保护关税政策。我国作为发展中国家，一直十分重视利用关税保护本国的"幼稚工业"，关税在保护和促进本国工农业生产的发展方面发挥了重要作用。

## （三）调节国民经济和对外贸易

关税是国家的重要经济杠杆，通过税率的高低和关税的减免，可以影响进出口规模，调节国民经济活动。如调节出口产品和出口产品生产企业的利润水平，有意识地引导各类产品的生产，调节进出口商品数量和结构，可促进国内市场商品的供需平衡，保护国内市场的物价稳定等。

## （四）筹集国家财政收入

从世界大多数国家，尤其是发达国家的税制结构分析，关税收入在整个财政收入中的比重不大，并呈下降趋势。但是，一些发展中国家，特别是那些国内工业不发达、工商税源有限、国民经济主要依赖于某种或某几种初级资源产品出口，以及国内许多消费品主要依赖于进口的国家，征收进出口关税仍然是他们取得财政收入的重要渠道之一。我国关税收入是财政收入的重要组成部分，新中国成立以来，关税为经济建设提供了可观的财政资金。目前，发挥关税在筹集建设资金方面的作用，仍然是我国关税政策的一项重要内容。

## 四、关税的分类

### （一）按货物流向分类

按货物的流向，可把关税分为进口关税、出口关税和过境关税。

（1）进口关税，即对国外转入本国的货物所征收的一种关税。一般是在货物进入国境（关境）时征收，或在货物从海关保税仓库转出，投入国内市场时征收。进口关税是当前世界各国征收的最主要的一种关税，在许多国家已不征出口关税与过境关税的情况下，它成为唯一的关税。

（2）出口关税，即对本国出口货物在运出国境时征收的一种关税。由于征收出口关税会增加出口货物的成本，不利于本国货物在国际市场的竞争，目前西方发达国家都取消了出口税。还在征收出口关税的主要是发展中国家，目的是取得财政收入并调节市场供求关系。我国目前对少数货物还征收出口税。

（3）过境关税，即对他国经过本国国境（关境）运往第三国的货物所征收的关税。由于过境货物对本国工农业生产和市场不产生影响，而且还可以从交通运输、港口使用、仓储保管等方面获得收入，因而目前绝大多数国家都不征过境关税，仍在征收的只有伊朗、委内瑞拉等少数国家。

## （二）按征税目的分类

按征税的目的不同，关税可以分为财政关税和保护关税。

（1）财政关税，即以增加财政收入为主要目的而征收的关税。一般来说，对本国不能生产而又不准备生产的商品征收的关税，或与国内同样商品征收同等负担的关税，都是财政关税。

（2）保护关税，即为保护本国工农业生产而征收的关税。课税对象一般是本国需要发展或国际间竞争很强的商品。保护关税要根据本国的经济和生产等具体情况制定有关的保护关税政策加以实施。到目前为止，各国所使用的关税基本上是保护关税，财政关税已处于次要地位。

## （三）按计税标准分类

按计税标准，关税可分为从价关税、从量关税、复合关税、选择税和滑准关税。

（1）从价关税，即以货物的价格为计征标准而计算征收的税。从价关税的优点是税负较为合理，关税收入随货物价格的升降而增减，其不足之处是完税价格必须严格审定，缴税手续比较复杂。从价关税是关税的主要征收形式。

（2）从量关税，是以货物的计量单位（重量、数量、体积）为计征标准而计算征收的一种关税。从量关税的优点是无须审定货物的价格、品质、规格，计税简便，对廉价进口商品有较强的抑制作用。其缺点是对同一税目的商品，在规格、质量、价格相差较大的情况下，按同一定额税率计征，税额不够合理，且在物价变动的情况下，税收的收入不能随之增减。

（3）复合关税，即对同一种进口货物采用从价、从量两种标准课征的一种关税。课征时，或以从价税为主，加征从量税；或以从量税为主，加征从价税。计征手续较为烦琐，但在物价波动时，可以减少对财政收入的影响。

（4）选择税，是对一种进口商品同时定有从价税和从量税两种税率，但征税时选择其税额较高的一种征税。

（5）滑准关税，是一种关税税率随进口货物价格由高到低而由低到高设置计征关税的方法，进口货物价格越高，其进口关税税率越低，进口货物价格越低，其进口关税税率越高。其主要特点是可保持滑准税货物的国内市场价格的相对稳定，尽可能减少国际市场价格波动的影响。

## 第二节 税制基本要素

### 一、纳税义务人

进口货物的收货人、出口货物的发货人、进出境物品的所有人，是关税的纳税义务人。

进出口货物的收、发货人是依法取得对外贸易经营权，并进口或者出口货物的法人或者其他社会团体。进出境物品的所有人包括该物品的所有人和推定为所有人的人。一般情况下，对于携带进境的物品，推定其携带人为所有人；对分离运输的行李，推定相应的进出境旅客为所有人；对以邮递方式进境的物品，推定其收件人为所有人；以邮递或其他运输方式出境的物品，推定其寄件人或托运人为所有人。

## 二、征税对象

关税的征税对象是国家准许进出境的货物和物品。货物是指贸易性商品；物品包括入境旅客随身携带的行李物品、个人邮递物品、各种运输工具上的服务人员携带进口的自用物品、馈赠物品及其他方式进入国境的个人物品。

## 三、税率

### （一）进口关税税率

进口关税规定了最惠国税率、协定税率、特惠税率、普通税率、关税配额税率五种税率形式。不同税率的运用是以进口货物的原产地为标准的。对进口货物在一定时期内可以实行暂定税率。

最惠国税率适用原产于与我国共同适用最惠国待遇条款的世界贸易组织成员国或地区的进口货物，或原产于与我国签订有相互给予最惠国待遇条款的双边贸易协定的国家或地区进口的货物，以及原产于我国境内的进口货物；协定税率适用原产于我国参加的含有关税优惠条款的区域性贸易协定有关缔约方的进口货物；特惠税率适用原产于与我国签订有特殊优惠关税协定的国家或地区的进口货物；普通税率适用原产于上述国家或地区以外的其他国家或地区的进口货物；按照国家规定实行关税配额管理的进口货物，关税配额内的，适用关税配额税率；关税配额外的，其税率的适用按上述税率形式的规定执行。

### （二）出口关税税率

我国出口税则为一栏税率，即出口税率。国家仅对少数资源性产品及易于竞相杀价、盲目进口、需要规范出口秩序的半制成品征收出口关税。现行税则对 100 余种商品计征出口关税，主要是鳗鱼苗、部分有色金属矿砂及其精矿、生锑、磷、氟钽酸钾、苯、山羊板皮、部分铁合金、钢铁废碎料、铜和铝原料及其制品、镍锭、锌锭、锑锭。但对上述范围内的部分商品实行 0～25%的暂定税率。此外，根据需要对其他 200 多种商品征收暂定税率。与进口暂定税率一样，出口暂定税率优先适用于出口税则中规定的出口税率。

### （三）特别关税

特别关税包括报复性关税、反倾销税与反补贴税、保障性关税。

（1）报复性关税。任何国家或者地区对其进口的原产于我国的货物征收歧视性关税或者给予其他歧视性待遇的，我国对原产于该国家或者地区的进口货物征收报复性关税。

（2）反倾销税与反补贴税。进口产品经初裁确定倾销或者补贴成立，并由此对国内产业造成损害的，可以采取临时反倾销或反补贴措施，实施期限为自决定公告规定实施之日起，不超过4个月。采取临时反补贴措施在特殊情形下，可以延长至9个月。经终裁确定倾销或者补贴成立，并由此对国内产业造成损害的，可以征收反倾销税或反补贴税，有可能导致倾销或补贴以及损害的继续或再度发生的，征收期限可以适当延长。

（3）保障性关税。有明确证据表明进口产品数量增加，在不采取临时保障措施将对国内产业造成难以补救的损害的紧急情况下，可以作出初裁决定，并采取临时保障措施。临时保障措施采取提高关税的形式。终裁决定确定进口产品数量增加，并由此对国内产业造成损害的，可以采取保障措施。保障措施可以提高关税、数量限制等形式，针对正在进口的产品实施，不区分产品来源国家或地区。其中采取提高关税形式的，由对外贸易经济合作部提出建议，国务院关税税则委员会根据建议作出决定，由对外贸易经济合作部予以公告。

## 四、原产地的规定

确定进境货物原产国的主要原因之一，是便于正确运用进口税则的各栏税率，对产自不同国家或地区的进口货物适用不同的关税税率。我国原产地规定基本上采用了"全部产地生产标准"和"实质性加工标准"两种国际上通用的原产地标准。

全部产地生产标准是指进口货物"完全在一个国家内生产或制造"，生产或制造国即为该货物的原产国。实质性加工标准是适用于确定有两个或两个以上国家参与生产的产品的原产国的标准，其基本含义是：经过几个国家加工、制造的进口货物，以最后一个对货物进行经济上可以视为实质性加工的国家作为有关货物的原产国。"实质性加工"是指产品加工后，在进出口税则中四位数税号一级的税则归类已经有了改变；或者加工增值部分所占新产品总值的比例已超过30%及以上的。

对机器、仪器、器材或车辆所用零件、部件、配件、备件及工具，如与主件同时进口且数量合理的，其原产地按主件的原产地确定，分别进口的则按各自的原产地确定。

## 第三节　应纳税额的计算

## 一、关税的完税价格

我国《海关法》规定，进出口货物的完税价格，由海关以该货物的成交价格为基础审查确定。成交价格不能确定时，完税价格由海关依法估定。

## （一）进口货物的完税价格

### 1. 以成交价格为基础的完税价格

根据《海关法》规定，进口货物的完税价格包括货物的货价、货物运抵我国境内输入地点起卸前的运输及其相关费用、保险费。货物的货价以成交价格为基础。进口货物的成交价格是指买方为购买该货物，并按《中华人民共和国海关审定进出口货物完税价格办法》（简称《完税价格办法》）有关规定调整后的实付或应付价格。

"实付或应付价格"指买方为购买进口货物直接或间接支付的总额，即作为卖方销售进口货物的条件，由买方向卖方或为履行卖方义务向第三方已经支付或将要支付的全部款项。

（1）如下列费用或者价值未包括在进口货物的实付或者应付价格中，应当计入完税价格：由买方负担的除购货佣金以外的佣金和经纪费；由买方负担的与该货物视为一体的容器费用；由买方负担的包装材料和包装劳务费用；与该货物的生产和向我国境内销售有关的，由买方以免费或者以低于成本的方式提供并可以按适当比例分摊的料件、工具、模具、消耗材料及类似货物的价款，以及在境外开发、设计等相关服务的费用；与该货物有关并作为卖方向我国销售该货物的一项条件，应当由买方直接或间接支付的特许权使用费；卖方直接或间接从买方对该货物进口后转售、处置或使用所得中获得的收益。

上列所述的费用或价值，应当由进口货物的收货人向海关提供客观量化的数据资料。如果没有客观量化的数据资料，完税价格由海关按《完税价格办法》规定的方法进行估定。

（2）下列费用，如能与该货物实付或者应付价格区分，不得计入完税价格：厂房、机械、设备等货物进口后的基建、安装、装配、维修和技术服务的费用；货物运抵境内输入地点之后的运输费用；进口关税及其他国内税；为在境内复制进口货物而支付的费用；境内外技术培训及境外考察费用。

### 2. 进口货物海关估价方法

进口货物的价格不符合成交价格条件或者成交价格不能确定的，海关应当依次以相同货物成交价格方法、类似货物成交价格方法、倒扣价格方法、计算价格方法及其他合理方法确定的价格为基础，估定完税价格。如果进口货物的收货人提出要求，并提供相关资料，经海关同意，可以选择倒扣价格方法和计算价格方法的适用次序。

（1）相同或类似货物成交价格方法。相同或类似货物成交价格方法，即以与被估的进口货物同时或大约同时（在海关接受申报进口之日的前后各45天以内）进口的相同或类似货物的成交价格为基础，估定完税价格。

以该方法估定完税价格时，应使用与该货物相同商业水平且进口数量基本一致的相同或类似货物的成交价格，但对因运输距离和运输方式不同，在成本和其他费用方面产生的差异应当进行调整。在没有上述的相同或类似货物的成交价格的情况下，可以使用不同商业水平或不同进口数量的相同或类似货物的成交价格，但对因商业水平、进口数量、运输距离和运输方式不同，在价格、成本和其他费用方面产生的差异应当作出调整。

以该方法估定完税价格时，应当首先使用同一生产商生产的相同或类似货物的成交价格，只有在没有这一成交价格的情况下，才可以使用同一生产国或地区生产的相同或类似货物的成交价格。如果有多个相同或类似货物的成交价格，应当以最低的成交价格为基础，估定进口货物的完税价格。

（2）倒扣价格方法。倒扣价格方法即以被估的进口货物、相同或类似进口货物在境内销售的价格为基础估定完税价格。

按该价格销售的货物应当同时符合五个条件：在被估货物进口时或大约同时销售；按照进口时的状态销售；在境内第一环节销售；合计的货物销售总量最大；向境内无特殊关系方的销售。

（3）计算价格方法。计算价格方法即按下列各项的总和计算出的价格估定完税价格。有关各项为：生产该货物所使用的原材料价值和进行装配或其他加工的费用；与向境内出口销售同等级或同种类货物的利润、一般费用相符的利润和一般费用；货物运抵境内输入地点起卸前的运输及相关费用、保险费。

（4）其他合理方法。使用其他合理方法时，应当根据《完税价格办法》规定的估价原则，以在境内获得的数据资料为基础估定完税价格。但不得使用以下价格：境内生产的货物在境内的销售价格；可供选择的价格中较高的价格；货物在出口地市场的销售价格；以计算价格方法规定的有关各项之外的价值或费用计算的价格；出口到第三国或地区的货物的销售价格；最低限价或武断虚构的价格。

### （二）出口货物的完税价格

#### 1. 以成交价格为基础的完税价格

出口货物的完税价格，由海关以该货物向境外销售的成交价格为基础审查确定，并应包括货物运至我国境内输出地点装载前的运输及其相关费用、保险费，但其中包含的出口关税税额，应当扣除。出口货物的成交价格，是指该货物出口销售到我国境外时买方向卖方实付或应付的价格。出口货物的成交价格中含有支付给境外的佣金的，如果单独列明，应当扣除。

#### 2. 出口货物海关估价方法

出口货物的成交价格不能确定时，完税价格由海关依次使用下列方法估定：同时或大约同时向同一国家或地区出口的相同货物的成交价格；同时或大约同时向同一国家或地区出口的类似货物的成交价格；根据境内生产相同或类似货物的成本、利润和一般费用、境内发生的运输及其相关费用、保险费计算所得的价格；按照合理方法估定的价格。

## 二、关税应纳税额的计算

（1）从价税计算方法。

从价税是最普遍的关税计征方法，它以进（出）口货物的完税价格作为计税依据。进（出）口货物应纳关税税额的计算公式为

应纳税额=应税进（出）口货物数量×单位完税价格×适用税率 　　　　（9-1）

（2）从量税计算方法。

从量税是以进口货物的数量为计税依据的一种关税计征方法。其应纳关税税额的计算公式为

应纳税额=应税进（出）口货物数量×单位货物税额 　　　　（9-2）

（3）复合税计算方法。

我国目前实行的复合税都是先计征从量税，再计征从价税。其应纳关税税额的计算公式为

应纳税额=应税进（出）口货物数量×单位货物税额+应税进（出）口货物数量×单位完税价格×适用税率 　　　　（9-3）

（4）滑准税计算方法。

滑准税是指关税的税率随着进口货物价格的变动而反方向变动的一种税率形式，即价格越高，税率越低，税率为比例税率。因此，对实行滑准税率的进口货物应纳关税税额的计算方法仍同于从价税的计算方法。即

应纳税额=应税进（出）口货物数量×单位完税价格×滑准税税率 　　　　（9-4）

## 第四节　税收优惠

关税的税收优惠主要表现在关税的减免方面，关税减免是对某些纳税人和征税对象给予鼓励和照顾的一种特殊调节手段。关税减免分为法定减免税、特定减免税和临时减免税。根据《海关法》规定，除法定减免税外的其他减免税均由国务院决定，目前我国的减征关税是以最惠国税率或者普通税率为基准的。

## 一、法定减免税

法定减免税是税法中明确列出的减免税或免税。符合税法规定可予减免税的进出口货物，纳税义务人无须提出申请，海关可按规定直接给予减免。海关对法定减免税货物一般不进行后续管理。

我国《海关法》和《中华人民共和国进出口关税条例》明确规定，下列货物、物品予以减免关税：①关税税额在人民币50元以下的一票货物；②无商业价值的广告品和货样；③外国政府、国际组织无偿赠送的物资；④进出境运输工具装卸的途中必需的燃料、物料和饮食用品；⑤因故退还的中国出口货物，经海关审查属实，可予免征进口关税，

但已征收的出口关税不予退还。

## 二、特定减免税

特定减免税也称政策性减免税。在法定减免税之外，国家按照国际通行规则和我国实际情况，制定发布的有关进出口货物减免关税的政策，称为特定或政策性减免税。目前我国对进出口货物关税的特定减免包括以下几种物品。

### （一）科教用品

为有利于我国科研、教育事业发展，国务院制定了《科学研究和教学用品免征进口税收规定》，对科学研究机构和学校，不以营利为目的，在合理数量范围内进口国内不能生产的科学研究和教学用品，直接用于科学研究和教学的，免征进口关税和进口环节增值税、消费税。

### （二）残疾人专用品

为支持残疾人的康复工作，国务院制定了《残疾人专用品免征进口税收暂行规定》，对规定的残疾人个人专用品，免征关税和进口环节增值税、消费税；对康复、福利机构、假肢厂和荣誉军人康复医院进口国内不能生产的、该规定明确的残疾人专用品，免征进口关税和进口环节增值税。

### （三）扶贫、慈善性捐赠物资

为促进公益事业的健康发展，经国务院批准，财政部、国家税务总局、海关总署发布了《扶贫、慈善性捐赠物资免征进口税收暂行办法》。对境外自然人、法人或其他组织等境外捐赠人，直接用于符合条件的扶贫、慈善事业的物资，免征进口关税和进口环节增值税。

## 三、临时减免税

临时减免税是指以上法定和特定减免税以外的其他减免税，即由国务院根据《海关法》对某个单位、某类商品、某个项目或某批进出口货物的特殊情况，给予特别照顾，一案一批，专文下达的减免税。一般有单位、品种、期限、金额或数量等限制，不能比照执行。

## 第五节 征收与管理

### 一、关税缴纳

进口货物自运输工具申报进境之日起 14 日内，出口货物在货物运抵海关监管区后装货的 24 小时以前，应由进出口货物的纳税义务人向货物进（出）境地海关申报，海关根据税则归类和完税价格计算应缴纳的关税和进口环节代征税，并填发税款缴款书。纳税义务人应当自海关填发税款缴款书之日起 15 日内，向指定银行缴纳税款。如关税缴纳期限的最后一日是周末或法定节假日，则关税缴纳期限顺延至周末或法定节假日过后的第一个工作日。

关税纳税义务人因特殊情况不能按期缴纳税款的，经海关审核批准将纳税义务人的全部或部分应纳税款的缴纳期限予以延长，但最长不得超过 6 个月。

## 二、关税的强制执行

纳税义务人未在关税缴纳期限内缴纳税款，即构成关税滞纳。为保证海关征收关税决定的有效执行和国家财政收入的及时入库，《海关法》赋予海关对滞纳关税的纳税义务人强制执行的权力。强制措施主要包括征收关税滞纳金和强制征收。

### （一）征收关税滞纳金

滞纳金自关税缴纳期限届满滞纳之日起，至纳税义务人缴纳关税之日止，按滞纳税款万分之五的比例按日征收，周末或法定节假日不予扣除。具体计算公式为

关税滞纳金金额=滞纳关税税额×滞纳金征收比率×滞纳天数

### （二）强制征收

如纳税义务人自海关填发缴款书之日起 3 个月仍未缴纳税款，经海关关长批准，海关可以采取强制扣缴、变价抵缴等强制措施。强制扣缴即海关从纳税义务人在开户银行或者其他金融机构的存款中直接扣缴税款。变价抵缴即海关将应税货物依法变卖，以变卖所得抵缴税款。

## 三、关税退还

关税退还是关税纳税义务人按海关核定的税额缴纳关税后，因某种原因的出现，海关将实际征收多于应当征收的税额（称为溢征关税）退还给原纳税义务人的一种行政行为。根据《海关法》规定，海关多征的税款，海关发现后应当立即退还。

按规定，有下列情形之一的，进出口货物的纳税义务人可以自缴纳税款之日起一年内，书面声明理由，连同原纳税收据向海关申请退税并加算银行同期活期存款利息，逾期不予受理：①因海关误征，多纳税款的。②海关核准免验进口的货物，在完税后，发现有短缺情形，经海关审查认可的。③已征出口关税的货物，因故未将其运出口，申报退关，经海关查验属实的。

## 四、关税补征和追征

补征和追征是海关在关税纳税义务人按海关核定的税额缴纳关税后，发现实际征收税额少于应当征收的税额（称为短征关税）时，责令纳税义务人补缴所差税款的一种行政行为。《海关法》根据短征关税的原因，将海关征收原短征关税的行为分为补征和追征两种。由于纳税人违反海关规定造成短征关税的，称为追征；非因纳税人违反海关规定造成短征关税的，称为补征。根据《海关法》规定，进出境货物和物品放行后，海关发现少征或者漏征税款，应当自缴纳税款或者货物、物品放行之日起 1 年内，向纳税义务人补征；因纳税义务人违反规定而造成的少征或者漏征，海关在 3 年以内可以追征，并从缴纳税款之日起按日加收少征或漏征税款万分之五的滞纳金。

## ★本章拓展材料

关注跨境电商税制调整

马来西亚 6 月原棕油出口税涨至 5.5%

美对华光伏产品征巨额关税 损双方自由贸易

失去关税保护国产奶粉何去何从

# 第十章

# 企业所得税

【学习目标与要求】

通过本章的学习，了解企业所得税的特点、我国企业所得税发展和改革的历程，理解并熟知企业所得税的纳税人、征税对象和税率等基本要素，熟练掌握企业所得税应纳税所得额的各项规定和计算方法；理解企业各项资产的税务处理；熟知企业所得税税收优惠的规定；掌握企业所得税的税收征管。

企业所得税是以企业或者组织为纳税义务人，对其一定期间内的所得额征收的一种税。它是国家参与企业利润分配，正确处理国家与企业分配关系的一个重要税种，体现了国家与企业的分配关系。

## 第一节　企业所得税概述

### 一、企业所得税的特点

#### （一）征税对象是所得额

即为纳税人的收入总额扣除与纳税人取得收入有关的各项成本、费用和损失后的净所得。成本、费用、损失是依据国家税法有关规定确认的，而不是依据纳税人实际发生额或财务会计的核算金额确认的。这种所得既不是企业实现的利润额，也不是企业的销售额或营业额。

#### （二）应纳税所得额的计算程序复杂

应税所得额与企业账面的会计利润是不同的。应税所得额是在企业按照财务会计制度规定进行核算得出的利润的基础上，根据规定加减某些项目，并做相应的调整后得出的。因此，应纳税所得额的计算要涉及一定时期成本、费用和损失的归集和摊派，并且对不同的项目实行区别对待，从而使应纳税所得额的计算程序较为复杂。

### （三）征税以量能负担为原则

即所得多的多征，所得少的少征，无所得的不征。也就是说按照纳税人负担能力的大小和有无所得来确定其税收负担，这体现了税收的公平原则。

### （四）一般实行按年计征，分期预缴，年终汇算清缴的征收办法

企业的利润是一定时期生产经营成果的最终反映，一般是按年度计算和衡量的。因此企业所得税也一般以全年的应纳税所得额为纳税依据，分月或分季预缴，年终汇算清缴。对经营时间不足一年的企业，将其经营期间的所得额，换算成一年的所得额来计算应纳的所得税。

## 二、我国企业所得税的改革

新中国成立后，1950年1月政务院公布的《工商业税暂行条例》中把对企业利润征收的税，称为依所得额计算者，属于工商业税的一个组成部分。1950年12月对上述条例进行了修正，改称"依所得额计算部分"，并开始把它称作"所得税"，仍属于工商业税的一个组成部分。

1958年和1973年两次税制改革中，对税制进行了简化，工商业税（所得税部分）主要对集体企业征收，国营企业只征一道工商税，不征所得税。

我国现行的所得税制度，是随着改革开放和经济体制改革的不断推进而逐步完善的。1980年9月，为了适应改革开放后经济发展的需要，第五届全国人民代表大会第三次会议通过《中华人民共和国中外合资经营企业所得税法》并公布实施。在这部法律中，合营企业所得税税率确定为30%，另按照应纳税所得额附征10%的地方所得税。1981年12月，第五届全国人民代表大会第四次会议通过了《中华人民共和国外国企业所得税法》，对外国企业实行20%~40%的5级超额累进税率，仍按应纳税所得额附征10%的地方所得税。同时，从1984年开始，国家在第一步"利改税"的基础上，对国有企业所得税和税后上缴利润办法进一步改革，并考虑到集体企业的税收负担和私营企业不断发展的情况，按企业所有制性质，分别设置了国营企业所得税、集体企业所得税和私营企业所得税。这些所得税形式在组织财政收入、促进经济发展等方面都发挥了积极的作用。但是这种"多税并立"的做法也存在很多弊端：①税率不一，优惠各异，造成税负不公平，不利于企业间公平竞争；②名义税率高，实际税负低；③国有大中型企业缴纳了所得税、调节税后，还要上交"两金"（国家能源交通重点建设基金、国家预算调节金），总体税负偏重，自我改造和自我发展缺乏后劲；④国家与企业的分配关系错综复杂，不利于合理的收入再分配。

1991年4月，第七届全国人民代表大会将《中华人民共和国中外合资经营企业所得税法》和《中华人民共和国外国企业所得税法》合并，制定了《中华人民共和国外商投资企业和外国企业所得税法》，实现了外资企业所得税法的统一。

同时，为了解决上述矛盾，按照社会主义市场经济发展的要求，统一和规范企业所

得税制，进一步理顺国家与企业的关系，公平税负，促进竞争，按照"统一税种，统一税率，降低税负，扩大税基，规范税前扣除标准，强化税收征收管理"原则，国务院颁布了《中华人民共和国企业所得税暂行条例》，自1994年1月1日起开始实行。这次统一内资企业所得税只是所得税改革的第一步，但标志着中国的所得税改革向着法制化、科学化和规范化的方向迈出了重要步伐。

2007年3月16日，中华人民共和国第十届全国人民代表大会第五次会议通过《中华人民共和国企业所得税法》（简称《企业所得税法》），并于2008年1月1日开始实行。从此内外资企业实行统一的所得税法。

## 第二节　税制基本要素

### 一、纳税人

企业所得税的纳税人是指在中华人民共和国境内的企业和其他取得收入的组织。除个人独资企业、合伙企业不适用企业所得税法外，凡在我国境内，企业和其他取得收入的组织（统称企业）为企业所得税的纳税人，依照本法规定缴纳企业所得税。

企业所得税的纳税人分为居民企业和非居民企业，这是根据企业纳税义务范围的宽窄进行的分类方法，不同的企业在向中国政府缴纳所得税时，纳税义务不同。把企业分为居民企业和非居民企业，是为了更好地保障我国税收管辖权的有效行使。税收管辖权是一国政府在征税方面的主权，是国家主权的重要组成部分。根据国际上的通行做法，我国选择了地域管辖权和居民管辖权标准，最大限度地维护我国的税收利益。

#### （一）居民企业

居民企业是指依法在中国境内成立，或者依照外国（地区）法律成立但实际管理机构在中国境内的企业。这里的企业包括国有企业、集体企业、私营企业、联营企业、股份制企业、外商投资企业、外国企业以及有生产、经营所得和其他所得的其他组织。其中，有生产、经营所得和其他所得的其他组织，是经国家有关部门批准，依法注册、登记的事业单位、社会团体等组织。由于我国的一些社会团体组织、事业单位在完成国家事业计划的过程中，开展多种经营和有偿服务活动，取得除财政部门各项拨款、财政部和国家价格主管部门批准的各项规费收入以外的经营收入，具有了经营的特点，应当视同企业纳入征税范围。其中，实际管理机构是指企业的生产经营、人员、账务、财产等实施实质性全面管理和控制机构。

#### （二）非居民企业

非居民企业是指依照外国（地区）法律成立且实际管理机构不在中国境内，但在中国境内设立机构、场所的，或者在中国境内未设立机构、场所，但有来源于中国境内所得的企业。

上述机构、场所是指在中国境内从事生产经营活动的机构、场所，包括：①管理机构、营业机构、办事机构；②工厂、农场、开采自然资源的场所；③提供劳务场所；④从事建筑、安装、装配、修理、勘探等工程作业的场所；⑤其他从事生产经营活动的机构、场所。

非居民企业委托营业代理人在中国境内从事生产经营活动的，包括委托单位或者个人经常代其签订合同，或者储存、交付货物等，该营业代理人视为非居民企业在中国境内设立的机构、场所。

## 二、征税对象

企业所得税的征税对象从内容上看包括生产经营所得、其他所得和清算所得。

### （一）居民企业的征税对象

居民企业应就来源于中国境内、境外的所得作为征税对象。所得包括销售货物所得、提供劳务所得、转让财产所得、股息红利等权益性投资所得、利息所得、租金所得、特许权使用费所得、接受捐赠所得和其他所得。

### （二）非居民企业的征税对象

非居民企业在中国境内设立机构、场所的，应当就其所设机构、场所取得的来源于中国境内的所得，以及发生在中国境外但与其所设机构、场所有实际联系的所得，缴纳企业所得税。

非居民企业在中国境内未设立机构、场所的，或者虽设立机构、场所但取得的所得与其所设机构、场所没有实际联系的，应当就其来源于中国境内的所得缴纳企业所得税。

其中实际联系，是指非居民企业在中国境内设立的机构、场所拥有的据以取得所得的股权、债权，以及拥有、管理、控制据以取得所得的财产。

### （三）所得来源的确定

（1）销售货物所得，按照交易活动发生地确定。

（2）提供劳务所得，按照劳务发生地确定。

（3）转让财产所得：①不动产转让所得按照不动产所在地确定。②动产转让所得按照转让动产的企业或者机构、场所所在地确定。③权益性投资资产转让所得按照被投资企业所在地确定。

（4）股息、红利等权益性投资所得，按照分配所得的企业所在地确定。

（5）利息所得、租金所得、特许权使用费所得，按照负担、支付所得的企业或者机构、场所所在地确定，或者按照负担、支付所得的个人的住所地确定。

（6）其他所得，由国务院财政、税务主管部门确定。

## 三、税率

企业所得税实行比例税率，现行规定如下：

（1）基本税率为25%。适用于居民企业和在中国境内设有机构、场所且所得与机构场所有关联的非居民企业。

（2）低税率为20%。适用于在中国境内未设立机构、场所的，或者虽设立机构、场所但取得的所得与其所设机构、场所没有实际联系的非居民企业。但实际征税时适用于10%的税率。

## 第三节  应纳税所得额的确定

应纳税所得额是企业所得税的计税依据，它是指纳税人每一纳税年度的收入总额减去准予扣除项目金额后的余额。正确确定应纳税所得额是正确计算应纳所得税税额的关键，直接关系到国家财政收入的实现和纳税人的税收负担，是所得税制度的核心问题。应纳税所得额的计算公式为

应纳税所得额=收入总额−不征税收入−免税收入−各项扣除−以前年度亏损 （10-1）

企业所得税应纳税所得额的确定，以权责发生制为原则，属于当期的收入和费用，不论款项是否收付，均作为当期的收入和费用；不属于当期的收入和费用，即使款项已经在当期收付，均不作为当期的收入和费用。

## 一、收入总额

收入总额，是指纳税人在一个纳税年度内取得的货币形式和非货币形式的各项收入，具体包括销售货物收入、提供劳务收入、转让财产收入、股息红利等权益性投资收益、利息收入、租金收入、特许权使用费收入、接受捐赠收入和其他收入。

企业取得收入的货币形式，包括现金、存款、应收账款、应收票据、准备持有至到期的债券投资以及债务的豁免等。企业取得收入的非货币形式，包括固定资产、生物资产、无形资产、股权投资、存货、不准备持有至到期的债券投资、劳务以及有关权益等。企业以非货币形式取得的收入，按照公允价值确定收入额。

### （一）收入确定的基本规定

（1）销售货物收入，是指企业销售商品、产品、原材料、包装物、低值易耗品及其他存货取得的收入。

（2）劳务收入，是指企业从事建筑安装、修理修配、交通运输、仓储租赁、金融保险、邮电通信、咨询经纪、文化体育、科学研究、技术服务、教育培训、餐饮住宿、中介代理、卫生保健、社区服务、旅游、娱乐、加工以及其他劳务服务活动取得的收入。

（3）转让财产收入，是指企业转让固定资产、生物资产、无形资产、股权、债权等财产取得的收入。

（4）股息、红利等权益性投资收益，是指企业因权益性投资从被投资方取得的收入。股息、红利等权益性投资收益，除国务院财政、税务主管部门另有规定外，按照被投资方作出利润分配决定的日期确认收入的实现。

（5）利息收入，是指企业将资金提供他人使用但不构成权益性投资，或者因他人占用本企业资金取得的收入，包括存款利息、贷款利息、债券利息、欠款利息等收入。利息收入，按照合同约定的债务人应付利息的日期确认收入的实现。

（6）租金收入，是指企业提供固定资产、包装物或者其他有形资产的使用权取得的收入。租金收入，按照合同约定的承租人应付租金的日期确认收入的实现。

（7）特许权使用费收入，是指企业提供专利权、非专利技术、商标权、著作权以及其他特许权的使用权取得的收入。特许权使用费收入，按照合同约定的特许权使用人应付特许权使用费的日期确认收入的实现。

（8）接受捐赠收入，是指企业接受的来自其他企业、组织或者个人无偿给予的货币性资产、非货币性资产。接受捐赠收入，按照实际收到捐赠资产的日期确认收入的实现。

（9）其他收入，是指企业取得的除以上收入外的其他收入，包括企业资产溢余收入、逾期未退包装物押金收入、确实无法偿付的应付款项、已作坏账损失处理后又收回的应收款项、债务重组收入、补贴收入、违约金收入、汇兑收益等。

### （二）收入确定的特殊规定

（1）以分期收款方式销售货物的，按照合同约定的收款日期确认收入的实现；

（2）企业受托加工制造大型机械设备、船舶、飞机，以及从事建筑、安装、装配工程业务或者提供其他劳务等，持续时间超过12个月的，按照纳税年度内完工进度或者完成的工作量确认收入的实现；

（3）采取产品分成方式取得收入的，按照企业分得产品的日期确认收入的实现，其收入额按照产品的公允价值确定；

（4）企业发生非货币性资产交换，以及将货物、财产、劳务用于捐赠、偿债、赞助、集资、广告、样品、职工福利或者利润分配等用途的，应当视同销售货物、转让财产或者提供劳务，但国务院财政、税务主管部门另有规定的除外。

### （三）处置资产收入的确认

（1）内部处置资产（所有权在形式和内容上均不变），不视同销售确认收入，相关资产的计税基础延续计算，如：将资产用于生产、制造、加工另一产品；改变资产形状、结构或性能；改变资产用途（如自建商品房转为自用或经营）；将资产在总机构及分支机构之间转移；上述两种或两种以上情形的混合；其他不改变资产所有权属的用途。

（2）资产移送他人，所有权属发生改变的，按视同销售确认收入，如：用于市场推广或销售；用于交际应酬；用于职工奖励或福利；用于股息分配；用于对外捐赠；其他改变资产所有权属的用途。

（3）属于企业自制的资产，按企业同类资产同期对外售价确定销售收入；属于外购的资产，可按购入时的价格确定销售收入。

### （四）相关收入实现的确认

（1）企业销售商品同时满足下列条件的，应确认收入的实现：已签订销售合同，企业已将商品所有权相关的主要风险和报酬转移给购货方；企业对所售出的商品既没有保留通常与所有权相联系的继续管理权，也没有实施有效控制；收入的金额能可靠的计量；已发生或将发生的销货方的成本能够可靠的计算。

（2）符合以上收入确认条件的，采取下列商品销售方式的，按照以下规定确定收入实现时间：托收承付方式的，以办妥托收手续时确认收入；预收款方式的，以发出商品时确认收入；商品需要安装和检验的，在购买方接受商品及安装检验完毕时确认收入；以支付手续费方式委托代销的，在收到代销清单时确认收入。

（3）采用售后回购方式销售商品的，销售的商品按照售价确认收入，回购的商品作为购进商品处理。

（4）销售商品以旧换新的，销售商品应该按照销售商品收入确认条件确认收入，回收的商品作为购进商品处理。

（5）企业为促销商品销售而在商品价格上给予的价格扣除属于商业折扣，应该按照扣除商业折扣后的金额确定销售商品收入金额。

（6）企业在各纳税期末，提供劳务交易的结果能够可靠估计的，采用完工进度（完工百分比）法确认提供劳务收入。

（7）企业以买一赠一等方式组合销售本企业产品的，不属于捐赠，应将总的销售金额按照各项商品的公允价值的比例来分摊确认各项的销售收入。

（8）企业取得资产（包括各类资产、股权、债券等）转让收入、债务重组收入、接受捐赠收入、无法偿付的应付款收入等，不论是以货币形式还是非货币形式体现，除另有规定外，均应一次性计入确认收入的年度计算缴纳企业所得税。

## 二、不征税收入和免税收入

### （一）不征税收入

（1）财政拨款，是指各级人民政府对纳入预算管理的事业单位、社会团体等组织拨付的财政资金，但国务院和国务院财政、税务主管部门另有规定的除外。

（2）依法收取并纳入财政管理的行政事业性收费、政府性基金。行政事业性收费，是指依照法律法规等有关规定，按照国务院规定程序批准，在实施社会公共管理，以及在向公民、法人或者其他组织提供特定公共服务过程中，向特定对象收取并纳入财政管理的费用；政府性基金，是指企业依照法律、行政法规等有关规定，代政府收取的具有专项用途的财政资金。

（3）国务院规定的其他不征税收入，是指企业取得的，由国务院财政、税务主管部门规定专项用途并经国务院批准的财政性资金。

### （二）免税收入

（1）国债利息收入。

（2）符合条件的居民企业之间的股息、红利等权益性收益。

（3）在中国境内设立机构、场所的非居民企业从居民企业取得与该机构、场所有实际联系的股息、红利等权益性投资收益。

（4）符合条件的非营利组织的收入。

## 三、扣除原则和范围

### （一）扣除项目应遵循的原则

（1）权责发生制原则，即企业应在费用发生时而不是实际支付时确认扣除。

（2）配比原则，即企业发生的费用应当与收入配比扣除。

（3）相关性原则，即企业可扣除的费用从性质上和根源上必须与取得的应税收入相关。

（4）确定性原则，即企业可扣除的费用不论何时支付，其金额必须是确定的。

（5）合理性原则，符合生产经营活动常规，应当计入当期损益或者有关资产成本的必要和正常的支出。

### （二）扣除项目的范围

《企业所得税法》规定，企业实际发生的与取得收入有关的、合理的成本、费用、税金、损失和其他支出，准予在计算应纳税所得额时扣除。在实际中，计算应纳税所得额时还需注意三点：企业发生的支出应当区别收益性支出和资本性支出。收益性支出在发生当期直接扣除；资本性支出应当分期扣除或者计入资产成本，不得在发生当期直接扣除。企业的不征税收入用于支出所形成的费用或财产，不得扣除或者计算对应的折旧、摊销扣除。除《企业所得税法》和《中华人民共和国企业所得税法实施条例》（简称《企业所得税法实施条例》）另有规定外，企业实际发生的成本、费用、税金、损失和其他支出，不得重复扣除。

（1）成本，是指企业在生产经营活动中发生的销售成本、销货成本、业务支出以及其他耗费，即企业销售商品（产品、材料、下脚料、废料、废旧物资等）、提供劳务、转让固定资产、无形资产（包括技术转让）的成本。

（2）费用，是指企业每一个纳税年度为生产、经营商品和提供劳务等所发生的销售（经营）费用、管理费用和财务费用。已经计入成本的有关费用除外。

（3）税金，是指企业发生的除企业所得税和允许抵扣的增值税以外的企业缴纳的各项税金及其附加。即企业按规定缴纳的消费税、营业税①、城市维护建设税、资源税、土地增值税、关税、房产税、车船税、土地使用税、印花税、教育费附加税等产品销售税金及附加。

（4）损失，是指企业在生产经营活动中发生的固定资产和存货的盘亏、毁损、报废损失，转让财产损失，呆账损失，坏账损失，自然灾害等不可抗力因素造成的损失及其他损失。

企业发生的损失，减除责任人赔偿和保险赔款后的余额，依照国务院财政、税务主管部门的规定扣除。

（5）扣除的其他支出，是指除成本、费用、税金、损失外，企业在生产经营活动中发生的与生产经营活动有关的、合理的支出。

## （三）扣除项目的具体范围和标准

### 1. 工资、薪金支出

企业发生的合理的工资、薪金支出准予据实扣除。工资、薪金，是指企业每一纳税年度支付给在本企业任职或者受雇的员工的所有现金形式或者非现金形式的劳动报酬，包括基本工资、奖金、津贴、补贴、年终加薪、加班工资，以及与员工任职或者受雇有关的其他支出。

### 2. 职工福利费、工会经费、职工教育经费支出

企业实际发生的职工福利费、工会经费、职工教育经费按标准扣除，未超过标准的按实际数扣除，超过标准的只能按标准扣除。职工福利费支出，不超过工资、薪金总额14%的部分准予扣除，超过规定部分不得扣除；工会经费支出，不超过工资、薪金总额2%的部分准予扣除，超过规定部分不得扣除；职工教育经费工资、薪金总额2.5%的部分准予扣除，超过规定部分准予在以后纳税年度结转扣除。

### 3. 社会保险费

（1）企业依照国务院有关主管部门或者省级人民政府规定的范围和标准为职工缴纳的基本养老保险费、基本医疗保险费、失业保险费、工伤保险费、生育保险费等基本社会保险费和住房公积金，准予扣除。

（2）企业为投资者或者职工支付的补充养老保险费、补充医疗保险费，在国务院财政、税务主管部门规定的范围和标准内，准予扣除。

（3）除企业依照国家有关规定为特殊工种职工支付的人身安全保险费和国务院财政、税务主管部门规定可以扣除的其他商业保险费外，企业为投资者或者职工支付的商业保险费，不得扣除。

---

① 2016 年 5 月 1 日，"营改增"试点在全国范围内实施，营业税退出历史舞台。但是企业所得税是按年计算，因此原营业税纳税人计算 2016 年的企业所得税时，前四个月发生的营业税可以扣除。2017 年开始计算企业所得税扣除税金中将不会再出现营业税。营业税改征增值税后，企业缴纳的增值税税金不允许在计算企业所得税前扣除。

（4）企业参加财产保险，按照规定缴纳的保险费，准予扣除。

4. 利息费用

（1）非金融企业向金融企业借款的利息支出、金融企业的各项存款利息支出和同业拆借利息支出、企业经批准发行债券的利息支出可据实扣除。

（2）非金融企业向非金融企业借款的利息支出，不超过按照金融企业同期同类贷款利率计算的数额的部分可据实扣除，超过部分不许扣除。

5. 借款费用

（1）企业在生产经营活动中发生的合理的不需要资本化的借款费用，准予扣除。

（2）企业为购置、建造固定资产、无形资产和经过 12 个月以上的建造才能达到预定可销售状态的存货发生借款的，在有关资产购置、建造期间发生的合理的借款费用，应当作为资本性支出计入有关资产的成本，有关资产交付使用后发生的借款利息，可在发生当期扣除。

6. 汇兑损失

企业在货币交易中，以及纳税年度终了时产生的将人民币以外的货币性资产、负债按照期末人民币汇率中间价折算为人民币时产生的汇兑损失，除已经计入有关资产成本以及与向所有者进行利润分配相关的部分外，准予扣除。

7. 业务招待费

企业发生的与生产经营活动有关的业务招待费支出，按照发生额的 60%扣除，但最高不得超过当年销售收入的 5‰。

企业在筹建期间发生的与筹办活动有关的业务招待费支出，可按实际发生额的 60%计入企业筹办费，并按有关规定在税前扣除。

8. 广告费和业务宣传费

企业发生的符合条件的广告费和业务宣传费支出，除国务院财政、税务主管部门另有规定外，不超过当年销售收入 15%的部分，准予扣除；超过部分，准予在以后纳税年度结转扣除。

企业在筹建期间发生的广告费和业务宣传费，可按实际发生额计入企业筹办费，可按上述规定在税前扣除。

9. 环境保护专项资金

企业依照法律、行政法规有关规定提取的用于环境保护、生态恢复等方面的专项资金，准予扣除。该专项资金提取后改变用途的，不得扣除。

10. 租赁费

企业根据生产经营活动的需要租入固定资产支付的租赁费的，按照以下方法扣除：

（1）以经营租赁方式租入固定资产发生的租赁费支出，按照租赁期限均匀扣除。经营性租赁是指所有权不转移的租赁。

（2）以融资租赁方式租入固定资产发生的租赁费支出，按照规定构成融资租入固定资产价值的部分应当提取折旧费用，分期扣除。融资租赁是指在是指上转移与一项资产所有权有关的全部风险和报酬的一种租赁。

11. 劳动保护费

企业发生的合理的劳动保护支出，准予扣除。

12. 公益性捐赠支出

企业发生的公益性捐赠支出，不超过年度利润总额12%的部分，准予扣除。其中，公益性捐赠，是指企业通过公益性社会团体或者县级（含县级）以上人民政府及其部门，用于《中华人民共和国公益事业捐赠法》规定的公益性事业的捐赠。年度利润总额，是指企业依照国家统一会计制度的规定计算的年度会计利润。

13. 有关资产的费用

企业转让各类固定资产发生的费用，允许扣除。企业按规定计算的固定资产折旧费、无形资产和递延资产的摊销费，准予扣除。

14. 总机构分摊的费用

非居民企业在中国境内设立的机构、场所，就其中国境外总机构发生的与该机构、场所生产经营有关的费用，能够提供总机构出具的费用汇集范围、定额、分配依据和方法等证明文件，并合理分摊的，准予扣除。

15. 资产损失

企业当期发生的固定资产和流动资产盘亏、毁损净损失，由其提供清查盘存资料经主管税务机关审核后，准予扣除；企业因存货盘亏、毁损、报废等原因不得从销项税金中抵扣的进项税金，应视同企业财产损失，准予与存货损失一起在所得税前按规定扣除。

16. 准予扣除的其他项目

依照有关规定准予扣除的其他项目，如会员费、合理的会议费、差旅费、违约金、诉讼费用等。

17. 手续和佣金支出

企业发生的与生产经营有关的手续费及佣金支出，不超过以下规定计算限额以内的部分，准予扣除；超过部分，不得扣除。保险企业：财产保险企业按当年全部保费收入扣除退保金等后余额的15%（含本数）计算限额；人身保险企业按当年全部保费收入扣除退保金等后余额的10%（含本数）计算限额。其他企业：按与具有合法经营资格中介服务机构或个人（不含交易双方及其雇员、代理人和代表人等）所签订服务协议或合同确认的收入金额的5%计算限额。

## 四、不得扣除的项目

企业所得税在计算应纳税所得额时，不得扣除的项目：①向投资者支付的股息、红利等权益性投资收益款项。②企业所得税税款。③税收滞纳金，是指纳税人违反税收法规，被税务机关处以的滞纳金。④罚金、罚款和被没收财物的损失，是指纳税人违反国家有关法律、法规规定，被有关部门处以的罚款，以及被司法机关处以的罚金和被没收财物。⑤超过规定标准的捐赠支出。⑥赞助支出，是指企业发生的与生产经营活动无关的各种非广告性质支出。⑦未经核定的准备金支出，是指不符合国务院财政、税务部门主管机关规定的各项资产减值准备、风险准备等准备金支出。⑧企业之间支付的管理费、企业内营业机构之间支付的租金和特许权使用费，以及非银行企业内营业机构之间支付的利息，不得扣除。⑨与取得收入无关的其他支出。

## 五、亏损弥补

企业某一纳税年度发生的亏损可以用下一年度的所得弥补，下一年度的所得不足以弥补的，可以逐年延续弥补，但最长不得超过 5 年。而且，企业在汇总计算缴纳企业所得税时，其境外营业机构的亏损不得抵减境内营业机构的盈利。

## 第四节　资产的税务处理

税法规定纳税人资产的税务处理，其目的是通过对资产的分类，区别资本性支出与收益性支出，确定准予扣除的项目与不准扣除的项目，正确计算应纳税所得额。资产的税务处理主要有固定资产计价和折旧、生产性生物资产的计价和折旧、投资资产的税务处理、无形资产计价和摊销、长期待摊费用的扣除以及存货的计价等。

### 一、固定资产的税务处理

固定资产是指企业为生产产品、提供劳务、出租或经营管理而持有的、使用时间超过 12 个月的非货币性资产，包括房屋、建筑物、机器、机械、运输工具以及其他与生产、经营有关的设备、器具、工具等。

#### （一）固定资产的计税基础

由于固定资产的价值关系到纳税人计提折旧的数额，从而影响应纳税额，因此，对固定资产的计价按以下原则处理：

（1）外购的固定资产，以购买价款和支付的相关税费以及直接归属于使该资产达到预定用途发生的其他支出为计税基础。

（2）自行建造的固定资产，以竣工结算前发生的支出为计税基础。

（3）融资租入的固定资产，以租赁合同约定的付款总额和承租人在签订租赁合同过程中发生的相关费用为计税基础，租赁合同未约定付款总额的，以该资产的公允价值和承租人在签订租赁合同过程中发生的相关费用为计税基础。

（4）盘盈的固定资产，以同类固定资产的重置完全价值为计税基础。

（5）通过捐赠、投资、非货币性资产交换、债务重组等方式取得的固定资产，以该资产的公允价值和支付的相关税费为计税基础。

（6）改建的固定资产，除已足额提取折旧的固定资产和租入的固定资产以外的其他固定资产，以改建过程中发生的改建支出增加计税基础。

## （二）固定资产的折旧范围

固定资产折旧是关系企业应纳税所得额的一个重要因素。正确计算和提取折旧，有利于正确计算成本、利润和所得税，有利于加强企业的固定资产管理和企业的设备更新。关于固定资产的折旧有以下规定。

### 1. 应当计提折旧的固定资产

（1）房屋、建筑物。
（2）在用的机器设备、运输车辆、器具、工具。
（3）季节性停用和大修理停用的机器设备。
（4）以经营租赁方式租出的固定资产。
（5）以融资租赁方式租入的固定资产。
（6）财政部确定的计提折旧的其他固定资产。

### 2. 不得提取折旧的固定资产

（1）房屋、建筑物以外未投入使用的固定资产。
（2）以经营租赁方式租入的固定资产。
（3）以融资租赁方式租出的固定资产。
（4）已足额提取折旧仍继续使用的固定资产。
（5）与经营活动无关的固定资产。
（6）单独估价作为固定资产入账的土地。
（7）其他不得计算折旧扣除的固定资产。

## （三）提取折旧的方法和依据

（1）固定资产按照直线法计算的折旧，准予扣除。

（2）企业应当自固定资产投入使用月份的次月起计算折旧；停止使用的固定资产，应当自停止使用月份的次月起停止计算折旧。

（3）企业应当根据固定资产的性质和使用情况，合理确定固定资产的预计净残值。固定资产的预计净残值一经确定，不得变更。

### （四）固定资产的折旧年限

除国务院财政、税务主管部门另有规定外，固定资产计算折旧的最低年限如下：

（1）房屋、建筑物，为 20 年。

（2）飞机、火车、轮船、机器、机械和其他生产设备，为 10 年。

（3）与生产经营活动有关的器具、工具、家具等，为 5 年。

（4）飞机、火车、轮船以外的运输工具，为 4 年。

（5）电子设备，为 3 年。

从事开采石油、天然气等矿产资源的企业，在开始商业性生产前发生的费用和有关固定资产的折耗、折旧方法，由国务院财政、税务主管部门另行规定。

### （五）固定资产折旧的所得税处理

（1）企业固定资产会计折旧年限如果短于税法规定的最低折旧年限，其按会计折旧年限计提的折旧高于按税法规定的最低折旧年限计提的折旧部分，应调增当期应纳税所得额；企业固定资产会计折旧年限已期满且会计折旧已提足，但税法规定的最低折旧年限尚未到期且税收折旧尚未足额扣除，其未足额扣除的部分准予在剩余的税收折旧年限继续按规定扣除。

（2）企业固定资产会计折旧年限如果长于税法规定的最低折旧年限，其折旧应按会计折旧年限计算扣除，税法另有规定除外。

（3）企业按会计规定提取的固定资产减值准备，不得税前扣除，其折旧仍按税法确定的固定资产计税基础计算扣除。

（4）企业按税法规定实行加速折旧的，其按加速折旧办法计算的折旧额可全额在税前扣除。

（5）石油天然气开采企业在计提油气资产折耗（折旧）时，由于会计与税法规定计算方法不同导致的折耗（折旧）差异，应按税法规定进行纳税调整。

## 二、生物资产的税务处理

生物资产是指有生命的动物和植物。生物资产分为消耗性生物资产、生产性生物资产和公益性生物资产。消耗性生物资产，是指为出售而持有的、或在将来收获为农产品的生物资产，包括生长中的大田作物、蔬菜、用材林以及存栏代售的牲畜等。生产性生物资产，是指为产出农产品、提供劳务或出租等目的而持有的生物资产，包括经济林、薪炭林、产畜和役畜等。公益性生物资产，是指以防护、环境保护为主要目的生物资产，包括防风固沙林、水土保持林和水源涵养林等。

### （一）生物资产的计税基础

（1）自行栽培、营造、繁殖或养殖的消耗性生物资产的成本，应当按照下列规定确定：①自行栽培的大田作物和蔬菜的成本，以在收获前发生的必要支出为计税基础。②自行营造的林木类消耗性生物资产的成本，以郁闭前发生的必要支出为计税基础。③自行繁殖的育肥畜的成本，以出售前发生的必要支出为计税基础。④水产养殖的动物和植物的成本，以出售或入库前耗用的必要支出为计税基础。

（2）外购的生产性生物资产，以购买价款和支付的相关税费为计税基础。

（3）通过捐赠、投资、非货币性资产交换、债务重组等方式取得的生产性生物资产，以该资产的公允价值和支付的相关税费为计税基础。

（4）自行营造的公益性生物资产的成本，应当按照郁闭前发生的造林费、抚育费、森林保护费、营林设施费、良种试验费、调查设计费和应分摊的间接费用等必要支出确定。

### （二）生产性生物资产的折旧

（1）生产性生物资产按照直线法计算的折旧，准予扣除。

（2）企业应当自生产性生物资产投入使用月份的次月起计算折旧；停止使用的生产性生物资产，应当自停止使用月份的次月起停止计算折旧。企业应当根据生产性生物资产的性质和使用情况，合理确定生产性生物资产的预计净残值。生产性生物资产的预计净残值一经确定，不得变更。

（3）生产性生物资产计算折旧的最低年限：①林木类生产性生物资产，为 10 年；②畜类生产性生物资产，为 3 年。

需要指出的是，根据会计准则，消耗性生物资产按存货管理，不需计提折旧。公益性生物资产具有公益的目的，虽然会计上将其确认为企业资产，但实际上它属于不可变现的资产，因公益性资产而发生的支出，在企业所得税上，已经作为费用直接税前扣除，也不存在提取折旧。所以，《企业所得税法实施条例》未对消耗性生物资产和公益性生物资产的折旧、扣除等作出专门规定。

## 三、投资资产的税务处理

投资资产，是指企业对外进行权益性投资和债权性投资形成的资产。

### （一）投资资产成本的确定

（1）通过支付现金方式取得的投资资产，以购买价款为成本。

（2）通过支付现金以外的方式取得的投资资产，以该资产的公允价值和支付的相关税费为成本。

### （二）投资资产成本的税前扣除

（1）企业对外投资期间，投资资产的成本在计算应纳税所得额时不得扣除。

（2）企业在转让或者处置投资资产时，投资资产的成本，准予扣除。

### （三）投资企业撤回或减少投资的税务处理

根据《国家税务总局关于企业所得税若干问题的公告》（国家税务总局公告 2011年第 34 号）规定，投资企业从被投资企业撤回或减少投资，其取得的资产中，相当于初始出资的部分，应确认为投资收回；相当于被投资企业累计未分配利润和累计盈余公积按减少实收资本比例计算的部分，应确认为股息所得；其余部分确认为投资资产转让所得。

## 四、无形资产的税务处理

无形资产是指纳税人长期使用但没有实物形态的资产，包括专利权、商标权、著作权、土地使用权、非专利技术、商誉等。

### （一）无形资产的计税基础

（1）购入的无形资产，以购买价款和支付的相关税费以及直接归属于使该资产达到预定用途发生的其他支出为计税基础。

（2）自行开发的无形资产，以开发过程中该资产符合资本化条件后至达到预定用途前发生的支出为计税基础。

（3）通过捐赠、投资、非货币性资产交换、债务重组等方式取得的无形资产，以该资产的公允价值和支付的相关税费为计税基础。

### （二）无形资产的摊销

在计算应纳税所得额时，企业按照规定计算的无形资产摊销费用，准予扣除。

下列无形资产不得计算摊销费用扣除：①自行开发的支出已在计算应纳税所得额时扣除的无形资产。②自创商誉。③与经营活动无关的无形资产。④其他不得计算摊销费用扣除的无形资产。

### （三）摊销方法及年限

无形资产按照直线法计算的摊销费用，准予扣除。无形资产的摊销年限不得低于 10年。作为投资或者受让的无形资产，有关法律规定或者合同约定了使用年限的，可以按照规定或者约定的使用年限分期摊销。外购商誉的支出，在企业整体转让或者清算时，准予扣除。

## 五、长期待摊费用的税务处理

长期待摊费用是指企业已经支出，但摊销期限在 1 年以上的各项费用。长期待摊费用不能全部计入当年损益，应当在以后年度内分期摊销。在计算应纳税所得额时，企业发生的下列支出作为长期待摊费用，按照规定摊销的，准予扣除。

（1）已足额提取折旧的固定资产的改建支出。固定资产的改建支出，是指改变房屋或者建筑物结构、延长使用年限等发生的支出。已足额提取折旧的固定资产改建支出，按照固定资产预计尚可使用年限分期摊销。

（2）租入固定资产的改建支出。租入固定资产改建支出，按照合同约定的剩余租赁期限分期摊销。改建的固定资产延长使用年限的，除上述两项规定外，应当适当延长折旧年限。

（3）固定资产的大修理支出。大修理支出，是指同时符合下列条件的支出：修理支出达到取得固定资产时的计税基础 50% 以上；修理后固定资产的使用年限延长 2 年以上。该项支出，按照固定资产尚可使用年限分期摊销。

（4）其他应当作为长期待摊费用的支出。其他应当作为长期待摊费用的支出，自支出发生月份的次月起，分期摊销，摊销年限不得低于 3 年。

## 六、存货的税务处理

存货，指企业在正常生产经营过程中持有以备出售的产品或商品，或者为了出售仍然处在生产过程中的在产品，或者将在生产过程或提供劳务过程中耗用的材料、物料等。

### （一）存货成本的确定

（1）通过支付现金方式取得的存货，以购买价款和支付的相关税费为成本。

（2）通过支付现金以外的方式取得的存货，以该存货的公允价值和支付的相关税费为成本。

（3）生产性生物资产收获的农产品，以产出或者采收过程中发生的材料费、人工费和分摊的间接费用等必要支出为成本。

### （二）存货成本的计算方法

企业使用或者销售的存货的成本计算方法，可以在先进先出法、加权平均法、个别计价法中选用一种。计价方法一经选用，不得随意变更。

企业转让以上资产，在计算企业应纳税所得额时，资产的净值允许扣除。资产的净值是指有关资产、财产的计税基础减除已经按照规定扣除的折旧、摊销、准备金等后的余额。

除国务院财政、税务主管部门另有规定外，企业在重组过程中，应当在交易发生时确认有关资产的转让所得或者损失，相关资产应当按照交易价格重新确定计税基础。

## 第五节　税收优惠

### 一、免征与减征优惠

#### （一）从事农、林、牧、渔业项目的所得

1. 免征企业所得税的项目的所得

（1）蔬菜、谷物、薯类、油料、豆类、棉花、麻类、糖料、水果、坚果的种植；

（2）农作物新品种的选育。

（3）中药材的种植。

（4）林木的培育和种植。

（5）牲畜、家禽的饲养。

（6）林产品的采集。

（7）灌溉、农产品初加工、兽医、农技推广、农机作业和维修等农、林、牧、渔服务业项目。

（8）远洋捕捞。

2. 减半征收企业所得税的项目的所得

（1）花卉、茶以及其他饮料作物和香料作物的种植。

（2）海水养殖、内陆养殖。

#### （二）从事国家重点扶持的公共基础设施项目投资经营的所得

国家重点扶持的公共基础设施项目是指《公共基础设施项目企业所得税优惠目录》规定的港口码头、机场、铁路、公路、电力、水利等项目。

从事国家重点扶持的公共基础设施项目投资经营的所得，自项目取得第一笔生产经营收入所属纳税年度起，从第一年至第三年免征企业所得税，第四年至第六年减半征收企业所得税。

#### （三）从事符合条件的环境保护、节能节水项目的所得

环境保护、节能节水项目的所得，自项目取得第一笔生产经营收入所属纳税年度起，从第一年至第三年免征企业所得税，第四年至第六年减半征收企业所得税。

符合条件的环境保护、节能节水项目包括公共污水处理、公共垃圾处理、沼气综合开发利用、节能减排技术改造、海水淡化等。

#### （四）符合条件的技术转让所得

符合条件的技术转让所得是指一个纳税年度内，居民企业转让技术所有权所得不超过 500 万元的部分，免征企业所得税；超过 500 万元的部分，减半征收企业所得税。

## 二、高新技术企业优惠

（1）国家需要重点扶持的高新技术企业，减按 15% 的税率征收企业所得税。

（2）经济特区和上海浦东新区新设立高新技术企业过渡性税收优惠：①经济特区和上海浦东新区在 2008 年 1 月 1 日之后完成登记注册的国家重点扶持的高新技术企业取得的所得，自项目取得第一笔生产经营收入所属纳税年度起，从第一年至第二年免征企业所得税，第三年至第五年按照 25% 的法定税率减半征收企业所得税。②经济特区和上海浦东新区新设立高新技术企业同时在经济特区和上海浦东新区以外的地区从事生产经营的，应该单独计算在经济特区和上海浦东新区取得的所得，并合理分摊期间费用，没有单独计算的，不得享受企业所得税优惠。③经济特区和上海浦东新区新设立高新技术企业在享受优惠期间，不再具有高新技术企业资格的，从不再具有高新技术企业资格年度起，停止享受过渡性税收优惠；以后再被认定为高新技术企业的，不得继续享受或重新享受过渡性税收优惠。

## 三、小型微利企业优惠

符合条件的小型微利企业，减按 20% 的税率征收企业所得税。

### （一）小型微利企业的认定

符合条件的小型微利企业，是指从事国家非限制和禁止行业，并符合下列条件的企业：

（1）工业企业，年度应纳税所得额不超过 30 万元，从业人数不超过 100 人，资产总额不超过 3 000 万元。

（2）其他企业，年度应纳税所得额不超过 30 万元，从业人数不超过 80 人，资产总额不超过 1 000 万元。

上述"从业人数"按企业全年平均从业人数计算，"资产总额"按企业年初和年末的资产总额平均计算。

### （二）小型微利企业的优惠政策

（1）按照财税〔2015〕34 号规定，自 2015 年 1 月 1 日至 2017 年 12 月 31 日，对年应纳税所得额低于 20 万元（含 20 万元）的小型微利企业，其所得减按 50% 计入应纳税所得额，按 20% 的税率缴纳企业所得税。

（2）按照财税〔2015〕99 号规定，自 2015 年 1 月 1 日至 2017 年 12 月 31 日，对年应纳税所得额低于 30 万元（含 30 万元）的小型微利企业，其所得减按 50% 计入应纳税所得额，按 20% 的税率缴纳企业所得税。

## 四、加计扣除优惠

### （一）研究开发费

研究开发费是指企业为开发新技术、新产品、新工艺的研究开发费用支出，未形成无形资产计入当期损益的，在按照规定据实扣除的基础上，按照研究开发费用的 50%加计扣除；形成无形资产的，按照无形资产成本的 150%摊销。

企业实际发生的研发费在年度中间预缴所得税时，允许据实计算扣除，在年度终了进行所得税申报和汇算清缴时，在按照规定加计扣除。

### （二）企业安置残疾人员所支付的工资

企业的安置残疾人员及国家鼓励安置的其他就业人员所支付的工资支出，可以在计算应纳税所得额时加计扣除。企业安置残疾人员所支付的工资的加计扣除，是指企业安置残疾人员的，在按照支付给残疾职工工资据实扣除的基础上，按照支付给残疾职工工资的 100%加计扣除。企业安置国家鼓励安置的其他就业人员所支付的工资的加计扣除办法，由国务院另行规定。

## 五、创投企业优惠

创业投资企业从事国家需要重点扶持和鼓励的创业投资，可以按投资额的一定比例抵扣应纳税所得额。

创投企业优惠，是指创业投资企业采取股权投资方式投资于未上市的中小高新技术企业 2 年以上的，可以按照其投资额的 70%在股权持有满 2 年的当年抵扣该创业投资企业的应纳税所得额；当年不足抵扣的，可以在以后纳税年度结转抵扣。

## 六、加速折旧优惠

企业的固定资产由于技术进步等原因，确需加速折旧的，可以缩短折旧年限或采取加速折旧的办法。可采取以上折旧办法的固定资产是指：①由于技术进步，产品更新换代较快的固定资产；②常年处于强震动、高腐蚀状态的固定资产。

采取缩短折旧年限方法的，最低折旧年限不得低于规定折旧年限的 60%；采取加速折旧方法的，可以采取双倍余额递减法和年数总和法。

## 七、减计收入优惠

减计税收优惠企业综合利用资源，生产符合国家产业政策规定产品所取得的收入，可以在计算应纳税所得额时减计收入。

综合利用资源是指企业以《资源综合利用企业所得税优惠目录》规定的资源为主要原料，生产国家非限制和禁止并符合国家和行业标准的产品取得的收入，减按 90%计入收入总额。

上述所称原材料占生产产品材料的比例不得低于《资源综合利用企业所得税优惠目录》规定的标准。

【例 10-1】某企业为中国的居民纳税人，2015 年生产经营情况如下：销售收入 6 000 万元（其中属于符合条件的综合利用资源产出产品的收入 100 万元）；销售成本为 5 600 万元；销售费用 50 万元，管理费用 100 万元（其中业务招待费 24 万元）；缴纳增值税 30 万元，缴纳消费税、城建税和教育费附加共计 47 万元；通过救灾委员会向灾区捐款 20 万元，直接向灾区某学校捐赠 10 万元。要求计算该企业 2015 年的应纳所得税税额。

【解析】

（1）2015 年企业的会计利润=6 000-5 600-50-100-47-20-10=173（万元）

（2）符合条件的综合利用资源产出产品减按 90%计收入，调减 10 万元

（3）业务招待费：24×60% =14.4（万元）

6 000×5‰ =30（万元）

业务招待费调整额=24-14.4=9.6（万元）

（3）公益性捐赠扣除限额=173×12% =20.76（万元）>20（万元），可据实扣除，不做调整。

直接向灾区某学校捐赠税法不允许扣除，调增 10 万元。

（4）应税所得额=173-10+9.6+10=182.6（万元）

（5）应纳税额=182.6×25% = 45.65（万元）

# 八、税额抵免优惠

税额抵免是指企业购置并实际使用《环境保护专用设备企业所得税优惠目录》、《节能节水专用设备企业所得税优惠目录》和《安全生产专用设备企业所得税优惠目录》规定的环境保护、节能节水、安全生产等专用设备的，该专用设备的投资额的 10%可以从企业当年的应纳税额中抵免；当年不足抵免的，可以在以后 5 个纳税年度结转抵免。

享受企业所得税优惠的企业，应当实际购置并自身实际投入使用前款规定的专用设备；企业购置上述专用设备在 5 年内转让、出租的，应当停止享用企业所得税优惠，并补缴已经抵免的企业所得税税款。转让的受让方可以按照该专用设备投资额的 10%抵免当年企业所得税应纳税额；当年应纳税额不足抵免的，可以在以后 5 个纳税年度结转抵免。

企业所得税优惠目录，由国务院财政、税务主管部门商国务院有关部门制定，报国务院批准后公布施行。

【例 10-2】2015 年某居民企业购买安全生产专用设备用于生产经营，取得的增值税普通发票上注明设备价款 11.7 万元。已知该企业 2013 年亏损 40 万元，2014 年盈利 20 万元，2015 年度经审核的应纳税所得额 60 万元。2015 年度该企业实际应缴纳企业

所得税。

**【解析】**

主要涉及亏损弥补、税收优惠和税额的计算。

企业当年实现的所得可以先弥补以前年度的亏损再计算税额,最长弥补期限不超过5年。

当年应纳税额=[60-(40-20)]×25%=10(万元)

企业购置并实际使用的安全生产专用设备允许按设备投资额的10%抵免当年的应纳税额。实际应纳税额=10-11.7×10%=8.83(万元)

## 九、民族自治地区的优惠

民族自治地方的自治机关对本民族自治地方的企业应缴纳的企业所得税中属于地方分享的部分,可以决定减征或者免征。自治州、自治县决定减征或是免征的,须报省、自治区、直辖市人民政府批准。对民族自治地方内国家限制和禁止行业的企业,不得减征或免征企业所得税。

## 十、非居民企业优惠

非居民企业在中国境内未设立机构、场所的,或者虽设立机构、场所但取得的所得与其所设机构、场所没有实际联系的,减按10%的税率征收企业所得税。该类非居民企业取得下列所得免征企业所得税。包括外国政府向中国政府提供贷款取得的利息所得;国际金融组织向中国政府和居民企业提供优惠贷款取得的利息所得;经国务院批准的其他所得,可以免征企业所得税。

## 十一、其他有关行业的优惠

### (一)软件产业和集成电路产业优惠政策

(1)软件生产企业实行增值税即征即退政策所退还的税款,由企业用于研究开发软件产品和扩大再生产,不作为企业所得税应税收入,不予征收企业所得税。

(2)我国境内新办软件生产企业经认定后,自获利年度起,第一年和第二年免征企业所得税,第三年至第五年减半征收企业所得税。

(3)国家规划布局内的重点软件生产企业,如当年未享受免税优惠的,减按10%的税率征收企业所得税。

(4)软件生产企业的职工培训费用,可按实际发生额在计算应纳税所得额时扣除。

(5)企事业单位购进软件,凡符合固定资产或无形资产确认条件的,可以按照固定资产或无形资产进行核算,经主管税务机关核准,其折旧或摊销年限可以适当缩短,最短可为 2 年。

（6）集成电路设计企业视同软件企业，享受上述软件企业的有关企业所得税政策。

（7）集成电路生产企业的生产性设备，经主管税务机关核准，其折旧年限可以适当缩短，最短可为 3 年。

### （二）证券投资基金的优惠政策

（1）对证券投资基金从证券市场中取得的收入，包括买卖股票、债券的差价收入，股权的股息、红利收入，债券的利息收入及其他收入，暂不征收企业所得税；

（2）对投资者从证券投资基金分配中取得的收入，暂不征收企业所得税；

（3）对证券投资基金管理人运用基金买卖股票、债券的差价收入，暂不征收企业所得税。

## 第六节 应纳税额的计算

### 一、居民企业应纳税额的计算

应纳税额=应纳税所得额×适用税率-减免税额-抵免税额 （10-2）

其中，应纳税所得额的计算一般有两种方法。

#### （一）直接计算法

应纳税所得额为企业每一纳税年度的收入总额减除不征税收入、免税收入、各项扣除以及允许弥补的以前年度亏损后的余额，即

应纳税所得额=收入总额-不征税收入-免税收入-各项扣除金额-弥补亏损 （10-3）

#### （二）间接计算法

应纳税所得额为会计利润总额加或减按照税法规定调整的项目金额后的余额，即

应纳税所得额=会计利润总额±纳税调整项目金额 （10-4）

纳税调整项目金额包括两方面的内容：一是企业的财务会计处理和税收规定不一致的应予以调整的金额；二是企业按税法规定准予扣除的税收金额。

【例 10-3】A 企业为中国的居民企业，2015 年度生产经营业务如下。

（1）取得产品含税销售收入 2 340 万元（商品适用增值税率为 17%）。

（2）发生产品销售成本 1 280 万元。

（3）发生销售费用 160 万元（其中含广告费用 140 万元）、管理费用 240 万元、逾期归还银行贷款的罚息 4 万元。

（4）应缴纳的增值税 60 万元、其他销售税款 6 万元。

（5）营业外支出 160 万元（其中含向灾区的公益捐赠 100 万元）。

要求计算：

（1）A 企业 2015 年度利润总额。

（2）A 企业 2015 年度公益救济捐赠调整额。

（3）A 企业 2015 年度广告费用调整额。

（4）A 企业 2015 年度应缴纳的企业所得税额。

**【解析】**

（1）A 企业利润总额=2 340÷（1+17%）-1 280-160-240-4-6-160 =150（万元）

（2）A 企业公益性捐赠扣除限额=150×12% =18（万元）

准予扣除的公益捐赠为 18 万元，纳税调整额=100-18=82（万元）

（3）A 企业 2016 年度广告费用调整额

广告费用扣除限额=2 340÷（1+17%）×15%=300（万元），实际发生的广告费用 140 万元，在扣除限额之内，准予按实际扣除。

（4）应纳税所得额=150+82=232（万元）

应缴企业所得税=232×25%=58（万元）

**【例 10-4】** 某企业为中国居民企业，2015 年度发生经营业务如下：

（1）取得产品销售收入 4 000 万元。

（2）发生产品销售成本 2 600 万元。

（3）取得国债利息收入 10 万元。

（4）发生销售费用 770 万元（其中广告费 650 万元）；管理费用 480 万元（其中业务招待费 25 万元）；财务费用 60 万元。

（5）销售税金 160 万元（含增值税 120 万元）。

（6）营业外收入 80 万元，营业外支出 50 万元（含通过公益性社会团体向贫困山区捐款 30 万元，支付税收滞纳金 6 万元）。

（7）计入成本、费用的实发工资总额 200 万元、拨缴职工工会经费 5 万元、发生职工福利费 31 万元、发生职工教育经费 7 万元。

要求：计算该企业 2015 年度实际应纳的企业所得税。

**【解析】**

（1）会计利润=4 000-2 600+10-770-480-60-（160-120）+80-50=90（万元）

（2）国债利息收入调减 10 万元

（3）广告费=4 000×15%=600（万元），广告费调增 50 万元

（4）业务招待费：25×60%=15（万元）；4 000×5‰ =20（万元），税法允许扣除 15 万元，调增 10 万元。

（5）公益性捐赠=90×12%=10.8（万元）；调增 19.2 万元

（6）税收滞纳金调增 6 万元

（7）工会经费=200×2%=4（万元），调增 1 万元

职工福利费=200×14%=28（万元），调增 3 万元

职工教育经费=200×2.5%=5（万元），调增 2 万元

（8）应纳税所得额=90-10+50+10+19.2+6+1+3+2=171.2（万元）

（9）应纳税额=171.2×25%=42.8（万元）

## 二、境外所得已纳税额的抵免

企业所得税的税额抵免，是指国家对企业来自境外所得依法征收所得税时，允许企业将其已在境外缴纳的所得税税额从其应向本国缴纳的所得税税额中扣除。

### （一）允许抵免的所得范围

（1）居民企业来源于中国境外的应税所得。

（2）非居民企业在中国境内设立机构、场所，取得发生在中国境内但与该机构场所有实际联系的应税所得。

居民企业从其直接或间接控制的外国企业分得的来源于中国境外的股息、红利等权益性投资收益，外国企业在境外实际缴纳的所得税税额中属于该项所得负担的部分，可以作为该居民企业的可抵免境外所得税税额，在企业所得税法规定的抵免限额内抵免。

其中，直接控制是指居民企业直接持有外国企业 20%以上股份；间接控制是居民企业以间接持股方式持有外国企业 20%以上股份，具体认定办法由国务院财政、税务主管部门另行规定。

### （二）境外所得抵扣税额的计算

税额抵免有全额抵免和限额抵免，我国税法实行限额扣除。税法规定，纳税人来源于中国境外的所得，已在境外缴纳的所得税税款，准予在汇总纳税时，可以从当期应纳税额中抵免，抵免限额为该项所得依照企业所得税法规定计算的应纳税额，超过抵免限额的部分，可以在以后 5 个年度内，用每年度抵免限额抵免当年应抵税额后的余额进行抵补。

所谓"已在境外缴纳的所得税税款"，是指纳税人来源于中国境外的所得，在境外实际缴纳的企业所得税性质的税款。企业按照企业所得税法规定抵免企业所得税税额时，应当提供中国境外税务机关出具的税款所属年度的有关纳税凭证。

所谓"境外所得依企业所得税法规定计算的应纳税额"，也称抵免限额，是指纳税人的境外所得，依照企业所得税法和实施条例的有关规定，计算的应纳税额。该应纳税额即为抵免限额，应当分国（地区）不分项计算，其计算公式为

抵免限额=中国境内、境外所得按照企业所得税法和条例规定计算的应纳税总额×来源于某国（地区）的应纳税所得额÷中国境内、境外应纳税所得总额　　　　（10-5）

【例 10-5】某企业 2015 年度境内所得应纳税所得额为 200 万元，在全年已预缴税款 50 万元，来源于境外某国税前所得 100 万元，境外实纳税款 20 万元，该企业当年汇算清缴应补（退）的企业所得税税款。

【解析】

该企业汇总纳税应纳税额=（200+100）×25% =75（万元）

境外已纳税款扣除限额=（200+100）×25%×100÷（200+100）=25（万元）

境外实纳税额20万元，可全额扣除。

境内已预缴50万元，则汇总纳税应纳所得税额=75-20-50=5（万元）

## 三、居民企业核定征收应纳税额的计算

为了加强企业所得税的征收管理，规范核定征收企业所得税工作，保障国家税款及时足额入库，维护纳税人合法权益。核定征收企业所得税的有关规定如下：

### （一）核定征收企业所得税的范围

纳税人具有下列情形之一的，应采取核定征收方式征收企业所得税：①依照税收法律法规规定可以不设账簿的；②按照税收法律法规规定应设置但未设置账簿的；③擅自销毁账簿或者拒不提供纳税资料的；④虽设置账簿，但账目混乱或者成本资料、收入凭证、费用凭证残缺不全，难以查账的；⑤发生纳税义务，未按照规定的期限办理纳税申报，经税务机构责令限期申报，逾期仍不申报的；⑥申报的计税依据明显偏低，又无正当理由的。

特殊行业、特殊类型的纳税人和一定规模以上的纳税人不适用本办法。2012年1月1日起，专门从事股权（股票）投资业务的企业，不得核定征收企业所得税。

### （二）核定征收企业所得税的办法

核定征收方式包括核定应纳税所得额征收和核定应税所得率征收两种办法，以及其他合理的办法。

1. 核定应纳税所得额征收

核定应纳税所得额征收是指税务机关按照一定的标准、程序和方法直接核定纳税人年度应纳企业所得税额，由纳税人按规定进行申报缴纳的办法。

税务机关一般采用下列方法核定征收企业所得税：

（1）参照当地同类行业或者类似行业中经营规模和收入水平相近的纳税人的税负水平核定；

（2）按照应税收入额或成本费用支出额定率核定；

（3）按照耗用的原材料、燃料、动力等推算或测算核定；

（4）按照其他合理方法核定。

2. 核定应税所得率征收

核定应税所得率征收是指税务机关按照一定的标准、程序和方法，预先核定纳税人的应税所得率，由纳税人根据纳税年度内的收入总额或成本费用等项目的实际发生额，按预先核定的应税所得率计算缴纳企业所得税的办法。

凡是具有下列情形之一的，核定其应税所得率：①能正确核算（查实）收入总额，

但不能正确核算（查实）成本费用总额的；②能正确核算（查实）成本费用总额，但不能正确核算（查实）收入总额的；③通过合理方法，能计算和推定纳税人收入总额或成本费用总额的。

实行核定应税所得率征收办法的，应纳税额的计算公式为

$$应纳税所得额=应税收入额×应税所得率 \tag{10-6}$$

或

$$应纳税所得额=成本费用支出额÷（1-应税所得率）×应税所得率 \tag{10-7}$$

$$应纳税额=应纳税所得额×适用税率 \tag{10-8}$$

实行应税所得率方式核定企业所得税的纳税人，经营多业的，无论其经营项目是否单独核算，均由税务机关主营项目确定适用的应税所得率。应税所得率应按规定的标准执行，详见表10-1。

表 10-1　应税所得率表　　　　　　　　单位：%

| 经营行业 | 应税所得率 |
| --- | --- |
| 1. 农、林、牧、渔业 | 3 ~ 10 |
| 2. 制造业 | 5 ~ 15 |
| 3. 批发和零售贸易业 | 4 ~ 15 |
| 4. 交通运输业 | 7 ~ 15 |
| 5. 建筑业 | 8 ~ 20 |
| 6. 饮食业 | 8 ~ 25 |
| 7. 娱乐业 | 15 ~ 30 |
| 8. 其他行业 | 10 ~ 30 |

纳税人的生产经营范围、主营业务发生重大变化，或者应纳税所得额或应纳税额增减变化达到20%的，应及时向税务机关申报调整已确定的应纳税额或应税所得率。

采用上述所列一种方法不足以正确核定应纳税所得额或应纳税额的，可以同时采用两种以上的方法核定。采用两种以上方法测算的应纳税额不一致时，可按测算的应纳税额从高核定。

【例 10-6】2015 年某居民企业向主管税务机关申报应税收入总额 120 万元，成本费用支出总额 127.5 万元。经税务机关检查，成本费用核算准确，但收入总额不能确定。税务机关对该企业采取核定征税办法，应税所得率为 25%。计算 2015 年度该企业应缴纳企业所得税。

【解析】

该企业应纳税所得额=127.5÷（1-25%）×25% = 42.5（万元）

应纳所得税额=应纳税所得额×25% =42.5×25%≈10.63（万元）

### （三）核定征收企业所得税的管理

（1）主管税务机关应及时向纳税人送达《企业所得税核定征收鉴定表》，及时完成对其核定征收企业所得税的鉴定工作。

纳税人应在收到《企业所得税核定征收鉴定表》后 10 个工作日内填好该表并报送主

管税务机关。《企业所得税核定征收鉴定表》一式三联，主管税务机关和县级税务机关各执一联，另一联送达纳税人执行。主管税务机关还可根据实际工作需要，适当增加联次备用。

纳税人收到《企业所得税核定征收鉴定表》后，未在规定期限内填列、报送的，税务机关视同纳税人已经报送，按上述程序进行复核认定。

（2）纳税人实行核定应纳所得税额方式的，按下列规定申报纳税：①纳税人在应纳所得税额尚未确定之前，可暂按上年度应纳所得税额的 1/12 或 1/4 预缴，或者按经主管税务机关认可的其他方法，按月或按季分期预缴。②在应纳所得税额确定以后，减除当年已预缴的所得税额，余额按剩余月份或季度均分，以此确定以后各月或各季的应纳税额，由纳税人按月或按季填写《中华人民共和国企业所得税月（季）度预缴纳税申报表（B 类）》，在规定的纳税申报期限内进行纳税申报。③纳税人年度终了后，在规定的时限内按照实际经营额或实际应纳税额向税务机关申报纳税。申报额超过核定经营额或应纳税额的，按申报额缴纳税款；申报额低于核定经营额或应纳税额的，按核定经营额或应纳税额缴纳税款。④对违反上述规定的行为，按照《税收征管法》及其实施细则的有关规定处理。

（3）纳税人实行核定应税所得率方式的，按下列规定申报纳税：①主管税务机关根据纳税人应纳税额的大小确定纳税人按月或者按季预缴，年终汇算清缴。预缴方法一经确定一个纳税年度内不得改变。②纳税人应依照确定的应税所得率计算纳税期间实际应缴纳的税额，进行预缴。按实际数额预缴有困难的，经主管税务机关同意，可按上一年度应纳税额的 1/12 或 1/4 预缴，或者按经主管税务机关认可的其他方法预缴。③纳税人预缴税款或年终进行汇算清缴时，应按规定填写《中华人民共和国企业所得税月（季）度预缴纳税申报表（B 类）》，在规定的纳税申报时限内报送主管税务机关。

## 四、非居民企业应纳税额的计算

对于在中国境内未设立机构、场所的，或者虽设立机构、场所但取得的所得与其所设机构、场所没有实际联系的非居民企业的所得，按照下列方法计算应纳税所得额。

（1）股息、红利等权益性投资收益和利息、租金、特许权使用费所得，以收入全额为应纳税所得额。

"营改增"试点中的非居民纳税人，应以不含增值税的收入全额作为应纳税所得额。

（2）转让财产所得，以收入全额减除财产净值后的余额为应纳税所得额，其中财产净值是指财产的计税基础减除已经按照规定扣除的折旧、折耗、摊销、准备金等后的余额。

（3）其他所得，参照前两项规定的方法计算应纳税所得额。

具体征收管理规定如下：

（1）扣缴义务人在每次向非居民企业支付或者到期应支付所得时，应从支付或者到期应支付的款项中扣缴企业所得税。

（2）扣缴企业所得税应纳税额的计算：

扣缴企业所得税应纳税额=应税所得额×实际征收率          （10-9）

（3）扣缴义务人对外支付或者到期应支付的款项为人民币以外货币的，在申报扣缴企业所得税时，应当按照扣缴当日国家公布的人民币汇率中间价，折合成人民币计算应纳税所得额。

（4）扣缴义务人和非居民企业签订应税所得有关的业务合同时，凡合同中约定由扣缴义务人负担的应纳税款的，应将非居民企业取得的不含税所得换算成含税所得后计算征税。

（5）按照企业所得税法及其实施条例和相关税收法规规定，给予非居民企业减免税优惠的，应按相关税收减免管理办法和行政审批程序的规定办理。对未经审批或者减免税申请未得到批准之前，扣缴义务人发生支付款项的，应按规定代扣代缴企业所得税。

## 五、非居民企业所得税核定征收办法

非居民企业因会计账簿不健全，资料残缺难以查账，或者其他原因不能准确计算并据实申报期应纳税所得额的，税务机关有权采取以下方法核定其应纳税所得额。

（1）按收入总额核定应纳税所得额。

适用于能够正确核算收入或通过合理办法推定收入总额，但不能正确核算成本费用的非居民企业。计算公式为

应纳税所得额=收入总额×经税务机关核定的利润率          （10-10）

（2）按成本费用核定应纳税所得额。

适用于能够正确核算成本费用，但不能正确核算收入总额的非居民纳税企业。

应纳税所得额=成本费用总额÷（1–经税务机关核定的利润率）×经税务机关核定的利润率          （10-11）

（3）税务机关可按照以下标准确定非居民企业的利润率：①从事承包工程作业、设计和咨询劳务的，利润率为15%～30%。②从事管理服务的，利润率为30%～50%。③从事其他劳务或劳务以外经营活动的，利润率不得低于15%。

税务机关有根据认为非居民企业的实际利润率明显高于上述标准的，可以按照比上述标准更高的利润率核定其应纳税所得额。

## 六、房地产开发企业所得税预缴税款的处理

本规定适用于从事房地产开发经营业务的居民纳税人，一般包括内资、外商投资房地产开发经营企业。

（1）房地产开发企业按当年实际利润据实分季（或月）预缴企业所得税的，对开发、建造的住宅、商业用房以及其他建筑物、附着物、配套设施等开发产品，在未完工前采取预售方式销售取得的预售收入，按照规定的预计利润率分季（或月）计算出预计利润额，计入利润总额预缴，开发产品完工、结算计税成本后按照实际利润再行调整。

（2）房地产开发企业按当年实际利润据实预缴企业所得税的，对开发、建造的住宅、商业用房以及其他建筑物、附着物、配套设施等开发产品，在未完工前采取预售方式销售取得的预售收入，按照规定的预计利润率分季（或月）计算出预计利润额，填报在《中华人民共和国企业所得税月（季）度预缴纳税申报表（A类）》（国税函〔2008〕44号文件附件1）第4行"利润总额"中。

（3）房地产开发企业对经济适用房项目的预售收入进行初始纳税申报时，必须附送有关部门批准经济适用房项目开发、销售的文件以及其他相关证明材料。凡不符合规定或未附送有关部门的批准文件以及其他相关证明材料的，一律按销售非经济适用房的规定执行。

## ■ 第七节　征收与管理

### 一、纳税期限

企业所得税按年计征，分月或分季预缴，年终汇算清缴，多退少补。

企业所得税以公历每年1月1日至12月31日作为一个纳税年度。如果纳税人在一个纳税年度的中间开业，或者由于合并、关闭等原因，使该纳税年度的实际经营期不足12个月，应当以实际经营期为一个纳税年度。纳税人清算时，应当以清算期间作为一个纳税年度。

企业应当自年度终了之日起5个月内向税务机关报送年度企业所得税纳税申报表，并汇算清缴，结清应缴应退税款。

企业在年度中间终止经营活动的，应当自实际经营终止之日起60日内，向税务机关办理当期企业所得税汇算清缴。

### 二、纳税申报

企业按月或按季预缴税款的，应当自月份或者季度终了之日起15日内，向税务机关报送预缴企业所得税纳税申报表，预缴税款。企业在报送企业所得税纳税申报表时，应当按照规定附送财务会计报告和其他有关资料。

企业应当在办理注销登记前，就其清算所得向税务机关申报并依法缴纳企业所得税。

企业在纳税年度内无论盈利或者亏损，都应当依照企业所得税法规定的期限，向税务机关报送预缴企业所得税纳税申报表、年度企业所得税纳税申报表、财务会计报告和税务机关规定应当报送的其他有关资料。

依照企业所得税法缴纳的企业所得税，以人民币计算。所得以人民币以外的货币计算的，应当折合成人民币计算并缴纳税款。

## 三、纳税地点

（1）除税收法律、行政法规另有规定外，居民企业以企业登记注册地为纳税地点；但登记注册地在境外的，以实际管理机构所在地为纳税地点。其中，企业登记注册地，是指企业依照国家有关规定登记注册的住所地。

（2）居民企业在中国境内设立不具有法人资格的营业机构的，应当汇总计算并缴纳企业所得税。企业汇总计算并缴纳企业所得税时，应当统一核算应纳税所得额，具体办法由国务院财政、税务主管部门另行制定。

（3）非居民企业在中国境内设立机构、场所的，应当就其所设机构、场所取得的来源于中国境内的所得，以及发生在中国境外但与其所设机构、场所有实际联系的所得，以机构、场所所在地为纳税地点。

非居民企业在中国境内设立两个或者两个以上机构、场所的，经税务机关审核批准，可以选择由其主要机构、场所汇总缴纳企业所得税。

非居民企业经批准汇总缴纳企业所得税后，需要增设、合并、迁移、关闭机构、场所或者停止机构、场所业务的，应当事先由负责汇总申报缴纳企业所得税的主要机构、场所向其所在地税务机关报告；需要变更汇总缴纳企业所得税的主要机构、场所的，依照前款规定办理。

（4）非居民企业在中国境内未设立机构、场所的，或者虽设立机构、场所但取得的所得与其所设机构、场所没有实际联系的所得，以扣缴义务人所在地为纳税地点。

（5）除国务院另有规定外，企业之间不得合并缴纳企业所得税。

## 四、跨地区经营汇总纳税企业所得税征收管理

### （一）基本原则

跨地区经营汇总纳税企业按照"统一计算、分级管理、就地预缴、汇总清算、财政调库"的所得税处理原则计算缴纳企业所得税。即总机构统一计算的当期应纳税额的地方分享部分中，25%由总机构所在地分享，50%由各分支机构所在地分享，25%按一定比例在各地间进行分配。

统一计算，是指企业总机构统一计算包括企业所属各个不具有法人资格的营业机构、场所在内的全部应纳税所得额、应纳税额。

分级管理，是指总机构和分支机构分别接受机构所在地主管税务机关的管理。

就地预缴，是指总机构、分支机构应按本办法的规定，按月或按季分别向所在地主管税务机关申报预缴企业所得税。

汇总清算，是指在年度终了后，总机构负责进行企业所得税的年度汇算清缴，统一计算企业的年度应纳所得额，抵减总机构、分支机构当年已就地分期预缴的企业所得税款后，多退少补税款。

财政调库，是指财政部定期将缴入中央国库的跨省市总分机构企业所得税待分配收

入，按照核定的系数调整至地方金库。

## （二）适用范围

居民企业在中国境内跨地区（指跨省、自治区、直辖市和计划单列市）设立不具有法人资格的营业机构、场所的，该居民企业即为汇总纳税企业，除另有规定外，适用本办法。

由于国有邮政企业、中国工商银行、中国农业银行、中国银行、国家开发银行、中国农业发展银行、中国进出口银行、中央汇金投资有限责任公司、中国建设银行、中国建银投资有限责任公司、中国石化、中国石油、中海石油以及海洋石油天然气企业等企业总分机构缴纳的企业所得税为中央收入，全部上缴中央国库，所以不适用本办法。

## （三）税款预缴

由总结构统一计算企业应纳税所得额和应纳所得税额，并分别由总机构、分支机构按月或按季就地预缴。

### 1. 分支机构分摊预缴税款

总机构在每月或每季终了之日起10日内，按照上年度各省市分支机构的销售收入、职工薪酬和资产总额三个因素，将统一计算的企业当期应纳税额的50%在各分支机构之间进行分摊（总机构所在省市同时设有分支机构的，同样按三个因素分摊），各分支机构根据分摊税款就地办理缴库，所缴纳税款收入由中央与分支机构所在地按60：40分享。分摊时三个因素权重依次为0.35、0.35和0.3。当年新设立的分支机构第二年起参与分摊；当年撤销的分支机构自办理注销税务登记之日起不参与分摊。

其中，分支机构的销售收入，是指分支机构销售商品、提供劳务、让渡资产使用权等日常经营活动实现的全部收入。

分支机构的职工薪酬，是指分支机构为获得职工提供的服务而给予职工的各种形式的报酬以及其他相关支出。

分支机构资产总额，是指分支机构在12月31日拥有或控制的资产总额。

其中，

所有分支机构分摊税款总额=汇总纳税企业当期应纳所得税额×50%　　　（10-12）

某分支机构分摊比例=0.35×（该分支机构销售收入／各分支机构销售收入之和）+0.35×（该分支机构职工薪酬／各分支机构职工薪酬之和）+0.30×（该分支机构资产总额／各分支机构资产总额之和）

### 2. 总机构就地预缴税款

总机构应按统一计算的企业当期应纳税额的25%，就地办理缴库，所缴纳税款收入由中央与总机构所在地按60：40分享。

### 3. 总机构预缴中央国库税款

总机构应将统一计算的企业当期应纳税额的剩余25%，就地全额缴入中央国库，所缴纳税款收入 60%为中央收入，40%由财政部按照 2004～2006 年各省市三年实际分享企业所得税占地方分享总额的比例定期向各省市分配。

### （四）汇总清算

企业总机构汇总计算企业年度应纳所得税额，扣除总机构和各境内分支机构已预缴的税款，计算出应补应退税款，分别由总机构和各分支机构（不包括当年已办理注销税务登记的分支机构）就地办理税款缴库或退库。

（1）补缴的税款按照预缴的分配比例，50%由各分支机构就地办理缴库，所缴纳税款收入由中央与分支机构所在地按 60：40 分享；25%由总机构就地办理缴库，所缴纳税款收入由中央与总机构所在地按 60：40 分享；其余 25%部分就地全额缴入中央国库，所缴纳税款收入中 60%为中央收入，40%由财政部按照 2004～2006 年各省市三年实际分享企业所得税占地方分享总额的比例定期向各省市分配。

（2）多缴的税款按照预缴的分配比例，50%由各分支机构就地办理退库，所退税款由中央与分支机构所在地按 60：40 分担；25%由总机构就地办理退库，所退税款由中央与总机构所在地按 60：40 分担；其余 25%部分就地从中央国库退库，其中 60%从中央级 1010442 项"总机构汇算清缴所得税"下有关科目退付，40%从中央级 1010443 项"企业所得税待分配收入"下有关科目退付。

## 五、新增企业所得税征管范围的调整

自 2009 年 1 月 1 日起，对 2009 年以后新增企业的所得税征管范围进行调整。从 2009 年起，新增企业所得税纳税人中，应缴纳增值税的企业，其企业所得税由国税局管理；应缴纳营业税的企业，其企业所得税由地税局管理。以 2008 年为基年，2008 年年底之前国税局、地税局各自管理的企业所得税纳税人不作调整。

从 2009 年起，企业所得税全额为中央收入的企业和在国税局缴纳营业税的企业，其企业所得税由国税局管理。银行（信用社）、保险公司的企业所得税由国税局管理，除上述规定外的其他各类金融企业的企业所得税由地税局管理。外商投资企业和外国企业常驻代表机构的企业所得税仍由国税局管理。

"营改增"之后企业所得税的征收应该按照实际经营情况向税务部门缴纳企业所得税，一般采取的方法是依据企业营业执照上注册项目的第一项和第二项区分企业所得税的归属。

2008 年年底之前已成立跨区经营汇总纳税企业，从 2009 年起新设立的分支机构，其企业所得税的征管部门应与总机构企业所得税征管部门相一致；从 2009 年起新增跨区经营汇总纳税企业，总机构按基本规定确定的原则划分征管归属，其分支机构企业所得税的管理部门也应与总机构企业所得税管理部门相一致。按税法规定免缴流转税的企业，按其免缴的流转税税种确定企业所得税征管归属；既不缴纳增值税，也不缴纳营业税的企业，其企业所得税暂由地税局管理。既缴纳增值税又缴纳营业税的企业，原则上按照其税务登记时自行申报的主营业务应缴纳的流转税税种确定征管归属；企业税务登记时无法确定主营业务的，一般以工商登记注明的第一项业务为准；一经确定，原则上不再调整。

## ★ 本章拓展材料

国务院发布《中华人民共和国集体企业所得税暂行条例》的通知

《国营企业调节税征收办法》

《中华人民共和国国营企业所得税条例（草案）》（失效）

《中华人民共和国企业所得税法》

《中华人民共和国企业所得税法实施条例》

《中华人民共和国私营企业所得税暂行条例》

《中华人民共和国外国企业所得税法》

《中华人民共和国外商投资企业和外国企业所得税法》

《中华人民共和国中外合资经营企业所得税法》

# 第十一章

# 个人所得税

**【学习目标与要求】**

通过本章学习，了解我国个人所得税制度的建立与发展；深入认识个人所得税的概念、类型及其特点作用；全面理解我国现行个人所得税纳税人的分类、征税对象、课税范围、税收优惠、征收管理等税制要素；熟练掌握工资薪金所得、劳务报酬所得、稿酬所得、特许权使用费所得、财产租赁所得、财产转让所得等各项所得应纳税额的计算并能够综合运用。

个人所得税是对个人（自然人）的劳动和非劳动所取得的各项应税所得征收的一种税，体现国家与个人之间的分配关系。它诞生于 1799 年的英国，迄今已经经历了两个多世纪的发展和完善过程。由于个人所得税在筹集财政收入、调节个人收入分配差距和保证宏观经济、社会稳定方面有其独特的作用，因而备受世界各国和地区的青睐。目前，个人所得税已经成为很多国家特别是西方发达国家的最重要的税种和主要收入来源。相对于其他国家，我国的个人所得税起步较晚，改革的进程也很复杂。

## 第一节 个人所得税概述

个人所得税是以个人（自然人）取得的各项应税所得为征税对象所征收的一种所得税。

### 一、个人所得税的征收模式

个人所得税按税制设计及其征收方式可分为综合所得税制、分类所得税制以及综合与分类相结合的所得税制三种类型。

#### （一）综合所得税制

综合所得税制是指对纳税人全年的各项所得加以汇总，在进行统一扣除后，就其余额按统一税率征税的一种个人所得税制类型。

综合所得税制的优点是能够充分考虑纳税人的综合收入水平和家庭负担等方面的情况，反映纳税人的综合负税能力，体现税收公平，从而发挥调节收入分配的作用；缺点是征管难度大，税收成本高，而且不利于针对不同收入进行调节，不利于体现国家的有关社会、经济政策。

### （二）分类所得税制

分类所得税制是指将个人各种不同来源、性质的所得进行分类，分别扣除费用，适用不同的税率征税的一种个人所得税制类型。

分类所得税制广泛采用源泉课征方法，优点是易于掌握特定的所得来源，征管简便，节省征收费用；缺点是不能全面反映纳税人的综合收入水平和经济负担。我国目前采用分类所得税制。

### （三）综合与分类相结合的所得税制

综合与分类相结合的所得税制是指对纳税人全年的大部分所得实行综合征收，仅对特定性质的所得实行分类征收的一种个人所得税制类型。

该类型融合了综合所得税制和分类所得税制的优点，一方面综合个人的大部分所得，适用统一税率综合计税，从而体现了税收的量能负担原则；另一方面，对特定性质的所得，制定专门税率和征收方法，可以兼顾税收的公平和效率原则。我国将逐步建立综合与分类相结合的所得税制。

## 二、个人所得税的功能

个人所得税属于直接税种，在组织财政收入的同时，还可以发挥调节收入分配和调节经济的功能。

#### 1. 组织财政收入

个人所得税以个人所获取的各项所得为征税对象，只要有所得就可以课税，税基广阔，因此个人所得税目前已经成为各国政府税收收入的重要组成部分，也是财政收入的主要来源。目前，西方发达国家基本上都实行了以所得税制为主体税种的税收制度，个人所得税收入占税收收入的比重较高。就我国目前的状况而言，我国居民的收入水平不高，个人所得税的收入总额还较低，但是，随着我国居民收入水平的不断提高，个人所得税对财政收入的贡献程度将不断提高。

#### 2. 调节收入分配

个人所得税作为政府调控收入分配的重要政策工具，主要是通过累进税率发挥其调节收入分配的作用。在累进税率下随着个人收入的增加，个人所得税适用的边际税率不断提高，低收入者适用较低的税率征税，而高收入者则按较高的税率征税。这有利于改变个人收入分配结构，缩小高收入者和低收入者之间的收入差距。

### 3. 调节经济发展

在微观层面上，通过课征个人所得税影响居民的劳动供给、投资、储蓄、消费等各种行为，从而影响微观经济的运行；在宏观层面上，个人所得税可以通过税率调整、减免税设计等实行减税或增税的政策，发挥税收政策"内在稳定器"的作用，从而使经济走出萧条或平抑经济的过度繁荣，保持经济的稳定。

## 三、我国个人所得税的建立与发展

### （一）个人所得税的建立

1950 年，在政务院公布的《全国税政实施要则》中就明确规定了税收体系中包含对个人征收的薪给报酬所得税和存款利息所得税。但是，由于我国长期实行低工资制，"文革"中又取消了稿酬，这个税的征收不具有现实的可能性，一直没有开征。存款利息所得税也因为种种原因于 1959 年停征。

十一届三中全会以后，改革开放成为我国的基本国策。这一政策的通过和实施，促使我国经济迅速融入世界经济发展的浪潮中。在这一过程里，外商在我国投资的"三资"企业逐渐增多，来华工作并在我国取得收入的外籍人员也逐渐增多，他们的劳动报酬是比较高的。与此同时，我国公民的收入来源也逐渐多元化，收入水平不断提高。为了维护国家权益，增加财政收入，调节个人收入，1980 年 9 月 10 日，经第五届全国人民代表大会通过公布了《中华人民共和国个人所得税法》(简称《个人所得税法》)，这标志着新中国第一部个人所得税法正式诞生。该法本着适当调节收入差距、公平税负、合理负担的原则，采用了分项税制，具有扣除额宽、税率低、征税面小和计算简便的特点。

### （二）城乡个体工商户所得税制的公布实施

随着改革开放的不断深入，我国个体经济得到了迅猛发展。为了适应税制改革的需要，合理调整个体工商户的税收负担，加强和完善对个体工商户的税收管理，国务院在反复研究的基础上于 1986 年 1 月发布了《中华人民共和国城乡个体工商户所得税暂行条例》，并于同年实施。从此，城乡个体工商户所得税成为一个独立的税种，它为各类企业开展平等竞争初步创造了条件。

### （三）个人收入调节税的开征

随着我国经济体制改革的不断深入，我国公民个人的收入情况发生了很大变化。公民取得的收入日益增多，除工资外，还有奖金收入、劳务报酬收入、技术转让收入、财产租赁收入、承包收入以及股息、利息和红利收入等，个人收入水平不断提高。为了运用税收杠杆调节个人收入分配差距，适当解决社会分配不公带来的矛盾，避免社会成员间收入差距过分悬殊，国务院于 1986 年 9 月公布了《中华人民共和国个人收入调节税暂行条例》，并于 1987 年 1 月施行。

个人收入调节税的开征，使得我国的个人所得税出现了"三税并立"的局面。上述三种税的开征在当时是必要的，对支持改革开放，增加财政收入，缓解社会财富分配不公和促进社会的安定团结等方面都起到积极的调节作用。但是，随着经济的发展，三税并立以及三个税种本身的一些规定已经不能适应形势发展的需要。针对这些问题，根据邓小平同志 1992 年南方谈话和中央加快改革的精神，1993 年全国人大常委会对我国个人所得税制度作了一次重大修订，修订后的《个人所得税法》将原来的个人所得税、个人收入调节税和个体工商户所得税三税合一，并于 1994 年 1 月 1 日起施行。

1999 年全国人大常委会对《个人所得税法》作了第二次修正。2000 年又将个人独资企业和合伙企业投资者纳入缴纳个人所得税的范围。2008 年 2 月 18 日修改《中华人民共和国个人所得税法实施条例》。

目前适用的《个人所得税法》是 2011 年 6 月 30 日，由第十一届全国人民代表大会常务委员会第二十一次会议修改并通过公布的，自 2011 年 9 月 1 日起施行。

## 四、我国个人所得税的特点

个人所得税是世界各国普遍征收的一种直接税，由于各个国家的经济发展阶段以及征管水平不同，个人所得税在各国体现出不同的特征。由于我国目前仍处于社会主义市场经济的初级阶段，信息技术、征管水平等与发达国家相比，仍有一定的差距，因此，我国个人所得税制与其他国家相比，呈现以下几个方面的特征：

（1）征收制度上实行分类征收模式。我国个人所得税采取分类课征的模式，主要是将我国个人取得的各种所得划分为 11 种类型，分别适用不同的费用扣除标准、税率和计税方法。分类课征可以充分发挥源泉扣缴的好处，计算简便，从而可以达到简化纳税手续，方便征纳双方，减轻纳税成本的目的，并能够体现国家对个人不同所得的征税政策。

（2）税率选择上超额累进税率与比例税率并用。超额累进税率有利于体现公平，比例税率则有利于促进效率。为了兼顾公平和效率，我国的个人所得税制同时采用了超额累进和比例税率两种税率形式。其中，工资薪金所得，个体工商户的生产经营所得，对企事业单位的承包、承租经营所得采用超额累进税率；对劳务报酬所得、稿酬所得、特许权使用费所得、股息红利所得、偶然所得等采用比例税率，在促进公平的同时兼顾了效率。

（3）费用扣除上定额扣除与定率扣除并用。我国现行个人所得税，本着费用扣除从宽、从简的原则，对应税所得，根据情况不同在费用扣除上分别采用定额扣除和定率扣除并用的费用扣除方法。如对工资、薪金所得，适用的减除费用标准为每月 3 500 元；而劳务报酬等所得在每次收入不超过 4 000 元时的费用扣除标准为 800 元，每次收入在 4 000 元以上费用扣除标准为 20%；个体工商户生产经营所得则采用会计利润的方法进行计算。这样一来，可以较好地体现收入高多交税，收入少少交税的税收公平原则。

（4）申报缴纳方式上源泉扣缴和自行申报并行。现行个人所得税在申报缴纳上，对纳税人应纳税额分别采取由支付单位代扣代缴与纳税人自行申报纳税两种方法。对可以在应税所得的支付环节扣缴的，均由法定的扣缴义务人在向纳税人支付应税所得时代扣代缴个人所得税款；对于没有代扣代缴义务人以及个人在两处或两处以上取得工资、薪金所得等情况的，实行由纳税人自行申报纳税的办法。这样有利于控制个人所得税税款的流失，也便于个人所得税的征管。

## 第二节 基本税制要素

### 一、纳税义务人

个人所得税的纳税义务人，包括中国公民、个体工商户、个人独资企业、合伙企业投资者、在中国有所得的外籍人员（包括无国籍人员）和香港、澳门、台湾同胞。上述纳税义务人依据住所和居住时间两个标准，区分为居民纳税人和非居民纳税人，分别承担不同的纳税义务。

#### （一）居民纳税义务人

**1. 居民纳税人的判定**

根据《个人所得税法》规定，居民纳税义务人是指在中国境内有住所，或者无住所而在中国境内居住满1年的人。

其中，在中国境内有住所的个人，是指因户籍、家庭、经济利益关系，而在中国境内习惯性居住的个人。这里所说的习惯性居住，是指因学习、工作、探亲等原因消除后，没有理由在其他地方继续居留时，所要回到的地方。所谓在境内居住满1年，是指在一个纳税年度（即公历1月1日起至12月31日止）内，在中国境内居住满365日。在计算居住天数时，对临时离境应视同在华居住，不扣减其在华居住的日数。这里所说的临时离境，是指在一个纳税年度内一次不超过30日或者多次累计不超过90日的离境。

具体讲，个人所得税的居民纳税义务人包括有以下两类：

（1）在中国境内居住的中国公民和外国侨民。但不包括虽具有中国国籍，却并没有在中国大陆定居，而是侨居海外的华侨和居住在香港、澳门、台湾的同胞。

（2）从公历1月1日起至12月31日止，居住在中国境内的外国人、海外侨胞和香港、澳门、台湾同胞。这些人如果在一个纳税年度内，一次离境不超过30天，或多次离境累计不超过90天的，仍视为居民纳税义务人。

现行税法中关于"中国境内"的概念，是指中国大陆地区，目前还不包括香港、澳门和台湾地区。

**2. 居民纳税人的纳税义务**

居民纳税人负有无限纳税义务，即其所得的应纳税所得，无论来源于中国境内还是中国境外任何地方，都要在中国缴纳个人所得税。

### （二）非居民纳税义务人

1. 非居民纳税人的判定

根据《个人所得税法》规定，非居民纳税义务人是在中国境内无住所又不居住或者无住所而在境内居住不满 1 年的个人。也就是说，非居民纳税义务人，是指习惯性居住地不在中国境内，而且不在中国居住，或者在一个纳税年度内，在中国境内居住不满 1 年的个人。

自 2004 年 7 月 1 日起，对境内居住的天数和境内实际工作期间按以下规定为准：

（1）判断纳税义务及计算在中国境内居住的天数。对在中国境内无住所的个人，需要确定其在中国境内居住的天数，以便按照税法和协定或安排的规定判定其在华负有何种纳税义务时，均应以该个人实际在华逗留的天数计算。上述个人入境、离境、往返或多次往返境内外当日，均按一天计算其在华的实际逗留天数。

（2）对个人入、离境当日及计算在中国境内实际工作期间。对在中国境内、外机构同时担任职务或仅在境外机构任职的境内无住所个人，按《国家税务总局关于在中国境内无住所的个人计算缴纳个人所得税若干具体问题的通知》中规定计算其境内工作期间时，对其入、离境、往返或多次往返境内外当日，均按半天计算其在华的实际工作天数。

2. 非居民纳税人的纳税义务

非居民纳税人承担有限纳税义务，即仅就来源于中国境内的所得，向中国缴纳个人所得税。

## 二、征收范围

### （一）工资、薪金所得

工资、薪金所得，是指个人因任职或者受雇而取得的工资、薪金、奖金、年终加薪、劳动分红、津贴、补贴以及任职或者受雇有关的其他所得。

### （二）个体工商户的生产、经营所得

个体工商户生产经营所得包括如下内容：①个体工商业户从事工业、手工业、建筑业、交通运输业、商业、饮食业、服务业、修理业及其他行业取得的所得。②个人经政府有关部门批准，取得执照，从事办学、医疗、咨询以及其他有偿服务活动取得的所得。③上述个体工商户和个人取得的与生产、经营有关的各项应税所得。④个人因从事彩票代销业务而取得所得，应按照"个体工商户的生产、经营所得"项目计征个人所得税。⑤从事个体出租车运营的出租车驾驶员取得的收入，按个体工商户的生产、经营所得项目缴纳个人所得税。⑥其他从事个体工商业生产、经营取得的所得。⑦个体工商户和从事生产经营的个人，取得与生产、经营活动无关的其他各项应税所得，应分别按照其他应税项目的有关规定，计算计征个人所得税。

从事生产、经营的纳税义务人未提供完整、准确的纳税资料，不能正确计算应纳税所得额的，由主管税务机关核定其应纳税所得额。

### （三）对企事业单位的承包经营、承租经营的所得

对企事业单位的承包经营、承租经营的所得是指个人承包经营或承租经营及转包、转租取得的所得。承包项目分为多种，如生产经营、采购、销售、建筑安装等各种承包。转包包括全部转包或部分转包。

### （四）劳动报酬所得

劳动报酬所得指个人独立从事各种非雇用的各种劳务取得的所得。具体是指个人从事设计、装潢、安装、制图、化验、测试、医疗、法律、会计、咨询、讲学、新闻、广播、翻译、审稿、书画、雕刻、影视、录音、录像、演出、表演、广告、展览、技术服务、介绍服务、经纪服务、代办服务、其他劳务等劳务取得的报酬。

工资、薪金所得与劳务报酬所得的区别：前者属于非独立个人劳务活动，即在机关、团体、学校、部队、企业、事业单位及其他组织中任职或受雇而取得的报酬；后者则是指个人独立从事各种技艺、提供各种劳务取得的报酬。

### （五）稿酬所得

稿酬所得是指个人因其作品以图书、报刊形式出版、发表而取得的所得。将稿酬所得独立划归一个征税项目，主要是考虑了出版、发表作品的特殊性。第一，它是一种依靠较高智力创作的精神产品；第二，它具有普遍性；第三，它与精神文明建设密切相关。因此，稿酬所得与一般劳务报酬相区别，并给予适当的优惠照顾。

### （六）特许权使用费所得

特许权使用费所得，是指个人提供专利权、商标权、著作权、非专利技术以及其他特许权的使用权取得的所得。提供著作权使用取得的所得，不包括稿酬所得。

我国没有开征资本利得税，因此把个人提供和转让专利权取得的所得，都列入特许权使用费所得征收个人所得税。

### （七）利息、股息、红利所得

利息、股息、红利所得是指个人拥有债权、股权而取得的利息、股息、红利所得。其中，利息指个人拥有债权而取得的利息，包括存款利息、贷款利息和各种债券的利息。按税法规定，个人取得的利息所得，除国债和国家发行的金融债券利息外，应当依法缴纳个人所得税。股息、红利是指个人拥有股权取得的股息、红利。

### （八）财产租赁所得

财产租赁所得，指个人出租建筑物、土地使用权、机器设备、车船以及其他财产取

得的所得。个人取得的财产转租收入，属于"财产租赁所得"的征税范围，由财产转租人缴纳个人所得税。

## （九）财产转让所得

财产转让所得，指个人转让有价证券、股权、建筑物、土地使用权、机器设备、车船以及其他财产取得的所得。国务院规定，对股票转让所得暂不征收个人所得税，除此之外，对个人取得的各项财产转让所得，都属于个人所得税的征税范围。

## （十）偶然所得

偶然所得，指个人得奖、中奖、中彩以及其他偶然性质的所得。偶然所得应缴纳的个人所得税税款，一律由发奖单位或机构代扣代缴。

## （十一）经国务院财政部门确定征税的其他所得

除上述列举的各项个人应税所得外，其他确有必要征税的个人所得，由国务院财政部门确定。个人取得的所得，难以界定应纳税所得项目的，由主管税务机关确定。

## 三、税率

## （一）工资、薪金所得

工资、薪金所得适用于七级超额累进税率，税率为 3% ~ 45%（表 11-1）。

表 11-1　工资、薪金所得适用的速算扣除数表

| 级数 | 全月应纳税所得额 | 税率/% | 速算扣除数/元 |
|---|---|---|---|
| 1 | 不超过 1 500 元的部分 | 3 | 0 |
| 2 | 超过 1 500 元至 4 500 元的部分 | 10 | 105 |
| 3 | 超过 4 500 元至 9 000 元的部分 | 20 | 555 |
| 4 | 超过 9 000 元至 35 000 元的部分 | 25 | 1 005 |
| 5 | 超过 35 000 元至 55 000 元的部分 | 30 | 2 755 |
| 6 | 超过 55 000 元至 80 000 元的部分 | 35 | 5 505 |
| 7 | 超过 80 000 元的部分 | 45 | 13 505 |

注：本表所称全月应纳税所得额是指按照税法，以每月收入额减去费用 3 500 元后的余额或者减除附加费用后的余额

【例 11-1】中国公民王某任职于甲公司，2016 年 3 月王某的工资收入为 3 500 元、当月奖金收入为 3 000 元，假设不考虑缴纳的社会保险金，计算王某 2016 年 3 月应缴纳的个人所得税。

【解析】

（1）应纳税所得额＝3 500＋3 000－3 500＝3 000（元）

（2）应纳税额＝3 000×10%－105＝195（元）

## （二）个体工商户的生产，经营所得和对企事业单位的承包经营、承租经营所得

个体工商户的生产，经营所得和对企事业单位的承包经营、承租经营所得适用五级超额累进税率，税率为 5%～35%（表 11-2）。

**表 11-2　个体工商户的生产、经营所得和对企事业单位的承包经营、承租经营所得个人所得税税率表**

| 级数 | 含税级距 | 税率/% | 速算扣除数/元 |
| --- | --- | --- | --- |
| 1 | 不超过 15 000 元的部分 | 5 | 0 |
| 2 | 超过 15 000 元至 30 000 元的部分 | 10 | 750 |
| 3 | 超过 30 000 元至 60 000 元的部分 | 20 | 3 750 |
| 4 | 超过 60 000 元至 100 000 元的部分 | 30 | 9 750 |
| 5 | 超过 100 000 元的部分 | 35 | 14 750 |

注：本表所称全年应纳税所得额是指以每一纳税年度的收入总额减除成本、费用以及损失后的余额；对企业事业单位的承包经营，承租经营所得来源，是指以每一纳税年度的收入总额，减除必要费用后的余额

需要注意的是：①承包、承租人对企业经营成果不拥有所有权，仅是按合同（协议）规定取得一定所得的，其所得按工资、薪金所得项目征税，适用 3%～45%的七级超额累进税率。②承包、承租人按合同（协议）的规定只向发包、出租方交纳一定费用后，企业经营成果归其所有的，承包、承租人取得的所得，按对企事业单位的承包经营、承租经营所得项目，适用 5%～35%的五级超额累进税率征税。③个人独资企业和合伙企业的生产经营所得，也适用 5%～35%的五级超额累进税率。

## （三）劳务报酬所得

劳务报酬所得，适用比例税率，税率为 20%。对劳务报酬所得一次畸高的，可以实行加成征收，具体办法由国务院规定。

劳务报酬所得一次收入畸高，是指个人一次取得劳务报酬，其应纳税所得额超过 20 000 元。对应纳税所得额超过 20 000 至 50 000 元的部分，依照税法规定计算应纳税额后再按照应纳税额加征五成；超过 50 000 元的部分，加征十成。因此，劳务报酬所得实际上适用 20%、30%、40%的三级超额累进税率。税率见表 11-3。

**表 11-3　劳务报酬所得个人所得税税率表**

| 级　数 | 每次应纳税所得额 | 税率/% |
| --- | --- | --- |
| 1 | 不超过 20 000 元的部分 | 20 |
| 2 | 超过 20 000 元至 50 000 元的部分 | 30 |
| 3 | 超过 50 000 元的部分 | 40 |

注：本表所称"每次应纳税所得额"，是指每次收入额减除费用 800 元（每次收入额不超过 4 000 元时）或者减除 20%的费用（每次收入额超过 4 000 元时）后的余额

### （四）稿酬所得

稿酬所得，适用比例税率，税率为 20%，并按应纳税额减征 30%，故实际税率为 14%。

### （五）特许权使用费所得，利息、股息所得，财产租赁所得，财产转让所得，偶然所得和其他所得

特许权使用费所得，利息、股息所得，财产租赁所得，财产转让所得，偶然所得和其他所得，适用比例税率，税率为 20%。其中，个人出租居民住房适用 10% 的税率。自 2008 年 10 月 9 日起暂免征收储蓄存款利息所得个人所得税。

## 四、所得来源的确定

判断所得来源地，对于非居民纳税义务人来说，非常重要。中国的个人所得税，依据所得来源地的判断应该反映经济活动的实质，遵循方便税务机关实行有效征管的原则，具体规定如下：①工资、薪金所得，以纳税人任职、受雇的公司、企业、事业单位、机关、团体、部队、学校等单位的所在地，作为所得来源地。②生产、经营所得，以生产、经营活动的实现地，作为所得来源地。③劳动报酬所得，以纳税人实际提供劳务的地点，作为所得来源地。④不动产转让所得，以不动产坐落地为所得来源地；动产转让所得，以实现转让的地点，作为所得来源地。⑤财产租赁所得，以被租赁财产的使用地，作为所得来源地。⑥利息、股息、红利所得，以支付利息、股息、红利的公司、机构的所在地，作为所得来源地。⑦特许权使用费所得，以特许权使用地，作为所得来源地。

## 第三节　应纳税额的计算

### 一、应纳税所得额的规定

纳税人的应纳税所得额为某项应税项目的收入额减去税法规定的该项费用减除标准后的余额。

#### （一）每次收入的确定

（1）工资薪金所得，按每个月的所得计征。

（2）劳务报酬所得，根据不同劳动项目的特点，分别规定为：①只有一次性收入的，以取得该项收入为一次；②属于同一事项连续所得收入的，以一个月取得的收入为一次。

（3）稿酬所得，以每次出版，发表取得的收入为一次。具体又可细分为：①同一作品再版取得的所得，应视作另一次稿酬所得计征个人所得税。②同一作品先在报刊上连载，然后再出版，或先出版，再在报刊上连载的，应视为两次稿酬所得征税。即连载作

为一次，出版作为另一次。③同一作品在报刊上连载取得收入的，以连载完成后取得的所有收入合并为一次，计征个人所得税。④同一作品在出版和发表时，以预付稿酬或分次支付稿酬等形式取得的稿酬收入，应合并计算为一次。⑤同一作品出版、发表后，因添加印数而追加稿酬的，应与以前出版、发表时取得的稿酬合并计算为一次，计征个人所得税。

（4）特许权使用费所得，以某项使用权的一次转让所得的收入为一次。每一项使用权的每次转让所取得的收入为一次。如果该次转让取得的收入是分笔支付的，则应将各笔收入相加为一次的收入，计征个人所得税。

（5）财产租赁所得，以一个月内取得的收入为一次。

（6）利息、股息、红利所得，以支付利息、股息、红利时取得的收入为一次。

（7）偶然所得，以每次收入为一次。

（8）其他所得，以每次收入为一次。

（9）个体工商户、承包承租所得，以每年的所得为标准计征。

### （二）费用减除标准

（1）工资、薪金所得，以每月收入额减除费用 3 500 元后的余额，为应纳税所得额。

同时，现行税法对外籍人员和在境外工作的中国公民的工资、薪金所得增加了附加减除费用的照顾。

第一，附加减除费用适用的范围，包括在中国境内的外商投资企业和外国企业中工作取得工资、薪金所得的外籍人员；应聘在中国境内企业、事业单位、社会团体、国家机关中工作取得工资、薪金所得的外籍专家；在中国境内有住所而在中国境外任职或受雇取得工资、薪金所得的个人；财政部确定的取得工资、薪金的其他人员。

第二，附加减除费用标准。从 2011 年 9 月 1 日起，在每月减除 3 500 元费用的基础上，再附加减除 1 300 元。华侨和香港、澳门、台湾同胞参照上述附加减除费用标准执行。

（2）个体工商户的生产，经营所得，以每一纳税年度的收入总额，减除成本、费用及损失后的余额，为应纳税所得额。

（3）对企事业单位的承包经营、承租经营所得，以每一纳税年度的收入总额，减除必要费用后的余额，为应纳税所得额。每一纳税年度的收入总额是指纳税人按照承包经营、承租经营合同规定分得的经营利润和工资薪金性质的所得。所说的减除必要费用，是指按每月减除 3 500 元。

（4）劳动报酬所得、稿酬所得、特许权使用费所得、财产租赁所得，每次收入不超过 4 000 元的，减除费用 800 元；4 000 元以上的，减除 20%的费用，其余额为应纳税所得额。

（5）财产转让所得，以转让财产的收入额减除财产原值和合理费用后的余额，为应纳税所得额。其中，财产原值的确定：①有价证券为买入价以及买入时按照规定交纳的有关费用；②建筑物为建造费或者购进价格以及其他有关费用；③土地使用权为取得土地使用权所支付的金额、开发土地的费用以及其他有关费用；④机器设备、车船为购进价格、运输费、安装费以及其他有关费用；⑤其他财产，参照以上方法确定。纳税义务人未提供完整、准确的财产原值凭证，不能正确计算财产原值的，由主管税务机关核定其财产原值。合理费用，是指卖出财产时按照规定支付的有关费用。

（6）利息、股息、红利所得，偶然所得和其他所得，以每次收入为应纳税所得额。

### （三）应纳税所得额的其他规定

个人将其所得通过中国境内社会团体、国家机关向教育、公益事业和遭受严重自然灾害地区、贫困地区的捐赠，捐赠额不超过纳税人申报的应纳税所得额的 30%的部分，可以从其应纳税所得额中扣除。

【例 11-2】某中国明星于 2015 年 12 月取得广告代言收入 60 000 元，将其中的 10 000 元通过县民政局捐赠给贫困山区。计算该明星应缴纳的个人所得税。

【解析】

（1）应纳税所得额=60 000×（1-20%）= 48 000（元）

（2）捐赠扣除限额=48 000×30%=14 400（元），实际捐赠额小于扣除限额，可按实际捐赠额扣除。

（3）应纳税额=（48 000-10 000）×30%-2 000 =9 400（元）

个人所得用于资助非关联科研机构和高等学校研究开发新产品、新技术、新工艺所发生的研究开发经费，经主管税务机关确定，可以全额在下月（工资、薪金所得）或下次（按次计征的所得）或当年（按年计征的所得）计征个人所得税时，从应纳税所得额中扣除，不足抵扣的，不得结转抵扣。

个人取得的应纳税所得，包括现金、实物和有价证券。

## 二、应纳税额的计算

### （一）工资、薪金所得应纳税额的计算

工资、薪金所得应纳税额的计算公式为

应纳税额=应纳税所得额×适用税率-速算扣除数

= （每月收入额-3 500 元或 4 800 元）×适用税率-速算扣除数 　（11-1）

需要注意的是，由于工资、薪金所得在计算应纳个人所得税额时，适用的是超额累进税率，所以，计算比较烦琐，运用速算扣除数计算法，可以简化计算进程。工资、薪金所得适用的速算扣除数见表 11-1。

### （二）个体工商户的生产、经营所得应纳税额的计算

个体工商户的生产、经营所得应纳税额的计算公式为

应纳税额=应纳税所得额×适用税率-速算扣除数

= （全年收入总额-成本、费用和损失）×适用税率-速算扣除数 　（11-2）

1. 计税基本规定

（1）个体工商户的生产、经营所得，以每一纳税年度的收入总额，减除成本、费用、税金、损失、其他支出以及允许弥补的以前年度亏损后的余额为应纳税所得额。

（2）个体工商户从事生产经营以及与生产经营有关的活动（简称生产经营）取得的货币形式和非货币形式的各项收入，为收入总额。包括销售货物收入、提供劳务收入、财产转让收入、利息收入、租金收入、接受捐赠收入和其他收入。

（3）成本、费用是指纳税人从事生产、经营所发生的各项直接支出和分配计入成本的间接费用及销售费用、管理费用、财务费用；损失是指纳税人从事生产、经营所发生的各项营业外支出。

（4）其他支出，是指除成本、费用、税金、损失外，个体工商户在生产经营活动中发生的与生产经营活动有关的、合理的支出。

2. 扣除项目与标准

（1）个体工商户业主的费用扣除标准统一确定为 42 000 元/年。

（2）个体工商户为其业主和从业人员缴纳的基本养老保险、基本医疗保险费、失业保险费、生育保险费、工伤保险费和住房公积金，准予扣除。

（3）除个体工商户依照国家有关规定为特殊工种从业人员支付的人身安全保险费和财政部、国家税务总局规定可以扣除的其他商业保险费外，个体工商户业主本人或者为从业人员支付的商业保险费，不得扣除。

（4）个体工商户在生产经营活动中发生的合理的不需要资本化的借款费用，准予扣除。

（5）个体工商户在生产经营活动中发生的下列利息支出，准予扣除：①向金融企业借款的利息支出；②向非金融企业和个人借款的利息支出，不超过按照金融企业同期同类贷款利率计算的数额部分。

（6）个体工商户在货币交易中，以及纳税年度终了时将人民币以外的货币性资产、负债按照期末即期人民币汇率中间价折算为人民币时产生的汇兑损失，除已经计入有关资产成本部分外，准予扣除。

（7）个体工商户拨缴的工会经费、职工福利费、职工教育经费分别在工资、薪金总额 2%、14%、2.5%内据实扣除。

（8）个体工商户每一纳税年度发生的广告费和业务宣传费不超过当年销售收入 15%的部分，可据实扣除，超过部分，准予在以后纳税年度结转扣除。

（9）个体工商户每一纳税年度发生的与生产经营业务直接相关的业务招待费支出，按照发生额的 60%扣除，但最高不得超过当年销售收入的 5‰。

（10）个体工商户代其从业人员或者其他人负担的税款，不得税前扣除。

（11）个体工商户按照规定缴纳的摊位费、行政性收费、协会会费等，按实际发生数额扣除。

（12）个体工商户以经营租赁方式租入固定资产发生的租赁费支出，按照租赁期限均匀扣除；以融资租赁方式租入固定资产发生的租赁费支出，按照规定构成融资租入固定资产价值的部分应当提取折旧费用，分期扣除。

（13）个体工商户参加财产保险，按照规定缴纳的保险费，准予扣除。

（14）个体工商户发生的合理劳动保护支出，准予扣除。

（15）个体工商户自申请营业执照之日起至开始生产经营之日止所发生符合本办法规定的费用，除为取得固定资产、无形资产的支出，以及应计入资产价值的汇兑损益、利息支出外，作为开办费，个体工商户可以选择在开始生产经营的当年一次性扣除，也可以自生产经营月份起在不短于 3 年期限内摊销扣除，但一经选定，不得改变。

（16）个体工商户通过公益性社会团体或者县级以上人民政府及其部门，用于相关规定的公益事业的捐赠，捐赠额不超过其应纳税所得额 30%的部分可以据实扣除。

（17）依据《个体工商户个人所得税计税办法》所称赞助支出，是指个体工商户发生的与生产经营活动无关的各种非广告性质支出。

（18）个体工商户研究开发新产品、新技术、新工艺所发生的开发费用，以及研究开发新产品、新技术而购置单台价值在 10 万元以下的测试仪器和试验性装置的购置费准予直接扣除，单台价值在 10 万元以上（含 10 万元）的测试仪器和试验性装置，按固定资产管理，不得在当期直接扣除。

3. 个人独资企业和合伙企业应纳个人所得税的计算

1）查账征税

（1）自 2011 年 9 月 1 日起，个人独资企业和合伙企业的费用扣除标准统一确定为 42 000 元/年。投资者的工资不得税前扣除。

（2）投资者及其家属发生的生活费用不允许税前扣除。

（3）企业生产经营和投资者及家属生活共用的固定资产，难以划分的，由税务机关核定税前扣除的折旧费用的数额或比例。

（4）企业向其从业人员实际支付的工资、薪金支出，允许税前据实扣除。

（5）企业拨缴的工会经费、职工福利费、职工教育经费分别在工资、薪金总额 2%、14%、2.5%内据实扣除。

（6）企业每一纳税年度发生的广告费和业务宣传费不超过当年销售收入 15%的部分，可据实扣除，超过部分，准予在以后纳税年度结转扣除。

（7）企业每一纳税年度发生的与生产经营业务直接相关的业务招待费支出，按照发生额的 60%扣除，但最高不得超过当年销售收入的 5‰。

（8）企业计提的各类准备金不得扣除。

（9）投资者兴办两个或两个以上企业，并且企业性质全部是独资的，年度终了后，汇算清缴时，应汇总其投资兴办的所有企业的经营所得作为应纳税所得额，以此确定适用税率，计算全年经营所得的应纳税额，再根据每个企业的经营所得占所有企业经营所得的比例，分别计算出每个企业的应纳税额和应补缴税额。

2）核定征税

核定征收的方式，包括定额征收、核定应税所得率征收以及其他合理的征收方式。

实行核定应税所得率征收方式的，应纳所得税额的计算公式为

$$应纳所得税额=收入总额×应税所得率$$
$$=成本费用支出额÷（1-应税所得率）×应税所得率 \qquad （11-3）$$
$$应纳所得税额=应纳税所得额×适用税率 \qquad （11-4）$$

应税所得率应按表 11-4 规定的标准执行。

表 11-4　应税所得率表      单位：%

| 行业 | 应税所得率 |
|---|---|
| 工业、交通运输业、商业 | 5~20 |
| 批发和零售贸易业 | 7~20 |
| 饮食服务业 | 7~25 |
| 娱乐业 | 20~40 |
| 其他行业 | 10~30 |

实行核定征税的投资者，不能享受个人所得税的优惠政策。

实行查账征税方式的个人独资企业和合伙企业改为核定征税方式后，在查账征税方式下认定的年度经营亏损未补完的部分，不得再继续弥补。

个体工商户、个人独资企业和合伙企业因在纳税年度中间开业、合并、注销及其他原因，导致该纳税年度的实际经营周期不足 1 年的，对个体工商户业主、个人独资企业投资者与合伙企业自然人和合伙人的生产经营所得计算个人所得税时，以其实际经营期为 1 个纳税年度。

## （三）对企事业单位的承包、承租经营所得应纳税额的计算

对企事业单位的承包、承租经营所得应纳税额的计算公式为

$$应纳税额=应纳税所得额×适用税率-速算扣除数$$
$$=（纳税年度收入总额-必要费用）×适用税率-速算扣除数 \qquad （11-5）$$

这里需要说明的是：

（1）对企事业单位的承包经营、承租经营所得，以每一纳税年度的收入总额，减除必要费用后的余额为应纳所得税所得额。

在一个纳税年度内，承包、承租经营不足一年的，以其实际承包、承租经营的月份数为一个纳税年度，计算纳税。

（2）对企事业单位的承包经营、承租经营所得适用的速算扣除数，同个体工商户的生产、经营所得适用的速算扣除数。

【例 11-3】中国公民张某与一单位签订承包合同经营内部餐厅，2015 年餐厅实现承包经营利润 300 000 元(包含承包人工资报酬)，按合同规定承包人应上缴经营利润的 10%作为承包费。试计算该承包人 2015 年应缴纳的个人所得税。

【解析】2015 年应纳税所得额=经营利润-上缴承包费用-每月必要费用扣减合计
$$=300\ 000-300\ 000×10\%-3\ 500×12$$
$$=228\ 000（元）$$

2015 年应缴纳的个人所得税=228 000×35%-14 750=65 050（元）

### （四）劳务报酬所得应纳税额的计算

劳务报酬所得应纳税额的计算公式为

（1）每次收入不足 4 000 元的

应纳税额=应纳税所得额×适用税率=（每次收入额−800）×20%　　　（11-6）

（2）每次收入在 4 000 元以上的

应纳税额=应纳税所得额×适用税率=每次收入额×（1−20%）×20%　　　（11-7）

（3）每次收入的应纳税所得额超过 20 000 元的

应纳税额=应纳税所得额×适用税率−速算扣除数　　　（11-8）

劳务报酬所得适用的速算扣除数见表 11-5。

**表 11-5　劳务报酬所得适用的速算扣除数表**

| 级数 | 每次应纳税所得额 | 税率/% | 速算扣除数/元 |
|------|------------------|--------|----------------|
| 1 | 不超过 20 000 元的部分 | 20 | 0 |
| 2 | 超过 20 000 元至 50 000 元的部分 | 30 | 2 000 |
| 3 | 超过 50 000 元的部分 | 40 | 7 000 |

**【例 11-4】**中国公民王先生于 2016 年 2 月取得以下劳务报酬收入：①设计劳务报酬收入 3 000 元；②摄影劳务报酬收入 5 000 元；③绘画劳务报酬收入 30 000 元。计算小王应缴纳的个人所得税。

**【解析】**

（1）设计劳务报酬收入的应纳税所得额=3 000−800=2 200（元）

应纳税额=2 200×20%=440（元）

（2）摄影劳务报酬收入的应纳税所得额=5 000×（1−20%）=4 000（元）

应纳税额=4 000×20%=800（元）

（3）绘画劳务报酬收入的应纳税所得额=30 000×（1−20%）=24 000（元）

应纳税额=24 000×30%−2 000=5 200（元）

**【例 11-5】**国内某歌手 2016 年 3 月在某歌厅作了一个月的签约歌手，每天演唱五首歌曲，每天的报酬为 500 元，3 月共取得演唱收入 15 000 元。计算该歌手演唱收入应缴纳的个人所得税额。

**【解析】**歌手在歌厅唱歌取得的劳动报酬，属于同一事项连续取得劳动报酬的，以一个月的收入为一次。该劳动报酬应缴纳的个人所得税=15 000×（1−20%）×20%=2 400（元）

### （五）稿酬所得应纳税额的计算

稿酬所得应纳税额的计算公式为

（1）每次收入不足 4 000 元的

应纳税额=应纳税所得额×适用税率×（1−30%）

　　　　　=（每次收入额−800）×20%×（1−30%）　　　（11-9）

（2）每次收入在 4 000 元以上的

应纳税额＝应纳税所得额×适用税率×（1–30%）

$$＝每次收入额×（1–20%）×20%×（1–30%）　　　　　（11-10）$$

**【例11-6】** 中国作家李先生自2016年1月1日起在某报刊连载一小说，每期取得报社支付的收入300元，共连载110期。9月将连载的小说结集出版，取得稿酬48 600元。计算李先生取得的稿酬应该缴纳的个人所得税。

**【解析】** 根据个人所得税的规定，小说连载取得的收入应合并为一次，由报社按稿酬所得代扣代缴个人所得税＝300×110×（1–20%）×20%×（1–30%）＝3 696（元）

同一作品先在报刊上连载，然后再出版，应视为两次稿酬所得征税，即连载为一次，出版作为另一次。

出版小说由出版社代扣代缴个人所得税＝48 600×（1–20%）×20%×（1–30%）＝5 443.2（元）

### （六）特许权使用费用所得应纳税额的计算

特许权使用费所得应纳税额的计算公式为

（1）每次收入不足4 000元的

$$应纳税额＝应纳税所得额×适用税率＝（每次收入额–800）×20%　　　　（11-11）$$

（2）每次收入在4 000元以上的

$$应纳税额＝应纳税所得额×适用税率＝每次收入额×（1–20%）×20%　　　　（11-12）$$

**【例11-7】** 某中国工程师于2016年3月将其专利权的使用权转让给某公司使用，取得转让收入60 000元。计算该工程师应缴纳的个人所得税。

**【解析】**

（1）应纳税所得额＝60 000×（1–20%）＝48 000（元）

（2）应纳税额＝48 000×20%＝9 600（元）

### （七）利息、股息、红利所得应纳税额的计算

利息、股息、红利所得应纳税额的计算公式为

$$应纳税额＝应纳税所得额×适用税率＝每次收入额×20%　　　　　（11-13）$$

个人从公开发行和转让市场取得的上市公司股票，持股期限超过1年的，股息红利所得暂免征收个人所得税。个人从公开发行和转让市场取得的上市公司股票，持股期限在1个月以内（含1个月）的，其股息红利所得全额计入应纳税所得额；持股期限在1个月以上至1年（含1年）的，暂减按50%计入应纳税所得额。

### （八）财产租赁所得应纳税额的计算

财产租赁所得应纳税额的计算公式为

（1）每次（月）收入不超过4 000元的

$$应纳税所得额＝每次（月）收入额–准予扣除项目–修缮费用（800元为限）–800元　　　（11-14）$$

（2）每次（月）收入超过4 000元的

应纳税所得额＝［每次（月）收入额–准予扣除项目–修缮费用（800 元为限）］×（1–20%）　　（11-15）

应纳税额＝应纳税所得额×适用税率＝应纳税所得额×20%（或10%）　　（11-16）

式中，准予扣除项目包括在财产租赁过程中缴纳的税费，由纳税人负担的该出租财产实际开支的修缮费。在进行扣除时，应该持完税凭证，允许扣除的修缮费用，以每次 800 元为限，一次扣除不完的，准予下次继续扣除，直到扣完为止。自 2001 年 1 月 1 日起，个人按市场价出租的居民住房取得的所得，暂减按 10%税率征收。

【例 11-8】中国公民李某自 2015 年 1 月将自有房屋按市场价出租，每月取得租金收入 3 000 元，每年租金收入 36 000 元，其中 2 月发生下水道修理费用 1 500 元。若不考虑转让过程中应缴的税费，试计算其全年应缴纳的个人所得税。

【解析】财产租赁收入每月内取得的收入为一次，按次减按 10%适用税率，计算个人所得税。

2 月应纳个人所得税额＝（3 000–800–800）×10%＝140（元）

3 月应纳个人所得税额＝（3 000–700–800）×10%＝150（元）

剩余各月应纳个人所得税额＝（3 000–800）×10%＝220（元）

全年应纳个人所得税额＝140+150+220×10＝2 490（元）

### （九）财产转让所得应纳税额的计算

1. 一般情况下财产转让所得应纳税额的计算

财产转让所得应纳税额的计算公式为

应纳税额＝应纳税所得额×适用税率＝（收入总额–财产原值–合理税费）×20%　　（11-17）

2. 个人住房转让所得应纳税额的计算

（1）以实际成交价格为转让收入。纳税人可以凭原购房合同、发票等有效凭证，经税务机关审核，允许从其转让收入中减除房产原值、转让住房过程中缴纳的税金及有关合理费用。

（2）转让住房过程中缴纳的税金是指纳税人在转让住房时实际缴纳的营业税、城市维护建设税、教育费附加、土地增值税、印花税等税金。

（3）合理费用是指纳税人按照规定实际支付的住房装修费用、住房贷款利息、手续费、公证费等费用。

（4）纳税人未提供完整、准确的房屋原值凭证，不能正确计算应纳税额的，实行核定征税，即按照纳税人转让住房收入的一定比例（1%~3%）核定应纳个人所得税额，具体比例由省级地方税务局或省级地方税务局授权的地市级地方税务局确定。

【例 11-9】中国公民刘某于 2016 年 3 月将其在 2015 年 2 月购买的一套住房卖掉，取得转让收入 560 000 元。该套住房购入时的价格为 400 000 元，支付相关税费 9 080 元。计算刘某转让房产应缴纳的个人所得税。

【解析】

（1）应纳税所得额=560 000-400 000-9 080=150 920（元）

（2）应纳税额=150 920×20%=30 184（元）

3. 个人转让股权应纳税额的计算

为加强股权转让所得个人所得税征收管理，规范税务机关、纳税人和扣缴义务人征纳行为，维护纳税人合法权益，自 2015 年 1 月 1 日起，按照国家税务总局发布的《股权转让所得个人所得税管理办法（试行）》计算个人转让股权应纳税额。

股权转让是指个人将股权转让给其他个人或法人的行为，包括出售股权、公司回购股权、发行人首次公开发行新股时被投资企业股东将其持有的股份以公开发行方式一并向投资者发售、股权被司法或行政机关强制过户、以股权对外投资或进行其他非货币性交易、以股权抵偿债务和其他股权转移行为。

个人转让股权，以股权转让收入减去股权原值和合理费用后的余额为应纳税所得额，按"财产转让所得"缴纳个人所得税。合理费用指股权转让时按照规定支付的有关税费。

## （十）偶然所得应纳税额的计算

偶然所得应纳税额的计算公式为

$$应纳税额=应纳税所得额×适用税率=每次收入额×20\% \qquad (11\text{-}18)$$

其中，对于购买福利及体育彩票中奖收入不超过 1 万元的，暂免征收个人所得税。

## （十一）其他所得应纳税额的计算

$$应纳税额=应纳税所得额×适用税率=每次收入额×20\% \qquad (11\text{-}19)$$

# 三、应纳税额计算中的特殊问题

## （一）对个人取得全年一次性奖金等计算征收个人所得税的方法

纳税人取得全年一次性奖金，单独作为 1 个月工资、薪金所得计算纳税，按以下办法计税，由扣缴义务人发放时代扣代缴。

（1）先将纳税人全年一次性奖金除以 12 个月，按其商数确定适用的税率和速算扣除数。如果在纳税人发放年终一次性奖金的当月，工资薪金所得低于税法规定的费用扣除额，应将全年一次性奖金减除"当月工资薪金所得与费用扣除额的差额"后的余额除以 12 个月，按其商数确定适用的税率和速算扣除数。

（2）计算公式

如果纳税人当月工资、薪金所得高于（或等于）税法规定的费用扣除标准的，适用公式为

$$应纳税额=当月取得全年一次性奖金×适用税率-速算扣除数 \qquad (11\text{-}20)$$

如果纳税人当月工资、薪金所得低于税法规定的费用扣除标准的，适用公式为

应纳税额=（当月取得全年一次性奖金-当月工资、薪金所得与扣除费用标准的差额）×适用税率-速算扣除数 　　　　　　　　（11-21）

在一个纳税年度内，对每一个纳税人，该计税办法只允许采用一次。

【例11-10】中国公民张先生2015年12月取得工资收入5 000元，取得全年一次性奖金收入20 000元。假设不考虑缴纳的保险金，计算张先生2015年12月共缴纳的个人所得税税额。

【解析】张先生12月工资收入应缴个人所得税=（5 000-3 500）×3%=45（元）

年终一次性奖金征税：20 000÷12≈1 666.67（元），适用的税率为10%，速算扣数105。

一次性奖金应纳个人所得税=20 000×10%-105=1 895（元）

【例11-11】假定上述中国公民张先生2015年12月工资收入为3 000元，另外取得全年一次性奖金15 500元。计算张先生2015年12月应缴纳的个人所得税税额。

【解析】

（1）12月工资收入低于费用扣除标准无需纳税，工资收入与费用扣除标准间的500元的差额可以在计算全年一次性奖金应纳税额时予以减除。

（2）（15 500-500）÷12=1 250，全年一次性奖金适用3%的税率，速算扣除数为0，则全年一次性奖金应纳税额=（15 500-500）×3%=450（元）

## （二）对在中国境内无住所的个人一次取得月奖金或年终加薪、劳动分红（简称奖金，不包括按月支付的奖金）的计税方法

对在中国境内无住所个人取得的奖金，可单独作为一个月的工资、薪金所得计算纳税。由于对每月的工资、薪金所得计税时已按月扣除了费用，因此，对上述奖金原则上不再减除费用，全额作为应纳税所得额直接按适用税率计算应纳税款，并且不再按居住天数进行划分计算。

## （三）特定行业职工取得的工资、薪金所得的计税方法

为了照顾采掘业、远洋运输业、远洋捕捞业因季节、产量等因素的影响，职工的工资、薪金收入呈现较大幅度波动的实际情况，对这三个特定行业的职工的工资、薪金所得，可按月预缴，年度终了后30日内，合计其全年工资、薪金所得，再按12个月平均并计算实际应纳的税款，多退少补。用公式表示为

应纳税所得额=［（全年工资、薪金收入÷12-费用扣除标准）×税率-速算扣除数］×12 　　　　　　（11-22）

## （四）在外商投资企业、外国企业和外国驻华机构工作的中方人员取得的工资、薪金所得的征税问题

（1）在外商投资企业、外国企业和外国驻华机构工作的中方人员取得的工资、薪金收入，凡是由雇用单位和派遣单位分别支付的，支付单位应按税法规定代扣代缴个人所得税。同时，按税法规定，纳税义务人应以每月全部工资、薪金收入减除规定费用后的

余额为应纳税所得额。为了利于征管，对雇用单位和派遣单位分别支付工资、薪金的，采取由支付者中的一方减除费用的方法，即只由雇用单位在支付工资、薪金时，按税法规定减除费用，计算扣缴个人所得税；派遣单位支付的工资、薪金不再减除费用，以支付金额直接确定适用税率，计算扣缴个人所得税。

上述纳税义务人，应持两处支付单位提供的原始明细工资、薪金单（书）和完税凭证原件，选择并固定到一地税务机关申报每月工资、薪金收入，汇算清缴其个人所得税，多退少补。具体申报期限，由各省、自治区、直辖市税务机关确定。

【例 11-12】张某为一外商投资企业雇用的中方人员，2016 年 1 月，该外商投资企业支付给张某的薪金为 8 500 元，当月张某还收到其所在派遣单位支付工资 4 000 元。要求计算该外商投资企业和派遣单位各自扣缴的个人所得税额，王某汇算清缴应交的个人所得税额。

【解析】

（1）外商投资企业应为张某扣缴的个人所得税额

扣缴税额＝（每月收入额－3 500）×适用税率－速算扣除数

　　　　＝（8 500－3 500）×20%－555

　　　　＝445（元）

（2）派遣单位应为张某扣缴的个人所得税为

扣缴税额＝每月收入额×适用税率－速算扣除数

　　　　＝4 000×10%－105

　　　　＝295（元）

（3）张某实际应缴个人所得税为

应纳税额＝（每月收入额－3 500）×适用税率－速算扣除数

　　　　＝（8 500+4 000－3 500）×20%－555

　　　　＝1 245（元）

因此，在张某到税务机关申报时，还应补缴 505 元（1 245－445－295）。

（2）对外商投资企业、外国企业和外国驻华机构发放给中方工作人员的工资、薪金所得，应全额征税。但对可以提供有效合同或有关凭证能够证明其工资、薪金所得的一部分按照有关规定上缴派遣（介绍）单位的，可扣除其实际上缴的部分，按其余额计征个人所得税。

### （五）在中国境内无住所的个人取得工资、薪金所得的征税问题

依照《个人所得税法》及其实施条例和我国对外签订的避免双重征税协定（简称税收协定）的有关规定，对在中国境内无住所的个人由于在中国境内公司、企业、经济组织（简称中国境内企业）或外国企业在中国境内机构、场所以及税收协定所说常设机构（简称中国境内机构）从事工作，而取得的工资、薪金所得应分别不同情况确定：

（1）关于工资、薪金所得来源地的确定。根据规定，属于来源于中国境内的工资薪金所得应为个人实际在中国境内工作期间取得的工资薪金，即个人实际在中国境内工作期间取得的工资、薪金，不论是由中国境内还是境外企业或个人雇主支付的，均属来源

于中国境内的所得；个人实际在中国境外工作期间取得的工资、薪金，不论是中国境内还是境外企业或个人雇主支付的，均属于来源于中国境外的所得。

（2）关于在中国境内无住所而在一个纳税年度中在中国境内连续或累计居住不超过90日或在税收协定规定的期间中在中国境内连续或累计居住不超过183日的个人，由中国境外雇主支付并且不是由该雇主的中国境内机构负担的工资、薪金，免于申报缴纳个人所得税。

（3）关于在中国境内无住所而在一个纳税年度中在中国境内连续或累计居住超过90日或在税收协定规定的期间中在中国境内连续或累计居住超过183日但不满1年的个人，其实际在中国境内工作期间取得的由中国境内企业或个人雇主支付和由境外企业或个人雇主支付的工资、薪金所得，均应申报缴纳个人所得税；其在中国境外工作期间取得的工资、薪金所得，除中国境内企业董事或高层管理人员外，不予征收个人所得税。

（4）在中国境内无住所但在境内居住满1年而不超过5年的个人，其在中国境内工作期间取得的由中国境内企业或个人雇主支付和由中国境外企业或个人雇主支付的工资、薪金，均应申报缴纳个人所得税。其在《个人所得税法实施条例》临时离境工作期间的工资薪金所得，仅就由中国境内企业或个人雇主支付的部分申报纳税。

（5）在中国境内无住所，但居住超过5年的个人，从第6年起，应当就其来源于中国境外的全部所得缴纳个人所得税。

### （六）两人或两人以上共同取得同一项所得的计税问题

两人或两人以上共同取得同一项所得的，应对每人分得的收入分别减除费用，并计算各自应纳的税款。

【**例11-13**】中国公民小张和小王共同为一家公司设计图纸，共取得报酬33 000元。小张为主设计分得报酬30 000元，小王为辅助设计分得报酬3 000元。请计算两人应缴纳的个人所得税。

【**解析**】

共同收入是"先分、后扣、再税"，即小张和小王的分得收入分别扣除费用，然后各自计算其应缴纳的个人所得税。

（1）小张的应纳税额=30 000×（1-20%）×30%-2 000＝5 200（元）

（2）小王的应纳税额=（3 000-800）×20%＝440（元）

### （七）关于个人取得公务交通、通讯补贴收入的征税问题

个人因公务用车和通讯制度改革而取得的公务用车、通讯补贴收入，扣除一定标准的公务费用后，按照工资、薪金所得项目计征个人所得税。按月发放的，并入当月工资、薪金所得计征个人所得税；不按月发放的，分解到所属月份并与该月份工资、薪金所得合并后计征个人所得税。

### （八）关于保险费（金）征税问题

城镇企业事业单位及其职工个人按照《失业保险条例》规定的比例，实际缴付的失

业保险费，均不计入职工个人当期工资、薪金收入，免予征收个人所得税；超过《失业保险条例》规定的比例缴付失业保险费的，应将其超过规定比例缴付的部分计入职工个人当期的工资、薪金收入，依法计征个人所得税。具备《失业保险条例》规定条件的失业人员，领取的失业保险金，免于征收个人所得税。

企业为员工支付各项免税之外的保险金，应在企业向保险公司缴付时（即该保险落在被保险人的保险账户）并入员工当期的工资收入，按"工资、薪金所得"项目计征个人所得税，税款由企业负责代扣代缴。

### （九）企业年金、职业年金个人所得税征收管理的规定

（1）企业和事业单位根据国家有关政策规定的办法和标准，为在本单位任职或受雇的全体职工缴付的企业年金或职业年金单位缴费部分，在计入个人账户时，个人暂不缴纳个人所得税。

（2）个人根据国家有关政策规定缴付的年金个人缴费部分，在不超过本人缴费工资计税基础的4%标准内的部分，暂可从个人当期的应纳税所得额中扣除。

### （十）个人取得拍卖收入征收个人所得税

（1）作者将自己的文字作品手稿原件或复印件拍卖取得的所得，应以其转让收入额减除800元（转让收入额4 000元以下）或者20%（转让收入额4000元以上）后的余额为应纳税所得额，按照"特许权使用费"所得项目适用20%税率缴纳个人所得税。

（2）个人拍卖除文字作品原稿及复印件外的其他财产，应以其转让收入额减除财产原值和合理费用后的余额为应纳税所得额，按照"财产转让所得"项目适用20%税率缴纳个人所得税。

（3）对个人财产拍卖所得征收个人所得税时，以该项财产最终拍卖成交价格为其转让收入额。

（4）纳税人如不能提供合法、完整、准确的财产原值凭证，不能正确计算财产原值的，按转让额的3%征收率计算缴纳个人所得税；拍卖品为经文物部门认定是海外回流文物的，按转让收入额的2%征收率计算缴纳个人所得税。

## 四、境外所得已纳税款的扣除

税法规定，纳税人从中国境外取得的所得，准予其在应纳税额中扣除已在境外缴纳的个人所得税额。但扣除额不得超过该纳税人境外所得依照我国税法规定计算的应纳税额。

需要解释的是：

（1）"已在境外缴纳的个人所得税税额"，是指纳税义务人从中国境外取得的所得，依照该所得来源国家或者地区的法律应当缴纳并且实际已经缴纳的税额。

（2）"依照我国税法规定计算的应纳税额"，是指纳税义务人从中国境外取得的所得，

区别不同国家或者地区和不同应税项目,依照我国税法规定的费用减除标准和适用税率计算的应纳税额;同一国家或者地区内不同应税项目,依照我国税法计算的应纳税额之和,为该国家或者地区的扣除限额。

纳税义务人在中国境外一个国家或者地区实际已经缴纳的个人所得税税额,低于依照上述规定计算出的该国家或者地区扣除限额的,应当在中国缴纳差额部分的税款;超过该国家或者地区扣除限额的,其超过部分不得在本纳税年度的应纳税额中扣除,但是可以在以后纳税年度的该国家或者地区扣除限额的余额中补扣,补扣期限最长不得超过5年。

**【例11-14】** 2016年中国公民刘先生在境外A国取得劳务报酬收入40 000元,按该国税法规定缴纳了个人所得税6 500元;取得偶然所得10 000元,按该国税法规定缴纳了个人所得税3 000元。要求计算刘先生回国后应补缴的个人所得税额。

**【解析】**

境外所得的抵免限额为同一国家内不同应税项目,依照我国税法计算的应纳税额之和。

劳动报酬收入在我国应纳税额=40 000×(1-20%)×30%-2 000 =7 600(元)

偶然所得在我国应纳税额=10 000×20%=2 000(元)

刘先生在A国所得的抵免限额=7 600 +2 000 =9 600(元)

已在境外缴纳的个人所得税税额=6 500+3 000 =9 500(元)

刘先生回国后应补缴的个人所得税额=9 600- 9 500=100(元)

(3)纳税义务人依照税法的规定申请扣除已在境外缴纳的个人所得税税额时,应当提供境外税务机关填发的完税凭证原件。

(4)为了保证正确计算扣除限额及合理扣除境外已纳税额,税法要求:在中国境内有住所,或者无住所而在境内居住满1年的个人,从中国境内和境外取得的所得,应当分别计算应纳税税额。

## 第四节 税收优惠

《个人所得税法》及其实施条例以及财政部、国家税务总局的若干规定等,都对个人所得项目给予了减税免税的优惠,主要包括以下几个方面。

### 一、免征个人所得税的优惠

(1)省级人民政府、国务院部委和中国人民解放军军以上单位,以及外国组织、国际组织颁发的科学、教育、技术、文化、卫生、体育、环境保护等方面的奖金。

(2)国债和国家发行的金融债券利息。国债利息是指个人持有的中华人民共和国财政部发行的债券而取得的利息所得以及地方政府债券利息所得;国家发行的金融债券利息是指个人持有经国务院批准发行的金融债券而取得的利息所得。

（3）按规定国家统一发给的补贴、津贴。指按照国务院规定发给的政府特殊津贴和国务院按规定免缴个人所得税的补贴、津贴。对中国科学院资深院士和中国工程院资深院士每人每年1万元的资深院士津贴免征个人所得税。

（4）福利费、抚恤金、救济金。福利费是指根据国家统一规定，从事企业、事业单位、国家机关、社会团体提留的福利费，或者从工会经费中支付给个人的生活补助费。救济金是指由国家民政部门支付给个人的生活困难补助费。

（5）保险赔款。

（6）军人转业费、复员费。

（7）按照国家统一规定发给干部、职工的安家费、退职费、退休工资、离休工资、离休生活补助费。

（8）依照我国有关规定应予免税的各国驻华使馆、领事馆的外交代表、领事馆官员和其他人员的所得。

（9）中国政府参加的国际公约以及与其他国家签订的协议中规定免税的所得。

（10）见义勇为的奖金。对乡、镇（含乡、镇）以上人民政府或经县（含县）以上人民政府主管部门批准成立的有机构、有章程的见义勇为基金或者类似性质组织奖励给见义勇为者的奖金或奖品，经主管税务机关核准，免征个人所得税。

（11）对个人取得的教育储蓄存款利息所得以及国务院财政部门确定的其他专项储蓄存款或者存储性专项基金存款的利息所得，免征个人所得税。自2008年10月9日起，对居民储蓄存款利息暂免征收个人所得税。

（12）企业和个人按照省级以上人民政府的比例提取并缴付的住房公积金、医疗保险金、基本养老保险、失业保险金、不计入个人当期的工资、薪金收入，免征个人所得税。超过规定的比例的部分计征个人所得税。个人领取原提存的住房公积金、医疗保险金、基本养老保险时，免予征收个人所得税。

（13）储蓄机构从事代扣代缴工作的办税人员取得的扣缴利息税手续费所得，免征个人所得税。

（14）生育津贴、生育医疗费或其他属于生育保险性质的津贴、补贴，免征个人所得税。

（15）对工伤职工及其近亲属按照《工伤保险条例》规定取得的工伤保险待遇，免征个人所得税。

（16）外籍个人以非现金形式或实报实销形式取得的住房补贴、伙食补贴、搬迁费、洗衣费。外籍个人按合理标准取得的境内、外出差补贴。外籍个人取得的探亲费、语言训练费、子女教育费等，经当地税务机关审核批准为合理的部分。可以享受免征个人所得税优惠的探亲费，仅限于外籍个人在我国的受雇地与其家庭所在地（包括配偶或父母居住地）之间搭乘交通工具，且每年不超过两次的费用。

（17）个人举报、协查各种违法、犯罪行为而获得的奖金。

（18）个人办理代扣代缴税款手续，按规定取得的扣缴手续费。

（19）个人转让自用达5年以上并且是唯一的家庭居住用房取得的所得。

（20）高级专家延长离休退休免税所得。达到离休、退休年龄，但确因工作需要，适当延长离休、退休年龄的高级专家，其在延长离休、退休期间的工资、薪金所得，视同离休、退休工资，免征个人所得税。

高级专家从两处以上取得应税工资、薪金所得以及具有税法规定应当自行纳税申报的其他情形的，应在税法规定的期限内自行向主管税务机关办理纳税申报。

（21）外籍个人从外商投资企业取得的股息、红利所得。

（22）凡符合下列条件之一的外籍专家取得的工资、薪金所得可免征个人所得税：①根据世界银行专项贷款协议由世界银行直接派往中国工作的外国专家；②联合国组织直接派往中国工作的专家；③为联合国援助项目来华工作的专家；④援助国派往中国专为该国无偿援助项目工作的专家；⑤根据两国政府签订的文化交流项目来华 2 年以内的文教专家，其工资、薪金所得由该国负担的；⑥根据中国大专院校国际交流项目来华工作的专家，其工资、薪金所得由该国负担的；⑦通过民间科研协定来华工作的专家，其工资、薪金所得由该国机构负担的。

（23）股权分置改革中非流通股股东通过对价方式向流通股股东支付的股份、现金等收入，暂免征收流通股股东应缴纳的个人所得税。

（24）对被拆迁人按照国家有关城镇房屋拆迁管理办法规定的标准取得的拆迁补偿款，免征个人所得税。

（25）自 2006 年 6 月 1 日起，对保险营销员佣金中的展业成本，免征个人所得税；对佣金中的劳务报酬部分，扣除实际缴纳的营业税及附加后，依照税法有关规定计算征收个人所得税。根据目前的实际情况，佣金中展业成本的比例暂定为40%。

（26）证券经纪人从证券公司取得的佣金收入，应按照"劳务报酬所得"项目缴纳个人所得税。

## 二、减征个人所得税的优惠

（1）残疾、孤老人员和烈属的所得。
（2）因严重自然灾害造成重大损失的。
（3）其他经国务院财政部门批准减税的。

# 第五节　征收与管理

个人所得税的纳税办法，有自行申报纳税和代扣代缴纳税两种。

## 一、自行申报纳税

自行申报纳税，是由纳税人自行在规定的纳税期限内，向税务机关申报取得的应税所得项目和数额，如实填写个人所得税纳税申报表，并按照税法规定计算应纳税额，据以缴纳个人所得税的一种方法。

### （一）自行申报纳税的纳税义务人

（1）自 2006 年 1 月 1 日起，年所得 12 万元以上的。

（2）从中国境内两处或两处以上取得工资、薪金所得的。

（3）取得应纳税所得，没有扣缴义务人的。

（4）从中国境外取得所得的。

（5）国务院规定的其他情形。

### （二）自行申报纳税的内容

（1）构成 12 万元的所得。具体为个人所得税法规定的所得：工资薪金所得；个体工商户生产经营所得；对企事业单位的承包承租经营所得；劳务报酬所得；稿酬所得；特许权使用费所得；利息、股息、红利所得；财产租赁所得；财产转让所得；偶然所得；经国务院财政部门确定征税的其他所得。

（2）不包含在 12 万元的所得。免税所得、可以免税的来源于中国境外的所得和按照国家规定单位为个人缴付和个人缴付的社会保险金和住房公积金。

### （三）自行申报纳税的申报期限

（1）年所得 12 万元以上的纳税人，在纳税年度终了后 3 个月内向主管税务机关办理纳税申报。

（2）个体工商户和个人独资、合伙企业投资者取得的生产、经营所得应纳的税款，分月预缴的，由纳税人在每月终了后 15 日内办理纳税申报；分季预缴的，由纳税人在每个季度终了后 15 日内办理纳税申报。年度终了后 3 个月内汇算清缴，多退少补。

（3）纳税人年终一次性取得承包经营、承租经营所得的，由纳税人自取得收入之日起 30 日内办理纳税申报；在 1 个纳税年度内分次取得承包经营、承租经营所得，在每次取得所得后的次月 15 日内预缴，年度终了后 3 个月内汇算消缴，多退少补。

（4）从中国境外取得所得的纳税人，在纳税年度终了后 30 日内向中国境内主管税务机关办理纳税申报。

（5）除以上情况外，纳税人应在取得应纳税所得的次月 15 日内向主管税务机关办理纳税申报。

### （四）自行申报纳税的申报方式

纳税人可以采取数据电文、邮寄等方式申报，也可以直接到税务机关申报，或采取符合规定的其他方式申报。采取邮寄申报纳税的，以寄出地的邮戳日期为实际申报日期。

### （五）自行申报纳税的申报地点

申报地点一般为收入来源地的主管税务机关。

（1）纳税人从两处或两处以上取得工薪所得的，可选择并固定在其中一地税务机关申报纳税。

（2）从境外取得所得的应向境内户籍所在地或经常居住地税务机关申报纳税。

（3）个体工商户向实际经营所在地主管税务机关申报。

（4）在中国境内有任职、受雇单位的，向任职、受雇单位所在地主管税务机关申报。

## 二、代扣代缴纳税

代扣代缴，是指按照税法规定负有扣缴税款义务的单位或者个人，在向个人支付应纳税所得时，应计算纳税额，从其所得中扣出并缴入国库，同时向税务机关报送扣缴个人所得税报告表。

### （一）扣缴义务人

凡支付个人应纳税所得的企业（公司）、事业单位、机关、社团组织、军队、驻华机构（不包括外国驻华使领馆和联合国及其他依法享有外交特权和豁免的国际组织驻华机构）、个体户等单位和个人，为个人所得税的扣缴义务人。

### （二）代扣代缴的范围

（1）工资、薪金所得。

（2）对企事业单位的承包经营、承租经营的所得。

（3）劳务报酬所得。

（4）稿酬所得。

（5）特许权使用费所得。

（6）利息、股息、红利所得。

（7）财产租赁所得。

（8）财产转让所得。

（9）偶然所得。

（10）经国务院财政部门确定征收的其他所得。

### （三）扣缴义务人的义务及应承担责任

（1）扣缴义务人应指定应纳税所得的财会部门或其他有关部门的人员办税人员，由办税人员具体办理个人所得税的代扣代缴工作。

（2）扣缴义务人的法人代表（或单位主要负责人）、财会部门负责人及具体办理代扣代缴税款的具体人员，共同对依法履行代扣代缴义务负法律责任。

（3）扣缴义务人对纳税人的应扣未扣的税款，其应纳税款仍然由纳税人缴纳， 扣缴义务人应承担应扣未扣税款 50%以上至 3 倍的罚款。

### （四）代扣代缴的期限

扣缴义务人每月所扣税款，应于次月 15 日内缴入国库。因特殊困难不能按期报送《扣缴个人所得税报告表》及其他有关资料的，经县级税务机关批准，可以延期申报。

## ★ 本章拓展材料

全国人民代表大会常务委员会关于修改《中华人民共和国个人所得税法的决定》（2011）

《中华人民共和国城乡个体工商业户所得税暂行条例》

《中华人民共和国个人收入调节税暂行条例》

《中华人民共和国个人所得税法》（1993 年第一次修正）

《中华人民共和国个人所得税法》（1999 年第二次修正）

《中华人民共和国个人所得税法》（2005 年第三次修正）

《中华人民共和国个人所得税法》（1980 年）

《中华人民共和国个人所得税法实施条例》2011

《中华人民共和国企业所得税法实施条例》2008

# 第十二章

# 土地与资源课税

## 【学习目标与要求】

通过本章的学习，了解资源税制各税种的概念、特点及作用，熟悉资源税制各税种的征收制度，掌握资源税制各税种的计算方法。

## ■ 第一节　耕地占用税

### 一、耕地占用税概述

#### （一）耕地占用税的概念

耕地占用税是对占用耕地建房或者从事其他非农业建设的单位和个人，按照其占用耕地的面积一次性定额征收的一种税，是我国土地税体系中的一个重要税种。

我国现行耕地占用税的基本法律规范是 2007 年 12 月 1 日国务院修订颁布的自 2008 年 1 月 1 日起施行的《中华人民共和国耕地占用税暂行条例》(简称《耕地占用税暂行条例》)，2008 年 2 月 26 日财政部、国家税务总局颁布的《中华人民共和国耕地占用税暂行条例实施细则》和 2016 年 1 月 15 日国家税务总局颁布的《耕地占用税管理规程( 试行 )》。

#### （二）耕地占用税的特点

1. 兼具资源税与特定行为税的性质

耕地占用税以占用农用耕地建房或从事其他非农用建设的行为为征税对象，以约束纳税人占用耕地的行为、促进土地资源的合理运用为课征目的，除具有资源税的属性外，还具有明显的特定行为税的特点。

2. 采用地区差别税率

耕地占用税采用地区差别税率，根据不同地区的具体情况，分别制定差别税额，以适应我国地域辽阔、各地区之间耕地质量差别较大、人均占有耕地面积相差悬殊的具体情况，具有因地制宜的特点。

**3. 在占用耕地环节一次性课征**

耕地占用税在纳税人获准占用耕地的环节征收，除对获准占用耕地后超过两年未使用者须加征耕地占用税外，此后不再征收耕地占用税。因而，耕地占用税具有一次性征收的特点。

**4. 税收收入专用于耕地开发与改良**

耕地占用税收入按规定应用于建立发展农业专项基金，主要用于开展宜耕土地开发和改良现有耕地之用，因此，具有"取之于地、用之于地"的补偿性特点。

### （三）耕地占用税的作用

征收耕地占用税，具有以下作用：

（1）加强土地管理。征收耕地占用税的一个重要目的，就是要加大耕地占用的成本，促进国家土地政策的落实，加强土地管理，制止乱占滥用的行为，保护有限的耕地资源。

（2）增加农业收入。耕地占用税征收的税款，全部作为农业发展专项基金，用于农业开发，增加对农业的投入。所以，征收耕地占用税，有利于稳定农业生产，增强农业发展后劲。

## 二、纳税人和征税范围

### （一）纳税人

耕地占用税的纳税人为占用耕地建房或者从事其他非农业建设的单位和个人。单位是指国有企业、集体企业、私营企业、股份制企业、其他企业、行政单位、事业单位、社会团体和其他单位。个人是指个体工商户和其他个人。

经申请批准占用应税土地的，纳税人为农用地转用审批文件中标明的建设用地人；农用地转用审批文件中未标明建设用地人的，纳税人为用地申请人。

未经批准占用应税土地的，纳税人为实际用地人。

纳税人临时占用应税土地，应当依照《耕地占用税暂行条例》及其实施细则的规定缴纳耕地占用税。临时占用应税土地，是指纳税人因建设项目施工、地质勘查等需要，在一般不超过2年内临时使用应税土地并且没有修建永久性建筑物的行为。

以下占用土地行为不征收耕地占用税：①农田水利占用耕地的；②建设直接为农业生产服务的生产设施占用林地、牧草地、农田水利用地、养殖水面以及渔业水域滩涂等其他农用地的；③农村居民经批准搬迁，原宅基地恢复耕种，凡新建住宅占用耕地不超过原宅基地面积的。

### （二）征税范围

耕地占用税的征税范围包括纳税人为建房或从事其他非农业建设而占用的国家所有

的集体所有的耕地。属于耕地占用税征税范围的土地（简称应税土地）包括：耕地；园地；林地、牧草地、农田水利用地、养殖水面以及渔业水域滩涂等其他农用地；草地、苇田。

占用鱼塘及其他农用土地建房或从事其他非农业建设，也视同占用耕地，必须依法征收耕地占用税。占用已开发从事种植、养殖的滩涂、草场、水面和林地等从事非农业建设，由省、自治区、直辖市本着有利于保护土地资源和生态平衡的原则，结合具体情况确定是否征收耕地占用税。

## 三、税率

考虑到不同地区之间客观条件的差别以及与此相关的税收调节力度和纳税人负担能力方面的差别，耕地占用税在税率设计上采用了地区差别定额税率。各地适用税额，由省、自治区、直辖市人民政府在《耕地占用税暂行条例》规定的税额幅度内，根据本地区情况核定。各省、自治区、直辖市人民政府核定的适用税额的平均水平，不得低于国务院财政、税务主管部门确定的各省、自治区、直辖市平均税额，见表 12-1。

人均耕地不超过 1 亩[①]的地区（以县级行政区域为单位）每平方米为 10~50 元；

人均耕地超过 1 亩但不超过 2 亩的地区（以县级行政区域为单位），每平方米为 8~40 元；

人均耕地超过 2 亩但不超过 3 亩的地区（以县级行政区域为单位），每平方米为 6~30 元；

人均耕地超过 3 亩以上的地区（以县级行政区域为单位），每平方米为 5~25 元。

经济特区、经济技术开发区和经济发达、人均耕地特别少的地区，适用税额可以适当提高，但最多不得超过上述规定税额的 50%。占用基本农田的，适用税额应当在当地适用税额的基础上提高 50%。

表 12-1 各省、自治区、直辖市耕地占用税平均税额　　　　单位：元

| 地区 | 每平方米平均税额 |
| --- | --- |
| 上海 | 45 |
| 北京 | 40 |
| 天津 | 35 |
| 江苏、浙江、福建、广东 | 30 |
| 辽宁、湖北、湖南 | 25 |
| 河北、安徽、江西、山东、河南、重庆、四川 | 22.5 |
| 广西、海南、贵州、云南、陕西 | 20 |
| 山西、吉林、黑龙江 | 17.5 |
| 内蒙古、西藏、甘肃、青海、宁夏、新疆 | 12.5 |

① 1 亩≈666.67 平方米。

## 四、计税依据与应纳税额的计算

耕地占用税以纳税人实际占用的应税土地面积（包括经批准占用面积和未经批准占用面积）为计税依据，以平方米为单位，按所占土地当地适用税额计税，实行一次性征收。耕地占用税计算公式为

应纳税额=应税土地面积×适用税额                                （12-1）

【例12-1】假设某市一家企业新占用 40 000 平方米耕地用于工业建设，所占耕地适用的定额税率为 30 元/平方米。计算该企业应纳的耕地占用税。

【解析】

应纳税额=40 000×30 =1 200 000（元）

## 五、税收优惠

按照《耕地占用税暂行条例》及其实施细则的规定，以下情形免征、减征耕地占用税：

1. 免征耕地占用税

（1）军事设施占用应税土地免征耕地占用税。

（2）学校、幼儿园、养老院、医院占用应税土地免征耕地占用税。

2. 减税规定

（1）铁路线路、公路线路、飞机场跑道、停机坪、港口、航道占用应税土地，减按每平方米 2 元的税额征收耕地占用税。

（2）农村居民占用应税土地新建住宅，按照当地适用税额减半征收耕地占用税。

（3）农村革命烈士家属、残疾军人、鳏寡孤独以及革命老根据地、少数民族聚居地区和边远贫困山区生活困难的农村居民，在规定用地标准以内新建住宅缴纳耕地占用税确有困难的，经所在地乡（镇）人民政府审核，报经县级人民政府批准后，可以免征或者减征耕地占用税。

（4）财政部、国家税务总局规定的其他减免耕地占用税的情形。

## 六、征收管理

耕地占用税由地方税务局负责征收。纳税人必须在获准占用应税土地管理部门的通知之日起 30 日内向主管地税机关申报耕地占用税；未经批准占用应税土地的纳税人，应在实际占用之日起 30 日内申报缴纳耕地占用税。对超过规定期限缴纳耕地占用税的，应按照《中华人民共和国税收征收管理法》（简称《税收征管法》）的有关规定加收滞纳金。纳税人因有特殊困难，不能按期缴纳耕地占用税税款的，按照《税收征管法》及其实施细则的规定，经省地税机关批准，可以延期缴纳税款，但是最长不得超过三个月。

## 第二节　城镇土地使用税

城镇土地使用税是对在我国境内使用城镇土地的单位和个人，依照其实际使用的土地面积从量定额征收的一种税。早在 1950 年 1 月，我国政务院颁布《全国税政实施要则》中规定征收地产税。1951 年 8 月，政务院颁布了《城市房地产税暂行条例》，将房产税和地产税合并征收，称为城市房地产税。后因简化税制，1973 年 1 月，对企业征收的房地产税并入工商税。1984 年 10 月对国营企业实行第二步利改税和工商税制改革时，拟订了《中华人民共和国土地使用税条例（草案）》，将地产税从城市房地产税中划出，改名为土地使用税。由于当时条件尚不具备，未能正式施行。1988 年 9 月 27 日，国务院发布《中华人民共和国城镇土地使用税暂行条例》，于同年 11 月 1 日起施行。2006 年 12 月 31 日国务院修改了《中华人民共和国城镇土地使用税暂行条例》，新条例从 2007 年 1 月 1 日起施行。2013 年 12 月 4 日国务院第 32 次常务会议作了部分修改（2013 年 12 月 7 日起实施）。

### 一、城镇土地使用税的特点与作用

#### （一）城镇土地使用税的特点

1. 体现在土地资源的有偿占有

城镇土地使用税以土地面积为征税对象，向土地使用人课征，属于以有偿占用为特点的行为税类型。

2. 征税范围广

包括城市、县城、建制镇、工矿区内的国家和集体所有的土地。因此，将在筹集地方财政资金、调节土地使用和收益分配方面，发挥积极的作用。

3. 实行差别幅度定额税率

对不同城镇适用不同税额，对同一城镇的不同地段，根据市政建设状况和经济繁荣程度确定不等的负担水平。

#### （二）城镇土地使用税的作用

1. 有利于合理节约土地，保护土地资源

过去城镇土地实行无偿使用，一些部门和单位对土地多征、多用、多占，或多占少用、早占晚用甚至多占不用、好地劣用等现象非常严重。这些现象与中国人均土地资源不足的国情是相抵触的。土地资源税的开征在一定程度上克服了上述弊端，用经济手段促使土地使用者合理使用土地。

2. 有利于企业在比较公平的条件下开展竞争

在土地无偿使用的制度下，企业占地的多少与使用效益如何与其成本无关，这使得企业之间来自土地的级差收入相差较大，竞争条件不同。征收土地使用税在一定程度上可通过确定高低不同的税额，力求把土地级差收入归国家，促使企业间竞争的公平。

3. 有利于理顺国家与土地使用者之间的分配关系

我国土地为国有和集体所有，个人和企业只有使用权，而没有所有权，征收城镇土地使用税更加明确了这一分配关系。

## 二、纳税人和征收范围

### （一）纳税人

在城市、县城、建制镇、工矿区范围内使用土地的单位和个人，为城镇土地使用税的纳税人。

城镇土地使用税的纳税人通常包括下列几类：

（1）拥有土地使用权的单位和个人。

（2）拥有土地使用权的单位和个人不在土地所在地的，其土地的实际使用人和代管人。

（3）土地使用权未确定或权属纠纷未解决的，其实际使用人。

（4）土地使用权共有的，由共有各方分别纳税。

几个人或几个单位共同拥有一块土地的使用权，这块土地的城镇土地使用税的纳税人应是对这块土地拥有使用权的每一个人或每一个单位。他们应以其实际使用的土地面积占总面积的比例，分别计算缴纳土地税。如 A 企业和 B 企业在某城市共同拥有一块土地使用权，这块土地面积为 1 500 平方米，A 企业实际使用 1/3，B 企业实际使用 2/3，A 企业应是其所占的 500 平方米（1 500×1/3）土地的城镇土地使用税的纳税人，B 企业是其所占的 1 000 平方米（1 500×2/3）土地的城镇土地使用税的纳税人。

### （二）征税范围

城镇土地使用税的征税范围，包括在城市、县城、建制镇和工矿区内的国家所有和集体所有的土地。建立在城市、县城、建制镇和工矿区以外的工矿企业则不需缴纳城镇土地使用税。上述范围中，城镇的土地包括市区和郊区的土地，县城的土地是指县人民政府所在地的城镇的土地，建制镇的土地是指镇人民政府所在地的土地。

## 三、税率

城镇土地使用税采用定额税率，即采用有幅度的差别税额，按大、中、小城市和县城、建制镇、工矿区分别规定每平方米土地使用税年应纳税额。具体标准如下：大城市

1.5~30 元；中等城市 1.2~24 元；小城市 0.9~18 元；县城、建制镇、工矿区 0.6~12 元，见表 12-2。

表 12-2　城镇土地使用税税率表　　　　　　　　单位：元

| 级别 | 人口 | 每平方米税额 |
| --- | --- | --- |
| 大城市 | 50 万人以上 | 1.5~30 |
| 中等城市 | 20 万~50 万人 | 1.2~24 |
| 小城市 | 20 万人以下 | 0.9~18 |
| 县城、建制镇、工矿区 | | 0.6~12 |

各省、自治区、直辖市人民政府在上述税额幅度内，根据市政建设状况和经济繁荣程度等条件，确定所辖地区的适用税额幅度。

经济落后地区土地使用税的适用税额标准可以适当降低，但降低额不得超过最低幅度税额的 30%；经济发达地区城镇土地使用税的适用税额标准可以适当提高，但需报财政部批准。

## 四、计税依据与应纳税额的计算

### （一）计税依据

城镇土地使用税以纳税人实际占用的土地面积为计税依据，土地面积计量标准为每平方米。

纳税人实际占用的土地面积按下列办法确定：①凡已由省、自治区、直辖市人民政府确定的单位组织测定土地面积的，以实际测定的土地面积为计税依据。②凡未经省、自治区、直辖市人民政府确定的单位组织测定的，但纳税人持有政府部门核发的土地使用证书的，以土地使用证书确认的土地面积为计税依据。③对尚未核发土地使用证书的，暂以纳税人申报的土地面积为计税依据，待核发土地使用证以后再作调整。

### （二）应纳税额的计算

城镇土地使用税以纳税人实际占用的土地面积为计税依据，按照规定的适用税额计算征收。计算公式为

年应纳税额=应税土地的实际占用面积（平方米）×适用单位税额　　　　（12-2）

## 五、税收优惠

### （一）法定免缴土地使用税的优惠

（1）国家机关、人民团体、军队自用的土地。
（2）由国家财政部门拨付事业经费的单位自用的土地。

（3）宗教寺庙、公园、名胜古迹自用的土地。

（4）市政街道、广场、绿化地带等公共用地。

（5）直接用于农、林、牧、渔业的生产用地。

（6）经批准开山填海整治的土地和改造的废弃土地，从使用的月份起免缴土地使用税5~10年。

（7）对非营利性医疗机构、疾病控制机构和妇幼保健等卫生机构自用的土地，免征城镇土地使用税。

（8）企业办的学校、医院、托儿所、幼儿园，其用地能与企业其他用地明确区分的，免征城镇土地使用税。

（9）对行使国家行政管理职能的中国人民银行总行所属分支机构自用的土地，免征城镇土地使用税。

（10）免税单位无偿使用纳税单位的土地（公关、海关等单位使用铁路、民航等单位的土地），免征城镇土地使用税。纳税单位使用免税单位的土地，纳税单位应照章缴纳城镇土地使用税。纳税单位与免税单位共同使用、共有使用权土地上的多层建筑，对纳税单位可按其占用的建筑面积占建筑总面积的比例计征城镇土地使用税。

【例 12-2】某公司与政府机关共同使用一栋共有土地使用权的建筑物。该建筑物占用土地面积 1000 平方米，建筑物面积 10 000 平方米（公司与机关的占用比例为 4∶1），该公司所在市城镇土地使用税单位税额每平方米 10 元。计算该企业全年应缴纳城镇土地使用税。

【解析】

该公司应纳城镇土地使用税：1 000×4÷（4+1）×10 =8 000（元）

## （二）省、自治区、直辖市地方税务局确定减免土地使用税的优惠

（1）个人所有的居住房屋及院落用地。

（2）房产管理部门在房租调整改革前经租的居民住房用地。

（3）免税单位职工家属的宿舍用地。

（4）民政部门举办的安置残疾人占一定比例的福利工厂用地。

（5）集体和个人办的各类学校、医院、托儿所、幼儿园用地。

## 六、征收管理

城镇土地使用税实行按年计算、分期缴纳的征收办法，具体纳税期限由省、自治区、直辖市人民政府确定。

### （一）纳税期限

城镇土地使用税实行按年计算、分期缴纳的征收方法，具体纳税期限由省、自治区、直辖市人民政府确定。

## （二）纳税义务发生时间

（1）纳税人购置新建商品房，自房屋交付使用次月起，缴纳城镇土地使用税。

（2）纳税人购存量房，自办理房屋权属转移、变更登记手续，房地产权属登记机关签发房屋产权证书之次月起，缴纳城镇土地使用税。

（3）纳税人出租、出借房产，自交付出租、出借房产之次月起，缴纳城镇土地使用税。

（4）房地产开发公司自用、出租、出借本企业建造的商品房，自房屋使用或交付之次月起，缴纳城镇土地使用税。

（5）纳税人新征用的耕地，自批准征用之日起满一年时开始缴纳城镇土地使用税。

（6）纳税人新征用的非耕地，自批准征用次月起缴纳土地使用税。

（7）自 2009 年 1 月 1 日起，纳税人因土地的权利发生变化而依法终止城镇土地使用税纳税义务，其应纳税款的计算应截止到土地权利发生变化的当月末。

【例 12-3】某人民团体拥有甲、乙两栋办公楼，甲栋占地 5 000 平方米，乙栋占地 2 000 平方米。2015 年 1 月 18 日至 7 月 31 日将乙栋出租。已知，当地城镇土地使用税每平方米年税额为 10 元，该人民团体 2015 年应缴纳城镇土地使用税多少元。

【解析】

（1）国家机关、人民团体、军队自用的土地（甲栋）免征城镇土地使用税。

（2）出租的乙栋应自交付出租房产之次月起，缴纳城镇土地使用税，乙栋应缴纳城镇土地使用税=2 000×10×6÷12=10 000（元）。

## （三）纳税地点和征收机构

城镇土地使用税在土地所在地缴纳。

纳税人使用的土地不属于同一省、自治区、直辖市管辖的，由纳税人分别向土地所在地的税务机关缴纳土地使用税；在同一省、自治区、直辖市管辖范围内，纳税人跨地区使用的土地，其纳税地点由各省、自治区、直辖市地方税务局确定。

土地使用税由土地所在地的地方税务机关征收，其收入纳入地方财政预算管理。土地使用税征收工作涉及面广，政策性较强，在税务机关负责征收同时，还必须注意加强同国土管理、测绘等有关部门联系，及时取得土地的权属资料，沟通情况共同协作把征收管理工作做好。

## 第三节　土地增值税

土地增值税是对在我国境内转让国有土地使用权、地上建筑物及其附着物所取得的增值收入为课税对象的一种税。该税是在 1994 年税制改革时新开征的一种税，是国家参与国有土地收益分配的一种形式。现行土地增值税的基本规范，是 1993 年 12 月 13 日国务院颁布的《中华人民共和国土地增值税暂行条例》（简称《土地增值税暂行条例》）。

# 一、土地增值税概述

## （一）土地增值税的特点

### 1. 以转让房地产的增值额为计税依据

对有偿转让国有土地使用权、地上建筑物及其附着物的行为征税，以房地产转让的增值额为计税依据，具有财产税、资源税、流转税和行为税等多重属性。

### 2. 征税面比较广

一切行政企事业单位和个人，不论是国有企业、集体企业、私营企业、股份制企业、个体工商户，还是外商投资企业，也无论是专营还是兼营房地产开发业务的，只要其出售房地产，就是土地增值税的纳税义务人，就应当按照其土地增值收益按规定税率缴纳税收。

### 3. 实行超率累进税率，按次征收

按照土地增值率的高低，设计四级超率累进税率，边际税率较高。只在房地产的转让环节征收，实行一次课征制。由地方税务机关负责征收，全部收入归地方政府。

## （二）开征土地增值税的目的

### 1. 有利于规范房地产市场交易秩序

1993年前后，我国房地产开发和房地产市场的发展非常迅速，这对于合理配置土地资源，提高土地的使用效益，改善城市设施和人民生活居住条件，以及带动相关产业的发展，都有积极的作用。但是，也出现了一些问题，如房地产开发过热，一度炒买炒卖房地产的投机行为盛行，房地产价格上涨过猛，投入开发的资金规模过大，土地资源浪费严重，国家收回土地增值收益较少，不同程度上对国民经济发展造成了不良影响。在这种情况下，国家为了兴利抑弊，需要发挥税收的经济杠杆作用进行调控，以促进其健康发展。

### 2. 有利于合理调节土地增值收益

1993年前后出现的房地产开发过热现象，从根本上说是利益驱使所至。从事房地产开发固然风险很大，但能获得高额收入。一些投机者钻管理上的空子，搞炒买炒卖获取暴利。1994年前，我国涉及房地产交易市场的税收，主要有营业税、企业所得税、个人所得税、契税等。这些税收对转让房地产收益可以起一般调节作用，但对于土地增值所获得的过高收入起不到特殊调节作用。征收土地增值税，通过对转让房地产的过高增值收益进行合理调节分配，一方面维护了国家权益，也对房地产正当开发者的合法权益给予保护；另一方面要使投机者不能再获取暴利，从根本上抑制炒买炒卖房地产的现象。

### 3. 有利于完善地方税体系建设

土地增值税属于地方税，由地方税务机关负责征收，全部收入归地方政府。征收土

地增值税，加强土地增值税的管理，不仅有利于增加地方财政收入，鼓励地方政府改善城市综合环境的积极性，也有利于健全地方税体系，扩大地方税收收入规模，为完善我国的分税制财政体制创造有利条件。

## 二、纳税人和征税范围

### （一）纳税人

土地增值税的纳税人为转让国有土地使用权、地上的建筑物及其附着物（简称转让房地产）并取得收入的单位和个人。具体包括各类企事业单位、国家机关、社会团体及其他组织。个人包括个体经营者。也就是说，不分法人与自然人、不分经济性质、不分内资与外资企业、不分中国公民和外籍个人、不分部门，只要有偿转让房产，都是土地增值税的纳税人。[①]

### （二）征税范围

1. 基本征税范围

（1）转让国有土地使用权。"国有土地"，是指按国家法律规定属于国家所有的土地。

（2）地上建筑物及其附着物连同国有土地使用权一并转让。其中，"地上建筑物"是指建于土地上的一切建筑物，包括地上、地下的各种附属设施。"附着物"是指附着于土地上的不能移动或一旦移动就会损坏的物品。纳税人取得国有土地使用权后进行房屋开发后出售的，应纳入土地增值税的范围。

（3）存量房地产的买卖。存量房地产是指已建成并已投入使用的房地产，其房屋所有人将房屋产权和土地使用权一并转让给其他单位和个人。这种行为按国家有关房地产有关法律法规，应到有关部门办理房产产权和土地使用权的转移变更手续；原土地使用权属于无偿划拨的，还应到土地管理部门补交土地出让金。

2. 特殊征税范围

（1）房地产的继承、赠与。这种行为虽然发生了房地产的权属变更，但作为房产产权、土地使用权的原所有人（被继承人）并没有因为权属的转让而取得任何收入。上述情况因其只发生房地产产权的转让，并没有取得相应的收入，属于无偿转让房地产的行为，所以不属于土地增值税的征税范围。

（2）房地产的出租。房地产的出租，出租人虽取得了收入，但没有发生房产产权、土地使用权的转让。因此，不属于土地增值税的征税范围。

（3）房地产的抵押。对房地产的抵押，在抵押期间，产权并没有发生权属的变更，

---

① 根据《全国人大常委会关于外商投资企业和外国企业适用增值税、消费税、营业税等税收暂行条例的有关问题通知》、《国务院关于外商投资企业和外国企业适用增值税、消费税、营业税等税收暂行条例的有关问题的通知》和《国家税务总局关于外商投资企业和外国企业及外籍个人适用税种问题的通知》等规定，土地增值税适用于涉外企业和个人。

不征收土地增值税。待抵押期满后，视该房地产是否转移占有而确定是否征收土地增值税。对于以房地产抵债而发生房地产权属转让的，应属于土地增值税的征税范围。

（4）房地产的交换。房地产交换这种行为既发生了房产产权、土地使用权的转移，交换双方又取得了实物形态的收入，属于土地增值税的征税范围；但对个人之间互换自有居住用房地产的，经当地税务机关核实，可以免征土地增值税。

（5）合作建房。对于一方出地，一方出资金，双方合作建房，建成后按比例分房自用的，暂免征收土地增值税；建成后转让的，应征收土地增值税。

（6）房地产的代建房行为。房地产代建房是指房地产开发公司代客户进行房地产的开发，开发完成后向客户收取代建收入的行为。对于房地产开发公司而言，虽然取得了收入，但没有发生房地产权属的转移，其收入属于劳务收入性质，故不属于土地增值税的征税范围。

（7）房地产的重新评估。这主要是指国有企业在清产核资时对房地产进行重新评估而使其升值的情况。房地产重新评估后虽然有增值，但其既没有发生房地产权属的转移，房产产权、土地使用权人也未取得收入，所以不属于土地增值税的征税范围。

## 三、税率

土地增值税采用四级超率累进税率，具体见表 12-3。

**表 12-3   土地增值税超率累进税率表**

| 级距 | 增值额与扣除项目金额的比率 | 税率/% | 速算扣除系数/元 |
|---|---|---|---|
| 1 | 不超过扣除项目金额 50%（含）的部分 | 30 | 0 |
| 2 | 超过扣除项目金额 50%至 100%（含）的部分 | 40 | 5 |
| 3 | 超过扣除项目金额 100%至 200%（含）的部分 | 50 | 15 |
| 4 | 超过扣除项目金额 200%的部分 | 60 | 35 |

（1）增值额未超过扣除项目金额 50%的部分，税率为 30%；

（2）增值额超过扣除项目金额 50%、未超过扣除项目金额 100%的部分，税率为 40%；

（3）增值额超过扣除项目金额 100%、未超过扣除项目金额 200%的部分，税率为 50%；

（4）增值额超过扣除项目金额 200%的部分，税率为 60%。

## 四、应纳税额计算

### （一）计税依据

土地增值税以纳税人转让房地产所取得的增值额作为计税依据，增值额是纳税人转让房地产的收入减去税法规定扣除项目金额后的余额，用公式表示为

增值额=转让房地产收入总额-扣除项目金额          （12-3）

1. 应税收入的确定

根据《土地增值税暂行条例》及其实施细则的规定,纳税人转让房地产取得的应税收入,应包括转让房地产的全部价款及有关的经济收益。从收入的形式来看包括货币收入、实物收入和其他收入。

2. 扣除项目的确定

准予纳税人从转让收入额减除的扣除项目包括如下几项:

(1)取得土地使用权所支付的金额,是指纳税人为取得土地使用权所支付的地价款和按国家统一规定缴纳的有关费用。

(2)房地产开发成本,是指纳税人房地产开发项目实际发生的成本。包括土地的征用及拆迁补偿费、前期工程费、建筑安装工程费、基础设施费、公共配套设施费、开发间接费用等。

(3)房地产开发费用,是指与房地产开发项目有关的销售费用、管理费用和财务费用。《中华人民共和国土地增值税暂行条例实施细则》规定,财务费用中的利息支出,凡能够按转让房地产项目计算分摊并提供金融机构证明的,允许据实扣除,但最高不能超过按商业银行同类同期贷款利率计算的金额。其他房地产开发费用按上述两项金额之和的 5% 以内计算扣除。凡不能够按转让房地产项目计算分摊或不能提供金融机构证明的,房地产开发费用按上述两项金额之和的 10% 以内计算扣除。具体来说:①纳税人能够转让房地产项目计算分摊利息支出,并能提供金融机构的贷款证明的,其允许扣除的房地产开发费用为:利息+(取得土地使用权所支付的金额+房地产开发成本)×5%以内(注:利息最高不能超过按商业银行同类同期贷款利率计算的金额)。②纳税人不能按转让地产项目计算分摊或不能提供金融机构证明的,其允许扣除的房地产开发费用为(取得土地使用权所支付的金额+房地产开发成本)×10%以内。

(4)与转让房地产有关的税金,指在转让房地产时缴纳的营业税[①]、城市维护建设税、印花税。因转让房地产缴纳的教育费附加,可视同税金允许扣除。房地产开发企业的印花税列入管理费用中,故在此不予单独计算扣除;其他纳税人缴纳的印花税(按产权转移书据所载金额 0.5‰贴花)允许在此扣除。

(5)其他扣除项目。对从事房地产开发的纳税人,可以按取得土地使用权所支付的金额和房地产开发成本的金额之和,加计 20% 的扣除。

(6)旧房及建筑物的评估价格,是指在转让已使用的房屋及建筑物时,由政府批准设立的房地产评估机构评定的重置成本价乘以成新度折扣率后的价格。评估价格须经当地税务机关确认。成新度折扣率的含义是按旧房的新旧程度作一定比例的折扣。如一栋房屋已使用 10 年,建造时的造价为 1 000 万元,按转让时的建材及人工费用计算,建同样的新房需花费 5 000 万元,假定该房有六成新,则该房的评估价格为:5 000 × 60%=3 000 万元。

转让旧房的,应按房屋及建筑物的评估价格、取得土地使用权所支付的地价款和按国

---

① "营改增"试点在全国范围内实施之后,营业税将不复存在。但转让房产时缴纳的增值税不予扣除。

家统一规定缴纳的有关费用及在转让环节缴纳的税金作为扣除项目金额计征土地增值税。

3. 增值额

增值额是土地增值税的本质所在。由于计算土地增值税是以增值额与扣除项目金额的比率大小按适用的税率累进计算征收的，增值额与扣除项目金额的比率越大，适用的税率越高，缴纳的税款越多，因此，准确核算增值额很重要。

在实际房地产交易活动中，有些纳税人由于不能准确提供房地产转让价格或扣除项目金额，致使增值额不准确，直接影响应纳税额的计算和缴纳。因此，纳税人有下列情形之一，按照房地产评估价格计算征收：①隐瞒、虚报房地产成交价格的；②提供扣除项目金额不实的；③转让房地产的成交价格低于房地产评估价格，又无正当理由的。

## （二）应纳税额的计算

转让房地产的收入额和扣除项目金额确定后，即可计算应纳税额，计算公式为

$$应纳税额 = \sum(每级距的土地增值额 \times 适用税率) \tag{12-4}$$

为简化计算，应纳税额可采用速算扣除法计算，即增值额乘以税率减去扣除项目金额乘以速算扣除系数的简便方法计算。具体计算公式如下：

（1）土地增值额未超过扣除项目金额 50% 的部分：

$$应纳税额 = 土地增值额 \times 30\% \tag{12-5}$$

（2）土地增值额超过扣除项目金额 50%，未超过 100% 的部分：

$$应纳税额 = 土地增值额 \times 40\% - 扣除项目金额 \times 5\% \tag{12-6}$$

（3）土地增值额超过扣除项目金额 100%，未超过 200% 的部分：

$$应纳税额 = 土地增值额 \times 50\% - 扣除项目金额 \times 15\% \tag{12-7}$$

（4）土地增值额超过扣除项目金额 200% 的部分：

$$应纳税额 = 土地增值额 \times 60\% - 扣除项目金额 \times 35\% \tag{12-8}$$

【例 12-4】某市的一房地产开发企业，建造商品房一栋，建房总支出 4 500 万元，具体包括：支付地价款 300 万元；支付土地征用及拆迁补偿费 180 万元；支付前期工程费 270 万元；支付基础设施费 300 万元；支付建筑安装工程费 2 250 万元；支付公共配套设施费 300 万元；支付期间费用 900 万元，其中利息支出 750 万元（利息能按房地产项目分摊，并由金融机构贷款证明），其他房地产开发费用扣除比例为 5%。房屋竣工后将其出售，取得收入 9 800 万元。请计算该房地产开发企业应纳的土地增值税。

【解析】

（1）允许扣除的取得土地使用权支付的金额=300（万元）

（2）房地产开发成本，包括土地的征用及拆迁补偿费、前期工程费、建筑安装工程费等。允许扣除的房地产开发成本=180+270+300+2 250+300＝3 300（万元）

（3）财务费用中的利息支出，凡能够按转让房地产项目计算分摊并提供金融机构证明的允许据实扣除，所以 750 万元可据实扣除。其他房地产开发费用按上述两项金额之和的 5% 以内计算扣除。允许扣除的房地产开发费用=750+（300+3 300）×5%＝930（万元）

（4）允许扣除的税金=490+49＝539（万元）

其中：应纳营业税=9 500×5% = 490（万元）

应纳城市维护建设税及教育附加费 = 490×（7%+3%）= 49（万元）

（5）对从事房地产开发的纳税人，可以按取得土地使用权所支付的金额和房地产开发成本的金额之和，加计20%的扣除。则

允许扣除的其他扣除项目=（300+3 300）×20% =720（万元）

（6）允许扣除的项目合计 = 300+3 300+930+539+720 = 5 789（万元）

增值额 = 9 800-5 789 = 4 011（万元）

增值额占扣除项目金额比率 = 4 011÷5 789×100%≈69.29%

（7）应纳土地增值税 = 4 011×40%-5 789×5% = 1 314.95（万元）

## 五、税收优惠

（1）纳税人建造普通标准住宅出售，其增值额未超过扣除项目金额20%的，免征土地增值税；增值额超过扣除项目金额20%的，应就其全部增值额计算缴纳增值税款。

（2）因国家建设需要依法征用、收回的房地产，免征土地增值税。

（3）因城市规划、国家建设需要而搬迁由纳税人自行转让原房地产，免征土地增值税。

（4）对企事业单位、社会团体以及其他组织转让旧房作为公共租赁住房房源的且增值额未超过扣除项目金额20%的，免征土地增值税。

## 六、征收管理

### （一）纳税申报

纳税人应在转让房地产合同签订后的 7 日内，到房地产所在地主管税务机关办理纳税申报，并向税务机关提交房屋及建筑产权，土地使用产权证书，土地转让、房产买卖合同，房地产评估报告及其他转让房地产所在地的申报纳税。

### （二）纳税地点

土地增值税的纳税人应向房地产所在地主管税务机关办理纳税申报，并在税务机关规定的纳税期限内缴纳土地增值税。房地产所在地是指房地产的坐落地。纳税人转让的房地产坐落在两个或两个以上地区的，应按房地产所在地分别申报纳税。

在实际工作中，纳税地点的确定又可分为以下两种情况。

（1）纳税人是法人的。当转让的房地产坐落地与其机构所在地或经营所在地一致的，则在办理税务登记的原管辖税务机关申报纳税；如果转让的房地产坐落地与其机构所在地或经营所在地不一致时，则应在房地产坐落地所管辖的税务机关申报纳税。

（2）纳税人是自然人的。当转让的房地产坐落地与其居住所在地一致时，则在住所所在地税务机关中报纳税；当转让的房地产坐落地与其居住所在地不一致时，在办理过户手续所在地的税务机关申报纳税。

## 第四节　资源税

资源税是对在中华人民共和国境内开采应税资源的矿产品或生产盐的单位和个人，就其应税资源销售数量或自用数量征收的一种税。

### 一、资源税概述

#### （一）资源税的建立与改革历程

我国的资源税作为一个独立税种，在 1984 年全面改革工商税制和第二步利改税时设立。1984 年 9 月国务院发布了《中华人民共和国资源税条例（草案）》，同年 10 月 1 日起施行。征税范围仅限于部分石油、天然气、煤炭、铁矿石的开采。为配合流转税制和所得税制的改革，国务院于 1993 年 12 月 25 日发布了《中华人民共和国资源税暂行条例》，对原资源税的有关规定进行了修改，将盐税并入资源税，并自 1994 年 1 月 1 日起施行。

2010 年 5 月，中共中央、国务院召开的新疆工作座谈会上提出，在新疆率先进行资源税费改革。财政部、国家税务总局同年 6 月 1 日印发《新疆原油天然气资源税改革若干问题的规定》的通知，将原油、天然气资源税由从量计征改为从价计征，税率为 5%，拉开了中国资源税改革的序幕。2010 年 12 月 1 日，资源税改革试点扩大到内蒙古、甘肃、四川、青海、贵州、宁夏等 12 个西部省区。2011 年 11 月 1 日，国务院正式发布《关于修改〈中华人民共和国资源税暂行条例〉的决定》，要求从 11 月 1 日起将原油、天然气从价计征改革推向全国。

2013 年，在一些地区实施了部分金属和非金属矿资源税从价计征改革试点。

2014 年 12 月 1 日起，在全国范围统一将原油、天然气矿产资源税适用税率由 5% 提高到 6%；实施煤炭资源税从价计征改革。

自 2015 年 5 月 1 日起，稀土、钨、钼资源税由从量定额计征改为从价率计征。

2016 年 5 月 1 日，财政部发布《关于全面推进资源税改革的通知》，开展水资源税改革试点，逐步将其他自然资源纳入范围，实施矿产资源税从价计征改革。

#### （二）开征资源税的意义

##### 1. 促进国有资源的合理开采、节约使用和有效配置

我国自然资源有限，长期以来，由于我国缺乏对自然资源开采形成的级差收入的合理调节，使一些企业在开采中采富弃贫，采易弃难，采大弃小，乱采乱挖，严重破坏和浪费国有资源。通过征收资源税，根据资源和开发条件的优劣，确定不同税额，把资源的开采和使用与纳税人切身利益结合起来。一方面有利于国家加强对自然资源的保护和管理，防止经营者乱占滥用国有资源，减少资源的损失和浪费；另一方面也有利于经营者出于自身利益方面的考虑，提高资源的开发利用率，最大限度地合理、有效、节约地开发和利用国有资源。

2. 通过合理调节资源级差收入，平衡企业利润水平，促进企业间公平竞争

我国地域辽阔，各地资源结构和开发条件存在很大差异。同一资源由于本身质量及开采者开发条件的不同，利润水平也高低悬殊，在这种情况下，利润的高低并不能真实地反映出企业的效率。开征资源税则可以把因自然条件优越而产生的级差收入收归国家所有，排除利润分配上的不合理，为企业竞争创造公平的外部环境。

3. 资源税可与其他税种配合，发挥税收杠杆的整体功能，保证国家财政收入

增值税是对商品价值中的增值额征税。即对 $v+m$ 征税，实质上是从 $m$ 中提取的。对资源开采企业来说，在 $v+m$ 相同的情况下，其中 $v$ 和 $m$ 所占比重因各企业自然条件不同而大不相同，这种差异不是企业主观原因形成的，因此国家通过征收资源税对企业形成的级差收入征税，调整 $v$ 和 $m$ 的比例关系，补充增值税调节不足的作用；同时，扩大税源，增加国家财政收入。

## （三）资源税的特点

### 1. 有选择的征收

资源税的征收范围应当包括一切开发和利用的国有资源，但由于我国开征资源税时间较短、缺乏经验，对某些资源征收资源税的条件尚不成熟，现行资源税不是对各种自然资源都征税，而只是采取列举品目的办法只对矿产品资源和盐资源征税。

今后，随着我国税收制度的进一步完善，资源税的征收范围将会进一步地扩大，进而使资源税成为国家税收体系中的一个重要税种。

### 2. 实行差别税额

为了发挥调节资源级差收入的作用，资源税根据纳税人开采资源条件的优劣及其收入高低，划分若干资源等级，分档核定税额。这样资源税既可以调节不同产品之间的级差收入，又可以调节同一产品内部的级差收入。

### 3. 征税方式逐渐以从价计征为主

经过近几年的改革，资源税中大部分税目由从量计征逐渐改成从价计征。从价计征改革，理顺资源税费关系，建立规范公平、调控合理、征管高效的资源税制度，有效发挥其组织收入、调控经济、促进资源节约集约利用和生态环境保护的作用。对于粘土、砂石、原矿和《资源税税目税率幅度表》中未列举名称的其他非金属矿产品仍采用从量计征，便于征管。

### 4. 具有强制性和有偿性

自然资源都是国有资源，对这些资源，国家可以凭借政治权力和所有者的双重权力征税，而不像其他税那样只凭借政治权力强制征收。

## 二、纳税人与扣缴义务人

### （一）纳税人

在中华人民共和国境内销售或自用应税矿产品或者生产盐的单位和个人，为资源税的纳税义务人。单位是指国有企业、集体企业、私营企业、股份制企业、外商投资企业、外国企业和行政单位、事业单位、军事单位、社会团体及其他单位。个人是指个体经营者和其他个人。

### （二）扣缴义务人

收购未税矿产品的单位或中外合作开采油田作业者为资源税的扣缴义务人。规定资源税的扣缴义务人，主要是针对零星、分散、不定期开采、易漏税的情况。扣缴义务包括：①独立矿山、联合企业收购未税矿产品的单位，按照本单位应税产品税率、税额标准，依据收购的数量代扣代缴资源税。②其他收购单位收购的未税矿产品，按税务机关核定的应税产品税率、税额标准，依据收购的数量代扣代缴资源税。③开采海洋或陆上油气资源的中外合作油气田，按实物量计算缴纳资源税，以该油气田开采的原油、天然气扣除作业用量和损耗量之后的原油、天然气产量作为课税数量。

## 三、税目和税率

### （一）税目

现行资源税的税目和子目主要是根据资源税应税产品和纳税人开采资源的行业特点设置的。各税目的征税对象包括原矿、精矿（或原矿加工品）、金锭、氯化钠初级产品，具体按照《财政部国家税务总局关于全面推进资源税改革的通知》（财税〔2016〕53号）所附《资源税税目税率幅度表》相关规定执行。

（1）原油。原油是指开采的天然原油，不包括人造石油。

（2）天然气。天然气是指专门开采或与原油同时开采的天然气。

（3）煤炭。煤炭包括原煤和以未税原煤加工的洗选煤。

（4）金属矿。金属矿包括铁矿、金矿、铜矿、铝土矿、铅锌矿、镍矿、锡矿、稀土、钨、钼等金属矿的精矿（或原矿加工品）、金锭或原矿和其他未列举名称的其他非金属矿产品。

（5）其他非金属矿。其他非金属矿原矿是指原油、天然气、煤炭以外的非金属矿的原矿、精矿或氯化钠的初级产品，包括石墨、硅藻土、高岭土、萤石、石灰石、硫铁矿、磷矿、氯化钾、硫酸钾、井矿盐、湖盐、提取地下卤水晒制的盐、煤层（成）气、粘土、砂石和其他未列举名称的其他非金属矿产品。

（6）海盐。海盐是指海水晒制的盐，不包括提取地下卤水晒制的盐。

对未列举名称的其他矿产品，省级人民政府可对本地区主要矿产品按矿种设定税目，对其余矿产品按类别设定税目，并按其销售的主要形态（如原矿、精矿）确定征税对象。

## （二）税率

资源税采取从价定率为主、从量定额为辅的方法征税，实施"级差调节"的原则。级差调节是指运用资源税对因资源储存状况、开采条件、资源优劣、地理位置等客观存在的差别而产生的资源级差收入，通过实施差别税率标准进行调节。资源条件好的，税率高一些；资源条件差的，税率低一些，见表 12-4。

表 12-4 资源税税目、税率表

| 税目 | | 税率 |
|---|---|---|
| 一、原油 | | 销售额的 6%~10% |
| 二、天然气 | | 销售额的 6%~10% |
| 三、煤炭 | | 销售额的 2%~10% |
| 四、金属矿 | 铁矿 精矿 | 1%~6% |
| | 金矿 金锭 | 1%~4% |
| | 铜矿 精矿 | 2%~8% |
| | 铝土矿 原矿 | 3%~9% |
| | 铅锌矿 精矿 | 2%~6% |
| | 镍矿 精矿 | 2%~6% |
| | 锡矿 精矿 | 2%~6% |
| | 稀土 轻稀土 | 地区差别税率[1] |
| | 中重稀土 | 27% |
| | 钨 精矿 | 6.5% |
| | 钼 精矿 | 11% |
| | 未列举名称的其他金属矿产品 原矿或精矿 | 税率不超过 20% |
| 五、非金属矿 | 石墨 精矿 | 3%~10% |
| | 硅藻土 精矿 | 1%~6% |
| | 高岭土 原矿 | 1%~6% |
| | 萤石 精矿 | 1%~6% |
| | 石灰石 原矿 | 1%~6% |
| | 硫铁矿 精矿 | 1%~6% |
| | 磷矿 原矿 | 3%~8% |
| | 氯化钾 精矿 | 3%~8% |
| | 硫酸钾 精矿 | 6%~12% |
| | 井矿盐 氯化钠初级产品 | 1%~6% |
| | 湖盐 氯化钠初级产品 | 1%~6% |
| | 提取地下卤水晒制的盐 氯化钠初级产品 | 3%~15% |
| | 煤层（成）气 原矿 | 1%~2% |
| | 粘土、砂石 原矿 | 每吨或立方米 0.1~5 元 |
| | 未列举名称的其他非金属矿产品 原矿或精矿 | 从量税率每吨或立方米不超过 30 元；从价税率不超过 20% |

续表

| 税目 | 税率 | |
|------|------|------|
| 六、海盐 | 氯化钠初级产品 | 1%～5% |

1）轻稀土按地区执行不同的适用税率，其中内蒙古为 11.5%，四川为 9.5%，山东为 7.5%

注：①铝土矿包括耐火级矾土、研磨级矾土等高铝粘土；②氯化钠初级产品是指井矿盐、湖盐原盐、提取地下卤水晒制的盐和海盐原盐，包括固体和液体形态的初级产品；③海盐是指海水晒制的盐，不包括提取地下卤水晒制的盐

各省级人民政府应当按《财政部国家税务总局关于全面推进资源税改革的通知》（财税〔2016〕53 号）要求提出或确定本地区资源税适用税率。测算具体适用税率时，要充分考虑本地区资源禀赋、企业承受能力和清理收费基金等因素，按照改革前后税费平移原则，以近几年企业缴纳资源税、矿产资源补偿费金额（铁矿石开采企业缴纳资源税金额按 40% 税额标准测算）和矿产品市场价格水平为依据确定。

为促进共伴生矿的综合利用，纳税人开采销售共伴生矿，共伴生矿与主矿产品销售额分开核算的，对共伴生矿暂不计征资源税；没有分开核算的，共伴生矿按主矿产品的税目和适用税率计征资源税。财政部、国家税务总局另有规定的，从其规定。

## 四、纳税环节

资源税在应税产品的销售或自用环节计算缴纳。以自采原矿加工精矿产品的，在原矿移送使用时不缴纳资源税，在精矿销售或自用时缴纳资源税。

纳税人以自采原矿加工金锭的，在金锭销售或自用时缴纳资源税。纳税人销售自采原矿或者自采原矿加工的金精矿、粗金，在原矿或者金精矿、粗金销售时缴纳资源税，在移送使用时不缴纳资源税。

以应税产品投资、分配、抵债、赠与、以物易物等，视同销售，依照本通知有关规定计算缴纳资源税。

## 五、应纳税额的计算

资源税的计税依据为应税产品的销售额或销售量。应纳税额按照从价定率或者从量定额的办法计算应纳税额。

### （一）从价定率应纳税额的计算

实行从价定率征收的，根据应税产品的销售额和规定的适用税率计算应纳税额，具体计算公式为

$$应纳税额 = 销售额（不含增值税）× 适用税率 \qquad (12-9)$$

【例 12-5】2016 年 3 月某油田销售原油 40 000 吨，开具增值税专用发票取得销售额 20 000 万元、增值税额 3 400 万元，按《资源税税目税率表》的规定，其适用的税率为 8%。请计算该油田 3 月应缴纳的资源税。

**【解析】**

应纳税额＝20000×8%＝1600（万元）

## （二）从量定额应纳税额的计算

实行从量定额征收的，根据应税产品的课税数量和规定的单位税额计算应纳税额，具体计算公式为

应纳税额＝课税数量×单位税额 （12-10）

代扣代缴应纳税额＝收购未税矿产产品数量×使用的单位税额 （12-11）

为公平原矿与精矿之间的税负，对同一种应税产品，征税对象为精矿的，纳税人销售原矿时，应将原矿销售额换算为精矿销售额缴纳资源税；征税对象为原矿的，纳税人销售自采原矿加工的精矿，应将精矿销售额折算为原矿销售额缴纳资源税。换算比或折算率原则上应通过原矿售价、精矿售价和选矿比计算，也可通过原矿销售额、加工环节平均成本和利润计算。

金矿以标准金锭为征税对象，纳税人销售金原矿、金精矿的，应比照上述规定将其销售额换算为金锭销售额缴纳资源税。

换算比或折算率应按简便可行、公平合理的原则，由省级财税部门确定，并报财政部、国家税务总局备案。

## 六、税收优惠

### （一）减税、免税项目

（1）开采原油过程中用于加热、修井的原油，免税。

（2）纳税人开采或者生产应税产品过程中，因意外事故或者自然灾害等原因遭受重大损失的，由省、自治区、直辖市人民政府酌情决定减税或者免税。

（3）铁矿石减按40%征收资源税。

（4）对在2016年7月1日前已按原矿销量缴纳过资源税的尾矿、废渣、废水、废石、废气等实行再利用，从中提取的矿产品，不再缴纳资源税。对鼓励利用的低品位矿、废石、尾矿、废渣、废水、废气等提取的矿产品，由省级人民政府根据实际情况确定是否给予减税或免税。

（5）从2007年1月1日起，对地面抽采煤层气暂不征收资源税。煤层气是指赋存于煤层及其围岩中与煤炭资源伴生的非常规天然气，也称煤矿瓦斯。

（6）自2010年6月1日起，纳税人在新疆开采的原油、天然气，自用于连续生产原油、天然气的，不缴纳资源税；自用于其他方面的，视同销售，依照本规定计算缴纳资源税。

（7）对依法在建筑物下、铁路下、水体下通过充填开采方式采出的矿产资源，资源税减征50%。

（8）对实际开采年限在15年以上的衰竭期矿山开采的矿产资源，资源税减征30%。

## （二）进出口应税产品资源税的规定

资源税规定仅对在中国境内开采或生产应税产品的单位和个人征收，进口产品和盐不征收资源税。由于对进口应税产品不征收资源税，相应的，对于出口应税产品也不免征或退还已纳资源税。

# 七、征收管理

## （一）纳税义务发生时间

根据纳税人的生产经营、货款结算方式和资源税征收情况，其纳税义务发生时间分为以下几种情况。

（1）纳税人销售应税产品，其纳税义务发生时间是：①纳税人采取分期收款结算方式的，其纳税义务发生时间为销售合同规定的收款日期的当天。②纳税人采取预收货款结算方式的，其纳税义务发生时间为发出应税产品的当天。③纳税人采取其他结算方式的，其纳税义务发生时间为收取销售款或者取得索取销售款凭据的当天。

（2）纳税人自产自用应税产品的纳税义务发生时间为移送使用应税产品的当天。

（3）扣缴义务人代扣代缴税款的纳税义务发生时间为支付首笔货款或开具应支付货款凭据的当天。

## （二）纳税期限

纳税期限是纳税人发生纳税义务后缴纳税款的期限。资源税的纳税期限由主管税务机关根据纳税人（扣缴义务人）应纳（应缴）税额的多少，分别核定为 1 日、3 日、5 日、10 日、15 日或者 1 个月。一般是应纳税额越大，纳税期限越短，反之则越长。

资源人以 1 个月为一期纳税的，自期满之日起 10 日内申报纳税；以 1 日、3 日、5 日、10 日或者 15 日为一期纳税的，自期满之日起 5 日内预缴税款，于次月 1 日起 10 日内申报纳税并结清上月税款。

## （三）纳税地点

资源税的纳税地点因资源的跨地区开采，具有特殊性。

（1）凡是缴纳资源税的纳税人，都应当向应税产品的开采或者生产所在地主管税务机关缴纳。

（2）如果纳税人在本省、自治区、直辖市范围内开采或生产应税产品，其纳税地点需要调整的，由所在地省、自治区、直辖市税务机关决定。

（3）如果纳税人应纳的资源税属于跨省开采，其下属生产单位与核算单位不在同一省、自治区、直辖市的，对其开采或者生产的矿产品，一律在开采地或生产地纳税。

（4）扣缴义务人代扣代缴的资源税，也应当向收购地主管税务机关缴纳。

## ★ 本章拓展材料

7月1日起河北省开征水资源税

《财政部　国家税务总局关于全面推进资源税改革的通知》（财税〔2016〕53号）

《财政部　国家税务总局关于资源税改革具体政策问题的通知》（财税〔2016〕54号）

《财政部　国家税务总局水利部　关于印发〈水资源税改革试点暂行办法〉的通知》（财税〔2016〕55号）

《中华人民共和国城镇土地使用税暂行条例》

资源税改革7月1日起全面推进

# 第十三章

# 财产与行为课税

## 【学习目标与要求】

通过本章学习，了解目前我国对财产课征的税种，理解财产税制中房产税、契税和车船税的概念、特点和作用，掌握各税种的具体征收制度和计算方法。

## 第一节　房产税

房产税是以城市、县城、建制镇和工矿区的房产为课税对象，按照房产的计税价值或租金收入征收的一种税。房产税征收目的是运用税收杠杆，加强对房产的管理，提高房产使用效率，控制固定资产投资规模和配合国家房产政策的调整，合理调节房产所有人和经营人的收入。此外，该税种税源稳定，易于控制管理，是地方财政收入的重要来源之一。

### 一、纳税人与征税范围

房产税以房产为征税对象。所谓房产，是指有屋面和围护结构（有墙或两边有柱），能够遮风避雨，可供人们在其中生产、学习、工作、娱乐、居住或储藏物资的场所。

#### （一）纳税人

房产税的纳税人是在征税范围内的房屋产权所有人。其中：①产权属于国家所有的，由经营管理的单位缴纳；产权属于集体和个人所有的，由集体单位和个人缴纳。②产权出典的，由承典人缴纳。所谓产权出典，是指产权所有人将房屋、生产资料等的产权，在一定期限内典当给他人使用，而取得资金的一种融资业务。③产权所有人、承典人不在房产所在地或产权未确定及租典纠纷未解决的，由房产代管人或者使用人缴纳。④纳税单位和个人无租使用房产管理部门、免税单位及纳税单位房产的，应由使用人代为缴纳房产税。⑤自 2009 年 1 月 1 日起，外商投资企业、外国企业和组织以及外籍个人，依照《中华人民房产税暂行条例》（简称《房产税暂行条例》）缴纳房产税。

### （二）征税范围

房产税的征税范围是城市、县城、建制镇和工矿区。

这里所说的城市是指国务院批准设立的市；县城是指县人民政府所在地的地区；建制镇是指经省、自治区、直辖市人民政府批准设立的建制镇；工矿区是指工商业比较发达，人口比较集中，符合国务院规定的建制镇标准，但尚未设立建制镇的大中型工矿企业所在地。开征房产税的工矿区须经省、自治区、直辖市人民政府批准。房产税的征税范围不包括农村。

## 二、计税依据和税率

### （一）税率

房产税采用的是比例税率。由于房产税的计税依据分为从价计征和从租计征两种形式，所以房产税的税率也有两种：一是按房产原值一次减除 10%~30% 后的余值计征的，税率为 1.2%；二是按房产出租的租金收入计征的，税率为 12%。从 2001 年 1 月 1 日起，对个人按照市场价格出租的居民住房，用于居住的，可暂减按 4% 的税率征收房产税。自 2008 年 3 月 1 日起，对于个人出租住房，不区分用途，按 4% 的税率征收房产税。

### （二）计税依据

房产税的计税依据是房产的计税价值或房产的租金收入。按照房产计税价值征税的，称为从价计征；按照房产租金收入计征的，称为从租计征。

（1）从价计征。是指以房产原值一次减除 10%~30% 后的余值为计税依据。具体减除幅度，由省、自治区、直辖市人民政府确定。减除幅度的确定，既要考虑到房屋的自然损耗因素，也要照顾到房屋后期的增值因素。

房产原值，是指纳税人按照会计制度规定，在账簿"固定资产"科目中记载的房屋原价。

房产余值，是指房产的原值减除一定比例后的剩余价值。

（2）从租计征。是指以房屋出租取得的租金收入为计税依据。租金收入是房屋产权所有人出租房产使用权所得的报酬，包括货币收入和实物收入。

从租计征的房产税，以房屋出租取得的租金收入为计税依据。租金收入就是房屋产权所有人出租房产使用权所得的报酬，包括货币收入和实物收入。对以劳务或其他形式为报酬抵付房租收入的，应根据当地房产的租金水平，确定一个标准租金从租计征。

## 三、应纳税额的计算

房产税应纳税额有两种计算方法。

## （一）从价计征的计算

应纳税额=房产原值×（1–10%~30%扣除比例）×1.2%　　　　　　　　（13-1）

【例 13-1】某企业的经营用房原值为 1 000 万元，按照当地规定允许减除 30%后按余值计税，适用税率为 1.2%。请计算其应纳房产税额。

【解析】应纳税额=1 000×（1–30%）×1.2% = 8.4（万元）

## （二）从租计征的计算

应纳税额=房产租金收入×12%（或 4%）　　　　　　　　　　　　（13-2）

【例 13-2】某公司出租房屋 20 间，年租金收入为 600 000 元，适用税率为 12%，请计算其应纳房产税额。

【解析】应纳税额=600 000×12% = 72 000（元）

## 四、税收优惠

《房产税暂行条例》中规定的优惠政策主要有：①国家机关、人民团体、军队自用的房产免征房产税。但是，上述免税单位的出租房产以及非自身业务使用的生产、营业用房，不属于免税范围。②由国家财政部门拨付事业经费的单位，如学校、医疗卫生单位、托儿所、幼儿园、敬老院、文化、体育、艺术等实行全额或差额预算管理的事业单位所有的，本身业务范围内使用的房产。若上述房产用于生产经营等非公务、业务用房时，仍须缴纳房产税。③宗教寺庙、公园、名胜古迹自用的房产免征房产税。但寺庙、公园、名胜古迹中附设的营业单位，如影剧院、饮食部、茶社、照相馆等所使用的房产及出租的房产，不属免税范围。④个人所有非营业用的房产免征房产税。个人所有营业用的房产或出租的房产，不属免税范围，应照章纳税。⑤经财政部批准免税的其他房产。

## 五、征收管理

### （一）纳税义务发生时间

（1）纳税人将原有房产用于生产经营，从生产经营之月起，缴纳房产税。

（2）纳税人自行新建房屋用于生产经营的，从建成之次月起，缴纳房产税。

（3）纳税人购置新建商品房，自房屋交付使用之次月起，缴纳房产税。

（4）纳税人委托施工企业建设房屋，从办理验收手续之次月起，缴纳房产税。

（5）纳税人购置存量房，自办理房屋权属转移、变更登记手续，房地产权属登记机关签发房屋权属证书之次月起，缴纳房地产税。

（6）纳税人出租、出借房产，自交付出租、出租房产之次月起，缴纳房产税。

（7）房地产开发企业自用、出租、出借本企业建造的商品房，自房屋使用或交付之次月起，缴纳房产税。

（8）自 2009 年 1 月 1 日起，纳税人因房产的实物或者权利状态发生变化而依法终止房产税纳税义务的，其应纳税款的计算应截止到房产的实物或权利状态发生变化的当月末。

### （二）纳税期限

房产税按年计征，分期缴纳，一般按季或按半年征收一次。

### （三）纳税地点

房产税在房产所在地缴纳；房产不在同一地方的纳税人，应按房产的坐落地点分别向房产所在地的税务机关纳税。房产税由房产所在地的地方税务局负责征收。

## 第二节　契税

契税是在土地、房屋因买卖、典当、赠与或交换而发生产权转移变动时，按当事人双方订立的契约，向产权承受人征收的一种税。契税具有一次性征收的特点。我国契税最早产生于东晋，当时称古税和散税。新中国成立后，国务院于 1950 年就颁布了《契税暂行条例》，这是新中国成立以后颁布的第一个税收法规。我国现行契税的基本法律依据是 1997 年 7 月 7 日国务院发布并于同年 10 月 1 日开始施行的《中华人民共和国契税暂行条例》。

### 一、纳税义务人与征税对象

#### （一）征税对象

契税的征税对象是境内转移土地、房屋权属。具体包括以下五项内容。

1. 国有土地使用权出让

国有土地使用权出让是指土地使用者向国家交付土地使用权出让费用，国家将国有土地使用权在一定年限内让与土地使用者的行为。

国有土地使用权出让，受让者应向国家缴纳出让金，以出让金为依据计算缴纳契税。

2. 土地使用权的转让

土地使用权的转让是指土地使用者以出售、赠与、交换或者其他方式将土地使用权转移给其他单位和个人的行为。土地使用权的转让不包括农村集体土地承包经营权的转移。

### 3. 房屋买卖

房屋买卖是指房屋所有者将其房屋出售，由承受者交付货币、实物、无形资产或者其他经济利益的行为。其中，以房产抵债或实物交换房屋；以房产作投资、入股；买房拆料或翻建新房等情况，视同买卖房屋。

### 4. 房屋赠与

房屋赠与是指房屋所有者将其房屋无偿转让给受赠者的行为。

### 5. 房屋交换

房屋交换是指房屋所有者之间互相交换房屋的行为。

## （二）纳税义务人

契税的纳税义务人是在中华人民共和国境内转移土地、房屋权属，承受的单位和个人。境内是指中华人民共和国实际税收行政管辖范围内。土地、房屋权属是指土地使用权和房屋所有权。单位是指企业单位、事业单位、国家机关、军事单位和社会团体以及其他组织。个人是指个体经营者及其他个人，包括中国公民和外籍人员。

## 二、税率

契税实行 3%～5%的幅度税率。实行幅度税率是考虑到我国经济发展的不平衡，各地经济差别较大的实际情况。具体执行税率由各省、自治区、直辖市人民政府在规定的范围内，按照本地区的实际情况决定。

## 三、应纳税额的计算

## （一）计税依据

契税的计税依据为不动产的价格。由于土地、房屋权属转移方式不同，定价方法不同，因而具体计税依据视不同情况而决定。

（1）国有土地使用权出让、土地使用权出售、房屋买卖，以成交价格为计税依据。成交价格是指土地、房屋权属转移合同确定的价格，包括承受者应交付的货币、实物、无形资产或者其他经济利益。

（2）土地使用权赠与、房屋赠与，由征收机关参照土地使用权出售、房屋买卖的市场价格核定。

（3）土地使用权交换、房屋交换，为所交换的土地使用权、房屋的价格差额。就是说，交换价格相等时，免征契税；交税价格不等时，由多交付的货币、实物、无形资产或者其他经济利益的一方交纳契税。

（4）以划拨方式取得土地使用权，经批准转让房地产时，由房地产转让者补交契税。

计税依据为补交的土地使用权出让费用或者土地收益。

为了避免偷、逃税款，税法规定，成交价格明显低于市场价格并且无正当理由的，或者所交换的土地使用权、房屋的价格差额明显不合理并且无正当理由的，征收机关可以参照市场价格核定计税依据。

（5）房屋附属设施征收契税的依据：①不涉及土地使用权和房屋所有权转移变动的，不征收契税。②采取分期付款方式购买房屋附属设施土地使用权、房屋所有权的，应按合同规定的总价款计征契税。③承受的房屋附属设施权属如为单价计价的，按照当地确定的适用税率征收契税；如与房屋统一计价的，适用与房屋相同的契税税率。

（6）个人无偿赠与不动产行为（法定继承人除外），应对受赠人全额征收契税。

### （二）应纳税额的计算

契税采用比例税率。当计税依据确定以后，应纳税额的计算比较简单。应纳税额的计算公式为

应纳税额=计税依据×税率　　　　　　　　　　　　　　　　　　　（13-3）

【例13-3】居民A有两套住房，将其中一套出售给居民B，成交价格为2 400 000元；将另一套两室住房与居民C交换成两套一室住房，并支付给C换房差价200 000元，试计算A、B、C需要缴纳的相关契税（假设契税税率为4%）。

【解析】

（1）土地使用权交换、房屋交换，交税价格不等时，由多交付货币的一方缴纳契税。A与C交换，支付房屋差价的A应缴纳契税=200 000×4%=8 000（元）

（2）B为房屋权属的承受方，应缴纳契税。应缴纳契税=2 400 000×4%=96 000（元）

（3）C不需要缴纳契税。

## 四、税收优惠

（1）国家机关、事业单位、社会团体、军事单位承受土地、房屋用于办公、教学、医疗、科研和军事设施的，免征契税。

（2）城镇职工按规定第一次购买公有住房，免征契税。

（3）因不可抗力灭失住房而重新购买住房的，酌情减免。

（4）土地、房屋被县级以上人民政府征用、占用后，重新承受土地、房屋权属的，由省级人民政府确定是否减免。

（5）承受荒山、荒沟、荒丘、荒滩土地使用权，并用于农、林、牧、渔业生产的，免征契税。

（6）经外交部确认，依照我国有关法律规定以及我国缔结或参加的双边和多边条约或协定，应当予以免税的外国驻华使馆、领事馆、联合国驻华机构及其外交代表、领事官员和其他外交人员承受土地、房屋权属。

公租房经营单位购买住房作为公租房的，免征契税。

## 五、征收管理

### （一）纳税义务发生时间

契税的纳税义务发生时间为纳税人在签订土地、房屋权属转移合同的当天，或者取得其他具有土地、房屋权属转移合同性质凭证的当天。

### （二）纳税期限

纳税人应当自纳税义务发生之日起 10 日内，向土地、房屋所在地的契税征收机关办理纳税申报，并在契税征收机关核定的期限内缴纳税款，索取完税凭证。

### （三）纳税地点

契税在土地、房屋所在地的征收机关缴纳。

### （四）其他规定

纳税人办理纳税事宜后，征收机关应向纳税人开具完税凭证。纳税人凭契税完税凭证及其他有关资料向土地管理部门、房产管理部门办理有关土地、房屋权属变更登记手续。

国家税务总局规定，各级征收机关要在 2005 年 1 月 1 日后停止代征委托，直接征收契税。

另外，对已缴纳契税的购房单位和个人，在未办理房屋权属变更登记前退房的，退还已纳契税；在办理房屋权属变更登记之后退还的，不予退还已纳契税。

## 第三节　车船税

车船税，是指在中华人民共和国境内的车辆、船舶的所有人或者管理人按照中华人民共和国车船税法应缴纳的一种税。征收车船税，一方面可以促使纳税人提高车船使用效益，督促纳税人合理利用车船；另一方面可以通过税收手段开辟财源、集中财力，缓解交通运输事业资金短缺的矛盾；同时还可以借此加强对车船的管理。

现行车船税法的基本规范，是 2011 年 2 月 25 日，由中华人民共和国第十一届全国人民代表大会常务委员会第十九次会议通过了《中华人民共和国车船税法》（简称《车船税法》），自 2012 年 1 月 1 日起施行。

## 一、纳税人与征税范围

### （一）纳税人

车船税的纳税人，是指在中华人民共和国境内，车辆、船舶的所有人或者管理人，应当按照《车船税法》的规定缴纳车船税。

## （二）征收范围

车船税的征收范围是指在中华人民共和国境内属于车船税法所附《车船税税目税额表》规定的车辆、船舶。其中包括：依法应当在车船管理部门登记的机动车辆和船舶；依法不需要在车船管理部门登记、在单位内部场所行驶或作业的机动车辆和船舶。

其中，车辆包括乘用车、商用车、其他车辆和摩托车。船舶包括机动船舶和游艇。

## 二、税目和税率

车船税实行定额税率。定额税率，也称固定税额，是税率的一种特殊的形式。车船税的适用税额，依照车船税法所附的《车船税税目税额表》执行。车辆的具体适用税额由省、自治区、直辖市人民政府依照车船税法所附《车船税税目税额表》规定的幅度内确定。

车船税税目税额见表 13-1。

表 13-1　车船税税目税额表

| 税目 | | 计税单位 | 年基准税额/元 | 备注 |
|---|---|---|---|---|
| 乘用车按发动机汽缸容量（排气量分档） | 1.0 升（含）以下的 | 每辆 | 60 ~ 360 | 核定载客人数 9 人（含）以下 |
| | 1.0 升至 1.6 升（含）的 | | 300 ~ 540 | |
| | 1.6 升至 2.0 升（含）的 | | 360 ~ 660 | |
| | 2.0 升至 2.5 升（含）的 | | 660 ~ 1 200 | |
| | 2.5 升至 3.0 升（含）的 | | 1 200 ~ 2 400 | |
| | 3.0 升至 4.0 升（含）的 | | 2 400 ~ 3 600 | |
| | 4.0 升以上的 | | 3 600 ~ 5 400 | |
| 商用车 | 客车 | 每辆 | 480 ~ 1 440 | 核定载客人数 9 人以上，包括电车 |
| | 货车 | 整备质量每吨 | 16 ~ 120 | 1. 包括半挂牵引、三轮汽车和低速载货车等<br>2. 挂车按照货车税额的 50% 计算 |
| | 游艇 | 艇身长度每米 | 600 ~ 2 000 | |
| 其他车辆 | 专用作业车 | 整备质量每吨 | 16 ~ 120 | 不包括拖拉机 |
| | 轮式专用机械车 | 整备质量每吨 | 16 ~ 120 | |
| 摩托车 | | 每辆 | 16 ~ 180 | |
| 船舶 | 机动船舶 | 净吨位每吨 | 3 ~ 6 | 拖船、非机动驳船分别按照机动船舶税额的 50% 计算；游艇的税额另行规定 |

需要注意的是：

（1）车船税法以及实施条例设计的整备质量、净吨位、艇身长度等计税单位，有尾数的一律按照含尾数的计税单位据实计算车船税应纳税额。

（2）乘用车以及车辆登记管理部门核发的机动车登记证书或者行驶证书所载的排气

量毫升数确定税额区间。

（3）车船税法和实施条例所设计的排气量、整备质量、核定载客人数、净吨位、功率、艇身长度，以车船登记管理部门核发的车船登记证书或者行驶证证相应项目所载数据为准。

## 三、应纳税额的计算

### （一）计税依据

车船税的计税依据，按车船的种类和性能分别为辆、整备质量吨、净吨位和艇身长度等。

（1）乘用车、商用车客车、摩托车，以"辆"为计税依据。

（2）商用车货车、专用作业车、轮式专用机械车，以"整备质量吨"为计税依据。

（3）机动船舶，以"净吨位"为计税依据。

（4）游艇，以"艇身长度"为计税依据。

### （二）应纳税额的计算

1. 乘用车、商用车的客车和摩托车应纳税额计算

应纳税额=辆数×适用的单位税额                （13-4）

2. 商用车的货车、专用作业车和轮式专用机械车应纳税额计算

应纳税额=整备质量吨数×适用的单位税额          （13-5）

挂车的应纳税额=整备质量吨数×适用的单位税额×50%     （13-6）

3. 机动船舶应纳税额计算

机动船舶的应纳税额=净吨位数×适用的单位税额       （13-7）

4. 游艇应纳税额计算

游艇的应纳税额=艇身米数×适用的单位税额          （13-8）

如果是购置的新车船，购置当年的应纳税额自纳税义务发生的当月起按月计算。

应纳税额=（年应纳税额÷12）×应纳税月份数         （13-9）

应纳税月份数=12-纳税义务发生时间（取月份）+1      （13-10）

【例13-4】河北省某运输公司拥有载货汽车30辆，整备质量全部为10吨；乘人大客车40辆；小客车20辆。已知载货汽车每吨年税额80元，乘人大客车每辆年税额800元，小客车每辆年税额700元。计算该公司应纳车船税。

【解析】

（1）载货汽车应纳税额=30×10×80 = 24 000（元）

（2）乘人汽车应纳税额=40×800+20×700 = 46 000（元）

全年应纳车船税额=24 000+46 000 =70 000（元）

## 四、税收优惠

### （一）法定免税车船

（1）捕捞、养殖渔船。

（2）军队、武装警察部队专用车船。

（3）警用车船。

（4）依照法律规定应当予以免税的外国驻华使领馆、国际组织驻华代表机构及其有关人员车船。

（5）对节约能源的车船，减半征收车船税。对使用新能源的车船，免征车船税。

（6）省、自治区、直辖市人民政府根据当地实际情况，可以对公共交通车船，农村居民拥有并主要在农村地区使用的摩托车、三轮车和低速载货汽车定期减征或者免征车船税。

### （二）特定减免

（1）经批准临时入境的外国车船和香港特别行政区、澳门特别行政区、台湾地区的车船，不征收车船税。

（2）按照规定缴纳船舶吨税的机动船舶，自车船税法实施之日5年内免征车船税。

（3）依法不需要在车船登记管理部门登记的机场、港口、铁路站内部行驶或作业的车船，自车船税法实施之日起5年内免征车船税。

## 五、征收管理

### （一）纳税期限

车船税的纳税义务发生时间，为取得车船所有权或者管理权的当月。以购买车船的发票或者其他证明文件所载日期的当月为准。

车船税按年申报，分月计算，一次性缴纳，纳税年度为公历1月1日到12月31日。具体申报纳税期限由省、自治区、直辖市人民政府规定。

### （二）纳税地点

车船税的纳税地点为车船的登记地或者车船税扣缴义务人所在地。依法不需要办理登记的车船，车船税的纳税地点为车船的所有人或者管理人所在地。

扣缴义务人代收代缴车船税的，纳税地点为扣缴义务人所在地。

纳税人自行申报缴纳车船税的，纳税地点为车船登记地的主管税务机关所在地。

依法不需要办理登记的车船，纳税地点为车船所有人或者管理人主管税务机关所在地。

## 第四节 车辆购置税

车辆购置税是以在中国境内购置规定车辆为征税对象，在特定的环节向车辆购置者征收的一种税。就其性质而言，属于直接税的范畴。现行车辆购置税的基本法律规范是2000 年 10 月 22 日国务院令第 294 号颁布并于 2001 年 1 月 1 日起施行的《中华人民共和国车辆购置税暂行条例》。

## 一、车辆购置税的特点与作用

### （一）车辆购置税的特点

#### 1. 征税对象窄，征收环节单一

车辆购置税以购置的特定车辆为征税对象，而不是对所有的车辆征税，范围窄；车辆购置税实行一次课征制，它不是在生产、经营和消费的每个环节道道征收，只是在消费领域中的某一个环节一次征收，即车辆购置税是在消费领域中的使用环节（即最终消费环节）征收。

#### 2. 税率单一，征收方法简便

车辆购置税只确定一个统一的比例税率，按10%征收，税率具有不随征税对象数额变动的特点，计征简便、负担稳定，有利于依法治税；车辆购置税实行单一的比例税率，根据纳税人购置应税车辆的计税价格实行从价计征，以价格为计税标准，价值大者多征税，价值小者少征税，其征收方法简便易行。

#### 3. 具有特定目的，专款专用

车辆购置税为中央税，由国家税务局负责征收，它取之于车辆，用之于交通建设，其征税具有专门用途，不挪为他用，由中央财政根据国家建设投资计划，统筹安排。这种特定目的的税收，可以保证国家财政支出需要，既有利于统筹合理地安排资金，又有利于保证特定事业和建设支出的需要。

### （二）车辆购置税的作用

#### 1. 有利于合理筹集建设资金

国家通过车辆购置税的开征参与国民收入的再分配，可以更好地将一部分消费基金转化为财政资金，为国家筹集更多的资金，以满足国家行使职能的需要。

#### 2. 有利于调节收入差距

车辆购置税在消费环节对消费应税车辆的使用者征收，可以对过高的消费支出进行调节，即高收入者多负税，低收入者少负税。

3. 有利于配合打击走私

车辆购置税在车辆上牌使用时征收，具有源泉控制的特点，它可以配合有关部门在打击走私、惩治犯罪和维护国家利益起到积极的作用。

4. 有利于规范政府行为

开征车辆购置税，有利于理顺税费关系，进一步完善财税制度，实现税制结构的不断优化。"费改税"改革，不但能规范政府行为，遏制乱收费，同时对正确处理税费关系、深化和完善财税体制改革能起到积极作用。

## 二、纳税人与征税范围

### （一）纳税人

车辆购置税的纳税人是指在我国境内购置应税车辆的单位和个人。其中购置是指购买使用行为、进口使用行为、受赠使用行为、自产自用行为、获奖使用行为以及以拍卖、抵债、走私、罚没等方式取得并使用的行为，这些行为都属于车辆购置税的应税行为。

车辆购置税的纳税人具体是指：所称单位，包括国有企业、集体企业、私营企业、股份制企业、外商投资企业、外国企业以及其他企业，事业单位、社会团体、国家机关、部队以及其他单位。所称个人，包括个体工商户及其他个人，既包括中国公民又包括外国公民。

### （二）征税范围

车辆购置税以列举的车辆作为征税对象，未列举的车辆不纳税。其征税对象包括汽车、摩托车、电车、挂车、农用运输车。

## 三、税率与计税依据

### （一）税率

车辆购置税实行统一比例税率，税率为10%。

### （二）计税依据

车辆购置税以应税车辆为征税对象，考虑到我国车辆市场供求的矛盾，价格差异变化，计量单位不规范以及征收车辆购置附加费的做法，实行从价定率、价外征收的方法计算应纳税额，应税车辆的价格即计税价格就成为车辆购置税的计税依据。但是，由于应税车辆购置的来源不同，应税行为的发生不同，计税价格的组成也就不一样。车辆购置税的计税依据有以下几种情况。

1. 购买自用应税车辆计税依据的确定

纳税人购买自用的应税车辆的计税依据为纳税人购买应税车辆而支付给销售方的全部价款和价外费用（不含增值税）。购买的应税自用车辆包括购买自用的国产应税车辆和购买自用的进口应税车辆。

境内单位和个人租入外国籍船舶，不征收车船税。境内单位将船舶出租到境外，应依法征收车船税。

2. 进口自用应税车辆计税依据的确定

纳税人进口自用的应税车辆以组成计税价格为计税依据，组成计税价格的计算公式为

组成计税价格=关税完税价格+关税+消费税　　　　　　　　　　　　　　（13-11）

进口自用的应税车辆是指纳税人直接从境外进口或委托代理进口自用的应税车辆，即非贸易方式进口自用的应税车辆。而且进口自用的应税车辆的计税依据，应根据纳税人提供的、经海关审查确认的有关完税证明资料确定。

3. 其他自用应税车辆计税依据的确定

纳税人自产、受赠、获奖和以其他方式取得并自用的应税车辆的计税依据，主管税务机关参照国家税务总局规定的最低计税价格为计税依据。

最低计税价格由国家税务总局依据机动车生产企业或者经销商提供的车辆价格信息，参照市场平均交易价格核定的车辆购置税计税价格。

## 四、应纳税额计算

车辆购置税实行从价定率的方法计算应纳税额，计算公式为

应纳税额=计税依据×税率　　　　　　　　　　　　　　　　　　　　（13-12）

由于应税车辆的来源、应税行为的发生以及计税依据组成的不同，因而，车辆购置税应纳税额的计算方法也有区别。

### （一）购买自用应税车辆应纳税额的计算

在应纳税额的计算当中，应注意以下费用的计税规定：

（1）购买者随购买车辆支付的工具件和零部件价款应作为购车价款的一部分，并入计税依据中征收车辆购置税。

（2）支付的车辆装饰费应作为价外费用并入计税依据中计税。

（3）代收款项应区别征税。凡使用代收单位（受托方）票据收取的款项，应视作代收单位价外收费，购买者支付的价费款，应并入计税依据中一并征收；凡使用委托方票据收取，受托方只履行代收义务和收取代收手续费的款项，应按其他税收政策规定征税。

（4）销售单位开给购买者的各种发票金额中包含增值税税款，因此，计算车辆购置

税时，应换算为不含增值税的计税价格。

（5）销售单位开展优质销售活动所开票收取的有关费用，应属于经营性收入，企业在代理过程中按规定支付给有关部门的费用，企业已作经营性支出列支核算，其收取的各项费用并在一张发票上难以划分的，应作为价外收入计算征税。

【例13-5】2016年2月，王先生从某销售公司（增值税一般纳税人）购买自用轿车一辆，支付含增值税价款221 000元，另支付购置工具件和零配件1 000元，车辆装饰费4 000元，销售公司代收保险费等8 000元，支付的各项价款均由销售公司统一开具普通发票。假设适用的车船购置税的税率为10%，计算王先生应缴纳的车辆购置税。

【解析】

由于购置工具件和零配件价款、车辆装饰费、销售公司代收保险费等各项费用均由销售公司统一开具普通发票，难以分开，因此，应作为价外收入计算征税。

王先生应缴纳的车辆购置税=（221 000+1 000+4 000+8 000）÷（1+17%）×10%=20 000（元）

### （二）进口自用应税车辆应纳税额的计算

纳税人进口自用的应税车辆应纳税额的计算公式为

$$应纳税额=（关税完税价格+关税+消费税）×税率 \qquad (13\text{-}13)$$

【例13-6】某外贸进出口公司2015年12月从国外进口10辆宝马公司生产的某型号小轿车。该公司报关进口这批小轿车时，经报关地海关对有关报关资料的审查，确定关税完税价格为每辆185 000元人民币，海关按关税政策规定每辆征收关税203 500元，并按消费税、增值税有关规定分别代征了每辆小轿车的进口消费税11 655元和增值税66 045元。已知适用的车辆购置税税率为10%，计算该企业应纳车辆购置税。

【解析】

车辆购置税计税依据=185 000+203 500+11 655 = 400 155（元）

车辆购置税应纳税额=400 155×10%×10 = 400 155（元）

### （三）其他自用应税车辆应纳税额的计算

纳税人自产自用、受赠使用、获奖使用和其他方式取得并自用应税车辆的，凡不能取得该型车辆的购置价格，或者低于最低计税价格的，以国家税务总局核定的最低计税价格作为计税依据计算征收车辆购置税。

$$应纳税额=最低计税价格×税率 \qquad (13\text{-}14)$$

## 五、税收优惠

### （一）车辆购置税的减免税规定

（1）外国驻华使馆、领事馆和国际组织驻华机构及其外交人员自用的车辆免税。

（2）中国人民解放军和中国人民武装警察部队列入军队武器装备订货计划的车辆免税。

（3）设有固定装置的非运输车辆免税。

（4）长期来华定居的专家1辆自用小汽车。

（5）回国服务的留学人员用现汇购买1辆个人自用国产小汽车。

（6）自2004年10月1日起，对农用三轮运输车免税。

### （二）车辆购置税退税

纳税人已经缴纳车辆购置税但在办理车辆登记手续前，需要办理退还车辆购置税的，由纳税人申请，征收机关审查后办理退还车辆购置税手续。

## 六、征收管理

### （一）纳税环节

车辆购置税的纳税环节选择在使用环节，即最终消费环节。具体而言，纳税人应当在向公安机关等车辆管理机构办理车辆登记注册手续前，缴纳车辆购置税。

### （二）纳税地点

纳税人购置应税车辆，应当向车辆登记注册地的主管税务机关申报纳税；购置不需要办理车辆登记注册手续的应税车辆，应当向纳税人所在地的主管税务机关申报纳税。车辆登记注册地是车辆的上牌落籍地或落户地。

### （三）纳税期限

纳税人购买自用应税车辆的，应当自购买之日起60日内申报纳税；进口自用应税车辆的，应当自进口之日起60日内申报纳税；自产、受赠、获奖或者以其他方式取得并自用应税车辆的，应当自取得之日起60日内申报纳税。

## ■ 第五节  印花税

印花税是以经济活动和经济交往中书立、使用、领受应税凭证的行为为征税对象征收的一种税，是国家用以调整印花税征收与缴纳权利与义务关系的法律规范。现行印花税的基本法律规范是1988年8月6日国务院发布并于1988年10月1日实施的《中华人民共和国印花税暂行条例》。征收印花税有利于增加财政收入、有利于配合和加强经济合同的监督管理、有利于培养纳税意识、有利于配合其他应纳税种的监督管理。

## 一、印花税的特点与作用

### （一）印花税的特点

#### 1. 兼有凭证税和行为税性质

印花税是对单位和个人书立、使用、领受的应税凭证征收的一种税，具有凭证税性质。而任何一种应税经济凭证反映的都是某种特定的经济行为，因此，对凭证征税，实质上是对经济行为的课税。

#### 2. 征税对象广泛

印花税的征税对象包括了经济活动和经济交往中的各种应税凭证，凡书立、使用和领受这些凭证的单位和个人都要缴纳印花税，其征税对象是极其广泛的。随着市场经济的发展和经济法制的逐步健全，依法书立经济凭证的现象将会越来越普遍。因此，印花税的征收面将更加广阔。

#### 3. 税率低、税负轻

印花税与其他税种相比较，税率要低得多，其税负较轻，具有广集资金、积少成多的财政效应。

### （二）印花税的作用

#### 1. 有利于增加财政收入

印花税（除证券交易印花税归中央外）属于地方税，其收入归地方政府所有。这对于完善地方税体系和分税制财政体制具有重要的作用。

#### 2. 加强对纳税人监督管理

各种合同贴花以后，不论是否兑现，都已负担了税款，可以促使经济往来各方信守合同，减少由于盲目签约而造成的经济损失和纠纷，提高合同的兑现率。对纳税人各种应税凭证的贴花和检查，客观上又可以及时掌握纳税人经济活动中涉及应纳其他各税的相关情况，有利于配合加强对其他应纳税种的监督管理。

#### 3. 培养公民纳税意识

印花税实行自行贴花纳税的方法，有助于培养纳税人自觉纳税的意识；同时印花税又具有轻税重罚的特点，有利于增强纳税人的税收法制观念。

## 二、纳税义务人

印花税的纳税义务人，是在中国境内书立、使用、领受印花税法所列举的凭证并应依法履行纳税义务的单位和个人。所称单位和个人是指国内各类企业、事业、机关、团体、部队以及中外合资企业、合作企业、外资企业、外国公司和其他经济组织及其在华机构等单位和个人。上述单位及个人，按照书立、使用、领受应税凭证的不同，可以分别确定为立合同人、立据人、立账簿人、领受人、使用人和各类电子应税凭证的签订人。

**1. 立合同人**

指合同的当事人。所谓当事人，是指对凭证有直接权利义务关系的单位和个人，不包括合同的担保人、证人、鉴定人。

**2. 立据人**

产权转移书据的纳税人是立据人。指土地、房屋等权属转移过程中买卖双方的当事人。

**3. 立账簿人**

营业账簿的纳税人是立账簿人。所谓立账簿人，指设立并使用营业账簿的单位和个人。

**4. 领受人**

权利许可证照的纳税人是领受人。所谓领受人，指领取或接受并持有该项凭证的单位和个人。

**5. 使用人**

在国外书立、领受，但在国内使用的应税凭证，其纳税人是使用人。

**6. 各类电子应税凭证的签订人**

以电子形式的各类应税凭证的当事人。

值得注意的是，对应税凭证，凡由两方或两方以上当事人共同书立的，其当事人各方都是印花税的纳税人，各自按所持凭证上的计税金额进行纳税。

## 三、税目

印花税的税目，指印花税法明确规定的应当纳税的项目，它具体划定了印花税的征税范围。一般来说，列入税目的就要征税，未列入税目的就不征税。印花税共有 13 个税目，具体如下。

### （一）购销合同

购销合同包括供应、预购、采购、购销结合及协作、调剂、补偿、贸易等合同。此外，还包括出版单位与发行单位之间订立的图书、报纸、期刊和音像制品的应税凭证，如订购单、订数单等。电网与用户之间签订的供用电合同不属于印花税列举征税的凭证，不征收印花税。

### （二）加工承揽合同

加工承揽合同包括加工、定做、修缮、修理、印刷广告、测绘、测试等合同。

### （三）建设工程勘察设计合同

建设工程勘察设计合同包括勘察、设计合同。

### （四）建筑安装工程承包合同

建筑安装工程承包合同包括建筑、安装工程承包合同。承包合同包括总承包合同、分承包合同和转包合同。

### （五）财产租赁合同

财产租赁合同包括租赁房屋、船舶、飞机、机动车辆、机械、器具、设备等合同，还包括企业、个人、出租门店、柜台等签订的合同。

### （六）货物运输合同

货物运输合同包括民用航空、铁路运输、海上运输、公路运输和联运合同，以及作为合同使用的单据。

### （七）仓储保管合同

仓储保管合同包括仓储、保管合同，以及作为合同使用的仓单、栈单等。

### （八）借款合同

借款合同包括银行及其他金融组织与借款人（不包括银行同业拆借）所签订的合同，以及只填开借据并作为合同使用、取得银行借款的借据。融资租赁合同也属于借款合同。

### （九）财产保险合同

财产保险合同包括财产、责任、保证、信用保险合同，以及作为合同使用的单据。财产保险合同，分为企业财产保险、机动车辆保险、货物运输保险、家庭财产保险和农牧业保险五大类。

### （十）技术合同

技术合同包括技术开发、转让、咨询、服务等合同，以及作为合同使用的单据。

### （十一）产权转移书据

产权转移书据包括财产所有权和版权、商标专用权、专利权、专有技术使用权等转移书据和专利实施许可合同、土地使用权出让合同、商品房销售合同等权利转移合同。

### （十二）营业账簿

营业账簿是指单位或者个人记载生产经营活动的财务会计核算账簿。营业账簿按其反映的内容不同，可分为记载资金的账簿和其他账簿。

### （十三）权利、许可证照

权利、许可证照包括政府部门发给的房屋产权证、工商营业执照、商标注册证、专利证、土地使用证。

## 四、税率

印花税的税率设计，遵循税负从轻、共同负担的原则。所以，税率比较低；凭证的当事人，即对凭证有直接权利与义务关系的单位和个人均应就其所持凭证依法纳税。印花税的税率有两种形式：比例税率和定额税率。

### 1. 比例税率

在印花税的 13 个税目中，各类合同以及具有合同性质的凭证（含以电子形式签订的各类应税凭证）、产权转移书据、营业账簿中记载资金的账簿，适用比例税率。印花税的比例税率分为 4 个档次，分别是 0.05‰、0.3‰、0.5‰、1‰。

（1）适用 0.05‰ 税率的为"借款合同"。

（2）适用 0.3‰ 税率的为"购销合同""建筑安装工程承包合同""技术合同"。

（3）适用 0.5‰ 税率的为"加工承揽合同""建筑工程勘察设计合同""货物运输合同""产权转移书据""营业账簿"税目中记载资金的账簿。

（4）适用 1‰税率的为"财产租赁合同""仓储保管合同""财产保险合同"。同时，在上海证券交易所、深圳证券交易所、全国中小企业股份转让系统买卖、继承、赠与优先股所书立的股权转让书据，均依书立时实际成交金额，由出让方按 1‰的税率计算缴纳证券（股票）交易印花税。

### 2. 定额税率

在印花税的 13 个税目中，"权利、许可证照"和"营业账簿"税目中的其他账簿，适用定额税率，均为按件贴花，税额为 5 元。这样规定，主要是考虑到上述应税凭证比较特殊，有的是无法计算金额的凭证，例如权利、许可证照；有的是虽记载有金额，但以其作为计税依据又明显不合理的凭证，例如其他账簿。采用定额税率，便于纳税人缴纳，便于税务机关征管，见表 13-2。

表 13-2    印花税税目税率表

| 税目 | 范围 | 税率 | 纳税人 | 说明 |
|---|---|---|---|---|
| 1. 购销合同 | 包括供应、预购、采购、购销结合及协作、调剂、补偿、易货等合同 | 按购销金额 0.3‰贴花 | 立合同人 | |
| 2. 加工承揽合同 | 包括加工、定做、修缮、修理、印刷广告、测试、测绘等合同 | 按加工或承揽收入 0.5‰贴花 | 立合同人 | |
| 3. 建筑工程勘察设计合同 | 包括勘察、设计合同 | 按收取费用 0.5‰贴花 | 立合同人 | |

| 税目 | 范围 | 税率 | 纳税人 | 说明 |
|---|---|---|---|---|
| 4. 建筑安装工程承包合同 | 包括建筑、安装工程承包合同 | 按承包金额 0.3‰贴花 | 立合同人 | |
| 5. 财产租赁合同 | 包括租赁房屋、船舶、飞机、机动车辆、机械、器具、设备等合同 | 按租赁金额 1‰贴花。税额不足 1 元按 1 元贴花 | 立合同人 | |
| 6. 货物运输合同 | 包括民用航空运输、铁路运输、内河运输、公路运输和联运合同 | 按运输收取费用 0.5‰贴花 | 立合同人 | 单据作为合同使用的，按合同贴花 |
| 7. 仓储保管合同 | 包括仓储、保管合同 | 按仓储收取的保管费用的 1‰贴花 | 立合同人 | 仓单或栈单作为合同使用的，按合同贴花 |
| 8. 借款合同 | 银行及其他金融组织和借款人（不包括银行同业拆借）所签订的借款合同 | 按借款金额 0.05‰贴花 | 立合同人 | 单据作为合同使用的，按合同贴花 |
| 9. 财产保险合同 | 包括财产、责任、保证、信用等保险合同 | 按收取的保险费收入 1‰贴花 | 立合同人 | 单据作为合同使用的，按合同贴花 |
| 10. 技术合同 | 包括技术开发、转让、咨询、服务等合同 | 按所载金额 0.3‰贴花 | 立合同人 | |
| 11. 产权转移书据 | 包括财产所有权和版权、商标专用权、专利权、专有技术使用权等转移书据 | 按所载金额 0.5‰贴花 | 立据人 | |
| 12. 营业账簿 | 生产、经营用账册 | 记载资金的账簿，按实收资本和资本公积的实际金额 0.5‰贴花。其他账簿按件贴花 5 元 | 立账簿人 | |
| 13. 权利许可证照 | 包括政府部门发给的房屋产权证、工商营业执照、商标注册证、专利证、土地使用证 | 按件贴花 5 元 | 领受人 | |

## 五、计税依据与应纳税额的计算

### （一）计税依据

印花税的计税依据为各种应税凭证上所记载的计税金额。

（1）购销合同的计税依据为合同记载的购销金额。

（2）加工承揽合同的计税依据是加工或承揽收入的金额。

（3）建设工程勘察设计合同的计税依据为收取的费用。

（4）建筑安装工程承包合同的计税依据为承包金额。

（5）财产租赁合同的计税依据为租赁金额；经计算，税额不足 1 元的，按 1 元贴花。

（6）货物运输合同的计税依据为取得的运输费金额（即运费收入），不包括所运货物的金额、装卸费和保险费等。

（7）仓储保管合同的计税依据为收取的仓储保管费用。

（8）借款合同的计税依据为借款金额。

（9）财产保险合同的计税依据为支付（收取）的保险费，不包括所保财产的金额。

（10）技术合同的计税依据为合同所载的价款、报酬或使用费。为了鼓励技术研究开发，对技术开发合同，只就合同所载的报酬金额计税，研究开发经费不作为计税依据。单对合同约定按研究开发经费一定比例作为报酬的，应按一定比例的报酬金额贴花。

（11）产权转移书据的计税依据为所载金额。

（12）营业账簿税目中记载资金的账簿的计税依据为"实收资本"与"资本公积"两项的合计金额。其他账簿的计税依据为应税凭证件数。

（13）权利、许可证照的计税依据为应税凭证件数。

### （二）应纳税额的计算

纳税人的应纳税额，根据应税凭证的性质，分别按比例税率或者定额税率计算，其计算公式为

（1）按比例税率计算应纳税额的方法：

应纳税额=应税凭证计税金额×适用税率　　　　　　　　　　　　　（13-15）

（2）按定额税率计算应纳税额的方法：

应纳税额=应税凭证件数×单位税额　　　　　　　　　　　　　　　（13-16）

【例 13-7】某企业 2015 年 1 月开业，当年发生以下有关业务事项：领受房屋产权证、工商营业执照、土地使用证各 1 件；与其他企业订立转移专用技术使用权书据 1 份，所载金额 150 万元；订立产品购销合同 1 份，所载金额为 100 万元；订立借款合同 1 份，所载金额为 100 万元；企业记载资金的账簿，"实收资本""资本公积"为 500 万元；其他营业账簿 15 本。该企业当年应缴纳的印花税税额是多少？

【解析】

企业领受权利、许可证照应纳税额=3×5=15（元）

企业订立产权转移书据应纳税额=1 500 000×0.5‰=750（元）

企业订立购销合同应纳税额=1 000 000×0.3‰=300（元）

企业订立借款合同应纳税额应纳税额=1 000 000×0.05‰=50（元）

企业记载资金的账簿应纳税额=5 000 000×0.5‰=2 500（元）

企业其他营业账簿应纳税额=15×5=75（元）

当年企业应纳印花税税额=15+750+300+50+2 500+75=3 690（元）

## 六、税收优惠

（1）对已缴纳印花税凭证的副本或者抄本免税。

（2）对无息、贴息贷款合同免税。

（3）对房地产管理部门与个人签订的用于生活居住的租赁合同免税。

（4）对农牧业保险合同免税。

（5）对于高校学生签订的高校学生租赁合同，免征印花税。

（6）对公租房经营管理单位建造管理公租房涉及的印花税予以免征。

（7）为贯彻落实《国务院关于加快棚户区改造工作意见》，对改造安置住房经营管理单位、开发商与改造安置住房相关的印花税以及购买安置住房的个人涉及的印花税自 2013 年 7 月 4 日起予以免征。

【例 13-8】甲企业将自己生产的 100 000 元产品赠给了扶养孤老伤残的社会福利单位，签订了赠与协议；乙企业属于国家指定的收购部门，与农民个人书立的收购农副产品 20 000 元的合同；丙房地产管理部门与个人签订的用于生活居住的租赁合同，月租赁费 300 元。那么，甲、乙、丙应缴纳多少印花税？

【解析】按照印花税的税收优惠具体规定：甲企业将财产赠给社会福利单位所立的书据免税；乙收购部门与农民个人书立的农副产品收购合同免税；对丙房地产管理部门与个人签订的用于生活居住的租赁合同免税。

## 七、征收管理

### （一）纳税方法

印花税的纳税办法，根据税额大小、贴花次数以及税收征收管理的需要，分别采用以下三种纳税办法。

1. 自行贴花办法

一般适用于应税凭证较少或者贴花次数较少的纳税人。纳税人书立、领受或者使用印花税法列举的应税凭证的同时，纳税义务即已产生，应当根据应纳税凭证的性质和适用的税目税率自行计算应纳税额，自行购买印花税票，自行一次贴足印花税票并加以注销或画销，纳税义务才算全部履行完毕。

对已贴花的凭证，修改后所载金额增加的，其增加部分应当补贴印花税票。凡多贴印花税票者，不得申请退税或者抵用。

2. 汇贴或汇缴办法

一般适用于应纳税额较大或者贴花次数频繁的纳税人。一份凭证应纳税额超过 500 元的，应向当地税务机关申请填写缴款书或者完税证，将其中一联粘贴在凭证上或者由税务机关在凭证上加注完税标记代替贴花。这就是通常所说的"汇贴"办法。

同一种类应纳税凭证，需频繁贴花的，纳税人可以根据实际情况自行决定是否采用按期汇总缴纳印花税的方式，汇总缴纳的期限为 1 个月。采用按期汇总缴纳方式的纳税人应事先告知主管税务机关。缴纳方式一经选定，1 年内不得改变。

3. 委托代征办法

这一办法主要是通过税务机关的委托，经由发放或者办理应纳税凭证的单位代为征收印花税税款。税务机关应与代征单位签订代征委托书。如按照印花税法规定，工商行政管理机关核发各类营业执照和商标注册证的同时，负责代售印花税票，征收印花税税款，并监督领受单位或个人负责贴花。税务机关委托工商行政管理机关代售印花税票，按代售金额 5%的比例支付代售手续费。

## （二）纳税环节

印花税应当在书立或领受时贴花。具体是指在合同签订时、账簿启用时和证照领受时贴花。如果合同是在国外签订，并且不便在国外贴花的，应在将合同带入境时办理贴花纳税手续。

## （三）纳税地点

印花税一般实行就地纳税。对于全国性商品物资订货会（包括展销会、交易会等）上所签订合同应纳的印花税，由纳税人回其所在地后及时办理贴花完税手续；对地方主办、不涉及省际关系的订货会、展销会上所签合同的印花税，其纳税地点由各省、自治区、直辖市人民政府自行确定。

# 第六节　城市维护建设税

城市维护建设税（简称城建税），是国家对从事工商经营，缴纳增值税、消费税、营业税（简称"三税"）的单位和个人就其实际缴纳的"三税"税额为计税依据而征收的一种附加税。"营改增"在全国范围内实施后，城市维护建设税演变成以实际缴纳的增值税、消费税税额（简称"两税"）为计税依据征收。

## 一、城市维护建设税的特点及作用

### （一）城市维护建设税的特点

1. 税款专款专用

城市维护建设税事先明确规定使用范围与方向，税款的缴纳与受益直接联系，专款专用，用来保证城市的公共事业和公共设施的维护和建设。

2. 属于一种附加税

城市维护建设税与其他税种不同，没有独立的征税对象或税基，增值税扩围改革完成后，以增值税、消费税"两税"实际缴纳的税额之和为计税依据，本质上属于一种征税对象较广的附加税。

3. 差别设置税率

城市维护建设税规定，根据纳税人地区不同，设计了不同水平的差别税率，较好地照顾了城市建设的不同需要。

### （二）城市维护建设税的作用

#### 1. 补充城市维护建设资金的不足

由于城市建设维护税以增值税、消费税的税额为计税依据，与"两税"同时征收，这样不但扩大了征税对象，而且还可以保证城市维护建设税收入随着"两税"的增长而增长，从而使城市维护建设有比较稳定和可靠的资金来源。

#### 2. 调动城市维护建设的积极性

城市维护建设税用于城市的公共事业和公共设施的维护建设，具体安排由地方政府确定。将城市维护建设税与当地城市建设直接挂钩，税收收入越多，城镇建设资金就越充裕，城市建设发展就越快。这样，就能充分调动地方政府进行城市维护建设的积极性。

## 二、纳税人

城市维护建设税的纳税人是指负有缴纳"两税"义务的单位和个人，包括国有企业、集体企业、私营企业、股份制企业、其他企业和行政单位、事业单位、军事单位、社会团体、其他单位，以及个体工商户及其他个人，包括外商投资企业、外国企业和外籍个人。

增值税、消费税的代扣代缴义务人，应在代扣"两税"的同时，代扣城市维护建设税。

## 三、税率

城市维护建设税按纳税人所在地的不同，设置了三档地区差别比例税率（表 13-3 ）。

（1）纳税人所在地在市区的，税率为 7%。

（2）纳税人所在地在县城、镇的，税率为 5%。《国家税务总局关于撤县建市城市维护建设税适用税率问题的批复》（税总函〔2015〕511 号）规定，撤县建市后，城市维护建设税适用税率为 7%。

（3）纳税人所在地不在市区、县城或者镇的，税率为 1%；开采海洋石油资源的中外合作油（气）田所在地在海上，其城市维护建设税适用 1% 的税率。

表 13-3　城市维护建设税税率表　　　　单位：%

| 档次 | 纳税人所在地 | 税率 |
| --- | --- | --- |
| 1 | 市区 | 7 |
| 2 | 县城、镇 | 5 |
| 3 | 不在市区、县城、镇 | 1 |

城市维护建设税的适用税率，应当按纳税人所在地的规定税率执行。但是，对下列两种情况，可按缴纳增值税、消费税所在地的规定税率就地缴纳城市维护建设税：①受托方代扣代缴、代收代缴"两税"的单位和个人，其代扣代缴、代收代缴的城市维护建

设税按受托方所在地适用税率执行；②流动经营等无固定纳税地点的单位和个人，在经营地缴纳的，其城市维护建设税的缴纳按经营地适用税率执行。

## 四、计税依据和应纳税额的计算

### （一）计税依据

城市维护建设税，以纳税人实际缴纳"两税"税额为计税依据。纳税人违反"两税"有关税法而被加收的滞纳金和罚款，是税务机关对纳税人违法行为的经济制裁，不作为城市维护建设税的计税依据，但纳税人在被查补"两税"和被处以罚款时，应同时对其偷漏的城市维护建设税进行补税、征收滞纳金和罚款。

城市维护建设税以"两税"税额为依据并同时征收，如果要免征或者减征"两税"，也要同时免征或减征城市维护建设税。

但对出口产品退还增值税、消费税的，不退还已缴纳的城市维护建设税。

### （二）应纳税额计算

城市维护建设税纳税人的应纳税额的大小是由纳税人实际缴纳的"两税"税额决定的，其计算公式为

应纳税额 = 纳税人实际缴纳的增值税、消费税税额×税率　　　　　（13-17）

由于城市维护建设税实行纳税人所在地差别比例税率，所以在计算应纳税额时，应注意根据纳税人所在地来确定适用税率。

## 五、税收优惠

城市维护建设税原则上不单独减免。但是由于城市维护建设税具有附加税的性质，它会随其主税（增值税、消费税）的减免而减免。

（1）城市维护建设税按减免后实际缴纳的"两税"税额计征，即随"两税"的减免而减免。

（2）对于因减免税而需进行"两税"退库的，城市维护建设税也可同时退库；对出口产品退还增值税、消费税的，不退还已纳的城市维护建设税。

（3）海关对进口产品代征的增值税、消费税，不征收城市维护建设税。

（4）对"两税"实行先征后返、先征后退、即征即退办法的，除另有规定外，对随"两税"附征的城市维护建设税和教育费附加，一律不予退（返）还。

（5）为支持国家重大水利工程建设，对国家重大水利工程建设基金免征城市维护建设税。

【例13-9】A市区一外贸企业2016年5月实际缴纳增值税6万元，缴纳消费税8万元。当月取出口一批货物，取得增值税退税额1万元，消费税退税额1.5万元。该市城市维护建设税适用税率为7%，计算该外贸企业应纳的城市维护建设税税额。

**【解析】**

应纳城市维护建设税税额=（实际缴纳的增值税+实际缴纳的消费税）×适用税率
$$=（6+8）×7\%＝14×7\%＝0.98（万元）$$

## 六、征收管理

### （一）纳税环节

城市维护建设税的纳税环节，实际上就是纳税人缴纳"两税"的纳税环节。纳税人只要发生"两税"纳税义务，就要在同样的环节，分别计算缴纳城市维护建设税。

### （二）纳税地点

城市维护建设税以纳税人实际缴纳的增值税、消费税税额为计税依据，分别与"两税"同时缴纳。所以，纳税人缴纳"两税"的地点，就是该纳税人缴纳城市维护建设税的地点。但是，有一些情况是特殊的，具体如下。

（1）代扣代缴、代收代缴"两税"的单位和个人，同时也是城市维护建设税的代扣代缴、代收代缴义务人，其城市维护建设税的纳税地点为代扣代收地。

（2）跨省开采的油田，下属生产单位和核算单位不在同一省内的，其生产的原油，在油井所在地缴纳增值税，其应纳税款由核算单位按照各油井的产量和规定税率，计算汇拨各油井缴纳。所以，各油井应纳的城市维护建设税，应由核算单位计算，随同增值税一并汇拨油井所在地，由油井在缴纳增值税的同时，一并缴纳城市维护建设税。

（3）对管道局输油部分的收入，由取得收入的各管道局于所在地缴纳增值税，其应纳城市维护建设税，也应由取得收入的各管道局于所在地缴纳增值税时一并缴纳。

（4）对于流动经营等无固定纳税地点的单位和个人，应随同"两税"在经营地按适用的税率缴纳。

### （三）纳税期限

由于城市维护建设税是由纳税人在缴纳"两税"时同时缴纳的，所以其纳税期限分别与"两税"的纳税期限一致。根据增值税法和消费税法的规定，增值税、消费税的纳税期限均为1日、3日、5日、10日、15日、1个月或者1个季度；增值税、消费税纳税人的具体纳税期限，由主管税务部门根据纳税人应纳税额的大小分别核定；不能按照固定期限纳税的，可以按次纳税。

## ★本章拓展材料

房地产税法列入立法规划
2017 年出炉

今起免征新能源汽车车辆
购置税

三部委下调房地产契税、
营业税

证券交易印花税全部调整
为中央收入

《中华人民共和国车船
税法》

《中华人民共和国车船税
法实施条例》

# 第十四章

# 税收征收管理

**【学习目标与要求】**

通过本章的学习，了解税收征管法律的意义，掌握开业登记、变更登记、停业复业登记、注销登记和外出报验登记等程序，掌握发票的管理；了解税款征收的原则和税款征收的方式，掌握核定税额的方法；熟悉开业登记和注销登记，熟悉开具增值税专用发票和普通发票。

税收征收管理法律制度是国家税法体系的重要组成部分。税收征收管理法律制度的基本规范，是《中华人民共和国税收征收管理法》（简称《税收征管法》）。该法于1992年9月在第七届全国人民代表大会常务委员会第二十七次会议上通过，自1993年1月1日起施行。此后，全国人民代表大会常务委员会分别于1995年2月28日、2001年4月28日对《税收征管法》进行了修改。2012年和2015年全国人民代表大会常务委员会对《税收征管法》又进行了修订。

## 第一节 税务管理

税务管理是指税务机关在税收征收管理中对征纳过程实施的基础性的管理制度和管理行为。税务管理包括税务登记管理，账簿、凭证管理，发票管理和纳税申报管理四个部分的内容。

### 一、税务登记管理

税务登记又称纳税登记，是指税务机关对纳税人的开业、变动、歇业以及生产、经营范围变化实行法定登记的一项制度，是确定纳税人履行纳税义务的法定手续，也是税务机关切实控制税源和对纳税人进行纳税监督的一种手段。

根据《税务登记管理办法》的规定，凡有法律、法规规定的应税收入、应税财产或应税行为的各类纳税人，均应当办理税务登记；扣缴义务人应当在发生扣缴义务时，到税务机关申报登记，领取扣缴税款凭证。税务登记包括：开业登记，变更登记，停业、复业登记，注销登记，外出经营报验登记等。

## （一）开业登记

开业登记是指从事生产、经营的纳税人，经国家工商行政管理部门批准开业后申报办理的纳税登记。

企业在外地设立的分支机构和从事生产、经营的事业单位（以下统称从事生产、经营的纳税人）自领取营业执照之日起30日内，持有效证件，向税务机关申报办理税务登记。税务机关应当自收到申报之日起30日内审核并发给税务登记证件。其他纳税人应当自依照税收法律、行政法规成为纳税义务人之日起30日内向所在地税务机关申报办理税务登记，如实填写税务登记表。

税务登记表的内容包括：单位名称、法定代表人或者业主姓名及其身份证、护照或者其他合法证件的号码；住所、经营地点；登记类型及所属主管单位；核算方式；行业、生产经营范围、经营方式；注册资金（资本）、投资总额、开户银行及账号；生产经营期限、从业人数、营业执照号码；财务负责人、办税人员；其他有关事项。企业在外地设立的分支机构或者从事生产、经营的场所，还应登记总机构名称、地址、法定代表人、主要业务范围、财务负责人。

纳税人申报办理税务登记时，应当相应出示以下证件和资料：营业执照或其他核准执业证件及工商登记表，或其他核准执业登记表复印件；有关机关、部门批准设立的文件；有关合同、章程、协议书；法定代表人（负责人）或业主居民身份证、护照或者其他证明身份的合法证件；组织机构统一代码证书；法定代表人和董事会成员名单；住所和经营场所证明；委托代理协议书复印件；其他需要提供的有关证件；另外，属于享受税收优惠政策的企业应当提供相应的证明、资料，以及税务机关需要的其他资料、证件。

税务机关对于纳税人填报的税务登记表、提供的证件和资料，应自收到之日起30日内审核完毕。对于符合规定的纳税人予以登记，发给税务登记证或注册税务登记证及副本。并分税种填制税种登记表。确定纳税人所适用的税种、税目、税率、报缴税款的期限、征收方式和缴库方式等，逐户建立档案。

税务登记证件应当载明：纳税人名称、税务登记代码、法定代表人或负责人、详细地址、登记类型、核算方式、生产经营范围和政件有效期限等。纳税人是个人的，应当在办理纳税申报时，由税务机关登录其姓名、身份证号码（或护照号码）、职业、住址、工作单位及地址和其他相关信息。

## （二）变更登记

变更登记是指纳税人在办理税务登记后，在原登记的内容发生变化时向原税务机关申报办理的税务登记。纳税人办理税务登记后，如发生下列情形之一，应当办理变更税务登记：改变名称、改变法定代表人、改变经济性质或经济类型、改变住所和经营地点（不涉及主管税务机关变动的）、改变生产经营或经营方式、增减注册资金（资本）、改变隶属关系、改变生产经营期限、改变或增减银行账号、改变生产经营权属以及改变其他税务登记内容的。纳税人的税务登记内容发生变化时，应当依法向原税务登记机关申报办理变更税务登记。从事生产、经营的纳税人，税务登记内容发生变化的，自工商行政管理机关办理变更登记之日起30日内或者在向工商行政管理机关申请办理注销登记之前，持有关证件向税务机关申报办理变更或者注销税务登记。

纳税人按照规定不需要在工商行政管理机关办理变更登记的，或者其税务登记的内容与工商登记内容无关的，应当自有关机关批准或者宣布变更之日起30日内，持有关证件到原税务登记机关申报办理变更税务登记。

纳税人变更税务登记的基本程序和方法包括：①申请。纳税人申请变更税务登记时，应向主管税务机关领取《税务登记变更表》，如实填写变更登记事项、变更登记前的具体内容；提供相关证件、资料；税务登记变更表的内容，主要包括纳税人名称、变更项目、变更前内容、变更后内容和上缴的证件情况。②受理。税务机关对纳税人填报的表格及提交的附件资料、证件要进行认真审阅，在符合要求及资料证件提交齐全的情况下，予以受理。③审核。主管税务机关对纳税人报送的已填写登记完毕的变更表及相关资料，进行分类审核。④发证。税务机关应当于受理当日办理变更税务登记。纳税人税务登记表和税务登记证中的内容都发生变更的，税务机关按变更后的内容重新发放税务登记证件；纳税人税务登记表的内容发生变更而税务登记证中的内容未发生变更的，税务机关不重新发放税务登记证件。

增值税一般纳税人被取消资格需变更登记的，应当提交下列证件：增值税一般纳税人申请认定书原件；税务登记证（正、副本）原件；纳税人税种登记表；其他有关资料。

### （三）停业、复业登记

停业、复业登记是指纳税人暂停和恢复生产经营活动时办理的纳税登记。实行定期定额征收方式的纳税人在营业执照核准的经营期限内需要停业的，应当向税务机关提出停业登记，说明停业的理由、时间、停业前的纳税情况和发票的领、用、存情况，并如实填写申请停业登记表。税务机关经过审核，应当责成申请停业的纳税人结清税款并收回其税务登记证件、发票领购簿和发票，办理停业登记。纳税人的发票不便收回的，税务机关应当就地予以封存。

纳税人应当于恢复生产、经营之前，向税务机关提出复业登记申请，经确认后办理复业登记，领回或启用税务登记证件和发票领购簿及其领购的发票，纳入正常管理。纳税人停业期满不能及时恢复生产、经营的，应当在停业期满前向税务机关提出延长停业登记，并如实填写《停业复业报告书》。纳税人停业期满未按期复业又不申请延长停业的，税务机关应当视为已恢复营业，实施正常的税收征收管理。纳税人停业期间发生纳税义务，应当及时向主管税务机关申报，依法补缴应纳税款。

### （四）注销登记

注销登记是指纳税人在发生解散、破产、撤销以及依法终止履行纳税义务的其他情形时，向原登记税务机关申请办理的登记。

纳税人发生解散、破产、撤销以及其他情形，依法终止纳税义务的，应当在向工商行政管理机关办理注销登记前，向原税务登记管理机关申报办理注销税务登记。按照规定不需要在工商行政管理机关办理注销登记的纳税人，应当自有关机关批准或者宣告终止之日起 15 日内，向原税务登记机关申报办理注销税务登记。

纳税人因生产、经营场所变动而涉及改变税务登记机关的，应当在向工商行政管理机关申请办理变更或注销登记前，或者生产、经营地点变动前，向原税务登记机关办理注销税务登记，并自注销税务登记之日起 30 日内向迁达地税务机关申报办理税务登记。纳税人被工商行政管理机关吊销营业执照的，应当自营业执照被吊销之日起 15 日内，向原税务登记机关申报办理注销登记。

纳税人办理注销税务登记时，应当提交注销税务登记申请、注销税务登记申请书、主管部门或董事会（职代会）的决议以及其他有关证明文件，同时向税务机关结清税款、滞纳金和罚款、缴销发票、发票领购簿和税务登记证件，经税务机关核准，办理注销税务登记手续。纳税人因生产、经营地点发生变化注销税务登记的，原税务登记机关在对其注销税务登记的同时，应当向迁达地税务机关递解纳税人迁移通知书，由迁达地税务机关重新办理税务登记。如遇纳税人已经或正在享受税收优惠待遇的，迁出地税务机关应当在迁移通知书上注明。

### （五）外出经营报验登记

从事生产、经营的纳税人到外县（市）进行生产、经营的，应当向主管税务机关申请开具外出经营活动税收管理证明。主管税务机关对纳税人的申请进行审核后，按照一地（县、市）一证的原则，核发《外出经营活动税收管理证明》，《外出经营活动税收管理证明》的有效期限一般为 30 日，最长不得超过 180 天。纳税人应当在到达经营地进行生产、经营前向经营地税务机关申请报验登记，并按规定提交有关证件、资料，包括：①税务登记证件副本；②《外出经营活动税收管理证明》。纳税人在《外出经营活动税收管理证明》注明地销售货物的，除提交以上证件、资料外，应如实填写《外出经营货物报验单》，申请查验货物。外出经营活动结束，纳税人应当向经营地税务机关填报《外出经营活动情况申报表》，并按规定结清税款、缴销未使用完的发票。纳税人应当在《外出经营活动税收管理证明》有效期满届后 10 日内，持《外出经营活动税收管理证明》回原税务登记地税务机关办理《外出经营活动税收管理证明》缴销手续。

### （六）登记核查

税务机关对已核发的税务登记证件，实行定期验证和换证制度。税务登记证件每年验审一次，每 3 年换证一次。纳税人应当在规定的期限内到税务机关办理验证或者换证手续。税务机关审查核对税务登记证件和税务登记表的内容与纳税人的实际生产经营情况是否一致。未按规定办理验证或换证手续的，由县级以上税务机关宣布其税务登记证件失效，并收回有关税务证件及发票。

## 二、账簿、凭证管理

账簿、凭证是记录和反映纳税人经营活动的基本材料之一，也是税务机关对纳税人、扣缴义务人计征税款以及确认其是否正确履行纳税义务的重要依据。纳税人所使用的凭证、登记的账簿、编制的报表及其所反映的内容是否真实可靠，直接关系到计征税款依据的真实性，从而影响到应纳税款及时足额入库。加强账簿、凭证管理，其目的就在于促使纳税人自觉执行国家的财务会计制度，进行会计核算，如实反映生产经营情况，保证国家税收的正确计征，预防和打击偷逃税等违法行为。纳税人、扣缴义务人应当按照有关法律、行政法规和国务院财政、税务主管部门的规定设置账簿，根据合法、有效凭证记账，进行核算。

### （一）设置账簿的范围

根据《税收征管法》及其实施细则的规定，凡从事生产、经营的纳税人、扣缴义务人应自领取营业执照之日起 15 日内按照有关法律、行政法规和国务院财政、税务主管部门的规定设置账簿，根据合法、有效凭证记账，进行核算。生产经营规模小、确无建账能力的个体工商户可以聘请注册会计师或者经税务机关认可的财会人员代为建账和办理账务；如果聘请注册会计师或者经税务机关认可的财会人员有实际困难的，经县以上税务机关批准，可按税务机关的规定，建立收支凭证粘贴簿、进货销货登记簿。扣缴义务人应当在法定扣缴义务发生之日起 10 日内，按照所代扣、代收的税种，分别设置代扣代缴、代收代缴税款账簿。

对于有固定经营场所的个体私营经济业户，也必须按照国家统一会计制度的规定设置会计账簿，凭合法有效的凭证，如实记载经济业务事项，正确核算盈亏。达到一定经营规模的个体工商户和按定期定额征收的私营企业、个人租赁承包经营企业应建立复式账，其他业户建立简易账。业户可以自行建账，也可聘请社会中介机构代理建账。经营规模小、确无建账能力的业户，经县以上税务机关批准，可暂不建账或不设置账簿，但该类业户必须按照税务机关的规定建立收支凭证粘贴簿、进货销货登记簿、并完整保存有关纳税资料。这里所说的不设置账簿，是指不按会计核算的要求设置系统的核算账簿。

纳税人、扣缴义务人会计制度健全，能够通过电子计算机正确、完整计算其收入或者所得的，其电子计算机储存和输出的会计记录，可以视同会计账簿，但是应当打印成书面账册并完整保存；会计制度不健全，不能通过电子计算机正确、完整计算其收入或者所得的，应当建立总账和与纳税或者代扣代缴、代收代缴税款有关的其他账簿。

账簿、会计凭证和报表应当使用中文。民族自治地方可以使用当地通用的一种民族文字。外商投资企业和外国企业可以同时使用一种外国文字。如外商投资企业、外国企业会计记录不适用中文的，应按照《税收征管法》"未按照规定设置、保管账簿或者保管记账凭证和有关资料"的规定处理。

## （二）财务会计制度管理

纳税人的财务会计制度及其处理办法，是其进行会计核算的依据，直接关系到计税依据是否真实合理。根据《税收征管法》及其实施细则的规定，从事生产、经营的纳税人应当自领取税务登记证件之日起 15 日内，将其财务、会计制度或者财务、会计处理办法和会计核算软件，报送税务机关备案。

纳税人、扣缴义务人的财务、会计制度或者财务、会计处理办法与国务院或者国务院财政、税务主管部门有关税收的规定抵触的，依照国务院或者国务院财政、税务主管部门有关税收的规定计算应纳税款、代扣代缴和代收代缴税款。纳税人、扣缴义务人采用电子计算机记账的，应当在使用前将其记账软件、程序和使用说明书及有关资料报送主管税务机关备案。

## （三）会计档案管理

从事生产、经营的纳税人、扣缴义务人必须按照国务院财政、税务主管部门规定的保管期限保管账簿、记账凭证、完税凭证及其他有关资料。法律、行政法规另有规定的除外。账簿、会计凭证、报表、完税凭证及其他有关纳税资料应当保存 10 年。账簿、记账凭证、完税凭证及其他有关资料不得伪造、变造或者擅自损毁。

# 三、发票管理和使用

发票是指在购销商品、提供或者接受服务以及从事其他经营活动中，记载往来业务内容，凭以收付款项或证明资金转移的书面商事证明，是财务收支的合法凭证、会计核算的原始依据，也是税务稽查的重要依据。《税收征管法》规定，税务机关是发票的主管机关，负责发票的印制、领购、开具、取得、保管、缴销的管理和监督。

为了加强发票管理，财政部于 1993 年 12 月制定发布了《中华人民共和国发票管理办法》，国家税务总局制定发布了《中华人民共和国发票管理办法实施细则》，对发票的印制、领购，发票的开具和保管，发票的检查以及对违反发票管理制度的处罚等作出了规定。

## （一）发票的印制

发票的印制管理是发票管理的基础环节。按照现行发票管理办理，在全国范围内统一式样的发票由国家税务总局确定；在省、自治区、直辖市范围内统一式样的发票，由省级税务机关确定。

增值税专用发票由国务院税务主管部门指定的企业印制；其他发票按照国务院主管部门的决定，分别由省、自治区、直辖市税务局指定的企业印制。发票防伪专用品由国家税务总局指定的企业生产。未经税务机关指定，不得印制发票。国家税务总局规定全国统一发票监制章的样式和发票票面印刷的要求，并套印全国统一发票监制章。禁止私印、伪造、变造发票，禁止非法制造发票防伪专用品，禁止伪造发票监制章。

### （二）发票的领购

一切从事生产经营的单位和个人在经济业务活动中取得收入，向付款方开具销货票据都应使用统一的发票。根据现行规定，依法办理税务登记的纳税人，在领取税务登记证件后，应向主管税务机关申请领购发票。申请领购发票的单位和个人，应当提出购票申请，提供经办人身份证明、税务登记证件或者其他有关证明，以及财务印章或者发票专用章的印模，经主管税务机关审核后，发给发票领购簿。领购发票的单位和个人凭发票领购簿核准的种类、数量以及购票方式，向主管税务机关领购发票。需要临时使用发票的单位和个人，可以直接向税务机关办理。

临时到外地（指本省、自治区、直辖市以外）从事经营活动的单位和个人，应当凭所在地税务机关证明，向经营地税务机关申请领购经营地发票。对外地来本辖区从事临时经营活动的单位和个人申请领购发票的，税务机关可以要求其提供保证人或者根据所领购发票的票面限额及数量缴纳不超过 10 000 元的保证金，并限期缴销发票。按期缴销发票的，解除保证人的担保义务或者返还保证金；未按期缴销发票的，由保证人或者以保证金承担法律责任。需要注意的是，这里的保证人是指在中国境内具有担保能力的公民、法人或者其他经济组织。

### （三）发票的开具和保管

单位、个人在购销商品、提供或者接受经营服务以及从事其他经营活动中，应当按照规定开具、使用、取得发票。销售商品、提供服务以及从事其他经营活动的单位和个人，对外发生经营业务收取款项，收款方应向付款方开具发票；特殊情况下由付款方向收款方开具发票。

所有单位和从事生产、经营活动的个人在购买商品、接受服务以及从事其他经营活动支付款项时，应当向收款方取得发票。取得发票时，不得要求变更品名和金额。不符合规定的发票，不得作为财务报销凭证，任何单位和个人有权拒收。开具发票应当按照规定的时限、顺序，逐栏、全部联次一次性如实开具，并加盖单位财务印章或发票专用章。任何单位和个人不得转借、转让、代开发票，禁止倒买倒卖发票、发票监制章和发票防伪专用品。

开具发票的单位和个人应当建立发票使用登记制度，并定期向主管税务机关报告发票使用情况；应当按照税务机关的规定存放和保管发票，不得损毁。已开具的发票存根联和发票登记簿应当保存 5 年。

### （四）发票的检查

对发票进行检查是税务机关的职权之一。税务机关在发票的检查中，具有以下职权：①检查印制、领购、开具、取得和保管发票的情况；②调出发票查验；③查阅、复制与发票有关的凭证、资料；④向当事人各方询问与发票有关的问题和情况；⑤在查处发票案件时，对与案件有关的情况和资料，可以记录、录音、录像、照相和复制；⑥对被检查人在境外取得的与纳税有关票据或凭证有疑义的，可以要求其提供境外公证机构改革或者注册会计师的确认证明；⑦在发票检查中需要核对发票存根联与发票填写情况时，可向持有发票或者发票存根联的单位发出"发票填写情况核对卡"。有关单位应在接到税务机关"发票填写情况核对卡"后 15 日内如实填写有关情况报告。

税务机关在行使发票检查权时应当注意以下问题：①检查人员进行发票检查时，应当出示税务检查证。如果不出示税务检查证，被检查单位和个人有权拒绝。②需要将已开具的发票调出检查时，应当向被检查人开具发票换票证；需要调出空白发票查验的，应当开付收据。经审查无问题的，应及时归还单位或个人。

### （五）增值税电子普通发票的推广与应用

2015 年 11 月 26 日，国家税务总局发布了《关于推行通过增值税电子普通发票系统开具对的增值税电子普通发票有关问题的公告》，对增值税电子发票的开具和使用提出具体规定。包括：①规定了增值税电子普通发票系统开具的增值税电子普通发票票样。②增值税电子普通发票的开票方和受票方需要纸质发票的，可以自行打印增值税电子普通发票的版式文件，其法律效力、基本用途、基本使用规定等与税务机关监制的增值税普通发票相同。③增值税电子普通发票的发票代码为 12 位，编码规则：第 1 位为 0，第 2~5 位代表省、自治区、直辖市和计划单列市，第 6~7 位代表年度，第 8~10 位代表批次，第 11~12 位代表票种（11 代表增值税电子普通发票）。发票号码为 8 位，按年度、分批次编制。④除北京市、上海市、浙江省、深圳市外，其他地区已使用电子发票的增值税纳税人，应于 2015 年 12 月 31 日前完成相关系统对接技术改造，2016 年 1 月 1 日其使用增值税电子普通发票系统开具增值税电子普通发票，其他开具电子发票的系统同时停止使用。

## 四、税控管理

税控管理是税收征收管理的一个重要组成部分，也是近期提出来的一个崭新的概念。它是指税务机关利用税控装置对纳税人的生产经营情况进行监督和管理，以保障国家税收收入，防止税款流失，提高税收征管工作效率，降低征收成本的各项活动的总称。

《税收征管法》规定："国家根据税收征收管理的需要，积极推广使用税控装置。纳税人应当按照规定安装、使用税控装置，不得损毁或者擅自改变税控装置。"同时还在第六十条中增加了一款，依照规定：不能按照规定安装、使用税控装置，损毁或者擅自改动税控装置的，由税务机关责令限期改正，可以处以 2 000 元以下的罚款；情节严重的，处 2 000 元以上 10 000 元以下的罚款。这样不仅使推广使用税控装置有法可依，而且可以打击在推广使用税控装置中的各种违法犯罪活动。

## 五、纳税申报

纳税申报是指纳税人、扣缴义务人按照法律、行政法规规定，在申报期限内就纳税事项向税务机关提出书面申报的一种法定手续。

### （一）纳税申报的对象

纳税义务人必须在法律、行政法规规定或税务机关依照法律、行政法规的规定确定的申报期限内办理纳税申报。临时取得应税收入或发生应税行为的纳税人，在发生纳税义务之后，应立即向经营地税务机关办理纳税申报和缴纳税款。扣缴义务人应当在规定的申报期限内办理代扣代缴、代收代缴税款的申报手续。纳税人享受减税、免税待遇的，在减税、免税期间应当按照规定办理纳税申报。纳税人、扣缴义务人按照规定的期限办理纳税申报确有困难，需要延期的，应在规定的期限内向税务机关提出书面延期申请，经税务机关核准后，在核准的期限内办理。

### （二）纳税申报的内容

纳税人办理纳税申报时，应当如实填写纳税申报表，并相应报送下列有关证件、资料：财务会计报表及其说明材料；与纳税有关的合同、协议书；税控装置的电子报税资料；外出经营活动税收管理证明；境内或者境外公证机构出具的有关证明文件；税务机关规定应当报送的其他有关证件、资料。

扣缴义务人办理代扣代缴、代收代缴税款报告时，应当如实填写代扣代缴、代收代缴税款报告表，并报送代扣代缴、代收代缴税款的合法凭证以及税务机关规定的其他有关证件、资料。

纳税人、扣缴义务人的纳税申报或者代扣代缴、代收代缴税款报告表的主要内容包括：税种、税目，应纳税项目或者应代扣代缴、代收代缴税款项目，适用税率或者单位税额，计税依据，扣除项目及标准，应纳税额或者应代扣代缴、代收代缴税额，税款所属期限等。

### （三）纳税申报的方式

纳税人、扣缴义务人办理纳税申报时，可以直接到税务机关办理纳税申报或者报送代扣代缴、代收代缴税款报告表，也可以按照规定采取邮寄、数据电文或者其他方式办理纳税申报、报送事项。

除上述方式外，实行定期定额缴纳税款的纳税人，可以实行简易申报、简并征期等申报纳税方式。"简易申报"是指实行定期定额缴纳税款的纳税人在法律、行政法规规定的期限内或税务机关依据法规的规定确定的期限内缴纳税款的，税务机关可以视同申报；"简并征期"是指实行定期定额缴纳税款的纳税人，经税务机关批准，可以采取将纳税期限合并为按季、半年、年的方式缴纳税款。

### （四）纳税申报的时限

纳税人、扣缴义务人应当按照各种相关税收法规规定的纳税申报期限办理纳税申报。纳税人、扣缴义务人不能按期办理纳税申报或者报送代扣代缴、代收代缴税款报告表的，经税务机关核准，可以延期申报。但经核准延期办理申报、报送事项的，纳税人、扣缴义务人应当在纳税期内按照上期实际缴纳的税额或者税务机关核定的税额预缴税款，并在核准的延期内办理税款结算。

## 第二节　税款征收

税款征收是指税务机关依照税收法律、法规规定，将纳税人依法应纳的税款及扣缴义务人代扣代缴、代收代缴的税款通过不同的方式组织征收入库的活动。税款征收是税收征收管理的核心内容和中心环节，是实现税收职能的最关键环节，在整个税收征收管理工作中占有极其重要的地位。税务机关应当依照法律、行政法规的规定征收税款，不得违反法律、行政法规的规定开征、停征、多征、提前征收、延缓征收或者摊派税款。除税务机关、税务人员及经税务机关依照法律、行政法规委托的单位和人员外，任何单位和个人不得进行税款的征收活动。

### 一、税款征收方式

税款征收方式也称税款征收方法，是指税务机关根据税法的规定和纳税人的生产经营和财务管理情况，以及便于征收和保证税款及时足额入库的原则，确定具体组织征收税款入库的方法。根据《税收征管法》及其实施细则规定，我国的税款征收主要有以下几种方式。

#### （一）查账征收

查账征收是指税务机关按照纳税人提供的账表所反映的经营情况，依照适用税率计算缴纳税款的方式。实行这种征收方式的程序：纳税人在规定的期限内，向税务机关报送纳税申报表和财务会计报表，经税务机关查账核实后，填写缴款书，由纳税人到当地开户银行缴纳税款。这种征收方式适用于掌握税收法律、法规，账簿、凭证、财务会计制度比较健全，能够如实反映生产经营成果，正确计算应纳税的纳税人。

#### （二）查定征收

查定征收是指由税务机关根据纳税人的从业人员、生产设备、耗用原材料等情况，在正常生产经营的条件下，对其生产的应税产品查实核定产量、销售额并据以征收税款的一种方式。这种方式一般适用于生产规模较小、账册不健全、财务管理和会计核算水平较低、产品零星、税源分散的纳税人。

#### （三）查验征收

查验征收是指由税务机关对某些零星、分散的高税率工业产品，通过查验数量，按市场一般销售价格计算其销售收入并据以征税的一种方法。

### （四）定期定额征收

定期定额征收是指税务机关依照有关法律、法规，按照规定程序，核定纳税人在一定经营时期内的应纳税经营额及收益额，并以此为计税依据，确定其应纳税额（包括增值税额、消费税额、营业税额、所得税额等）的一种征收方式。税务机关核定定额应依照业户自报、典型调查、定额核定、下达定额的程序办理。这种方式适用于生产经营规模小，又确无建账能力，经主管税务机关审核，县级以上（含县级）税务机关批准可以不设置账簿或暂缓建账的小型纳税人。

### （五）其他征收方式

其他征收方式主要包括代扣代缴、代收代缴、委托代征、邮寄申报纳税等。代扣代缴是指按照税法规定，由负有扣缴税款义务的扣缴义务人，负责对纳税人应纳的税款进行代扣代缴的方式，即由支付人在向纳税人支付款项中依法直接扣收税款。这种方式有利于对零星分散的税源实行控管。代收代缴是指按照税法规定，由负有代收代缴义务的单位和个人，负责对纳税人应纳的税款进行代收代缴的方式，即由与纳税人有经济业务往来的单位和个人在向纳税人收取款项时，依法收取税款并代为缴入国库。委托代征是指根据国家法律、行政法规授权，将国家赋予其的部分征税权，委托其他部门和单位代为行使，并通过部门和单位的代征行为将税款缴入国库的一种方式。邮寄申报纳税是指纳税人在邮寄纳税申报表的同时，经税务机关审核，汇寄并解缴税款的方式。

## 二、税款征收程序

因征收方式的不同，税款征收程序也有所不同。税款一般由纳税人直接向国家金库经收处缴纳。国库经收处将收纳的税款随同缴款书划转支金库后，税款征收手续即告完成。税收机关征收税款时，必须开具完税凭证。完税凭证系税务机关收取税款时的专用凭证和纳税人履行纳税义务的合法证明，其式样由国家税务总局统一制定。完税凭证的种类包括各种完税证、缴款书、印花税票及其他完税证明。

## 三、税款征收措施

税款征收措施是指为保证税款及时征收入库所采取的措施，主要有加收滞纳金、核定应纳税额、税收保全措施、税收强制执行措施、出境清税、税款追征等。

### （一）加收滞纳金

为了保证国家税款的及时入库，法律、行政法规根据各税种的不同特点、纳税人的经营情况、应纳税额的大小，规定了不同的纳税期限。纳税人必须按照规定的期限缴纳税款。纳税人未按照期限缴纳税款收扣缴义务人未按照规定期限解缴税款的，税务机关除责令限期缴纳外，从滞纳税款之日起，按日加收滞纳税款 0.5‰的滞纳金。加收税款滞纳金的起止时间为法律、行政法规规定或者税务机关依照法律、行政法规的规定确定的税款缴纳期限届满次日起，至纳税人、扣缴义务人实际缴纳或者解缴税款之日止。

纳税人、扣缴义务人按照法律、行政法规的规定或者税务机关依照法律、行政法规的规定确定的期限缴纳或者解缴税款。纳税人因有特殊困难，不能按期缴纳税款的，经省、自治区、直辖市国家税务局、地方税务局批准，可以延期缴纳税款，但是最长不得超过 3 个月。这里所说的"特殊困难"主要包括：一是不可抗力，导致纳税人发生较大损失，正常生产经营活动受到较大影响的；二是当期货币资金在扣除应付职工工资、社会保险费后，不足以缴纳税款的。所谓的"当期货币资金"，是指纳税人申请延期缴纳税款之日的资金余额，其中不含国家法律和行政法规明确规定企业不可动用的资金；"应付职工工资"是指当期计提数。

纳税人需延期缴纳税款的，必须在法律、行政法规或者税务机关依照法律、行政法规的规定确定的申报期之前，以书面形式，向县及县以上税务局（分局）提出延期缴纳税款申请，载明延期缴纳税款的税种、税额、税款所属时间和申请延期纳税款的期限，以及申请延期缴纳税款的理由。延期缴纳税款申请经税务机关审查合格，纳税人应当填写《延期缴纳税款申请审批表》，经基层征收单位对准予延期的税额和期限签注意见后，报县及县以上税务局批准。税务机关应当自收到申请延期缴纳税款报告之日起 20 日内作出批准或者不予批准的决定；不予批准的，从缴纳税款期限届满之次日起加收滞纳金。

### （二）核定应纳税额

《税收征管法》规定，纳税人有下列情形之一的，税务机关有权核定其应纳税额：依照法律、行政法规的规定可以不设置账簿的；依照法律、行政法规的规定应当设置但未设置账簿的；擅自销毁账簿或者拒不提供纳税资料的；虽设置账簿，但账目混乱或者成本资料、收入凭证、费用凭证残缺不全，难以查账的；发生纳税义务，未按照规定的期限办理纳税申报，经税务机关责令限期申报，逾期仍不申报的；纳税人申报的计税依据明显偏低，又无正当理由的。税务机关核定税额的具体程序和方法由国务院税务主管部门规定。

目前税务机关核定税额的方法主要有以下四种：参照当地同类行业或者类似行业中，经营规模和收入水平相近的纳税人的收入额和利润率核定；按照成本合理费用和利润的方法核定；按照耗用的原材料、燃料、动力等推算或者测算核定；按照其他合理的方法核定。采用以上一种方法不足以正确核定应纳税额时，可以同时采用两种以上的方法核定。

《税收征管法》规定，企业或者外国企业在中国境内设立的从事生产、经营的机构、场所与其关联企业之间的业务往来，应当按照独立企业之间的业务往来收取或者支付价款、费用。不按照独立企业之间的业务往来收取或者支付价款、费用，而减少其应纳税的收入或者所得额的，税务机关有权进行合理调整。纳税人与关联企业之间的购销业务，不按照独立企业之间的业务往来作价的，税务机关可以按照下列顺序和确定的方法调整其计税收入额或者所得额，核定其应纳税额：按照独立企业之间进行相同或者类似业务活动的价格；按照再销售给无关联关系的第三者的价格所应取得的收入和利润水平；按照成本加合理的费用和利润；按照其他合理的方法。

纳税人与关联企业之间提供劳务，不按照独立企业之间业务往来收取或者支付劳务费用的，主管税务机关自该业务往来发生的纳税年度起 3 年内进行调整；有特殊情况，可以自该业务往来发生的纳税年度起 10 年内进行调整。这里的"特殊情况"是指纳税人有下列情形之一：纳税人在以前年度内与其关联企业间的业务往来累计达到或超过 10 万元人民币的；经税务机关案头审计分析，纳税人在以前年度与其关联企业的业务往来，预计需调整其应纳税收入或所得额达 50 万元人民币的；纳税人在以前年度与设在避税地的关联企业有业务往来的；纳税人在以前年度未按规定进行关联企业间业务往来的年度申报，或申报内容不实，或不提供有关价格、费用标准的。

纳税人与关联企业之间转让财产、提供财产使用权等业务往来，不按照独立企业之间业务往来作价或者收取、支付费用的，主管税务机关可以参照没有关联关系的企业之间所能同意的数额予以调整。

对于未按照规定办理税务登记的从事生产、经营的纳税人以及临时从事经营的纳税人，由税务机关核定其应纳税额，责令缴纳。不缴纳的，税务机关可以扣押其价值相当于应纳税款的商品、货物。扣押后缴纳应纳税款的，税务机关必须立即解除扣押，并归还所扣押的商品、货物；扣押后仍不缴纳应纳税款的，经县以上税务局（分局）局长批准，依法拍卖或者变卖所扣押的商品、货物，以拍卖或者变卖所得抵缴税款。

根据上述规定，应特别注意其使用对象及执行程序两个方面。

（1）适用对象：未办理税务登记的从事生产、经营的纳税人及临时经营的纳税人。

（2）执行程序：①核定应纳税额。税务机关要按一定的标准，尽可能合理地确定其应纳税额。②责令缴纳。税务机关核定应纳税额后，应责令纳税人按核定的税款缴纳税款。③扣押商品、货物。对经税务机关责令缴纳而不缴纳税款的纳税人，税务机关可以扣押其价值相当于应纳税款的商品、货物。纳税人应当自扣押之日起 15 日内缴纳税款。对扣押的鲜活、易腐烂变质或者易失效的商品、货物，税务机关根据被扣押物品的保质期，可以缩短前款规定的扣押期限。④解除扣押或者拍卖、变卖所扣押的商品、货物。扣押后缴纳应纳税款的，税务机关必须立即解除扣押，并归还所扣押的商品、货物。⑤抵缴税款。税务机关拍卖或者所抵押的商品、货物后，以拍卖或者变卖所得抵缴税款。

### （三）税收保全措施

税收保全是指税务机关对可能由于纳税人的行为或者某种客观因素造成的应征税款不能得到有效保证或难以保证的情况所采取的确保税款完整的措施。

根据《税收征管法》的规定，税务机关有根据认为从事生产、经营的纳税人有逃避纳税义务行为的，可以在规定的纳税期之前，责令限期缴纳应纳税款；在限期内发现纳税人有明显的转移、隐匿其应纳税的商品、货物及其他财产或者应纳税的收入的迹象的，税务机关可以责成纳税人提供纳税担保。如果纳税人不能提供纳税担保，经县以上税务局（分局）局长批准，税务机关可以采取下列税收保全措施：书面通知纳税人开户银行或者其他金融机构冻结纳税人的金额相当于应纳税款的存款；扣押、查封纳税人的价值相当于应纳税款的商品、货物或者其他财产。

纳税人在规定的限期内缴纳税款的，税务机关必须立即解除税收保全措施；限期期满仍未缴纳税款的，经县以上税务局（分局）局长批准，税务机关可以书面通知纳税人开户银行或者其他金融机构，从其冻结的存款中扣缴税款，或者依法拍卖或者变卖所扣押、查封的商品、货物或者其他财产，以拍卖或者变卖所得抵缴税款。

税务机关采取税收保全措施不当，或者纳税人在限期内已缴纳税款，税务机关未立即解除税收保全措施，使纳税人的合法利益遭受损失的，税务机关应当承担赔偿责任。

税收保全措施必须由法定的税务机关行使，不得由法定的税务机关以外的单位和个人行使。个人及其所抚养的家属维持生活必需的住房和用品，不在税收保全措施的范围之内。个人所抚养家属，是指与纳税人共同居住生活的配偶、直系亲属以及无生活来源并由纳税人抚养的其他亲属。生活必需品的住房和用品不包括机动车辆、金银饰品、古玩字画、豪华住宅或者一处以外的住房。税务机关对单价 5000 元以下的其他生活用品，不采取税收保全措施和强制执行措施。税务机关滥用职权采用税收保全措施，或者采取税收保全措施不当，使纳税人、扣缴义务人或者纳税担保人的合法权益遭受损失的，应当依法承担赔偿责任。

### （四）税收强制执行措施

税收强制执行措施是指税务机关对纳税人、扣缴义务人或纳税担保人欠缴税款经责令限期缴纳或扣押、查封其商品、货物以及其他财产后仍未按期缴纳税款的情况下，采取的强行征收其相当于欠缴税款和因欠缴税款应缴的滞纳金的行为。

根据《税收征管法》的规定，从事生产、经营的纳税人、扣缴义务人未按照规定的期限缴纳或者解缴税款，纳税担保人未按照规定的期限缴纳所担保的税款，由税务机关责令限期缴纳；逾期仍未缴纳的，经县以上税务局（分局）局长批准，税务机关可以采取下列强制执行措施：书面通知其开户银行或者其他金融机构从其存款中扣缴税款；扣押、查封、依法拍卖或者变卖其价值相当于应纳税款的商品、货物或者其他财产，以拍卖或者变卖所得抵缴税款。

税务机关采取强制执行措施时，对上述所列纳税人、扣缴义务人、纳税担保人未缴纳的滞纳金同时强制执行。个人及其所抚养家属维持生活必需品的住房和用品，不在强制执行措施的范围之内。纳税人、扣缴义务人和其他当事人因偷税或少缴的税款或者骗取的出口退税款，税务部门除可以无限期追征税款外，还可以采取税收强制执行措施。

税务机关扣押商品、货物或者其他财产时，必须开付收据；查封商品、货物或者其他财产时，必须开付清单。税务机关将扣押、查封的商品、货物或者其他财产，拍卖或者变卖抵缴税款时，应当交由依法成立的拍卖机构拍卖或者交由商业企业按市场价格收购。

强制执行措施必须由法定的税务机关行使，不得由法定的税务机关以外的单位和个人行使。税务机关采取强制执行措施必须依照法定权限和法定程序，不得查封、扣押纳税人个人及其所抚养的家属维持生活必需的住房和用品。税务机关滥用职权采取强制执行措施，或者采取强制执行措施不当，使纳税人、扣缴义务人或者纳税担保人的合法权益遭受损失的，应当依法承担赔偿责任。

### （五）出境清税

出境清税是指欠缴税款的纳税人需要出境的，应在出境前向税务机关结清应纳税款或者提供担保。未缴清税款，又不提供担保的，税务机关可以通知出境管理机关阻止其出境。出境清税的目的，在于打击税收违法行为，防止欠缴税款的纳税人利用国家司法管辖和行政管辖在空间上的局限，逃避纳税，损害国家利益。

### （六）税款追征

《税收征管法》规定，因纳税人、扣缴义务人计算错误等失误，未缴或者少缴税款的，税务机关在 3 年内可以追征税款、滞纳金；有特殊情况的，追征期可以延长到 5 年。对偷税、抗税、骗税的，税务机关追征其未缴或者少缴的税款、滞纳金或者所骗取的税款，不受此限。因税务机关的责任，致使纳税人、扣缴义务人未缴或少缴税款的，税务机关在 3 年内可以要求纳税人、扣缴义务人补缴税款，但是不得加收滞纳金。补缴和追征税款的期限，从纳税人、扣缴义务人应缴未缴或者少缴税款之日起计算。

### （七）税款入库

审计机关、财政机关依法进行审计、检查时，对税务机关的税收违法行为作出的决定，税务机关应当执行；发现被审计、检查单位有税收违法行为的，向被审计、检查单位下达决定、意见书，责成被审计、检查单位向税务机关缴纳应当缴纳的税款、滞纳金。税务机关应当根据有关机关对的决定、意见书，依照税收法律、行政法规法的规定，将应收的税款、滞纳金按照国家规定的税收征收管理范围和税款入库预算级次缴入国库。税务机关应当自收到审计机关、财政机关的决定、意见书之日起 30 日内将执行情况书面回复审计机关、财政机关。有关机关不得将其履行职责过程中发现的税款、滞纳金自行征收入库或者以其他款项的名义自行处理、占压。

### （八）减免税收制度

根据《税收征管法》相关规定及《税收减免管理办法》办理减税、免税应注意以下几点。

（1）减免税必须有法律、行政法规的明确规定。地方各级人民政府、各级人民政府主管部门、单位和个人违反法律、行政法规规定，擅自作出的减免、免税决定无效，税务机关不得执行，并向上级税务机关报告。

（2）纳税人申请减免税，应向主管税务机关提出书面申请，并按规定附送有关资料。

（3）减免税的申请须经法律、行政法规规定的减税、免税审查批准机关审批。

（4）纳税人在享受减免税待遇期间，仍应该按规定办理纳税申报。

（5）纳税人享受减税、免税的条件发生变化时，应当自发生之日起 15 日内向税务机关报告，经税务机关审核后，停止其减税、免税；对不报告，又不再符合减税、免税条件的，税务机关有权追回已减免的税款。

（6）减免税期满，纳税人应当自期满次日内回复纳税。

（7）减免税分为核准类减免税和备案类减免税。核准类减免税是指法律、法规规定应由税务机关核准的减免税项目；备案类减免税是指不需要税务机关核准的减免税项目。纳税人享受核准类减免税，应当提交核准材料，虽提交申请，经依法具有批准权限的税务机关按本办法规定核准确认后执行。未按规定申请或虽申请但未经有批准权限的税务机关核准确认的，纳税人不得享受减免税。纳税人享受备案类减免税，应当具备相应的减免税资质，并履行规定的备案手续。

（8）纳税人同时从事减免项目与非减免项目，应分别核算，独立计算减免项目的计税依据及减免税额度。不能分别合算的，不能享受减免税；核算不清的，由税务机关按合理方法核定。

（9）纳税人依法可以享受减免税待遇，但未享受而多缴税款的，凡属无明确规定需经税务机关审批或没有规定申请期限的，纳税人可以在《税收征管法》期限内申请减免税，要求退还多缴的税款，但不加算银行同期存款利息。

（10）减免税审批机关由税收法律、法规、规章设定。凡规定应由国家税务总局审批的，经由各省、自治区、直辖市和计划单列市上报国家税务总局；凡规定应由省级税务机关及省级以下税务机关审批的，由各省税务机关审批或确定审批权限，原则上由纳税人所在地的县（区）税务机关审批；对减免税金额较大或减免税条件复杂的项目，各省、自治区、直辖市和计划单列市税务机关可根据效能与便民、监督与责任的原则适当划分审批权限。

（11）纳税人申请报批类减免税的，应当在政策规定的减免税期限内，向主管税务机关提出书面申请，并报送相关材料。包括：减免税申请报告，列明确减免税理由、依据、范围、期限、数量、金额等；财务会计报表、纳税申报表；有关部门出具的证明材料；税务机关要求提供的其他资料。纳税人报送的材料应真实、准确、齐全。税务机关不得要求纳税人提交与其申请的减免税项目无关的技术资料和其他资料。

（12）纳税人可以向主管税务机关申请减免税，也可以直接向有权审批的税务机关申请。由纳税人所在地主管税务机关受理，应当由上级税务机关审批的减免税申请，主管税务机关应当自受理申请之日起 10 个工作日内直接上报有权审批的上级税务机关。

（13）税务机关受理或者不予受理减免税申请，应当出具加盖本机关专用印章和注明日期的书面凭证。

（14）减免税审批是对纳税人提供的资料与减免税法定条件的相关性进行的审核，不改变纳税人的真实申报责任。税务机关需要对申请材料的内容进行实地核实，应当指派两名以上工作人员按规定程序进行实地核查，并将核查情况记录在案。上级税务机关对减免税实地核查工作量大、耗时长的，可委托企业所在地区县级税务机关具体组织实施。

（15）减免税期限超过 1 年纳税年度的，进行一次性审批。纳税人享受减免税的条件发生变化的，应自发生变化之日起 15 个工作日内向税务机关报告，经税务机关审核后，停止其减免税。有审批权的税务机关对纳税人的减免税申请，应按以下规定时限及时完成审批工作，作出审批决定：县、区级税务机关负责审批的减免税，必须在 20 个工作日作出审批决定；地方级税务机关负责审批的，必须在 30 个工作日内作出审批决定；省级税务机关负责审批的，必须在 60 个工作日内作出审批决定。在规定期限内不能作出决定的，经本级税务机关负责人批准，可以延长 10 个工作日，并将延长期限的理由告知纳税人。

（16）减免税申请符合法定条件、标准的，主管税务机关应当在规定的期限内作出准予减免税的书面决定。依法不予减免税的，应当说明理由，并告知纳税人享有依法申请行政复议或者提起行政诉讼的权利。税务机关作出的减免税审批决定，应当自作出决定之日起 10 个工作日内向纳税人送达减免税审批书面决定。减免税批复未下达前，纳税人应按规定办理申报缴纳税款。

（17）纳税人在执行备案类减免税之前，必须向主观税务机关申报以下资料备案：①减免税政策的执行情况；②主管税务机关要求提供的有关资料。主观税务机关应在受理纳税人减免税备案后 7 个工作日内完成登记备案工作，并告知纳税人执行。

（18）纳税人已享受减免税的，应当纳入正常申报，进行减免税申报。纳税人享受减免税到期的，应当申报缴纳税款。税务机关和税收管理员应当对纳税人已享受减免税情况加强管理监督。税务机关应结合纳税检查、执法检查或者其他专项检查，每年定期对纳税人减免税事项进行清查、清理，加强监督检查，主要内容包括：①纳税人是否符合减免税的资格条件，是否以隐瞒有关情况或者提供虚假材料等手段骗取减免税；②纳税人享受减免税的条件发生变化时，是否根据变化情况经税务机关重新审查后办理减免税；③减免税税款有规定用途的，纳税人是否按规定用途使用减免税款；有规定减免税期限的，是否到期恢复纳税；④是否存在纳税人未经税务机关批准自行享受减免税的情况；⑤已享受减免税是否申报。

### （九）其他有关税款征收的规定

（1）税务机关征收税款，税收优先于无担保债权，法律另有规定的除外；纳税人欠缴的税款发生在纳税人以其财产设定抵押、质押或者纳税人的财产被留置之前的，税收应当先于抵押权、质权、留置权执行。

（2）纳税人欠缴税款，同时又被行政机关决定处以罚款、没收违法所得的，税收优先于罚款、没收违法所得。

（3）欠缴税款的纳税人因怠于行使到期债权，或者放弃到期债权，或者无偿转让财产，或者以明显不合理的低价转让财产，而且受让人知道该情形，对国家税收造成损害的，税务机关可以依照《中华人民共和国合同法》的有关规定行使代位权、撤销权。税务机关依照有关规定行使代位权、撤销权的，不免除欠缴税款的纳税人尚未履行的纳税义务和应承担的法律责任。

（4）纳税人有合并、分立情形的，应当向税务机关报告，并依法缴清税款。纳税人合并时未缴清税款的，应当由合并后的纳税人继续履行未履行的纳税义务；纳税人分立时未缴情税款的，分立后的纳税人对未履行的纳税义务应当承担连带责任。

（5）纳税人超过应纳税额缴纳的税款，税务机关发现后应当立即退还；纳税人自结算缴纳税款之日起 3 年内发现的，可以向税务机关要求退还多缴的税款并加算银行同期存款利息，税务机关及时查实后应当立即退还；涉及从国库中退库的，依照法律、行政法规有关国库管理体制的规定退还。

（6）对审计机关、财政机关依法查出的税收违法行为，税务机关应当根据有关机关的决定、意见书，依法将应收的税款、滞纳金按照税款入库预算级次缴入国库，并将结果及时回复有关机关。

（7）从事生产、经营的纳税人、扣缴义务人未按照规定的期限缴纳或者解缴税款的，纳税担保人未按照规定的期限缴纳所担保的税款的，由税务机关发出期限缴纳税款通知书，责令缴纳或者解缴税款的最长期限不得超过 15 日。

## ■ 第三节  税务检查

税务检查是税务机关以国家税收法律、行政法规为依据，对纳税人、扣缴义务人履行纳税义务和代扣代缴、代收代缴义务的情况进行的审查监督活动。通过税务检查，能够了解税法执行情况，发现有无违反财经纪律和财务会计制度以及隐瞒收入、偷税漏税、骗取出口退税等问题；通过税务检查，还有利于严肃税收法纪，纠正错漏，保证税收收入。

### 一、税务检查的范围

根据《税收征管法》及其实施细则规定，税务机关有权进行下列税务检查。

（1）检查纳税人的账簿、记账凭证、报表和有关资料，检查扣缴义务人代扣代缴、代收代缴税款账簿、记账凭证和有关资料；

（2）到纳税人的生产、经营场所和货物存放地检查纳税人应纳税的商品、货物或者其他财产，检查扣缴义务人与代扣代缴税款有关的经营情况；

（3）责成纳税人、扣缴义务人提供与纳税或者代扣代缴、代收代缴税款有关的文件、证明材料和有关资料；

（4）询问纳税人、扣缴义务人与纳税或者代扣代缴、代收代缴税款有关的问题和情况；

（5）到车站、码头、机场、邮政企业及其分支机构查检纳税人托运、邮寄应纳税商品、货物或者其他财产的有关单据、凭证和有关资料；

（6）经县以上税务局（分局）局长批准，凭全国统一格式的检查存款账户许可证明，查询从事生产、经营的纳税人、扣缴义务人在银行或者其他金融机构的存款账户。

税务机关派出的人员进行税务检查时，应当出示税务检查证和税务检查通知书，并有责任为被检查人保守秘密；未出示税务检查证和税务检查通知书的，被检查人有权拒绝检查。纳税人、扣缴义务人必须接受税务机关依法进行的税务检查，如实反映情况，提供有关资料，不得拒绝、隐瞒。税务机关依法进行税务检查时，有权向有关单位和个人调查纳税人、扣缴义务人和其他当事人与纳税或者代扣代缴、代收代缴税款有关的情况，有关单位和个人有义务向税务机关如实提供有关资料及证明材料。税务机关调查税务违法案件时，对与案件有关的情况和资料，可以记录、录音、录像、照相和复制。

税务机关对从事生产、经营的纳税人以前纳税期的纳税情况依法进行税务检查时，发现纳税人有逃避纳税义务行为，并有明显的转移、隐匿其应纳税的商品、货物以及其他财产或者应纳税的收入的迹象的，可以按照《税收征管法》规定的批准权限采取税收保全措施或者强制执行措施。

## 二、税务检查的形式、方法和程序

### （一）税务检查的形式

主要包括：重点检查；分类计划检查；集中性检查；临时性检查；专项检查。税务检查的方法分为具体方法和基本方法。税务检查的具体方法，系指检查某个环节、某项具体问题时所采取的特定方法，主要有复核、对账、调查、审阅、盘点、比较分析。

### （二）税务检查的方法

税务检查的基本方法，系指具有普遍意义的方法，主要有：全查法与抽查法；顺查法与逆查法；现场检查法与调账检查法；比较分析与控制计算法；审阅法与核对法；观察法与外调法；盘存法与交叉稽核法。以上几种方法各有优缺点，在实际运用中应有选择地结合起来运用。

### （三）税务检查的程序

税务检查必须遵循一定的程序。一般说来，税务检查包括查前准备、实施检查、分析定案、审批、送达执行、立卷归档六个环节。税务检查的定案是税务检查的终结性工作。在定案时，必须以事实依据，按照有关法律的规定提出处理意见，经审批后，即可送达当事人执行。

## ■ 第四节　税务代理

## 一、税务代理的概念和原则

税务代理是指税务代理人在法律规定的范围内，受纳税人、扣缴义务人的委托，代为办理税务事宜的各项活动的总称。税务代理遵循以下原则。

## （一）依法代理原则

开展税务代理业务必须严格按照法律、法规的规定进行，对法律、法规规定必须由纳税人、扣缴义务人自行办理的税务事宜，不能代理。

## （二）代理自愿原则

代理人和被代理人之间的关系是平等的合同关系，是否委托代理和是否接受代理，由双方自愿达成协议，任何单位和个人不得干预。

## （三）客观公正原则

税务代理人必须站在中介、公正的立场上，依国家税法规定行使代理权限。不得无原则屈服于税务机关，也不得无标准地迎合委托人。

## （四）有偿服务原则

税务代理作为中介服务是自愿、有偿的，代理人应按代理的工作强度和质量，收取合理的费用。

# 二、税务代理人

税务代理人是实施税务代理行为的主体。根据《税务代理试行办法》的规定，税务代理人是指具有丰富的税收实务工作经验和较高的税收、会计专业理论知识以及法律基础知识，经国家税务总局及其省、自治区、直辖市税务师资格审查委员会批准，从事税务代理的专门人员（税务师）及其工作机构。

## （一）税务师资格的取得

（1）国家对税务师实行资格考试和认定制度。具备下列条件之一者，可以申请参加税务师考试：

具有经济类、法学类大专以上学历，从事经济、法律工作3年以上的；具有经济类、法学类中专以上学历，从事经济、法律工作五年以上的，连续从事税收业务工作十年以上的；国家税务总局认定具有同等学历和资格的。

具有经济类、法学类中等以上专业学历以及从事税收工作10年以上的，可免予部分科目的考试。

（2）考核认定税务师必须经过专门的税务师资格培训。凡符合下列条件之一者，均可参加税务师资格培训：取得注册会计师、律师资格的；具有中等以上专业学历或中级以上专业技术职称，并连续在税务部门从事税收实务工作5年以上的；已在税务咨询（代理）机构从事代理业务的。

（3）国家实行执业税务师审批制度。已取得税务师资格的人员，要从事税务代理业务，必须向所在地的税务师资格审查委员会提出执业申请。凡具有下列条件之一的，由税务师资格审查委员会核发税务师执业证书，并报国家税务总局备案：

从事注册会计师业务在 2 年以上的；从事税务行政诉讼业务 2 年以上的；从事税务代理业务 2 年以上的，在税务部门连续从事税收实务工作 15 年以上，并已不在税务部门担任职务的。

### （二）税务代理机构资格的取得

税务代理机构是税务师从业的工作场所，税务师必须加入税务代理机构才能从事税务代理业务。

税务代理机构为税务师事务所和经国家税务总局及省、自治区、直辖市税务师资格审查委员会批准的其他机构。

经国家批准设立的会计师事务所、审计事务所、律师事务所、税务咨询机构需要开展税务代理业务的，必须在本机构内设置专门的税务代理部，配备 5 名以上经税务机关审定注册的税务师；并报国家税务总局及省、自治区、直辖市税务师资格审查委员会批准。

经批准设立的税务师事务所，应当严格遵守国家的财经纪律，独立核算、自负盈亏、依法纳税。

## 三、税务代理业务范围

《税务代理试行办法》规定税务代理人可以接受纳税人、扣缴义务人的委托从事下列范围内的业务代理：办理税务登记、变更税务登记和注销税务登记；办理发票领购手续；办理纳税申报或扣缴税款报告；办理缴纳税款和申请退税；制作涉税文书；审查纳税情况；建账建制，办理账务；开展税务咨询、受聘税务顾问；申请税务行政复议或税务行政诉讼；国家税务总局规定的其他业务。

## 四、税务代理关系的确立和终止

### （一）税务代理关系的确立

《税务代理试行办法》规定，税务师承办代理业务，由其所在的代理机构统一受理，并与被代理人签订委托代理协议书。委托代理协议书的签订、生效，标志着税务代理关系的确立。

签订委托代理协议书应经双方同意，明确载明代理人、被代理人名称、代理事项、代理权限、代理期限以及其他应明确的内容，并由税务师及其所在的税务代理机构和被代理人签名盖章。

税务代理人应按委托代理协议书约定的代理内容和代理权限、期限进行税务代理；超出协议书约定业务需代理时，必须先修订协议书。

## （二）税务代理关系的终止

### 1. 自然终止

税务代理期限届满，委托协议书届时失效，税务代理关系自然终止。

### 2. 特殊终止

遇有特殊情况，代理人、被代理人双方皆有权在委托期限内单方终止代理关系。

（1）被代理人单方终止代理关系的情形有：税务师已死亡；税务代理人被注销其资格；税务代理人未按委托代理协议书的规定办理代理业务；委托代理机构已破产、解体或被解散。

（2）代理人单方终止代理关系的情形有：被代理人死亡或企业解体；被代理人授意税务代理人实施违反国家法律、行政法规的行为，经劝告仍不停止其违法活动的；被代理人提供虚假的生产、经营情况和财务会计报表，造成代理错误或被代理人自己实施违反国家法律、行政法规的行为。

单方终止委托代理关系的，终止方应及时通知另一方，并向当地税务机关报告，同时公布终止决定。

## 五、税务代理人的权利和义务

### （一）税务代理人的权利

根据《税务代理试行办法》的规定，税务代理人享有如下权利：

（1）税务代理人有权依照本办法的规定代理由纳税人、扣缴义务人委托的税务事宜。

（2）税务代理人依法履行职责，受国家法律保护，任何机关、团体、单位和个人不得非法干预。

（3）税务代理人有权根据代理业务需要，查阅被代理人的有关财务会计资料和文件，查看业务现场和设施。被代理人应向代理人提供真实的经营情况和财务会计资料。

（4）税务代理人可向当地税务机关订购或查询税收政策、法律、法规和有关资料。

（5）税务代理人对税务机关的行政决定不服的，可依法向税务机关申请行政复议或向人民法院起诉。

### （二）税务代理人的义务

（1）税务代理人在办理代理业务时，必须向有关的税务工作人员出示税务师执业证，按照主管税务机关的要求，如实提供有关资料，不得隐瞒、谎报，并在税务文书上署名盖章。

（2）税务代理人对被代理人的偷税、骗取减税、免税和退税的行为，应予以制止，并及时报告税务机关。

（3）税务代理人应当建立税务代理档案，如实记载各项代理业务的始末和保存计税资料及涉税文书。税务代理档案至少保存 5 年。

（4）税务代理人在从事代理业务期间和停止代理业务以后，都不得泄露因代理业务而知的秘密。

## 六、代理责任

《中华人民共和国税收征收管理法实施细则》第六十六条规定：对税务代理人超越代理权限，违反税收法律、行政法规，造成纳税人未缴或者少缴税款的，除由纳税人缴纳或补缴应纳税款、滞纳金外，对税务代理人处以 2 000 元以下的罚款。此外，《税务代理试行办法》对税务代理责任也作了具体规定。

## 第五节 违反税收征收管理的法律责任

法律责任是违法主体因其违法行为所应承担的法律后果。在税收法律关系中，违法主体所需承担的责任主要是行政责任和刑事责任。行政责任是由税务机关对税收违法行为所追究的法律责任；刑事责任是由国家司法机关对触犯刑律的税收违法行为所追究的法律责任。税收法律关系中的法律责任按照法律责任的主体分为纳税主体的法律责任和征税主体的法律责任。本节只介绍违反税收行政管理法律法规，但尚未触犯刑律构成犯罪的违法行为及其法律责任。

### 一、纳税人违反税法行为的法律责任

#### （一）纳税人违反税务管理行为的法律责任

（1）纳税人有下列行为之一的，由税务机关责令限期改正，可以处 2 000 元以下的罚款；情节严重的，处 2 000 元以上 10 000 元以下的罚款：未按照规定的期限申报办理税务登记、变更或者注销登记的；未按照规定设置、保管账簿或者保管记账凭证和有关资料的；未按照规定将财务、会计制度或者财务、会计处理办法和会计核算软件报送税务机关备查的；未按照规定将其全部银行账号向税务机关报告的；未按照规定安装、使用税控装置，或者损毁或擅自改动税控装置的；纳税人未按照规定办理税务登记证件验证或者换证手续的。

（2）纳税人不办理税务登记的，税务机关应当自发现之日起 3 日内责令其限期改正；逾期不改正的，经税务机关提请，由工商行政管理机关吊销其营业执照。

（3）纳税人通过提供虚假的证明资料等手段，骗取税务登记证的，处 2 000 元以下的罚款；情节严重的，处 2 000 元以上 10 000 元以下的罚款。纳税人涉嫌其他违法行为的，按有关法律、行政法规的规定处理。

（4）扣缴义务人未按照规定办理扣缴税款登记的，税务机关应当自发现之日起3日内责令其限期改正，并可处以1 000元以下的罚款。

（5）纳税人未按照规定使用税务登记证件，或者转借、涂改、损毁、买卖、伪造税务登记证件的，处2 000元以上10 000元以下的罚款；情节严重的，处10 000元以上50 000元以下的罚款。

（6）从事生产、经营的纳税人有违反《税收征管法》规定的违法行为，拒不接受税务机关处理的，税务机关可以收缴其发票或者停止向其发售发票。

### （二）纳税人违反纳税申报规定行为的法律责任

（1）纳税人未按照规定的期限办理纳税申报和报送纳税资料的，由税务机关责令限期改正，可以处2 000元以下的罚款；情节严重的，可以处2 000元以上10 000元以下的罚款。

（2）纳税人编造虚假计税依据的，由税务机关责令限期改正，并处50 000元以下的罚款。

（3）纳税人不进行纳税申报，不缴或者少缴应纳税款的，由税务机关追缴其不缴或者少缴的税款、滞纳金，并处不缴或者少缴税款的50%以上5倍以下的罚款。

### （三）纳税人偷税行为的法律责任

偷税行为是纳税人伪造、变造、隐匿、擅自销毁账簿、记账凭证，或者在账簿上多列支出或者不列、少列收入，或者经税务机关通知申报而拒不申报或者进行虚假的纳税申报，不缴或者少缴应纳税款的行为。对于纳税人的偷税行为，由税务机关追缴其不缴或者少缴的税款、滞纳金，并处不缴或者少缴的税款50%以上5倍以下的罚款；构成犯罪的，依法追究刑事责任。

纳税人采取欺骗、隐瞒手段进行虚假纳税申报或者不申报，逃避缴纳税款数额较大并且占应纳税额10%以上的，处3年以下有期徒刑或者拘役，并处罚金；数额巨大并且占应纳税额30%以上的，处3年以上7年以下有期徒刑，并处罚金。扣缴义务人采取前款所列手段，不缴或者少缴已扣、已扣税款，数额较大的，依照前款的规定处罚。

对多次实施前两款行为，未经处理对的，按照累积数额计算。有第一款行为，经税务机关依法下达追缴通知后，补缴应纳税款，缴纳滞纳金，已受行政处罚的，不予追究刑事责任；但是5年内因逃避缴纳税款受过刑事处罚或者被税务机关给予两次以上行政处罚的除外。

### （四）纳税人逃避税务机关追缴欠税行为的法律责任

纳税人欠缴应纳税款，采取转移或者隐匿财产的手段，妨碍税务机关追缴欠缴的税款的，由税务机关追缴欠缴的税款、滞纳金，并处欠缴税款50%以上5倍以下的罚款；构成犯罪的，依法追究刑事责任。

### （五）纳税人骗取出口退税行为的法律责任

以假报出口或者其他欺骗手段，骗取国家出口退税款的，由税务机关追缴其骗取的退税款，并处骗取税款 1 倍以上 5 倍以下的罚款；构成犯罪的，依法追究刑事责任。对骗取国家出口退税款的，税务机关可以在规定期间内停止为其办理出口退税。

《中华人民共和国刑法》（简称《刑法》）规定："以假报出口或者其他欺骗手段，骗取国家出口退税款，数额较大的，处 5 年以下有期徒刑或者拘役，并处骗取税款 1 倍以上 5 倍以下罚金；税额巨大或者有其他严重情节的，处 5 年以上 10 年以下有期徒刑，并处骗取税款 1 倍以上 5 倍以下罚金；数额特别巨大或者有其他特别严重情节的，处 10 年以上有期徒刑或者无期徒刑，并处骗取税款 1 倍以上 5 倍以下罚金或者没收财产。

### （六）纳税人抗税行为的法律责任

抗税行为是指以暴力、威胁方法拒不缴税款的行为。对于抗税行为，除由税务机关追缴其拒缴的税款、滞纳金外，依法追究刑事责任。情节轻微，未构成犯罪的，除由税务机关追缴其拒缴的税款、滞纳金外，并处拒缴税款 1 倍以上 5 倍以下的罚款。情节严重的，处 3 年以上 7 年以下有期徒刑，并处拒缴税款 1 倍以上 5 倍以下罚金。

《刑法》规定："以暴力、胁迫方法拒不缴纳税款的，处 3 年以下有期徒刑或者拘役，并处拒缴税款 1 倍以上 5 倍以下罚金；情节严重的，处 3 年以上 7 年以下有期徒刑，并处拒缴税款 1 倍以上 5 倍以下罚金。

### （七）纳税人拖欠税款行为的法律责任

纳税人在规定期限内不缴或者少缴应纳或者应解缴的税款，经税务机关责令限期缴纳，逾期仍未缴纳的，税务机关除依法采取强制执行措施追缴其不缴或者少缴的税款外，可处不缴或者少缴税款的 50%以上 5 倍以下的罚款。

## 二、扣缴义务人违反税法行为的法律责任

（1）扣缴义务人未按照规定设置、保管代扣代缴、代收代缴税款账簿或者保管代扣代缴、代收代缴税款记账凭证及有关资料的，由税务机关责令限期改正，可以处 2 000 元以下的罚款；情节严重的，处 2 000 元以上 5 000 元以下的罚款。

（2）扣缴义务人采取伪造、变造、隐匿、擅自销毁账簿、记账凭证，或者在账簿上多列支出或不列、少列收入，或者经税务机关通知申报而拒不申报或者进行虚假的纳税申报，不缴或者少缴应纳税款的手段，不缴或者少缴已扣、已收税款，由税务机关追缴其不缴或者少缴的税款、滞纳金，并处不缴或者少缴的税款 50%以上 5 倍以下的罚款；构成犯罪的，依法追究刑事责任。

（3）扣缴义务人未按照规定的期限向税务机关报送代扣代缴、代收代缴税款报告表和有关资料的，由税务机关责令限期改正，可以处 2 000 元以下的罚款；情节严重的，可以处 2 000 元以上 10 000 元以下的罚款。

（4）扣缴义务人编造虚假计税依据的，由税务机关责令限期改正，并处 50 000 元以下的罚款。

（5）扣缴义务人在规定期限内不缴或者少缴应纳或者应解缴的税款，经税务机关责令限期缴纳，逾期仍未缴纳的，税务机关除依法采取强制执行措施追缴其不缴或者少缴的税款外，可以处不缴或者少缴的税款 50%以上 5 倍以下的罚款。

（6）扣缴义务人应扣未扣、应收而不收税款的，由税务机关向纳税人追缴税款，对扣缴义务人处以应扣未扣、应收未收税款 50%以上 3 倍以下的罚款。

（7）扣缴义务人逃避、拒绝或者以其他方式阻挠税务机关检查的，由税务机关责令改正，可以处 10 000 元以下的罚款；情节严重的，处 10 000 元以上 50 000 元以下的罚款。

（8）扣缴义务人有本法规定的税收违法行为，拒不接受税务机关处理的，税务机关可以收缴其发票或者停止向其发售发票。

## 三、开户银行及金融机构违反税法行为的法律责任

纳税人、扣缴义务人的开户银行或者其他金融机构拒绝接受税务机关依法检查纳税人、扣缴义务人存款账户，或者拒绝执行税务机关作出的冻结存款或者扣缴税款的决定，或者在接到税务机关的书面通知后帮助纳税人、扣缴义务人转移存款，造成税款流失的，由税务机关处 100 000 元以上 500 000 元以下的罚款，对直接负责的主管人员和其他直接责任人员处 1 000 元以上 10 000 元以下的罚款。

银行和其他金融机构未按照《税收征管法》的规定在从事生产、经营的纳税人账户中登录税务登记证件号码，或者未按规定在税务登记证件中登录从事生产、经营的纳税人的账户的，由税务机关责令其限期改正，处 2 000 元以上 20 000 元以下的罚款；情节严重的处 20 000 元以上 50 000 元以下的罚款。

为纳税人、扣缴义务人非法提供银行账户、发票、证明或则其他方便，导致未缴少缴税款或者骗取国家出口退税款的，税务机关除没收其违法所得外，可以处未缴、少缴或者骗取的税款 1 倍以下的罚款。

## 四、税务机关及其税务人员违反税法行为的法律责任

（1）税务机关违反规定擅自改变税收征收管理范围和税款入库预算级次的，责令限期改正，对直接负责的主管人员和其他直接责任人员依法给予降级或者撤职的行政处分。

（2）税务机关、税务人员查封、扣押纳税人个人及其所扶养家属维持生活必需的住房和用品的，责令退还，依法给予行政处分；构成犯罪的，依法追究刑事责任。

（3）税务机关违反法律、行政法规的规定提前征收、延缓征收或者摊派税的，由其上级机关或者行政监察机关责令改正，对直接负责的主管人员和其他直接责任人员依法给予行政处分。

（4）违反法律、行政法规的规定，擅自作出税收的开征、停征或者减税、免税、退

税、补税以及其他同税收法律、行政法规相抵触的决定的，除依照《税收征管法》的规定撤销其擅自作出的决定外，补征应征未征税款，退还不应征收而征收的税款，并由上级机关追究直接负责的主管人员和其他直接责任人的行政责任；构成犯罪的，依法追究刑事责任。

（5）未按照规定为纳税人、扣缴义务人、检举人保密的，对直接负责的主管人员和其他直接责任人员，由所在单位或者有关单位依法给予行政处分。

（6）税务人员利用职务上的便利，收受或者索取纳税人、扣缴义务人财物或者谋取其他不正当利益，构成犯罪的，依法追究刑事责任；尚不构成犯罪的，依法给予行政处分。

（7）税务人员徇私舞弊或者玩忽职守，不征或者少征应征税款，致使国家税收遭受重大损失，构成犯罪的，依法追究刑事责任；尚不构成犯罪的，依法给予行政处分。

（8）税务人员滥用职权，故意刁难纳税人、扣缴义务人的，调离税收工作岗位，并依法给予行政处分。

（9）税务人员对控告、检举税收违法违纪行为的纳税人、扣缴义务人以及其他检举人进行打击报复的，依法给予行政处分；构成犯罪的，依法追究刑事责任。

（10）税务人员违反法律、行政法规的规定，故意高估或者低估农业税计税产量，致使多征或者少征税款，侵犯农民合法权益或者损害国家利益，构成犯罪的，依法追究刑事责任；尚不构成犯罪的，依法给予行政处分。

（11）税务人员在征收税款或者查处税收违法案件时，未按照规定进行回避的，对直接负责的主管人员和其他直接责任人员，依法给予行政处分。

## 五、非法印制发票的法律责任

《税收征管法》规定：违反本法第二十二条规定，非法印制发票的，由税务机关销毁非法印制的发票，没收违法所得和作案工具，并处 1 万元以上 5 万元以下的罚款；构成犯罪的，依法追究刑事责任。

《刑法》规定：伪造或者出售伪造的增值税专用发票，处 3 年以下有期徒刑、拘役或者管制，并处 2 万元以上 20 万以下罚金；数量较大或者有其他严重情节的，处 3 年以上 10 年以下有期徒刑，并处 5 万元以下罚金；数量巨大或者有其他特别严重情节的，处 10 年以上有期徒刑或者无期徒刑，并处 5 万元以上 50 万元以下罚金或者没收财产。

《刑法》规定：伪造、擅自制造或者出售伪造、擅自制造的可以用于骗取出口退税、抵扣税款的其他发票的，处 3 年以下有期徒刑、拘役或者管制，并处 2 万元以上 20 万元以下罚金；数量巨大的，处 3 年以上 7 年以下有期徒刑，并处 5 万元以上 50 万元以下罚金；数量特别巨大的，处 7 年以上有期徒刑，并处 5 万元以上 50 万元以下罚金或者没收财产。伪造、擅自制造或者出售伪造、擅自制造的前款规定以外的其他发票，处 2 年以下有期徒刑、拘役或者管制，并处或者单处 1 万元以上 5 万元以下罚金；情节严重的，处 2 年以上 7 年以下有期徒刑，并处 5 万元以上 50 万元以下罚金。

非法印制、转借、倒卖、变造或者伪造完税凭证的，由税务机关责令改正，处 2 000 元以上 1 万元以下的罚款；情节严重的，处 1 万元以上 5 万元以下的罚款；构成犯罪的，依法律追究刑事责任。

## ★ 本章拓展材料

《税收征管法修订草案》征求意见

国家税务总局关于修改《中华人民共和国发票管理办法实施细则》的决定

推动国地税征管改革

《中华人民共和国税收征收管理法》

《中华人民共和国税收征收管理法实施细则》

# 参 考 文 献

安体富，孙玉栋. 2006. 中国税收负担与税收政策研究［M］. 北京：中国税务出版社.

陈共. 2015. 财政学（第八版）［M］. 北京：中国人民大学出版社.

崔军，朱志钢. 2012. 中国个人所得税改革历程与展望——基于促进构建橄榄型收入分配格局的视角［J］. 经济与管理研究，（1）：29-37.

郭江. 2014. 税收负担：理论、方法与实证分析［M］. 北京：中国言实出版社.

国家税务总局全面推开营改增督促落实领导小组办公室. 2016. 全面推开营改增业务操作指引［M］. 北京：中国税务出版社.

梁柯. 2003a. "最适课税理论"及其实践意义［J］. 经济问题探索，（12）：39-40.

梁柯. 2003b. "最适课税理论"及其主要内容［J］. 中共云南省委党校学报，4（6）：91-93.

马海涛. 2015. 中国税制［M］. 第六版. 北京：中国人民大学出版社.

马克思，恩格斯. 1972. 马克思恩格斯全集［M］. 第8卷. 中共中央马克思恩格斯列宁斯大林著作编译局译. 北京：人民出版社.

配第 W. 1978. 赋税论［M］. 陈冬野，等译. 北京：商务印书馆.

斯密 A. 1997. 国民财富的性质和原因的研究［M］. 郭大力，王亚南译. 北京：商务印书馆.

宋凤轩，于艳芳，谷彦芳. 2011. 税收理论与制度［M］. 北京：人民邮电出版社.

孙健夫，王延杰，杨文杰. 2016. 财政学［M］. 北京：高等教育出版社.

王建平. 2015. 我国增值税制度的发展历程及展望［J］. 税务研究，（6）：51-56.

小川乡太郎. 1934a. 社会问题与财政［M］. 甘浩泽，史维焕译. 上海：商务印书馆.

小川乡太郎. 1934b. 租税总论［M］. 萨孟武译. 上海：商务印书馆.

徐东风. 2014-10-27. 六大税种成深化税收制度改革重点［N］. 中国联合商报.

佚名. 2011. 完善税收法制 促进税收公平 ——《中华人民共和国车船税法》解读［J］. 中国财政，（9）：38-41.

中国注册会计师协会. 2016. 税法［M］. 北京：经济科学出版社.

周志波，张卫国. 2015. 我国资源税制度演化历史与改革路径研究［J］. 宏观经济研究，（9）：3-13.